本书为国家社会科学基金规划课题
"资源型地区战略性新兴产业发展研究"
（批准号：12BJL075）研究成果
本书亦为辽宁社会科学院
产业经济重点学科研究成果

资源型地区战略性新兴产业发展研究

Research on the Development of Strategic Emerging Industries in Resource - based Regions

张天维／著

社会科学文献出版社
SOCIAL SCIENCES ACADEMIC PRESS (CHINA)

前　言

　　资源型地区可持续发展，成为全世界的难题。在国外，20 世纪 30 年代初，加拿大著名经济地理和经济史学家英尼斯（H. A. Innis）首先发现资源型城镇单一工业中存在的问题，并提出一些解决办法。经过近百年的发展历程，全世界一些资源型地区转型取得了成功，但很难说这些地区伴随资源枯竭所产生的问题就得到了根本性的解决，矿竭人去、矿竭城衰的现象到处都是。2013 年，美国汽车城市底特律破产，这个事件标志着要彻底解决资源型地区可持续发展问题任重道远。

　　产业是一个区域赖以生存的基础。在传统产业受到巨大挑战的时候，要解决资源型地区的诸多问题，必须在产业发展上下功夫，特别是在战略性新兴产业越来越显示生命力的今天。资源型地区只有在发展战略性新兴产业上有所突破，才能获得真正的竞争力，才能具有可持续发展的能力，才能走出"资源诅咒"的迷途并摆脱资源枯竭带来的诸多问题。但资源型地区擅长开采资源，而不擅长做产业也是事实。2016 年，我国黑龙江双鸭山矿区工人的大规模讨薪上访事件说明，资源型地区的产业问题必须处理好，否则不仅是可持续发展问题，也是社会稳定问题。

　　尽管战略性新兴产业发展更多依赖原有产业、科技、人才等基础，但并不是说资源型地区先天就具有发展的劣势。战略性新兴产业更需要资源的支撑、政策的帮扶、制度的安排、市场的挖掘、目标的追逐。从这个意义上说，各地在发展战略性新兴产业方面，基本上站在同一起跑线上。很多资源型地区成功的经验告诉我们，发展战略性新兴产业，资源型地区具有比较优势。昔日资源枯竭城市法国洛林，今天是欧洲著名的电子和汽车生产基地；昔日资源枯竭城市德国鲁尔，今天是世界著名的先进机械制造基地；昔日资源枯竭城市日本福冈，今天是世界著名的电器、化妆品、奢侈品生产基地，这些都是明显的证明。

应该承认，这种在相对落后地区发展战略性新兴产业的假设是一种新的理论尝试和观念创新，即在缺乏广泛创新基础的资源型地区，利用产业政策和经济杠杆发展高端的战略性新兴产业。这种理论的逻辑原点是利用经济地理布局、政策推理、原有基础等固有优势，在这些分布在二、三线地区的资源型城市有选择地发展战略性新兴产业，向产业链高端跃升，这个问题具有一定的挑战性。

2012 年，国家社会科学基金规划办批准了课题组的申请，设立了"资源型地区战略性新兴产业发展研究"（12BJL075）课题。几年来，课题组先后深入山西、黑龙江、吉林、广东、福建，特别是资源型地区的典型——辽宁省各地调研，深入考察这些资源型地区产业转型情况和战略性新兴产业的发展态势，举行了多次座谈会，拜访了多位专家，阅读了多方面研究文献。课题组在研究的同时，出版了相关书籍 5 本，撰写并发表相关学术论文 30 余篇。其中 2013 年出版的《资源型地区产业升级的载体和模式研究》一书，在全国优秀生产力成果评奖中获得著作类一等奖。

本研究还在切实推动资源型地区产业发展，如帮助阜新建立发展战略性新兴产业的好的平台——国家高新区撰写申请报告，帮助国内著名的资源型城市——抚顺打造国家先进能源装备产业化基地进行规划设计。特别值得一提的是，课题组全体成员参与撰写的《关于建立沈大国家自主创新示范区的研究报告》和《沈阳、大连国家高新区建设国家自主创新示范区总体方案》获得了国务院总理李克强的批示。

本研究由六部分组成。第一部分为主题概括篇，由第一章至第三章构成。第一章阐述了众多国内外学者从不同的角度对资源型地区进行研究的情况，在此基础上界定了资源型地区的概念及其经济、社会、文化特征，论述了我国资源型地区的沿革、分类和发展情况。该章指出，2013 年国家确定了辽宁省 14 个地、县（市）为成熟型、衰退型和再生型资源型地区，这些地区依靠战略性新兴产业的创新发展非常重要。第二章从内涵和属性角度对战略性新兴产业概念进行了界定，指出了资源型地区发展战略性新兴产业的重要性和可行性，介绍了战略性新兴产业出现的背景、内容、发达国家以及我国的发展态势和经验，从七大领域介绍了战略性新兴产业的发展情况，针对资源型地区和战略性新兴产业的关联以及如何推动发展提出一些对策建议。第三章在论述了产业成长转型理论、产业发展的规律、产业转型的内生增长机制、产业的生命周期基础上，论述了资源型地区产业发展与转型规律，以及资源型地区新兴产业成长机理和这些地区发展战略性新兴产业应遵循的规律，并提出对策建议。本部分三章分别主要由王璐宁、曹颖杰、姜岩撰写。

第二部分为现实研究篇，由第四章至第七章构成。第四章从产业竞争力和计量分析角度，分析了辽宁省战略性新兴产业发展的基本情况、存在的问题，并对今后发展提出了对策建议。第五章是课题组深入基层，分别对辽宁省阜新市、抚顺市、本溪市、葫芦岛市、沈阳市、大连市、锦州市、铁岭市、辽阳市、朝阳市的战略性新兴产业发展情况进行了摸底调查，将了解到的基本情况做了基本概述。第六章系统分析了辽宁省资源型城市发展的基本现状、面临的现实困境、产业转型发展面临的机遇，并对辽宁资源型城市产业转型提出了建议。第七章结合近年来国家关于供给侧改革、解决老工业基地产能过剩问题为推进战略性新兴产业铺路，课题组对辽宁省钢铁、煤炭、水泥、装备制造、石化五大传统资源型优势行业，通过座谈会、实地调研和问卷调查等方式，进行了专题研究，从中看出发展战略性新兴产业的重要性。本部分四章分别主要由张天维、姜瑞春、陈岩撰写。

第三部分为发展路径篇，由第八章至第十章构成。第八章研究的是资源型地区新兴产业的发展路径问题。本章通过对国内外资源型地区转型路径的考察，将不同转型路径下的资源型地区各类战略性新兴产业的发展脉络重新厘清甄别，分为加工型产业多元化路径、资源型主导产业延伸路径、外生型主导产业更新路径。本章还结合国内外的案例，对资源型地区新兴产业发展的优势、劣势和资源型地区新兴产业发展的项目选择进行了分析。第九章列举了资源型地区发展战略性新兴产业的实践案例，分别将课题组对阜新市液压产业发展壮大的情况调查、本溪市发展三大战略性新兴产业的优势和对策分析、盘锦市发展战略性新兴产业的设想、鞍山市发展战略性新兴产业等情况做了介绍。第十章通过对武汉东湖、北京中关村、天津滨海高新区发展战略性新兴产业基本情况和发展经验的研究，量化分析出辽宁省高新区与之的差距，并提出发展启示和工作建议。本部分三章分别主要由李佳薇、陈亚文、宋帅官、刘曦撰写。

　　第四部分为保障措施篇，由第十一章至第十三章构成。第十一章通过对政策创新规律及其实行的必然性角度，与德国鲁尔推动资源型地区发展战略性新兴产业政策比较，提出我国资源型地区发展战略性新兴产业政策制定的遵循，如制定合理的产业援助政策，加强财政税收扶持政策，完善社会保障政策，制定生态环境治理政策，注重营造良好的社会舆论氛围，促进资金、技术、人才、科技成果转化等政策，以转变资源型地区经济发展方式，实现地区新的经济增长。该章还对全国各资源型地区发展战略性新兴产业的各种政策进行了汇总。第十二章论述了我国资源型地区发展战略性新兴产业必须改变原有的劣势环境，通过环境创新解决高端创新人才不足、资源配置机制不合理等问题。本章还以 FIDI 模型中的要素条件、需求条件和制度条件为分析对象，探讨我国资源型地区在环境因素条件方面存在的问题，为政策的研究制定奠定基础。第十三章论述了资源型地区在需求变化快、技术进步迅速的情况下，提升了产业集聚程度，实现战略性新兴产业集群式发展的必要性、可行性以及实践操作的具体思路，如利用外商投资引导、内源型品牌企业带动等手段实现集群发展。本章还以平顶山市和阜新市为例，进行了案例式探讨。本部分三章分别主要由母睿、周延丽、禹英子、李坤英撰写。

　　第五部分为建设服务篇，由第十四章至第二十一章构成。该部分紧紧结合辽宁省各地实际，以推动省内资源型地区和城市转型发展，尽快摆脱困境，发展战略性新兴产业为目标，进行了多项推动性研究。这些成果具体包括"抚顺市打造国家先进能源装备产业化基地规划""抚顺市科学和技术发展'十三五'规划""阜新高新区晋升国家高新区的申请报告""本溪国家高新区发展战略研究报告""学习深圳经验，促进本溪经济转型升级""葫芦岛市承接京津冀新兴产业转移的设想""盘锦承接产业转移的设想""建立沈大国家自主创新示范区的研究报告"等。

　　在此特别感谢国家社会科学基金规划办给予课题组研究的机会和经费的支持，感谢几年来课题组前往调研的单位给予的大力协助和帮助，感谢相关专家给予的指点和评判以及各位同人给予的大力支持。尽管这是个具有挑战性的课题、研究报告仍有大量的问题存在，还需要继续深入下去，但课题组有决心持续研究下去，为解决这个世界性难题，为我国全面建成小康社会，为彻底解决资源型地区产业发展问题贡献自己的智慧和知识。

目 录

第四部分　保障措施篇

第五部分　建设服务篇

第一部分

主题概括篇

第一章

资源型地区情况总体概览

第一节　资源型地区国内外研究情况

一　资源型地区国外研究介绍

随着自然资源特别是矿产资源在第一次工业革命中的大规模开发和使用，资源型地区的资源枯竭和产业衰退问题逐渐在世界范围内成为各学科学者研究的重点。资源型地区的理论起源于 20 世纪 30 年代初期，到 70 年代中期对资源型城镇的系统研究已成体系。20 世纪 30 年代，加拿大著名学者英尼斯（H. A. Innis）对资源型地区进行开创性研究是以单一城镇或特定区域为研究对象，应用经济地理学、城市规划学、社会学和心理学等多学科方法，研究了当地的人口统计学特征、城市规划以及其在单一工业中存在的问题。[①] 此后，很多国外学者通过不同的方法、从不同的角度来确定资源型地区的判定标准，分析该地区存在的问题，并为其可持续发展提出思路。

（一）资源型地区判定标准

众多国外学者通过不同的方法、从不同的角度来确定何种地区为资源型地区，Sachs 和 Warner（1995）认为应采用地区初级产品的出口与 GDP 的比值作为衡量资源型地区的标准；Elissaios Papyrakis 和 Reyer Gerlagh（2003）提出以矿产品产值占 GDP 的比重作为确定标准；也有学者认为应

---

① 〔加拿大〕英尼斯：《加拿大的毛皮贸易》，《资源与产业》2006 年第 1 期，第 16~18 页。

当通过自然资源出口占总出口的比重来判定（Claudio Bravo-Ortega 和 Jos'e De Gregorio，2005）；Glyfason（1999）主张根据初级产品部门的就业比例来确定[1]；小笠原义胜（1954）认为矿业职工占从业人口 10% 以上的城镇可确定为矿业城市。[2]

（二）资源型地区的主要问题

对资源型地区遇到的社会与经济问题，很多学者分析了其成因。1971年，美国学者鲁卡斯（R. A. Lucas）就提出：建设、雇佣、过度与成熟是产业单一地区的四个发展阶段理论。布莱德伯里（J. H. Bradury）对鲁卡斯资源型城市产业生命周期理论进行了修改，又新增了下降、关闭两个阶段。葛雷博（Grabher）对德国鲁尔工业区进行了研究，认为资源型城市（地区）专业化锁定效应制约了经济的转型发展，包括多年的专业化发展逐渐在区域内形成功能性锁定、认知性锁定和政治性锁定。[3] Corden 和 Neary（1982）则最早提出了"荷兰病"。荷兰曾在 20 世纪 70 年代随着北海油田的发现迎来了石油、天然气产业的繁荣时代，但由此导致了工资等生产成本和失业率上升，制造业、农业、服务业和资源型产业之间出现了要素配置失衡，后来类似情况在世界上被称为"荷兰病"（Dutch Disease）。Auty（1993）则最早提出了"资源诅咒"（resource curse）假说：丰富的自然资源并不必然会给一个国家带来经济的增长，反而会限制该资源型地区的经济增长。

（三）资源型地区的转型模式和对策

20 世纪 80 年代，可持续发展占据国外资源型地区研究的主要地位。如美国学者考拉德思和杜安（Collads 和 Duane，1999），从生活需求与自然环境服务能力的平衡、可再造能力与可持续发展的平衡，来确定资源型地区产业转型对一个地区可持续发展的作用。[4] 巴顿（Bartone，1991）则指出，第三世界的资源型城市只有通过制定相关的环境和产业政策，来克

---

[1] 张忠杰：《资源枯竭型地区经济转型与可持续发展研究》，兰州商学院硕士学位论文，2009。

[2] 高天明：《我国资源型城市界定及发展特征研究》，中国地质大学硕士学位论文，2010。

[3] 曾蕾：《我国森林资源枯竭型城市产业结构和就业结构研究》，北京林业大学博士学位论文，2013。

[4] 康彦彦：《资源型城市产业结构调整研究》，中国地质大学博士学位论文，2013。

服资源过度开采带来的环境恶化、资源枯竭和贫困等问题，才能保证经济社会的可持续发展。[1] Walter 等（1994）指出资源型地区必须合理地利用其自身的资源，并注重其使用效率，才能维系其可持续性发展；Dipan-karDey（2006）认为印度以及相似地区和国家应通过鼓励新能源的开发和基础设施的建设来实现经济的可持续发展。[2]

二　资源型地区国内研究情况

20 世纪 70 年代末到 80 年代，资源型地区的研究开始在国内展开，1978 年，中科院地理所李文彦在《煤矿城市的工业发展与城市规划问题》一文中率先对我国资源型地区进行了研究，对我国煤矿城市在工业发展与城市规划方面存在的问题进行了分析。之后，国内学者们主要从定性和定量两方面对资源型城市进行界定，并对资源型地区的发展问题提出了见解。

（一）资源型地区概念界定

关于资源型地区的定性研究，景普秋和张复明（2005）认为，资源型地区应当是资源型产业在区域发展中占据重要位置，资源型产品在区际贸易中占据主体，经济发展依赖资源型产业的增长，并在经济增长进程中付出了高昂的资源代价等；牛建平和吕志祥（2012）在《资源型地区经济转型的困境及出路》中提出，资源型地区是以能源资源和矿产资源开发为主导的经济体系在与其配套的社会劳动集中到一定规模后形成的地区；关晓光和赵娟（2007）在《资源型地区区域创新系统分析》中将资源型地区界定为因自然资源的开发和加工而兴起，并长期以资源开采和加工为支柱产业的地区。

对资源型地区的定量界定方法，国内的学者也提出了很多观点。具有代表性的观点，如伏虎（2015）引入"区位熵指数"的概念，根据产业产值、就业人口和资源余量等指标均值的偏离幅度，确定是否为资源型地区；高天明（2010）在《我国资源型城市界定及发展特征研究》中，利用

---

① 林磊：《煤炭资源型地区县域经济发展研究》，安徽大学硕士学位论文，2012。

② 张忠杰：《资源枯竭型地区经济转型与可持续发展研究》，兰州商学院硕士学位论文，2009。

聚类分析、正态分布，从从业人口、矿业产值这两个重要指标来确定资源型地区（城市）；我国宏观经济研究院 2002 年提出了资源型地区或城市的判定标准：采掘业从业人员占全部从业人员比重大于 5%；采掘业产值占工业总产值比重大于 10%；采掘业从业人员规模在县级市和地级市分别应超过 1 万人和 2 万人。

（二）资源型地区转型发展

资源型地区转型发展问题，国内学者从各个角度提出了很多观点，如张复明和景普秋（2002、2008、2009、2011）在一系列文章中提出，通过重构资源产权制度、调整产业结构和加大政府规制来化解资源型地区面临的困局；赵秀峰（2003）在《试论有色金属矿山关闭企业的战略转移》一文中提出，资源型地区要提高资源的加工精度及附加值来提高资源的利用率，通过需求来确定主导产业，以此来确定接续产业；张米尔（2002）在《资源型城市产业转型研究》一文中指出，产业结构调整必须以市场为导向，注重优势产业的延伸和转换，注重发挥比较优势，科学发展和注重效益；沈镭（2005）在《我国资源型城市转型的理论与案例研究》中提出了资源型地区产业结构调整的 5 种模式，即优势替代模式、优势再造模式、优势互补模式、优势延伸模式和优势挖潜模式。

第二节　资源型地区概念界定

综合国内外的资源型地区的判定视角，可以从区域地理范围和资源型产业在社会经济中的重要程度两方面来界定资源型地区。

一　从地理范围界定

现有关于资源型地区界定的研究中，从地理范围上主要分为三个层次。一是包括县城及市辖区在内的资源县、资源区；二是地级市或者县级市，这实际上是资源型城市；三是以行政区划为边界划分的省级层次，如山西、辽宁等，这些都是典型的资源型地区。如果从区域发展的视角来看，县级市或独立矿区只是上级行政的一个功能区，不具有相对独立的经济和社会体系。因此，本文的资源型地区界定在以行政区划划分的省级层次上进行研究，本研究主要是通过对辽宁这个典型资源型地区的研究，来确定资源型地区的主要现状和发展战略性新兴产业情况。

从地理经济学的视角来看，城市是地区或者区域的重要组成部分，是一个地区内经济和社会活动的聚集体。如果把地区视为一个系统，城市的形成与演变是在特定的地区中完成的。换句话说，城市是一个地区实现经济属性、社会属性等功能的重要载体。资源型地区，往往依附于城市并随其发展积累而成。研究分析资源型地区的可持续发展，主要是把区域内资源型城市作为切入点和研究对象，而研究分析资源型城市如何发展战略性新兴产业，又需要放在管辖区内乃至全国的产业战略布局来考量。因此，本章将资源型地区和资源型城市只作为共同研究对象，不做重点区分。

二　从资源型产业对地区的社会经济发展贡献率来界定

资源型地区普遍拥有丰富的自然资源，以优势资源的开采和初加工为支柱产业，产出资源产品及资源初级加工产品。资源型产业在资源型地区的工业总产值中占比很大，资源型产业是该地区财政税收的主要来源，资源型产业劳动力在全社会劳动力中占很大比重，区域经济增长对这些资源型产业具有很强的依赖性。

因此，资源型地区，是指在自然资源开发、利用基础上发展起来，以自然资源采掘业、原材料初级加工业为主导产业，资源型产业对区域经济增长具有巨大作用和贡献的地区。结合我国学者对资源型地区的界定，通过对我国各省份主要产业产值和就业结构的分析，确定我国 8 个较为典型的资源型省份，即内蒙古、贵州、黑龙江、新疆、辽宁、甘肃、青海和山西。[①]

第三节　资源型地区的主要特征

资源型地区的特殊形成过程使其具有不同于其他地区的特征，这些特征同时也蕴含着资源型地区的发展问题。掌握和分析资源型地区的特征，可以有效解决资源型地区的发展难题，并提出经济社会转型的思路。多数资源型地区都具有以下特征。

---

① 张复明：《资源型经济转型：难点、目标和动力》，《科技导报》2000 年第 11 期。

一 资源型地区经济的一般特征

(一) 高度依赖不可再生资源

资源型地区是因自然资源的开发利用而形成发展起来的，整个地区的兴衰高度依赖资源的可开采情况。资源型地区的主导产业围绕着不可再生资源，该地区的生产经营活动都是围绕资源的勘探开采、冶炼加工和销售开展的，城市空间布局以及交通、能源、教育等生活设施也是在此基础上逐渐发展完善的。该地区的生产总值、就业机会和财税收入主要都归功于资源型产业和资源型企业，资源型产业的兴衰对整个地区经济运行的影响至关重要。从实际情况可以看到，得天独厚的、富饶的自然资源并没有给资源型地区的经济增长带来丰厚的回报，相反对资源的掠夺式开采和低附加值的产品生产却最终导致了资源型地区资源的枯竭与经济效益的低下。当资源型企业面临资源减产后，不管投入如何增加，产量的绝对数是下降的，企业的收益也因此呈递减状态。同时，由于资源产业建设周期长，占用资金多，固定资产投入大，产业发展具有较大的惯性，因而产业结构转化能力较差，导致资源型地区转型艰难。

(二) 产业结构不合理

自然资源开采和加工成为主导产业，下游的一些产业链条也是依据资源型地区的初级资源的开采而延伸，并具有对非资源产业发展不重视特征，导致主导产业单一，三大产业结构比例失调。该地区通常第二产业比重显著高于第一产业和第三产业，多数资源型地区资源开采及其加工业占工业总产值的比重超过50%，农业和服务业发展缓慢；第二产业从业人数占地区从业人员的比例明显高于全国平均水平。第二产业内部结构不合理，第二产业中资源性产业占主导地位，产业链条短，可持续发展能力弱。产业结构单一有着巨大的风险，特别是资源受市场价格波动影响较大，抵御市场风险的能力较弱，这给企业和城市发展带来了巨大的不确定性。

(三) 地区发展具有周期性

自然资源具有不可再生性，以资源开发为核心的产业具有极强的周期性。周期性对大多数资源型经济的作用，都呈现逐渐衰退的发展趋势，尽管资源开采初期，该地区迅速进行了原始资本积累，获得了较高的经济发展水平,但是随着资源的枯竭,资源型地区的经济发展水平也急剧下降。地区经济对资源的过度依赖,如税收、企业利润、就业等多方面都依赖资源行业,随着资源行业的优势逐渐削弱,经济效益也大幅度下降。必须清楚地认识到这种不可逆转的规律,合理规划资源型产业和区域发展。在这种情况下,资源型地区必须通过发展替代产业和调整产业结构来使产业进入新的生命周期,这也是资源型城市所面临的最艰巨的任务。

(四)抵御经济风险的能力较差

资源型地区产业结构单一且占据主导地位,工业产品大多属于能源、化工、冶金建材这些初级产品、上游产品,受经济周期、生态环境和投资波动作用明显。宏观经济景气时,原材料价格上涨,资源过度开采和利用,资源型地区会出现短暂的繁荣,一旦整体经济环境出现恶化,资源价格下降,资源型地区出现产能过剩,资源型企业和相关产业的经营陷入困境,整个地区将会面临较大的经济下行压力。在历史和发展中形成的路径依赖,再加上保护生态环境的刚性约束,资源型地区经济增长往往具有较强的负向叠加效应。因此,资源型地区这种固有的经济结构决定了企业具有大起大落、长期不稳定的特征,加上主导产业具有关联性强、市场风险大的特性,一损俱损、一荣俱荣的现象经常出现,地方经济发展的忽冷忽热也是常见的现象。

二 资源型地区的社会特征

(一)居民收入两极分化,失业问题突出

资源开采和加工对资源型地区的农业生产造成了破坏,形成了单一的经济结构,尤其是在资源日益枯竭的情况下,资源型地区生态环境恶劣和居民贫困。这种负外部成本没有被因资源开采而暴富的企业经营者承担,却让资源型地区大多数普通居民承担,他们的生存环境日益恶化。与资源型企业获得巨大利润和企业经营者的迅速暴富形成反差的是,资源型地区的普通居民收入水平仍然较低,与全国平均水平的差距也有所扩大。

按照资源型地区产业生命发展周期,目前大部分资源型产业处于衰退期,软硬件环境不具备对人才的吸引力。自然资源的不可再生性,决定了传统资源型产业需要的就业岗位将越来越少。加之国家持续调整能源政策，资源型行业不可避免地进行整顿和重组，造成了资源型产业从业人员下岗，而资源型企业职工职业技能比较单一，再就业十分困难。下岗失业人员的生活困难，引起群众上访案件和刑事案件逐年增长，社会秩序状况堪忧。同时，资源型地区的棚户区搬迁改造任务也给地方财政带来巨大压力。虽然各地的棚户区改造都已陆续开展并取得一定成效，但由于棚户区改造工程基础设施投资巨大，后续资金的来源仍是摆在资源型地区政府面前的一道难题。

（二）社会矛盾突出，社会不稳定因素较多

一方面不断加大的贫富差距引发了资源型地区的低收入群体相对较强的"仇富"心理和对社会的不满情绪。很多资源型企业的经营者只关注企业利润，不注重保护劳动者权益，也不承担应尽的社会责任，极易激化社会矛盾并导致群体性事件。尤其在资源市场不景气时，社会问题更为严重。

另一方面因为我国自然资源属于国有，政府应当保障资源收益的公平合理的分配。当不恰当的产权安排能带来诱人利益时，政府有可能不顾广大民众的利益而以权谋私，一些政府官员利用职务之便成为暴富群体。而有些民众的正当利益却没有得到合理补偿，只能选择集体上访的方式解决问题。由于部分官员处理群众上访事件时出于利益瓜葛或其他原因偏袒企业，最后导致一般性群众上访事件演变成反政府的群体性事件，进一步激化了社会矛盾。

三 资源型地区的文化特征

（一）贫富分化的社会现实对价值观产生消极影响

虽然现代文化给资源型地区注入新观念、新思维，但资源型地区严重的贫富分化也在不知不觉中使人们价值观产生扭曲。部分资源型企业主和不法寻租的政府工作人员利用国有资源获得巨大财富，这些财富并没有用来造福实体经济，反而滋生了不良的生活习气。一些暴富者挥金如土，腐化堕落的生活方式对当地原本的淳朴文化和习俗道德形成强烈冲击，金钱至上的理念渗透到人们日常生活中，勤劳致富的观念不再至上，知识、能力、技术也不是获得财富的至关要素，劳动人民吃苦耐劳的精神备受冲击。享乐主义、拜金主义蔓延，一些人甚至为此不惜走上犯罪道路。奢靡的生活方式和违反社会道德准则的行为方式得到广泛传播并渐受推崇，进一步扭曲了大众的社会价值观，甚至在一定程度上助长了犯罪行为。

（二）文化产业发展缓慢，文化消费结构不合理

资源型地区由于经济效益日趋下降，区域相对封闭，科学文化和社会信息的传播途径不通畅，这导致了资源型地区人民的文化需求层次较低，文明、健康向上的精神文化生活在资源型地区比较匮乏。虽然资源型地区的文化消费项目呈现多元化，但在资源型地区资源经济效益日益下降的今天，居民的就业困境、经济水平的降低将会影响其文化利益的提高。

（三）人口的文化程度偏低，开放度不高

文化程度对劳动力就业具有显著的正向影响，劳动者的文化程度越高，其就业率也越高。目前资源型地区居民的文化素质普遍不高，长期以来依赖资源开采和加工形成的单一劳动技能，导致当地居民缺乏应对市场竞争的能力，再就业难度较大。小农经济意识和迷信意识较浓，商品经济意识、市场意识和竞争意识严重缺乏，这种观念特点也使得劳动者的眼界和拓展经济活动范围的能力受到很大限制。资源型地区人才综合素质相对偏低、人才流失严重，制约了高技术产业的发展，已成为资源型地区转型和发展的瓶颈。

四　资源型地区的环境特征

（一）地区环境质量较差

对资源过度开采导致对环境的污染和生态的破坏，是资源型地区普遍存在的问题。由于矿产开采与加工等，导致地表塌陷、植被破坏，对周边地区的大气、生物、水质等以及人类的生产和生活产生了很大的负面影响，给生态环境带来了短时期内无法弥补的破坏。在资源型地区转型发展的过程中，对产业和转型路径的选择失误，还会进一步导致环境恶化。这些问题严重制约了当地的可持续发展，给群众的财产和生命安全带来了隐患和损失。因此，资源型地区比其他地区面临着更为严峻的环境保护问题和治理压力问题。

（二）环境问题成为制约资源型城市产业转型的障碍

资源型地区在生态环境方面存在的问题，极大地限制了战略性新兴产

业的发展。旅游产业和绿色农业对生态环境的要求不言而喻，而绝大多数高技术产品，对生产过程中的空气洁净度和温湿度等环境要求非常严格，大多数资源型地区空气中的颗粒浓度高，显然达不到这一要求，极大地影响了高新技术企业的落户和正常生产质量。同时良好的生态环境也是吸引和留住人才的重要前提。随着人们知识水平和生活水平的提高，对工作和生活空间的健康及舒适程度的要求正在日益提高，而大部分资源型地区的环境往往达不到人们的期望值。因此，资源型地区严重的环境问题极大阻碍了产业转型的顺利推进。

第四节 我国资源型地区沿革

资源型城市形成的最主要原因是中国以矿业为代表的资源开采，这个历史可以追溯到远古时代，但是主要在现代。开平煤矿是 1878 年中国开办的第一个近代资源型企业，唐山这座资源型城市也随之出现。统计显示，中国各类资源型城市在 1949 年就有 22 座，20 世纪 50 年代末新增 31 座，20 世纪 60~70 年代，新增 11 座，20 世纪 80 年代新增 34 座，20 世纪 90 年代新增 80 座，到 2000 年的时候，全国已经拥有资源型城市 178 座。

中国城市的兴起与经济发展，尤其是现代工业发展与资源开采水平密切相关。中央政府重工业优先发展战略，带来了新中国成立后的第一次发展高潮。在 21 世纪前半叶，我国国民经济全面发展及与此高度关联的城市化水平继续提高，国民经济发展对矿产等自然资源的开发利用仍有需求，新的资源城市也将随之不断产生。

到 2001 年底，我国共有城市 662 座其中资源型城市共计 118 座，占我国全部城市的 18%，分布于中国 22 个省份（见表 1 - 1）。在资源型城市中，东北三省合计 30 座，占全国的 25%；这些城市以煤炭城市为主，超过总数一半（见表 1 - 2）。

表 1 - 1 中国资源型城市的地区分布

单位：座

省份	城市数量	城市名	省份	城市数量	城市名
河北	5	唐山、邯郸、邢台、武安、迁安	湖北	2	潜江、大冶

续表

省份	城市数量	城市名	省份	城市数量	城市名
山　西	11	大同、阳泉、长治、晋城、朔州、古交、霍州、孝义、介休、高平、原平	湖　南	6	耒阳、冷水江、郴州、资兴、涟源、临湘
内蒙古	9	乌海、赤峰、满洲里、牙克石、东胜、锡林浩特、霍林郭勒、根河、阿尔山	广　东	3	韶关、云浮、乐昌
辽　宁	7	抚顺、本溪、阜新、鞍山、盘锦、葫芦岛、北票	广　西	2	凭祥、合山
吉　林	10	辽源、白山、敦化、珲春、桦甸、蛟河、松原、舒兰、临江、和龙	四　川	5	攀枝花、广元、华蓥、达州、绵竹
黑龙江	13	鸡西、鹤岗、双鸭山、七台河、大庆、伊春、五大连池、铁力、尚志、海林、穆棱、宁安、虎林	贵　州	2	六盘水、福泉
安　徽	4	淮南、淮北、铜陵、马鞍山	云　南	4	东川、个旧、开远、宣威
福　建	2	永安、漳平	陕　西	2	铜川、韩城
江　西	5	萍乡、丰城、德兴、乐平、高安	甘　肃	3	白银、金昌、玉门
山　东	9	枣庄、东营、新泰、龙口、莱州、滕州、邹城、肥城、招远	宁　夏	1	石嘴山
河　南	8	平顶山、鹤壁、焦作、濮阳、义马、汝州、灵宝、登封	新　疆	5	克拉玛依、哈密、阿勒泰、库尔勒、阜康

资料来源：王青云编《资源型城市经济转型研究》，中国经济出版社，2003。

表 1 - 2　我国资源型城市的产业分布

单位：座

城市类型	数量	城市名称	
		地级市	县级市（市辖区）
煤炭城市	地级市：29 县级市：34 合计：63	唐山、邯郸、邢台、大同、阳泉、长治、晋城、朔州、乌海、赤峰、抚顺、阜新、辽源、鸡西、鹤岗、双鸭山、七台河、淮南、淮北、萍乡、枣庄、平顶山、鹤壁、焦作、广元、达州、六盘水、铜川、石嘴山	武安、古交、霍州、孝义、介休、高平、原平、满洲里、东胜、霍林郭勒、铁法、北票、永安、丰城、乐平、高安、新泰、龙口、滕州、邹城、肥城、义马、汝州、登封、耒阳、资兴、涟源、合山、华蓥、绵竹、宣威、开远、韩城、哈密

续表

城市类型	数量	城市名称	
		地级市	县级市（市辖区）
有色冶金城市	地级市：4 县级市：8 合计：12	葫芦岛、铜陵、白银、金昌	德兴、冷水江、乐昌、凭祥、东川、个旧、阿勒泰、阜康
黑色冶金城市	地级市：4 县级市：4 合计：8	本溪、马鞍山、郴州、攀枝花	迁安、漳平、大冶、临湘
石油城市	地级市：5 县级市：4 合计：9	大庆、盘锦、东营、濮阳、克拉玛依	锡林浩特、潜江、玉门、库尔勒
森林工业城市	地级市：4 县级市：17 合计：21	白山、松原、伊春、黑河	牙克石、根河、阿尔山、敦化、珲春、桦甸、蛟河、舒兰、临江、和龙、五大连池、铁力、尚志、海林、宁安、穆棱、虎林
其他资源型城市	地级市：1 县级市：4 合计：5	云浮	莱州、招远、灵宝、福泉
合计	118	47	71

资料来源：王青云编《资源型城市经济转型研究》，中国经济出版社，2003。

2013 年 11 月，国务院颁布了《全国资源型城市可持续发展规划（2013～2020 年）》，规划涵盖了 262 个资源型城市（见表 1-3 和图 1-1）。

表 1-3 全国资源型城市名单（2013 年）

单位：座

省份	地级行政区	县级市	县（自治县、林区）	市辖区（开发区、管理区）
河 北（14）	张家口市、承德市、唐山市、邢台市、邯郸市	鹿泉市、任丘市	青龙满族自治县、易县、涞源县、曲阳县	井陉矿区、下花园区、鹰手营子矿区
山 西（13）	大同市、朔州市、阳泉市、长治市、晋城市、忻州市、晋中市、临汾市、运城市、吕梁市	古交市、霍州市、孝义市		
内蒙古（9）	包头市、乌海市、赤峰市、呼伦贝尔市、鄂尔多斯市	霍林郭勒市、阿尔山市*、锡林浩特市		石拐区

续表

省份	地级行政区	县级市	县（自治县、林区）	市辖区（开发区、管理区）
辽 宁（15）	阜新市、抚顺市、本溪市、鞍山市、盘锦市、葫芦岛市	北票市、调兵山市、凤城市、大石桥市	宽甸满族自治县、义县	弓长岭区、南票区、杨家杖子开发区
吉 林（11）	松原市、吉林市*、辽源市、通化市、白山市*、延边朝鲜族自治州	九台市、舒兰市、敦化市*	汪清县*	二道江区
黑龙江（11）	黑河市*、大庆市、伊春市*、鹤岗市、双鸭山市、七台河市、鸡西市、牡丹江市*、大兴安岭地区*	尚志市*、五大连池市*		
江 苏（3）	徐州市、宿迁市			贾汪区
浙 江（3）	湖州市		武义县、青田县	
安 徽（11）	宿州市、淮北市、亳州市、淮南市、滁州市、马鞍山市、铜陵市、池州市、宣城市	巢湖市	颍上县	
福 建（6）	南平市、三明市、龙岩市	龙海市	平潭县、东山县	
江 西（11）	景德镇市、新余市、萍乡市、赣州市、宜春市	瑞昌市、贵溪市、德兴市	星子县、大余县、万年县	
山 东（14）	东营市、淄博市、临沂市、枣庄市、济宁市、泰安市、莱芜市	龙口市、莱州市、招远市、平度市、新泰市	昌乐县	淄川区
河 南（15）	三门峡市、洛阳市、焦作市、鹤壁市、濮阳市、平顶山市、南阳市	登封市、新密市、巩义市、荥阳市、灵宝市、永城市、禹州市	安阳县	
湖 北（10）	鄂州市、黄石市	钟祥市、应城市、大冶市、松滋市、宜都市、潜江市	保康县、神农架林区*	
湖 南（14）	衡阳市、郴州市、邵阳市、娄底市	浏阳市、临湘市、常宁市、耒阳市、资兴市、冷水江市、涟源市	宁乡县、桃江县、花垣县	
广 东（4）	韶关市、云浮市	高要市	连平县	
广 西（10）	百色市、河池市、贺州市	岑溪市、合山市	隆安县、龙胜各族自治县、藤县、象州县	平桂管理区

续表

省份	地级行政区	县级市	县（自治县、林区）	市辖区（开发区、管理区）
海 南（5）		东方市	昌江黎族自治县、琼中黎族苗族自治县*、陵水黎族自治县*、乐东黎族自治县*	
重 庆（9）			铜梁县、荣昌县、垫江县、城口县、奉节县、云阳县、秀山土家族苗族自治县	南川区、万盛经济开发区
四 川（13）	广元市、南充市、广安市、自贡市、泸州市、攀枝花市、达州市、雅安市、阿坝藏族羌族自治州、凉山彝族自治州	绵竹市、华蓥市	兴文县	
贵 州（11）	六盘水市、安顺市、毕节市、黔南布依族苗族自治州、黔西南布依族苗族自治州	清镇市	开阳县、修文县、遵义县、松桃苗族自治县	万山区
云 南（17）	曲靖市、保山市、昭通市、丽江市*、普洱市、临沧市、楚雄彝族自治州	安宁市、个旧市、开远市	晋宁县、易门县、新平彝族傣族自治县*、兰坪白族普米族自治县、香格里拉县*、马关县	东川区
西 藏（1）			曲松县	
陕 西（9）	延安市、铜川市、渭南市、咸阳市、宝鸡市、榆林市		潼关县、略阳县、洛南县	
甘 肃（10）	金昌市、白银市、武威市、张掖市、庆阳市、平凉市、陇南市	玉门市	玛曲县	红古区
青 海（2）	海西蒙古族藏族自治州		大通回族土族自治县	
宁 夏（3）	石嘴山市	灵武市	中宁县	
新 疆（8）	克拉玛依市、巴音郭楞蒙古自治州、阿勒泰地区	和田市、哈密市、阜康市	拜城县、鄯善县	

注：带 * 的城市表示森工城市。

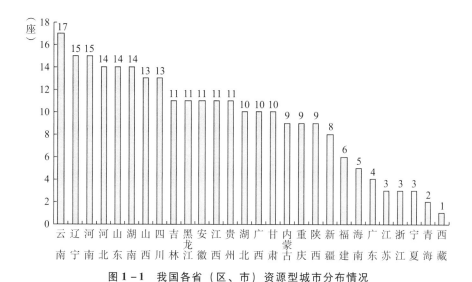

图1-1 我国各省（区、市）资源型城市分布情况

这些资源型地区曾为我国经济发展做出巨大贡献。目前，我国资源型地区的产业转型和升级取得了一定成绩，但也应当看到，资源型地区历史遗留问题还很严重，地区产业发展依然依赖自然资源，转型发展内生动力不强。棚户区需要改造和沉陷区治理仍未彻底完成，失业矿工和城市低保人员的社会保障问题亟待解决。资源型地区的发展现状表明，加快转变经济发展方式仍有待努力。

第五节　我国资源型地区的分类与发展

一　我国资源型地区的分类

资源型地区有多种分类方法，例如根据地区主导资源不同，可分为煤炭资源型地区、石油天然气资源型地区、有色金属资源型地区、黑色金属资源型地区和森林资源型地区等；按照自然资源开发种类的多少，划分为单一资源型地区和综合型资源型地区；按照产业结构形式可划分为采掘型资源型地区和采掘加工型资源型地区；按照资源的开发程度和发展阶段分为成长型资源型地区、成熟型资源型地区、衰退型资源型地区和再生型资源型地区等。

其中，对我国资源型地区转型发展面临的问题和解决路径最具有研究意义的分类方式当有以下四类地区，即成长型资源型地区、成熟型资源型地区、衰退型资源型地区和再生型资源型地区，《全国资源型城市可持续发展规划（2013~2020年)》对国内资源型城市的分类即采用了这一标准。这一标准有利于明确资源型地区的资源开发程度和发展阶段，以便有针对性地研究我国资源型地区转型发展面临的问题并提出解决路径，达到分类引导各类地区科学发展的目标。

在这种分类方式下，根据县级及以上行政区的资源开发程度和发展阶段，对我国内蒙古、贵州、黑龙江、新疆、辽宁、甘肃、青海、山西等主要资源型地区进行分类（见表1-4）。

表1-4 资源型地区综合分类

省份	成长型	成熟型	衰退型	再生型
山 西	朔州市	大同市、阳泉市、长治市、晋城市、忻州市、晋中市、临汾市、运城市、吕梁市、古交市	霍州市	孝义市
内蒙古	呼伦贝尔市、鄂尔多斯市、霍林郭勒市、锡林浩特市	赤峰市	乌海市、阿尔山市、包头市石拐区	包头市
辽 宁		本溪市、调兵山市、凤城市、宽甸满族自治县、义县	阜新市、抚顺市、北票市、辽阳市弓长岭区、葫芦岛市南票区和杨家杖子开发区	鞍山市、盘锦市、葫芦岛市
黑龙江		黑河市、大庆市、鸡西市、牡丹江市、尚志市	伊春市、鹤岗市、双鸭山市、七台河市、大兴安岭地区、五大连池市	
贵 州	六盘水市、毕节市、黔南布依族苗族自治州、黔西南布依族苗族自治州	安顺市、清镇市、开阳县、修文县、遵义县、松桃苗族自治县	铜仁市万山区	
甘 肃	武威市、庆阳市、陇南市	金昌市、平凉市、玛曲县	白银市、玉门市、兰州市红古区	张掖市
青 海	海西蒙古族藏族自治州	大通回族土族自治县		

续表

省份	成长型	成熟型	衰退型	再生型
新疆	阿勒泰地区、哈密市、阜康市、鄯善县	克拉玛依市、巴音郭楞蒙古自治州、和田市、拜城县		

资料来源：《全国资源型城市可持续发展规划（2013～2020年）》，2013年11月。

在我国主要的资源型地区中，山西主要显现出成熟型资源型地区的特征，内蒙古兼具成长型和衰退型资源型地区的特征，辽宁表现为兼具成熟型、衰退型和再生型资源型地区的特征，黑龙江主要表现为兼具成熟型和衰退型资源型地区的特征，贵州、青海、新疆主要表现为成长型和成熟型资源型地区的特征，甘肃兼具成长型、成熟型和衰退型资源型地区特征。对于呈现不同特征的资源型地区，应设计不同的转型和发展目标及路径。对于成长型资源型地区，一方面应继续规范原有资源开发的秩序，另一方面积极谋划布局未来重点发展战略性新兴产业的方向和路径；对于成熟型资源型地区，要在提高原有资源型产业技术水平的基础上积极推进产业结构调整升级；对于衰退型资源型地区，则应把扶持接续替代产业作为发展经济的重中之重；对于再生型资源型地区，则应在改造提升传统产业的同时加快培育发展战略性新兴产业，更加充分地发挥战略性新兴产业对区域经济的贡献作用。

二 我国资源型地区的发展现状

（一）产业结构失调

在我国资源型地区，第二产业占地区生产总值的比重普遍较高，第一产业和第三产业比重一般均显著低于全国平均水平。由于近几年各地区都有意识地加大了产业结构调整的力度，与早些年相比，资源型地区的第二产业比重已经显现出逐年下降的趋势。从2015年8个资源性省份的三大产业占GDP比重来看，山西、内蒙古、辽宁、青海的第二产业比重仍然高于40.5%的全国平均水平，其中内蒙古和青海第二产业比重高于50%的水平（见表1-5）。由此可见，资源型地区三次产业结构仍有待调整，经济转型任重道远，抗风险能力亟待加强。

表 1 - 5   2015 年我国主要资源型地区的三大产业比重

单位：%

省份 指标	山西	内蒙古	辽宁	黑龙江	贵州	甘肃	青海	新疆
第一产业占 GDP 的比重	6.2	9.0	8.3	17.5	15.6	14.4	8.6	16.7
第二产业占 GDP 的比重	40.8	51.0	46.6	31.8	39.5	36.8	50.0	38.2
第三产业占 GDP 的比重	53.0	40.0	45.1	50.7	44.9	48.8	41.4	45.1

资料来源：根据各地区 2015 年统计公报整理。

（二）经济下行压力较大

在当前我国整体经济增速放缓的新常态下，资源型地区的经济下滑趋势更加明显。8 个资源型省份 2011～2015 年生产总值增长率均呈现不同程度的逐年下滑趋势。全国 31 省份 2015 年经济数据显示，2015 年 GDP 总量排名，黑龙江、山西、贵州、新疆、甘肃、青海等资源型地区均位列后 10 名之中；辽宁虽然 GDP 总量略高一些，却以 3% 的 GDP 增速在全国各省份 GDP 增速中居倒数第一位，创下 23 年以来的最低值，低于全国平均水平（6.9%），比山西省 3.1% 的 GDP 增速还低 0.1 个百分点。山西曾经在 2014 年以 GDP 增速 4.9% 在全国各省份 GDP 增速排名中居倒数第一位（见表 1 -6）。[①] 由此可见，资源型地区与全国各地区在经济发展方面的差距日益明显，其面临的经济困境和资源型地区特有的发展难题应当引起足够重视。

表 1 - 6   我国主要资源型地区 2011～2015 年生产总值增长率

单位：%

省份 年份	山西	内蒙古	辽宁	黑龙江	贵州	甘肃	青海	新疆
2011	13.0	14.3	12.2	12.2	15.0	12.5	13.5	12.0
2012	10.1	11.7	9.5	10.0	13.6	12.6	12.3	12.0
2013	8.9	9.0	8.7	8.0	12.5	10.8	10.8	11.1

---

① 宋雅静：《31 省区 2015 年 GDP 排行榜出炉 23 地同比增速超 7%》，中国经济网，http://district. ce. cn/zg/201601/28/t20160128_8596192. shtml，2016 年 1 月 28 日。

续表

省份 年份	山西	内蒙古	辽宁	黑龙江	贵州	甘肃	青海	新疆
2014	4.9	7.8	5.8	5.6	10.8	5.6	9.2	10.0
2015	3.1	7.7	3.0	6.9	10.7	8.1	8.2	8.8

资料来源：根据各地区 2011~2015 年统计公报整理。

（三）投资增长动力不足

当前投资仍然是拉动我国大部分地区特别是资源型地区经济增长的最主要动力，但从目前情况看，资源型地区的全社会固定资产投资增长率普遍呈逐年下降的趋势，投资形势十分严峻。特别是辽宁，2014 年和 2015 年固定资产投资分别下降了 1.5% 和 27.8%（见表 1-7），这既有宏观环境变化的影响，但更多显示出投资增长点和动力源不足的问题。这些资源型地区大多处在资源型产业去产能的过程中，在非资源产业领域形成新的有效投资还存在一定困难。

表 1-7　我国主要资源型地区 2011~2015 年全社会固定资产投资增长率

单位：%

省份 年份	山西	内蒙古	辽宁	黑龙江	贵州	甘肃	青海	新疆
2011	27.3	21.5	30	31.8	60.1	40.16	34.2	33.1
2012	24.5	20.3	23.2	30.0	53.1	43.85	33.9	35.1
2013	22.1	18.4	15.1	18.6	29	27.11	25.2	30.2
2014	11.5	15.6	-1.5	1.5	23.6	23.86	21.0	25.2
2015	14.8	14.5	-27.8	3.1	21.6	11.17	12.3	12

资料来源：根据各地区 2011~2015 年统计公报整理。

（四）社会民生发展滞后

从我国主要资源型地区 2013~2015 年城镇登记失业率的数据（见表 1-8）可以看出，除黑龙江和甘肃近年来城镇登记失业率有小幅下降外，其他资源型地区的城镇登记失业率均呈上升或与上年持平的发展趋势。资源型地区下岗失业人员增加，出现失业的岗位大部分与资源型企业近年来的减产停产相关。资源型地区的就业形势不容乐观，不但是区域经济不景气的缩影，也对居民收入水平和生活质量造成了直接的负面影响，并可能由此引发一系列社会问题，成为影响资源型地区社会稳定的重要因素。

表 1 - 8　我国主要资源型地区 2013~2015 年城镇登记失业率

单位：%

年份 省份	山西	内蒙古	辽宁	黑龙江	贵州	甘肃	青海	新疆
2013	3.3	3.66	3.4	4.43	3.26	2.35	3.3	3.4
2014	3.4	3.59	3.4	4.47	3.27	2.19	3.2	3.17
2015	3.5	3.65	3.4	4.05	3.29	2.14	3.2	4

资料来源：根据各地区 2013~2015 年统计公报整理。

第六节　资源型城市转型案例

一　我国越来越多的资源型城市开始重视新兴产业

大庆是我国第一大油田，连续 20 多年原油实现高产稳产，每年产油 5000 万吨。面对资源快速减少的局面，从 1992 年起，当地政府发挥主导作用，推进经济转型，不懈探索，发展战略性新兴产业。在石化、农产品加工、机械、电子等产业快速发展的同时，依托其资源优势，合理确定主导产业；妥善解决转型过程中可能出现的社会问题，并积极争取国家政策、资金支持；加大对环境的整治力度，从经济社会、环境等方面保证城市转型顺利进行。

东营市是胜利油田所在地，油田目前尚处于稳产期。21 世纪初国家提出黄河三角洲开发战略，城市转型效果显著。一是在以石油工业为主的同时，大力推进石油化工、精细化工、盐化工、机械电子、橡胶制品、食品加工等产业。二是突出生态、绿色、高效，大力推进农业发展，着力引进农业龙头公司。三是在服务业发展上，积极改造提高传统服务业，大力发展现代服务业。地方经济占全市经济比重达到一半以上。在经济转型的同时，积极做好城市建设、社会民生以及环境资源整治等工作，排除了城市转型的后顾之忧。

盘锦市是辽河油田所在地。近年来，在资源型城市定位下，盘锦市注重可持续发展，抓住发展契机，走出了一条资源型城市转型的特色之路。坚持以项目带动的方式，整合各项资源，壮大工业规模，扩大服务业比重，积极构筑非油产业集群；完善基础设施建设，建成宜商宜居的环境；以改革开放为抓手，吸引投资，带动外向型经济发展；在经济转型的同时，做好社会事业的转型，为城市发展营造良好的人文环境。

二 美国匹兹堡依靠新兴产业焕发城市生机

美国钢都匹兹堡于 20 世纪 70 年代后期陷入资源枯竭、企业大量倒闭、经济严重衰退、社会问题集中爆发的困境。之后，匹兹堡市政府采取了多项政策和措施进行改革，主要是利用高新技术改造传统产业。如今，该市仍然是美国的钢铁中心，其机电设备等工业居全美领先地位。此外，其炼油、电子、化工和医药等产业也相当发达。他们的主要经验如下，一是大力发展新兴产业。政府制定政策，制定新兴产业发展规划。更新陈旧生产设备，利用新工艺和高科技研发成果对传统制造业进行技术改造，加大新兴技术和产业投资，提高劳动生产率，使高新技术、信息科技在制造业中发挥巨大的作用。二是积极培育发展服务业。以金融保险、工程设计、科研开发、房地产等为主的生产性服务业，以及教育和医疗卫生的社会性服务业得到大力发展，提供了大量的就业机会，缓解了社会就业压力。三是注重科研机构的应用研究，有 300 多个新公司在应用研究成果的支持下诞生，在产业园区中将企业与研究紧密结合，促进成果转化，促进新技术、新产业快速发展。

｜第二章｜
后金融危机时代新兴产业

第一节　新兴产业概念界定

一　新兴产业概念的内涵和基本属性

（一）新兴产业概念内涵

新兴产业从概念上讲是相对于传统产业而言的，一般是指随着新的科技发明或伴随新的消费需求而诞生的新产业、新行业，而一些有颠覆性的新兴产业可能会对未来经济社会发展走势起到支配作用，如电子商务对传统贸易企业的冲击。然而，直到目前国际学术界对新兴产业尚未有统一的定义。美国的波特在《国家竞争优势》中指出，新兴产业是建立或通过传统产业改造，具有较高技术含量，以产业科技创新能力的提升以及相对成本的降低为目标的产业。[1] Day 和 Schoemaker（2000）指出，新兴产业是为应对生产、交流和分配的新技术而产生的。[2] Matti Projola（2000）认为，新兴产业实质是新技术的产业化。[3]

1992 年，我国提出了发展战略性新兴产业的设想；2012 年，国务院将战略性新兴产业列入"十二五"国家发展规划。所谓战略性新兴产业，就

---

[1] 〔美〕迈克尔·波特：《国家竞争优势》，李明轩、丘如美译，华夏出版社，2002，第 213 页。

[2] Day & Schoemaker, *Wharton on Managing Emerging Technologies*（Johnliaisons, Inc, 2000）: 79.

[3] Matti Projola, "The New Economy: Facts, Impacts and Policies," *Information Economics and Policy* 14（2002）: 133 - 144.

是指对我国经济社会发展全局与长远发展具有重大引领带动作用，以重大技术、理论突破、重大发展为基础的知识技术密集、成长潜力大、物质资源消耗少的综合效益好的产业。[1] 战略性新兴产业体现当今世界知识经济、循环经济、低碳经济的发展方向，尚处于成长初期。[2] 从上述定义和表述中能够看出，战略性新兴产业就是新兴产业的子集，是新兴产业中那些对未来经济社会发展起重大影响并发挥重要作用的新兴产业，是具有长期的总体影响而非短期的局部影响的新兴产业，其核心要素是战略性和新兴性，有选择地发展战略性新兴产业而不是不加选择地发展新兴产业与我国国情密切相关。

应当说，从产业全生命周期来看，新兴产业是一个阶段性和动态的概念，是一个不断演化的对象，是代表市场对经济系统整体产出的新要求，随着新的科研成果和新技术的发明、应用将承担新的职能，但是仍处于产业生命周期中前期的产业。[3] 在本课题研究中除非特别说明，文中所提的新兴产业一般是指中央政府鼓励、扶持的战略性新兴产业，资源型地区在转型过程中应根据比较优势和竞争优势选择发展那些适合自身特点的新兴产业。

（二）新兴产业基本属性

1. **普遍具有较高的创新性**

新兴产业是科技创新较为集中的领域，新兴产业的发展与新技术、新发明、新知识的产生紧密相连，是在科技创新与新科技成果应用的基础上形成的产业。新兴产业一般体现为新兴科技与实体经济的深度融合，只有那些以重大技术突破、理论突破或满足重大经济社会需求的创新才有可能成为战略性新兴产业，进而抢占经济发展的制高点，而那些缺乏持续创新的新产业很快将失去发展基础。

2. **风险性高，产业链不健全**

新兴产业一般处于产业发展的初期阶段，在技术、市场等方面存在诸

---

① 国务院：《"十二五"国家战略性新兴产业发展规划》，2012 年 7 月。
② 国家发改委：《战略性新兴产业对经济社会发展贡献日益突出》，《中国矿业报》2016 年 8 月 3 日。
③ 卢文光、杨赛明、黄鲁成：《基于熵权法的战略性新兴产业识别和选择——以 LED、IPV6、太阳能电池三产业为例的实证研究》，《技术经济》2012 年第 8 期。

多不确定性，技术创新能否得到市场认可，需要很长时间的迭代过程，风险很高。许多新兴产业没有显性需求，没有可精确描述的产业预期。从产业层面看，一些新兴产业往往没有定型的设备、技术、产品以及服务，也没有参照系，没有成熟的上下游产业链。

3. 导向性强，发展潜力巨大

新兴产业综合带动能力强，能够助推产业结构高级化，促进区域经济转型发展，进而带动整个经济社会向上跃升。新兴产业由于技术含量高、附加值高已经成为新的经济增长点。新兴产业的发展与我国政府的政策导向和未来经济发展重心方向一致，能够对区域要素集聚、竞争优势形成、科技进步、智力资源形成发挥重要作用，具有很强的导向作用，能够引领未来经济社会可持续发展。

二　新兴产业重要作用和资源型地区产业接续与再造

近年来，我国战略性新兴产业保持了良好发展态势，集聚了一批科技企业，成为引领经济平稳增长的重要力量，在促进经济结构升级方面发挥了积极作用，"十三五"期间国家继续把战略性新兴产业作为发展重点并列入规划，充分发挥其稳增长、稳投资、稳就业的重要作用，并加快实施一批重大项目，全面强化金融支持，不断深化重点领域改革，推进战略性新兴产业发展。

（一）新兴产业的重要作用

1. 是抢抓新一轮国际产业发展机遇的迫切需要

历史经验表明，每一次重大经济危机都孕育着新的发展机遇，新兴产业可能会带来新一轮经济的增长和繁荣。占有科技创新优势，便会掌握未来经济发展的主动权，为经济发展提供新的引擎。当前以高端装备、新材料、新能源、生物技术、信息产业等为代表的新兴产业，已经成为国家培育经济新动力的重要战略。目前，以中国为代表的发展中国家，正通过加快技术创新和产业调整，积极培育和发展新兴产业，以带动新一轮经济增长。新兴产业已经成为引导未来经济社会发展的重要力量，在这样的背景下，积极谋求发展新兴产业，紧抓发展机遇，对于我国促进经济社会全面、可持续发展，提升产业的国际竞争力具有重要的意义。

2. 是转变经济发展方式调整经济结构的重要手段

结构问题是我国当前面临的重要问题，是突破中等收入陷阱实现产业高级化必须克服的问题。后金融危机时期，全球产业将面临新一轮大调整，促进经济发展方式由粗放型向集约型、由低级向高级转变成为后金融危机时期我国经济转型的重要任务。新兴产业是实现新一轮经济增长和结构优化升级的重要突破口，是推动经济社会发展的革命性力量。在新兴产业发展过程中，技术更新、产品升级换代，不但能够拉动区域经济增长、优化产业结构，也能加快经济发展方式的转变。实现产业结构调整和资源优化配置是转变经济发展方式的一个重要特征。新兴产业作为转变经济发展方式的重要载体，可以引领经济社会实现可持续发展。

3. 是推动绿色发展、低碳发展和可持续发展的客观需要

低碳经济顺应了历史潮流，是以低能耗、低污染和低排放为基础的经济模式，其实质是能源技术创新、制度创新、人类生存发展观念等的根本性转变。① 近年来，随着全球气候环境变化，世界各国都面临发展低碳经济新的要求，"节能减排""低碳经济"等新理念成为当前世界各国关注点之一。从环境保护角度来说，新兴产业大多是技术含量高、低排放、低污染的产业，通过发展新兴产业推动产业升级，转变发展方式，对优化能源结构、保护环境、减排温室气体、应对气候变化等都具有重要的作用。

4. 是促进充分就业进一步改善民生的重要手段和途径

新兴产业发展在带动产业转型、产业高级化的同时，促进了就业的发展，带动了就业的转型。新兴产业作为增量工业资产能够推动就业人数和结构的演化，而优质的就业结构也为产业结构的高级化奠定了坚实基础。随着近年来我国科技进步和产业升级的加快，以新一代信息技术产业、新材料产业、新能源产业等为代表的新兴产业不断发展和壮大，在很大程度上缓解了就业压力，拓宽了就业的空间、领域和层次，为改善民生奠定了基础。应当看到，新兴产业是以技术密集型和知识密集型为主导的产业，这类产业的发展能够极大地提高劳动者的素质，对我国形成以知识经济为主导的新型经济体系发挥重要作用，也能进一步增强我国竞争力。

---

① 胡迟、胡敏：《积极把握进入低碳时代的企业创新机遇》，人民网，http://politics.people.com.cn/GB/1026/10494207.html，2009 年 12 月 2 日。

（二）资源型地区产业再造和发展新兴产业

1. 资源型地区打造接续产业和产业再造过程中发展战略性新兴产业是现实可行的

从我国资源型地区分布来看，经过半个多世纪工业化和粗放式开采后，资源枯竭城市数量呈加速上升态势，许多资源型地区随着资源可开采量下降，逐步丧失其固有的比较优势。由于长期依赖资源开采，资源型城市资源枯竭后暴露出支柱产业迅速空心化问题，进而形成产业、资本洼地，按照一般的经济学理论，人们很容易想到在这些地区通过承接产业转移，使其经济水平与发达地区达到趋同或收敛状态，如索罗经济增长模型展示的那样，依靠资本积累达到趋同效果，但世界经济史无数的实证经验已经证明，资源地区资源枯竭后很难与发达地区达到趋同而更有可能形成长期趋异，最好的结果像法国的洛林那样在生产环节找到了自身定位，而多数地区将长期面临发展滞后局面。当我们为国内 130 多个资源型城市转型寻找方向时，必须进行开创性的研究，找到突破既有模式的路径，为此笔者参考凯恩斯主义和东亚经济模式成功的经验和我国体制的优势，并在此基础上建立起新的极化涓滴效应 H－L 模型，模型的基础是自然科学的耗散结构论、协同论和突变论理论，其关键是利用产业政策改变资源型地区至少一种关键要素，以诱发经济系统实现突变，进而带动经济体的整体跃升。这种在相对落后地区发展新兴产业的假设是一种新的理论尝试和观念创新，即在缺乏广泛创新基础的资源型地区，利用产业政策和经济杠杆发展高端战略性新兴产业。这种理论的逻辑原点是利用经济地理布局固有优势，使分布在二线地区的资源型城市有选择地发展战略性新兴产业，特别是那些已经形成一定规模，其生产环节有潜在转移需求的新兴产业，资源地区将以新的身份支撑一线城市发展，其增长极向产业链高端跃升，助推我国迈向发达国家行列，形成新的更加强大的工业体系。

2. 资源型地区面临资源枯竭是资源型产业发展的必然趋势

将发展战略性新兴产业作为资源型地区转型升级的重要途径和方向，有助于缓解资源型地区可持续发展压力，抑制人口流失，促进知识经济在二线城市产业经济中发挥更加重要的作用。资源型地区普遍存在经济增长方式粗放、资源利用效率低、资源枯竭、生产效率低下、结构不合理、环境污染严重等突出问题，同时面临许多社会问题。资源的有限性和不可再生性决定资源型地区产业转型升级的必然性。为充分利用资源型地区良好的工业基础，防止形成新的经济洼地，更好地保障民生，选择具有技术含量高、资源消耗低、综合效益好等特征的新兴产业，可有效促进资源型地区技术、人才等创新要素重新汇集，加快结构调整步伐，缓解资源短缺压力，保护日益破坏的生态环境，最大限度地促进资源型地区实现绿色、低碳、可持续发展。当然资源型地区只有通过技术创新、制度创新和管理创新，才能够实现"知识溢出效应"，提高自主创新能力，进而带动上下游配套产业技术升级、品质提升，形成技术创新的效应和氛围，提升区域创新环境，促使资源型地区用竞争优势替代不断丧失的比较优势。

第二节　后金融危机时期：产业技术创新、科技革命和我国的抉择

后金融危机时期，发达国家为实现经济复苏和增长而进行战略性调整，国际贸易保护主义抬头，美国再工业化、发展耐用工业品生产呼声高涨，特朗普总统上台后促进制造业回流趋势可能得到强化。与此同时，发达国家加大科技投入和创新，发展新兴产业。从总体上讲，当今世界的科技格局、产业格局日益呈现多元化、多态化、多样化，发达国家制定的科技发展路线图需要经过不断迭代才能显示出最终潮流和发展趋势，并通过科技与产业的有效融合得以实现。

一　后金融危机时期面临的不确定性

（一）后金融危机时期

全球产业经济呈现出较大的不确定性，并对世界经济和产业发展产生广泛和深远的影响。目前欧洲发达国家并未完全从债务危机中解脱出来，美国经济增速虽然又回升到 2007 年以来的最高值，但实体经济面临的问题仍然较多，以中国为代表的发展中国家面临经济增速下滑、外部需求萎缩、通货膨胀、产能过剩等一系列现实问题，资源环境、结构调整、国际竞争等压力日益突出。为摆脱后金融危机时期的长期萧条，世界主要国家纷纷采取一系列积极措施加大产业结构调整，加快科技创新和体制创新，增强经济可持续增长的后劲，以克服经济萧条带来的不利影响。许多国家

的目光不约而同地转移到发展新兴产业上来，只有新兴产业的增长和发展，才能创造新的需求，才能引领和促进经济实现长期可持续发展。新兴产业的优势不断凸显，新兴产业发展好的国家在国际竞争中将取得有利的地位。

（二）后金融危机时期国际有效需求市场萎缩、贸易保护主义抬头和经济增长乏力等，使得如何尽快摆脱经济停滞和低速增长，提升本国和地区的综合竞争力，成为世界性的课题

在后金融危机时期，如果说一轮新的技术革命正在酝酿和开展，那么谁掌握和培育出新产业、率先实现重大科技突破，谁就能在新一轮经济发展中占据制高点。但是很难以历史决定论观点确定未来的发展，信息革命仅仅不到 20 年，人类能否再次引发新的技术革命是不确定的，科学决定论只能证伪。但是作为研究还是要从经济史中获取灵感，世界经济史表明，在经济动荡的过程中，特别是当经济在每次重大的周期性调整过后，伴随着新的经济秩序重建，全球产业结构都要进行大调整。基于此认识，很多国家和地区都在紧抓新科技革命的重大机遇，寻找下一轮经济增长的动力和引擎，加大对新兴产业的投入和关注。美国首选新能源产业为其经济发展的突破口，大力培育和扶持新兴产业，以摆脱经济的疲软状态，强化其在国际分工体系中的主导地位，拉开了全球新兴产业竞争的序幕。欧盟、日本、韩国等加入竞争，采取行动推动新兴产业发展，谁都不想放弃其在全球治理结构中的有利地位。

二 产业技术创新、产业革命孕育与兴起

（一）技术进步一直是产业革命的先导，产业革命是技术进步的结果，而新技术和重大需求则是产业革命的前提条件

国际金融危机凸显世界经济的一大症结，就是科技创新滞后于实体经济发展，实体经济创新滞后于虚拟经济，以致整体经济发展失去平衡。为什么每次产业革命都会催生新的技术革命和产业革命？因为在危机中实现了结构的重组，淘汰了旧的、落后的、无效率的技术、企业和产业，从而出现了新的技术、新的产业。[①] 如果我国依靠科技创新、管理创新和制度

---

① 吴敬琏：《投身新技术和产业革命》，《投资者报》2009 年第 11 期。

创新，以新一轮技术革命为战略支点，积极打造新的经济增长点，就能在新兴产业革命中占据先机。

（二）后金融危机时期世界范围技术革新正在加速推进，能否酝酿成一场技术革命还有待观察，但总的趋势没有改变，谁掌握和培育出新的经济增长点，谁就能在新一轮经济发展中占据制高点

目前，最可能孕育兴起的新一轮科技革命和产业变革的方向是以新能源、信息、计算机和互联网技术的重大创新为代表的，能够导致工业、产业乃至社会发生重大变革的事件，这可能会导致一批新兴产业的诞生并替代已有的产业，从而带来社会生产方式、制造模式甚至交易方式等方面的革命性突变。目前，这种趋势已经初具端倪，信息技术、生物技术、新材料技术、新能源技术的广泛渗透，带动绝大多数领域发生了以绿色、智能、泛在为特征的群体性技术变革。[1] 这种变革呈现出学科交叉融合、领域不断延伸的新特点。在这个过程中，世界上许多国家和地区开始对新兴产业进行扶持、培育，把发展新兴产业作为经济社会发展的突破口，增强经济发展的内生动力。美国、日本以及欧盟等发达经济体都把科技创新作为本国或本地区经济的支撑和动力，高度重视绿色技术革命，积极发展新能源产业等，培育和发展新的竞争优势，积极面对新一轮技术和产业革命。

三　我国结构性改革与新兴产业发展抉择

改革开放 30 多年来，我国经济结构经历了多次调整，每一次调整都使经济跃升到更高的层次和能级，但是按照发展经济学的观点，越过中等收入陷阱前的经济增长从本质上说都是低水平的数量扩张，其支撑技术为一般的适用技术，这些技术溢出没有国际限制。实证经验表明，只要有稳定的政治、社会环境和产业政策，发展中国家达到中等收入陷阱的上极值是相对容易的，但是能够越过这个限度的除了东亚的几个国家和地区外鲜有实证，我国在改革开放、结构调整中充分借鉴了东亚模式和凯恩斯主义。我国地理和人口因素情况比较特殊，东部发达地区人均 GDP 已经越过中等

---

① 习近平：《在中国科学院第十七次院士大会、中国工程院第十二次院士大会上的讲话》，《人民日报》2014 年 6 月 10 日。

收入陷阱阀值上限，而西部地区还在此之下。从整体上看，我国经济已经到达要素驱动、效率驱动向创新驱动转化的临界点，未来经济增长、结构调整只能依靠科技进步触发，而新兴产业和高技术产业是结构调整的关键要素，这也是林毅夫新结构经济学的核心观点。

在后金融危机时期经济结构调整中，我国中央政府明确了战略性新兴产业重点方向、任务和扶持政策。主要是根据七大领域新兴产业发展状况，强化重点领域科技创新，以提升产业综合竞争力。基本思路是推进技术创新和自主创新，增强企业创新主体地位。健全产业发展创新支撑体系，完善创新平台和载体建设，加快成果转化，推动产业集聚发展。加快创新人才、创新团队建设，支持重点产品、技术和服务拓展国际市场。实施重大应用示范工程，加快新兴产业市场拓展和模式创新，完善技术标准，实施市场准入制度。扩大国内外合作，开展多渠道、多层次、多方式的科技合作和交流。优化投融资体系，支持科技企业开展多种形式的境外投资，增强国际投融资的质量。加大科技金融创新力度，鼓励和引导社会资本投入。设立产业发展专项基金，落实推动战略性新兴产业发展的税收支持政策。

第三节 自由市场背景下：主要发达国家新兴产业发展战略、特点和经验

西方发达国家普遍实行自由市场经济体制，这是一套相当完善的建立在充分竞争基础上的产业自发选择逻辑，也是古典经济学派和新古典学派所推崇的，但是华盛顿共识在推广实践中鲜有成功的例子，趋同或收敛只在发达国家内部得以实现，而随着东亚模式成功实现追赶，日本、韩国、新加坡等国家的崛起，促使产业激励政策进入西方国家治理的工具箱。但西方国家发展新兴产业的政策多是柔性的，科技企业拥有充分的选择权，产业界随机漫步式地发展，政府制定的新兴产业发展战略和经验值得我们选择性借鉴。

一 美国新兴产业发展战略

美国是全球科技的引领者，也是 2007 年全球金融危机的发源地。在后金融危机时代，美国必须寻求一个新的产业来拉动经济的发展，美国通过

多种措施，大力发展新能源、生物技术、信息和航空航天等领域战略性新兴产业（见表 2-1）。

表 2-1 后金融危机时期美国新兴产业相关政策措施

时间	政策	主要内容
2009 年 2 月	《美国复苏与再投资法案》	以新能源为主要扶持产业，选择高效电池、智能电网、碳捕获和碳存储，以风能、太阳能为重点的可再生能源的开发和利用
2009 年 9 月	《政府的创新议程》	确定新能源、生物医药、智能电网、健康信息、交通的技术开发和产业发展为优先发展领域，其中新能源、生物医药为基础科学研究的重点
2009 年 9 月	《美国创新战略：促进可持续增长和提供优良的工作机会》	推动清洁能源革命、支持先进汽车技术、推进医疗卫生信息技术发展
2009 年 12 月	《重整美国制造业框架》	优先支持高技术清洁能源产业，大力发展生物工程产业、航空产业、钢铁和汽车工业、纳米技术产业，大力发展智能电网
2010 年 1 月	《联邦创新计划》	加大对基础研究的支持，支持私人部门的研究和试验、保护知识产权、促进国家优先扶持领域的发展，提高政府透明度与协作程度促进新兴产业发展
2011 年	《美国创新战略：确保我们的经济增长与繁荣》	构建创新生态系统，健全先进的物质基础设施和刺激有效创业的竞争市场，用高效的知识产权来保护独创性；重点推进清洁能源技术、生物技术、纳米技术、高端制造技术、太空技术和卫生医疗技术等领域
2015 年 10 月	《美国创新新战略》	强化先进制造、精密医疗、大脑计划、先进汽车、智慧城市、清洁能源和节能技术、教育技术、太空探索和计算机九大领域的布局

（一）高度重视发展新能源产业

国际金融危机以后，美国有选择、有重点地确立了以新能源为主要战略的主攻方向。美国首选新能源产业，把新能源作为促进美国经济增长的重要增长极，通过大力发展清洁能源和低碳技术，以实现"美国能源独立"，同时也希望由此实现美国经济结构的战略性调整和转变。美国出台《能源政策法》、太阳能"百万屋顶计划"、《美国复苏与再投资法案》、《美国清洁能源安全法》、《全方位能源战略——通向可持续经济发展之路》等一系列鼓励新能源技术创新和产业发展的政策，加大力度培育和扶持太阳能、风能、生物质能、海洋能、新能源汽车等重点领域的快速发展。2009 年 2 月公布的《美国复苏与再投资法案》被称为"能源新政"，明确了国家重点投资可再生能源与节能项目、生物医药以及环境保护等项目，从国家层面制定战略性新兴产业的发展目标、重点培养领域、支持政策等。2014 年美国公布了《全方位能源战略——通向可持续经济发展之路》，利用能源革命促进美国经济复苏，支持可再生能源、核能和其他零碳能源的研究、开发和应用，并支持在能源效率提升方面的投资。[①] 在新能源产业发展过程中，美国坚持政府、市场和科技联合互动，通过提高财政预算促进新能源技术研发、税收补贴、对私营企业的科学研发投资等推动新能源产业发展。

（二）大力推动智能制造业

为推动制造业的发展，美国提出"再工业化"和"重振美国制造业"战略，出台《重整美国制造业框架》《制造业促进法案》《先进制造业国家战略计划》等政策和措施，提升制造业的创新水平和创新环境。美国提出政府与企业、大学、社区共同建立全国制造业创新研究网络，政府出资10 亿美元，在 10 年内创建 15 个制造业创新研究所。[②] 鼓励发展先进制造业，建立先进制造合作伙伴，强化在关键产业的本土制造能力，改革创新先进制造业的生产模式，如虚拟制造、绿色制造、计算机集成制造等，加快传统产业的调整升级，促进先进制造业的发展。2012 年建立了第一个制造业革新中心，重点发展立体打印技术。出台措施降低制造业成本，如减少管制和司法诉讼、实施节能计划降低能源成本等具体实施方案为制造业的振兴创造条件。为鼓励制造业回归，美国制定了相关的优惠政策，提供税收等方面的优惠，如增加对先进制造业研发计划拨款，支持创新性制造流程，加强对纳米制造、生物制造、工业机器人、3D 打印、先进设计、新一代信息网络、物联网、先进材料及国防科技工业等领域的投资。[③]

---

① 美国白宫经济顾问委员会：《"全方位"能源战略——通向经济可持续增长之路》，何继伟、杜雨潇、田原译，新华网，http://www.js.xinhuanet.com/2015-03/19/c_111469691 3_4.htm，2015 年 3 月 19 日。
② 甄炳禧：《智能制造与国家创新体系——美国发展先进制造业的举措及启示》，《人民论坛·学术前沿》2015 年第 6 期。
③ 甄炳禧：《智能制造与国家创新体系——美国发展先进制造业的举措及启示》，《人民论坛·学术前沿》2015 年第 6 期。

（三）重视科技研发和财政投入

美国非常重视高科技成果的产业化发展，对基础前沿研究非常重视并制定相关的政策加以巩固和发展。在《重整美国制造业框架》中以加强基础性和前沿技术研究为目标制定了计划追加的资金额度、使用方式等。在生物技术、信息技术、航空航天、纳米技术等领域发展一批拥有贝尔实验室式的技术创新中心。美国非常重视对战略性新兴产业特别是新兴高技术产业的投入，通过制定和出台一系列政策加大对战略性新兴产业的扶持。2010年政府提出要保障新能源等方面的投资力度，明确提出未来十年将投入1500亿美元资助替代能源研究，并为相关公司提供税收优惠。加大对纳米技术和产业的支持力度，2010年投入纳米技术的研发经费16亿美元。美国能源部还投入5600万美元资助新能源汽车新的研究项目，旨在降低电动汽车成本、提高行驶效率，同时对新能源汽车的生产、销售以及相关基础配套设施制定了税收抵免、财政补贴等鼓励政策。2015年12月，美国综合预算法案通过，在太阳能方面确定30%的投资税收抵免优惠政策延长三年，到2021年逐步递减，从2022年开始稳定在10%以内。

二 欧盟新兴产业发展战略

国际金融危机爆发后，欧盟计划重点在知识创新、商业环境改善、劳动力市场改革以及能源和气候变化四大领域推动成员国深化改革。[①]

（一）重视发展低碳经济

欧盟在发展低碳经济问题上，从排放指标的制定、科研经费的投入、碳排放机制的提出、节能与环保标准的制定等方面都采取了系列措施，加大力度发展低碳经济，带动欧盟经济向低排放、高效能方向转型发展。2008年欧盟通过能源气候一揽子计划，包括欧盟排放权交易机制修正案、碳捕获和储存的法律框架、欧盟成员国配套措施任务分配的决定等内容，制定了能源基础设施、提高能源利用率等一系列低碳经济发展的具体方针和政策。2011年，欧盟发布《低碳经济路线图2050》，在太阳能、生物能源等六个领域大力发展低碳技术，制定低碳战略和长期投资政策。欧盟推

---

① 尚军：《欧盟委员会推出"里斯本战略"新三年规划》，新华网，http://news. xinhuanet. com/newscenter/2007 – 12/12/content_7235930. htm，2007 年 12 月 12 日。

行研发框架计划,第七研发框架计划 (2007～2013 年) 10 项优先发展领域,有 3 项关系低碳技术。[①]

(二) 大力倡导绿色产业

国际金融危机以后,欧盟强调绿色技术的创新和投资,大力倡导绿色产业。欧盟制定了"环保型经济"的中期规划,计划投入 1050 亿欧元的财政资金,发展包括绿色能源、绿色电器、绿色建筑等在内的绿色产业。欧盟高度重视绿色创新研发,统筹和整合相关绿色创新研发计划,如创新与竞争力框架计划、欧洲绿色创新基础平台、欧盟第七研发框架计划等,推动绿色研发,优化创新研发资源配置以支持绿色创新技术的商业化和产业化。欧盟还十分重视高端制造业发展,积极调整产品结构,提高技术含量,支持节能企业节能技术改造,推行能效标识和能效指令,使其更加适应自动化、数控化、智能化和节能环保的需求。

(三) 推进智能产业发展

欧盟注重发展以知识和创新为基础的智能产业,并确定智能电网、物联网与云计算产业为欧盟发展的重点。《欧洲 2020:智慧,可持续与包容性增长战略》明确指出,欧洲要重点发展信息、节能、新能源和以智慧为代表的先进制造。在智能制造系统、未来工厂、火花计划、地平线 2020 等系列计划中,从规划、项目、资金等方面支持智能制造的发展,设立长期项目资金资助方式,推动智能制造的研发和市场化发展。2015 年,欧盟"单一数字市场"的战略重点是扶持智能工业,提出以智能工厂、标准、大数据、云计算和数字化技能为打造欧洲数字经济和数字社会的 5 个优先行动领域。2009 年战略能源技术计划路线图中,欧盟将智能电网作为第一批启动的研发投资重点,从政策、技术、需求、市场等方面进行了具体规划和部署,如《欧盟物联网行动计划》《欧洲数字计划》等,以及物联网在汽车、航空航天等领域的关键技术的突破。[②] "2016～2017 工作方案"提出,对物联网投资 1.39 亿欧元。欧盟将云技术产业作为"欧洲数字化议程"的重要组成部分,推出《欧盟 2020 战略》《云计算公私伙伴关系行

---

① 陈俊荣:《欧盟促进低碳经济发展的政策手段研究》,《对外经贸》2014 年第 11 期。
② 许爱装:《物联网全球发展现状及趋势》,全球政务网,http://www.govinfo.so/news_ info.php? id=17267,2013 年 7 月 29 日。

动计划》《释放欧洲云计算潜力》《欧盟云计算行动计划（2016～2020年)》等政策加大对云计算的支持力度和资金投入，积极推动云计算技术与相关产业的发展。欧盟虚拟科研基础设施网络体系、云计算网络成员体系、大型数据集处理中心等已粗具规模。

三 日本新兴产业发展战略

日本历来重视科技创新对产业发展的主导作用，进入 21 世纪，日本更加重视信息技术、新能源等新兴产业的发展，特别是在 2008 年国际金融危机爆发以后，日本加大对新兴产业的扶持和发展。

（一）根据发展阶段制定产业政策

日本在其经济发展过程中，根据不同的发展阶段对战略性新兴产业的发展也做出侧重和调整。日本政府非常注重新能源技术的开发，2008年推出低碳社会行动计划，重点扶持太阳能、核能等新能源产业。2009年 3 月，日本发布了为期 3 年的信息技术发展计划，加大信息技术在医疗、行政等领域的应用。2009 年 4 月，日本推出"新增长战略"，确定未来重点发展的方向为低碳经济、节能汽车、医疗护理、清洁能源发电等方面；同时推出《日本未来开拓战略》，明确提出发展太阳能、环保汽车等，截至 2009 年底，日本太阳能产业发展快速，全球太阳能电池约有 1/4 由日本企业生产。2009 年 12 月，日本出台了到 2020 年的中长期发展战略，确定以环境资源、医疗护理、文化旅游、科技创新、促进就业和人才培养六大领域为重点发展方向。同年还推出数字日本创新计划、宇宙基本计划、云计算特区计划等，重点支持信息通信、宇宙产业和云计算。2010 年日本推出下一代汽车战略、海底资源能源确保战略、产业结构展望 2010 方案和云计算与日本竞争力研究等，对战略性新兴产业进行部署和规划。2011 年出台了《可再生能源法案》，支持新能源产业。2013 年出台了《产业竞争力强化法》，规划和支持新能源、机器人、新一代汽车、先进设备制造等产业的发展。2015 年版日本《制造白皮书》提出要大力发挥 IT 的作用。

（二）发展智能制造产业

日本非常注重科技创新和科技投入，大力调整制造业结构，重点发展高端装备制造业，特别是机器人、3D 打印等智能制造领域。《科学技术基本计划》《科学技术创新综合战略——挑战新维度的日本制造》《综合战略2014》等从人才、基础研究、科技创新、重点技术等方面进行具体的规划和部署。在新一轮科技革命和产业变革的背景下，日本更加注重科技创新，制定了智能制造战略性技术路线图，加大对该领域尖端技术和核心技术的资金投入。日本仍然保持工业机器人产量、安装数量世界第一的地位，于 2015 年公布了《机器人新战略》，并成立机器人革命促进会，明确要扩大机器人应用领域，加快新一代机器人技术研发。政府对机器人制造企业实施了优惠税制、优惠贷款、减税等多项扶持政策，开发出新型可对话机器人等，在机器人应用领域实现突破性发展。

（三）制定多元化财税政策

日本通过加大投入、财政补贴、税收优惠、政府采购等财税政策鼓励和扶持新兴产业的发展，特别是出台多项鼓励新兴产品应用的措施，积极培育和壮大新兴产业市场。日本政府特别注重对重要节能技术开发、节能设备推广和示范项目的财政补贴，并逐年对其增加财政预算，给予节能投资企业贴息和低息优惠贷款，鼓励中小企业进入战略性新兴产业领域。2012 年，日本实施"可再生能源发电固定价格收购制度"，规定国家负责收购由产业经济省认证的太阳能发电设备产生的电能，收购价格为每千瓦时 42 日元，差额由财政补贴。① 日本对家用太阳能、新能源汽车等产品提供了高额补贴和极为优惠的免税政策，还对高新技术产业实行税收优惠和特别折旧制度，鼓励企业采用先进的技术设备，对企业固定资产税、资本收益税实行减免，对节能技术开发和产品实施税收优惠，对列入节能产品目录的设备实行特别折旧和税收减免政策。日本向来注重科技创新，加大科研资金投入，进行高新技术的研发和革新。在《实现面向未来投资的经济对策》中，日本计划投入 10.7 万亿日元完善基础设施，要加大人工智能、新材料、宇宙航空、能源等产业的基础性研究。日本加大新能源汽车、生物医药和医疗产业、太阳能电池等方面的投入力度，以增强基础技术、应用技术、新产品研发等方面竞争力。

---

① 乐绍延：《日本新能源产业在调整中发展》，《科技日报》2014 年 11 月 25 日。

四　发达国家发展新兴产业经验

(一)　立足客观实际选择适合的产业

产业的培育和发展必须切合本国或本地区的经济社会发展实际,要切合本国或本地区的发展阶段和发展特点。产业的培育与发展要遵循发展规律,要求技术进步,只有新技术和新发明的进步和突破,才能催生新工艺、新产品,新兴产业的发展才得以实现。国际金融危机后,美国和日本以及欧盟都将以新能源、环保产业为核心的绿色低碳产业提升到国家发展战略层面上来,政府选择产业发展方向,对产业发展基础、市场潜力、发展前景等进行充分的考量(见表2-2)。特别是日本,它是一个资源极度短缺的国家,国际金融危机后日本经济受到冲击,为实现经济重振,加快产业结构的优化和调整,日本特别重视对新兴产业的扶持,因此确立以新能源为主要战略目标,将新能源研发和利用作为新兴产业发展的关键领域,为此制定、实施新能源扶持政策,为日本经济发展注入新的活力。综观国外发达国家和地区新兴产业发展的实际,这些国家或地区都注重考量本国或本地区的发展实际,依据本国或本地区的经济发展水平、市场需求、科技和产业基础等,科学地选择和确定主导产业和重点领域,这样就能够充分发挥本国或本地区的比较优势和产业优势,打造自己的特色产业以更有效地促进新兴产业的发展,实现辐射带动作用,保证经济的长期健康发展。

表2-2　世界主要国家(地区)新兴产业侧重发展领域

国家/地区	新兴产业侧重发展领域
美国	新能源、新材料、生物、新一代信息技术、节能环保、航天等领域,宽带网络、高端制造、医疗保健和环境保护等产业
英国	生命科学产业、低碳产业、数字产业、先进制造产业
德国	数码软件创新研究、药物疗效和新药安全、成像诊断学、智能传感器和眼科学、用户友好和环境友好的创新技术、未来物流、重启核电发展计划
法国	植物降解化合物、节能建筑、城市智能无轨道轮胎交通系统、新一代多媒体计算机系统、无限制手机电视、柴油电力混合汽车
日本	低碳产业、新能源、商业航天市场、信息技术应用、新型汽车
韩国	可再生能源、低碳能源、高质量水处理、LED应用、绿色交通系统、高科技绿色城市、传播通信融合产业、IT融合系统、机器人应用、新材料纳米融合、生物制药和医疗设备、高附加值食品产业、全球医疗服务、全球教育服务、绿色金融、文化创意、会展观光

续表

国家/地区	新兴产业侧重发展领域
巴西	生物能源、网通和核能等新能源产业
新加坡	生物科技与医疗服务、新能源汽车、环境科技、洁净能源产业
芬兰	新能源、节能环保

（二）制定综合性多元化产业激励政策

新兴产业的健康快速发展不仅需要制定完备的产业政策，同时需要制定综合性的相关配套政策，这样才能保证新兴产业得以真正有效运行和发展。为促进新兴产业的发展，发达国家或地区都构建了完备的综合性产业支持体系，在新兴产业发展的关键领域和主导产业都制定了资金投入、技术研发、人才引进、市场培育等方面的政策保障体系，综合运用立法、财政和金融等政策对新兴产业给予强有力的支持，对新兴产业的发展具有明显的推动作用。美国新兴产业发展除了在研发、基建等项目上提供资金支持外，还通过税收补贴、立法保障等方式推动新兴产业的发展。欧盟和日本不仅制定了新兴产业的发展规划，还对金融政策、法律政策、人才政策、管理机制等多方面体制机制进行制定和完善，形成新兴产业发展的产业支持体系，政策措施相互配合、相互协调、相互促进，使政策具有针对性和实效性，创造良好的发展环境，有效推动新兴产业的培育和发展。

（三）有效发挥政府规制和治理作用

就新兴产业发展而言，政府有效介入产业发展，对产业进行多方面的引导和培育，对新兴产业的健康有序发展非常重要。政府和市场、政府和企业关系要理顺，政府要服务于企业，政府行为要服务于产业发展要求，政府的作用要通过市场机制来实现，企业是主体，是新兴产业的主导力量，政府要起到政策导向和服务的作用，只有正确把握政府作用的定位，才能提高政府作用的绩效。在国外发达国家和地区新兴产业发展的实践中，大多数政府会对重点发展的新兴产业进行必要的干预和扶持。美国强化了政府在推动科技创新与新兴产业发展中的作用，制定了各项促进新兴产业的举措，有力地推动了新兴产业的快速发展。日本作为政府主导型经济的典型代表，政府积极介入新兴产业发展中，在不同的发展阶段都确定了新兴产业发展的侧重点和方向。综观国外发达国家和地区，创造新兴产业发展的良好环境和制定保障措施，能够促进新兴产业政策的执行落实，对新兴产业的资源利用和技术创新等产生积极的影响，促进产业的健康发展。

（四）注重科技创新和自主创新

技术创新是新兴产业发展的驱动力。面对新一轮科技革命的挑战，国外发达国家和地区把科技创新作为产业发展的重要支撑，注重突破产业转型升级的关键技术，重点支持新能源、新材料、生物医药等新兴产业的技术研发和产业化，培育一批具有自主知识产权的产业和产品。美国非常重视科技研发，积极实现技术突破以促进新兴产业的发展，在财政预算中科技投入的比例逐年增加，拟将研发投入提高到 GDP 的 3%。

欧盟、日本等国家和地区也在预算中加大对科技创新的支持力度。一方面注重运用高新技术和先进技术改造和升级传统产业，实现新兴产业与传统产业的耦合和发展。美国的"再工业化"以高新技术改造传统制造业，加快传统产业更新换代和技术进步。另一方面对企业、个人的创新成果进行保护，促进企业和个人开展技术创新活动，加快新兴产业的发展。综观国外发达国家和地区新兴产业发展实际，依靠科技创新培育和发展新兴产业，既可以对本国或本地区的产业结构进行优化和升级，实现新兴产业的跨越式发展，又可以促进经济社会的可持续发展。

第四节　重点突破：我国战略性新兴产业概况和重点领域发展情况

一　我国战略性新兴产业概况

近年来，我国高度重视和发展战略性新兴产业，全面提升自主创新能力和国际竞争力，取得了显著成效，在有效应对国际金融危机中发挥了重要的作用，为加快推进我国经济社会的健康可持续发展提供了有力支撑。

（一）产业整体规模逐步扩大

我国重视战略性新兴产业发展，制定了各种政策和措施，2015 年，我国战略性新兴产业领域 27 个重点行业规模以上企业主营业务收入达到

21.9 万亿元,实现利润总额近 1.3 万亿元,同比分别增长 15.3% 和 10.4%;2010~2015 年战略性新兴产业重点行业规模以上企业收入年均增速 17.8%。① 在总体经济形势下滑的背景下,各地战略性新兴产业的发展规模逐步扩大已成为区域经济的主要增长点和重要支撑。

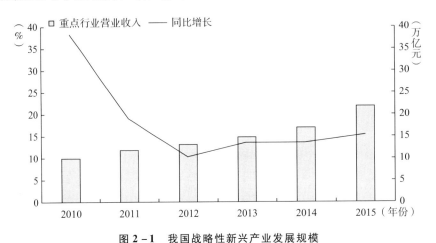

图 2-1 我国战略性新兴产业发展规模

资料来源:国家统计局网站。

(二) 科技创新能力不断跃升

研发投入逐步增加。统计显示,2015 年全国研发经费投入总量为 1.4 万亿元,其中基础研究经费为 670.6 亿元。国家新兴产业创投计划累计资金总规模达到 556.8 亿元,比 2012 年增长 93%;累计投资创业企业 1233 家,比 2012 年增加 995 家。国家积极部署战略性新兴产业重大项目和工程,支持各地建设检测中心、科学实验室等以推动战略性新兴产业发展。例如,我国已经在 4G 通信技术、大功率机车和高速动车组、基因组测序与分析、心脑血管病关键 CT 技术的应用与创新等领域取得了突破性进展。

2010~2014 年,我国战略性新兴产业发明专利申请量呈现逐渐增长态势,年均增长率达到 20.08%。2014 年,我国战略性新兴产业发明专利申请量达到 27.65 万件,同比增长 17.78%,与 2010 年相比增长 107.92%(见图 2-2)。从 2010~2014 年我国七大战略性新兴产业发明专利申请量

---

① 胡喆、刘宏宇:《战略性新兴产业"十二五"实现翻番》,新华网,2016 年 1 月 25 日。

来看，七大战略性新兴产业发明专利申请量呈现逐年递增态势，其中2014年新一代信息技术产业、节能环保产业和生物产业发明专利申请量占战略性新兴产业发明专利总申请量的74%（见图2-3）。

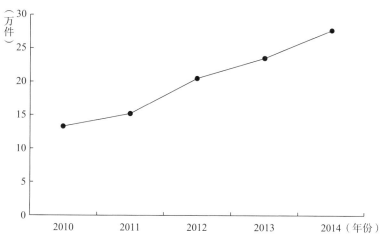

图2-2 我国战略性新兴产业发明专利申请情况

资料来源：国家统计局网站。

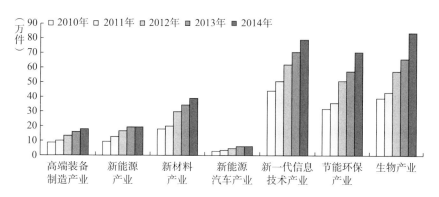

图2-3 我国七大战略性新兴产业发明专利申请情况

资料来源：国家统计局网站。

（三）产业集聚趋势日益凸显

产业集聚作用逐步显现，高新技术产业园、高新产业基地、经济技术开发区等，为战略性新兴产业发展提供了良好的发展平台，形成了一批具有一定竞争优势的产业集群和地方特色产业集群。

1. 区域特色产业集群逐步壮大

我国战略性新兴产业集群主要集中在长三角、珠三角、环渤海以及东北、中部、西北和西南的部分地区。其中，长三角、珠三角和环渤海三大区域是我国战略性新兴产业较为密集的地区。

长三角地区是我国战略性新兴产业最为密集的地区之一，产业集群主要集中在上海、南京、苏州、无锡和杭州等地，形成电子信息、高端装备制造、生物医药、汽车、节能环保、新能源等产业集群。目前，在长三角已经形成上海张江高新技术产业开发区、无锡高新技术产业开发区、杭州高新技术产业开发区等22个国家级高新技术产业开发区；形成苏州国家环保高新技术产业园，以浦东张江－周康、闵行和徐汇为中心的生物医药研发、临床服务外包和产业基地，上海国内民用航空装备科研和制造重点基地等产业基地。

在珠三角地区初步形成电子信息、新能源汽车、半导体照明等产业集群。珠三角地区是全国乃至全球重要的通信设备、平板显示、电子元器件等研发、生产和出口基地，形成广州新材料国家技术产业基地、深圳高新区生物材料生物降解酶产业基地等产业基地。

在环渤海地区形成新一代信息技术、新材料、航空航天等产业集群；环渤海地区是我国高端装备研发、设计和制造基地，新能源研发和制造基地，节能环保集聚地等。例如，在北京形成全国航空、卫星、电子信息等行业的研发中心；在青岛形成海洋装备制造产业集群等；目前已经形成中关村等25个国际级高新技术产业开发区。

2. 创新型产业集群初步形成

为推进战略性新兴产业发展，为发挥创新型产业集群和集群内的新兴产业对经济社会的转型升级的带动和牵引的作用，培育和发展一批机器人、高性能材料、生物制药等创新型产业集群。例如，北京中关村移动互联网创新型产业集群、保定新能源与智能电网装备创新型产业集群、武汉东湖高新区国家地球空间信息及应用服务创新型产业集群等全国32家创新型产业集群试点单位；上海精细化工产业集群、珠海智能配电网装备产业集群、天津高新区新能源产业集群、大连信息技术及服务产业集群等38个创新型产业集群试点（培育）单位，国家从技术和人才等方面提供政策扶持。

（四）政策环境不断完善优化

2010 年，国务院明确了我国战略性新兴产业发展的指导思想和扶持政策等，为促进战略性新兴产业的健康发展，国家相关部门围绕支持战略性新兴产业发展在产业、财政、税收、金融等方面制定并出台了一系列政策措施（见表 2 - 3），各级地方政府也纷纷出台省级发展规划和相关配套措施，战略性新兴产业政策环境不断改善和优化，推动了战略性新兴产业的发展和布局（见表 2 - 4）。

表 2 - 3　国家部分战略性新兴产业发展的政策措施

序号	文件名称	发文机构	发文时间
1	《国务院关于加快培育和发展战略性新兴产业的决定》	国务院（国发〔2010〕32 号）	2010 年 10 月 10 日
2	《新兴产业创投计划参股创业投资基金管理暂行办法》	财政部、国家发改委（财建〔2011〕668 号）	2011 年 8 月 17 日
3	《关于促进战略性新兴产业国际化发展的指导意见》	商务部、国家发改委等（商产发〔2011〕310 号）	2011 年 9 月 8 日
4	《关于加强战略性新兴产业知识产权工作若干意见的通知》	国务院办公厅（国办发〔2012〕28 号）	2012 年 4 月 28 日
5	《"十二五"国家战略性新兴产业发展规划》	国务院（国发〔2012〕28 号）	2012 年 7 月 9 日
6	《战略性新兴产业发展专项资金管理暂行办法》	财政部、国家发改委（财建〔2012〕1111 号）	2012 年 12 月 31 日
7	《战略性新兴产业重点产品和服务指导目录》	国家发改委（公告 2013 年第 16 号）	2013 年 2 月 22 日
8	《国家发展和改革委员会关于实施新兴产业重大工程包的通知》	国家发展和改革委员会（发改高技〔2015〕1303 号）	2015 年 6 月 8 日

表 2 - 4　我国战略性新兴产业布局

产业	地区	可率先发展的省（自治区、直辖市）
新一代信息技术	东部（1） 中部（2） 西部（3）	北京、天津、辽宁、广东、福建、河北、江苏、山东、上海、浙江 安徽、河南、湖北、江西、吉林 陕西、四川、重庆
节能环保	东部（1） 中部（1） 西部（1）	福建、广东、江苏、山东、天津、浙江 河南、湖北、湖南、江西、吉林 陕西

续表

产业	地区	可率先发展的省（自治区、直辖市）
新能源	东部（1）	北京、天津、福建、广东、海南、江苏、辽宁、山东、天津、浙江、广西
	中部（2）	安徽、河南、湖北、湖南、江西、山西、内蒙古
	西部（1）	重庆、陕西、新疆、青海
生物产业	东部（1）	北京、福建、广东、河北、江苏、辽宁、山东、上海、天津、浙江
	中部（1）	安徽、河南、湖北、黑龙江、吉林
	西部（1）	甘肃、陕西、四川、新疆、西藏
高端装备制造业	东部（1）	北京、福建、广东、河北、江苏、辽宁、山东、上海、天津、浙江
	中部（2）	安徽、河南、湖南、江西、湖北、黑龙江、吉林
	西部（2）	陕西、四川、重庆
新材料	东部（2）	北京、福建、广东、海南、河北、江苏、辽宁、山东、天津、浙江
	中部（1）	安徽、山西、黑龙江、吉林
	西部（1）	青海、四川
新能源汽车	东部（1）	北京、广东、江苏、辽宁、山东、浙江、上海
	中部（2）	湖北、吉林
	西部（3）	重庆

注：（1）（2）（3）分别表示战略性新兴产业细分领域的区域发展先后顺序。

二 战略性新兴产业七大重点领域发展情况

（一）新一代信息技术产业

信息技术在很大程度上影响和决定着一个国家的核心竞争力，我国加大力度发展新一代信息技术产业。2015 年，我国规模以上电子信息产业收入约 4.3 万亿元。[①]"十二五"期间，新一代信息技术产业发展快速，特别是云计算、大数据、人工智能、工业互联网等技术的不断发展，5G 无线技术、国产 CPU 研发技术和芯片制程工艺、物联网核心芯片、新一代平板显示技术等新技术取得突破性进展，部分关键技术跨入了世界先进行列，产生了华为、阿里巴巴、腾讯等著名的全球企业。在网络空间安全产业方面，我国出台《信息安全产业"十二五"发展规划》，网络空间安全产业

[①] 赵晓辉、王秉阳：《2015 年我国规模以上电子信息产业总收入预计达 15.5 万亿元》，新华网，http://news.xinhuanet.com/fortune/2016-01/23/c_1117872359.htm，2016 年 1 月 23 日。

已形成相当规模，出现相对集中的国家示范信息安全产业园及优势产业，虚拟化、云计算等网络空间安全产业相关技术领域的研究取得新进展，一些成熟的技术已进入应用阶段。

（二）高端装备制造业

高端装备制造业是我国战略性新兴产业之一，随着现代工业走向自动化，努力发展高端装备制造业是实现国家制造业升级的重要途径。发展规模逐步扩大，截至2015年底，我国高端装备制造业销售收入已经超过6万亿元，成绩突出，其中通用航空、卫星导航、工业机器人三大领域产值均保持15%以上的增长。"十二五"期间，航空装备、卫星及应用、轨道交通装备等领域取得创新性进展，国产飞机、高铁动车组、特高压输变电等领域核心技术达到世界领先水平。产业集聚态势逐步形成，初步形成以环渤海、长三角、珠三角、东北部以及重庆、西安为主导的五大集聚区，打造特色产业集群，如青岛海洋装备制造产业集群，齐齐哈尔数控重型装备产业示范基地等。"十三五"期间，我国高端装备制造业将重点集中在大型飞机、航空发动机及燃气轮机、民用航天、智能绿色列车、节能与新能源汽车、海洋工程装备及高技术船舶、智能电网成套装备、高档数控机床、核电装备和高端诊疗设备等领域。

（三）生物与医药产业

生物技术是当今世界科技发展的热点，成为国际产业竞争的制高点。我国出台《促进生物产业加快发展的若干政策》《国务院关于印发生物产业发展规划的通知》等，对发展生物产业进行具体规划和部署，加快了我国生物产业的发展。生物产业创新环境逐步改善，产业保持较快增长，2014年我国生物产业产值达到3.16万亿元，在GDP中的比重达到4.63%。生物技术取得较大突破，建立一批生物科技重大基础设施，治疗性疫苗与抗体等一批关键技术取得突破，人用高致病性流感疫苗等一批创新产品开始推广应用[1]，在国际上率先实现生物合成L-丙氨酸技术产业化，快速占领国际市场，并开展一批境外战略性并购。生物产业粗具规模，形成以京津冀、长三角、珠三角为核心，东北地区、中西部地

---

[1]　国务院：《生物产业发展规划》，2012年12月。

区共同发展的现代生物产业集聚区。生物技术已经应用于农业、医药、能源等领域，生物医药、生物农业、生物制造和生物能源等产业正逐步发展壮大。

（四）高加工度新材料产业

高加工度新材料产业是高新技术产业发展的基础，我国大力实施新材料高技术产业化专项，发展对国民经济具有支撑作用的新材料。新材料产业中的稀土功能材料、光伏材料、有机硅、先进储能材料等产能居于世界前列，纤维产品及应用制品大量出口欧美等发达国家和地区，高性能纤维材料实现技术提升和突破。我国非常重视海洋工程材料的发展，将海洋工程装备列入优先发展的领域之一，国家发改委组织实施 2013 年海洋工程装备开发及产业化专项。在半导体照明产业，我国制定《半导体照明节能产业发展意见》《半导体照明节能产业发展规划》等，推动半导体照明产业发展，部分单项核心技术达到国际领先水平。新材料产业集群发展，形成长三角、珠三角和环渤海三个综合性新材料产业集聚区，具有明显的区域特色，如洛阳新材料产业国家高技术产业基地、广州新材料国家高技术产业基地、北京中关村科技园区等。

（五）新能源产业

我国新能源产业起步晚，但是在新能源方面的技术取得很大进步，在关键设备制造、原材料供应等方面取得突破，掌握一批自主知识产权的装备制造技术。截至 2015 年，我国新能源产值达到 4.35 万亿元，同比增长 17.5%，约占 GDP 的 6.2%。我国利用比较广泛的新能源包括太阳能、核能、风能和生物质能。在太阳能方面，"十二五"期间，我国太阳能发电装机规模增长 168 倍，如 2015 年新增装机容量 1513 万千瓦，占全球新增装机容量的 1/4 以上，占我国光伏电池组件年产量的 1/3。[①] 在核能方面，我国已制定核能发展"压水堆—快堆—聚变堆三步走"战略，实施安全高效发展核电的政策，目前我国是全球核电在建规模最大的国家；通过《核电安全规划（2011～2020 年）》和《核电中长期发展规划（2011～2020 年）》，为我国核电发展制定具体核发展技术路线。《能源技术革命创新行

---

① 国家能源局：《2015 年光伏发电相关统计数据》，2016 年 2 月。

动计划（2016~2030年）》明确了能源技术革命创新路线图。我国新能源产业逐步形成以西北地区、中部地区、长三角和环渤海地区为核心的产业集群，形成江苏光伏产业基地、上海新能源装备制造基地等区域特色产业集群。

（六）新能源汽车产业

我国高度重视新能源汽车产业发展，从顶层设计、标准法规、产业技术到市场应用等制定较为成熟的政策体系，出台《关于进一步做好新能源汽车推广应用工作的通知》《国务院办公厅关于加快新能源企业推广应用的指导意见》等，大力推动产业发展。目前，我国已经成为全球电动汽车的主力市场，2015年我国新能源汽车产量达到34.05万辆，销售33.11万辆，同比分别增长3.3倍和3.4倍。"十三五"期间，我国新能源汽车产业链主要集中在东南沿海和中部地区，在关键零部件已形成珠三角、长三角和京津地区三大产业集群。我国已建成公共测试平台、30多个新能源汽车技术创新平台，突破相关专利3000多项，并建立国家级产业联盟。目前，我国新能源汽车产品、技术自主化水平不断提升，基本实现"三纵三横"和三大基础平台矩阵式技术创新体系。

（七）节能环保产业

节能环保产业作为我国七大战略性新兴产业之一，是实现节能减耗、保护环境及建设生态文明的重要支撑产业。"十二五"期间，我国的节能环保产业规模、产业结构、技术和市场化等发展快速，产业规模以每年15%~20%的速度增长。"十二五"时期前三年累计节能量达到3.5亿吨标准煤，节能技术和装备取得很大突破，电力节能、工业节能和建设节能方面许多技术已达到国际先进水平。我国已经开展多个领域超过80类产品的节能认证工作。节能环保专利授权量逐步增加，主要集中在北京、江苏等东部地区，东部地区授权量总和占国内节能环保产业发明专利授权总量的82%。我国环保产业规模逐步扩大，在环保产业销售收入中环境友好产品的生产所占比重最大，超过65%，其次是资源循环利用产品，占23%左右。目前，我国节能环保产业已经形成长三角、珠三角、环渤海三大区域的沿海发展带和东起上海沿长江至四川等中部省份的沿江发展轴的"一带一轴"发展格局。

第五节　面向未来选择：资源型地区产业重新定位和新兴产业的选择

一　资源型地区产业重新定位中的新选项

资源型地区如何在产业重新定位中将战略性新兴产业放在重要位置，并在产业再造和接续产业培育中发挥重要作用关乎未来。本文将搭建一个新的结构框架，这个框架有助于我国新的具有国际竞争优势的经济体系的形成。首先，假定我国将成为国际产业技术创新的一支更为重要的力量，那么在轻工业占据国际商品贸易较大份额情况下，重化工业作为基础产业已经相当强大，并呈扩散态势，继续推动新兴产业和高技术产业发展成为我国未来发展的必然选择。目前，国家在"十三五"期间重点支持的产业已经确定（见表2-5），而在中央政府确定的战略性新兴产业七大关键领域，我国也取得了巨大的进步和成效，其代表产业如电子信息，其中IC装备、交换设备、无线通信、量子通信等已经跃居世界前列，先进制造领域许多重大装备已输出到发达国家，新材料领域进口替代明显加快，我国已经成为新能源领域的风机、光伏发电等全球最大的供应基地，在这种新兴产业高速发展、超常规发展情况下，我国面临新兴产业产能过剩的风险，这能从光伏和风能发电等产业产能严重过剩到重组中窥见一斑。因此，未来国家在制定促进新兴产业发展政策时，应针对"增长极"和资源型城市所在的二线产业支撑区给予不同的政策，长三角、珠三角、京津冀等区域的增长极（核心节点）应重点推动重大基础研究、重大科技创新和发挥前瞻引领作用，在价值链两端同时发力，通过垂直式创新确立竞争优势，直面国际竞争，而资源型地区作为落后地区、产业支撑区应充分发挥其良好的工业基础优势，在新兴产业生产环节发力，突出产业集聚效应和规模经济效应，逐步形成资源和要素优化配置、产业链有效衔接、分工合理的生产力布局，以取代和替换资源型地区在旧经济体系中的地位和角色。

表 2−5 "十三五"期间国家重点支持的产业

序号	新技术领域	序号	新技术领域
1	煤炭清洁高效燃烧、转化及排放控制	9	宽带通信与物联网
2	可再生能源与新能源	10	网络信息安全
3	智能电网	11	生物医用材料
4	智能制造	12	移动医疗
5	重点基础材料和新材料	13	食品安全
6	精密基础件和通用件	14	智慧城市
7	重大成套装备	15	轨道交通
8	大数据与云计算	16	综合运输与智能交通

二 资源型地区战略性新兴产业的选择和建议

（一）集中力量引进培育产业成熟度高、发展潜力大、带动能力强的重点产业

1. 抓住引领人类生产和生活方式变革的信息技术发展机遇

云计算、大数据、人工智能、工业互联网等新技术的推广和应用，将信息化推向了一个新的历史高度，机器人、3D 打印等的应用已成为全球信息产业新的经济增长点。互联网、移动互联网和物联网融合发展，信息技术融合催生一批新兴业态，网络互联的移动化、信息处理的大数据化、信息服务的智能化等将为信息产业的发展带来新的机遇和挑战。未来随着科技的发展，信息技术会逐步横向渗透到工业、医疗、金融等领域中，信息化发展水平逐步成为衡量一个国家竞争力的重要标准，信息技术仍然是科技革命和产业革命的主导力量和主要方向。

2. 抓住在未来占举足轻重地位的新能源、绿色低碳技术发展机遇

世界各国对绿色、可再生能源的发展非常重视，特别是在国际金融危机爆发以后，更是将新能源、绿色低碳技术和经济作为经济社会发展的重要引擎，加大力度扶持和培育新能源产业，发展新能源产业成为世界能源产业的一个重要趋势。伴随着全球资源能源需求的不断扩大，未来低碳经济和绿色能源产业必将成为增长最快的新兴产业，新能源、绿色低碳技术将在未来经济社会中发挥重要的作用。以新能源和可再生能源为特征的第四次产业革命将会影响全球经济发展的各个方面，新能源技术革命将是第

四次技术革命的突破口。

3. 抓住新材料技术发展机遇为新一轮产业发展提供推动力

新材料技术是现代高技术的重要组成部分，也是信息、能源等技术领域发展的物质基础。全球新材料产业发展快速，美国、日本等发达国家和欧盟等地区非常重视新材料产业的发展，都在国家层面制定产业发展战略和方向，将新材料技术列为21世纪优先发展的关键技术之一，予以重点支持。世界新材料产业呈现出专业化、复合化、精细化发展趋势，未来发展将更加注重与资源、能源、环境相协调，提高产品的高性能化、多功能化、智能化和环保化。新材料技术的发展，不仅促进了信息技术和生物技术的革命，而且未来一段时间将为新一轮科技革命和产业革命提供物质基础和推动力。

4. 抓住生物和医药技术这个未来的关注点和热点

生物技术是现代生物学发展与其他学科交叉融合的产物，随着生物技术的创新不断积蓄力量，现代生物技术已逐渐成为高新技术的先导之一，生物产业逐步显现出跨越式的发展。功能基因组、蛋白质组、干细胞、生物信息等生物技术创新前沿领域取得重大突破。在发达国家，生物技术已经成为一个新的经济增长点，其增长速度在25%~30%，是整个经济增长平均数的8-10倍。21世纪被称为生命科学和生物技术的时代，生物识别技术推动人工智能产业发展，生物产业呈现出强劲的发展动力，生物技术渗透到经济社会生活的诸多方面，生物技术革命将带动医疗、农业、能源等领域的系列变革，生物产业成为未来社会经济发展新的制高点和关注热点。

(二) 处理好新兴产业与传统产业关系，实现两者的融合发展

1. 抓住产业融合和技术交叉带来的重要发展机会

产业融合是创新经济和现代产业发展的必然，随着全球多领域新技术融合创新的加快发展，各个产业领域的边界逐渐模糊，多领域产业融合和技术交叉的态势日益凸显，未来科技和产业发展方向将是多学科、多技术领域的高度交叉和深度融合。技术的相互借鉴和交叉融合，产业形态和应用模式的跨界组合，将会派生出许多新的业态和需求，会引发新一轮技术革命和产业革命。随着科技革命的进一步深入，产业融合和技术交叉将更为凸显，生物技术、信息技术、新材料技术等交叉融合发展进一步深化，

技术产品的智能化、模式的绿色化、业态的多元化等日益突出，产业和技术将呈现出融合性和密集性创新发展。

2. 用新兴产业带来的新技术改造传统产业

自资源枯竭城市转型规划实施以来，资源型地区在政府大型项目、减免税政策刺激下取得了不错的增长，但增长从本质上讲主要是在投资拉动、洼地效应、减免税政策下取得的，资源型地区仍长期面临创新不足和增长瓶颈的制约，新产业、技术进步在产业经济中作用有限，加快新兴产业特别是新兴产业中高技术产业与传统产业融合发展已成为必然选择。用新兴产业带来的新技术改造传统产业，能够有效盘活资源型地区存量工业资产，促进传统产业向精益化、高效化、高附加值化方向升级。在原材料工业中，高加工度新材料领域的技术突破，如计算材料科学的发展、新型结构材料的日益成熟，有效缩短了产品开发周期，提高了研制效率，从而大幅缩减了在新材料领域的设计和生产成本。资源型地区在发展中应把握原材料产业发展的现实需求，推动关键技术领域和重大科技成果产业化项目取得进展，突出资源型地区自身特色，从而带动产业转型升级和核心竞争力的整体跃升。

（三）打造多元化精准务实的产业服务体系，提高综合治理和保障能力

资源型地区应在科技金融、平台建设、政府采购、人才激励、知识产权、技术转移和产业化以及科研院所改制等方面全面深化改革，形成新的亮点、新的能力和新的优势。鼓励银行加大科技金融创新力度，在风险可控的前提下逐步推进各类贷款业务发展，加强以无形资产进行质押贷款、并购贷款等创新业务，使重要的科技金融创新在资源型地区先试先行。加快推动产业技术创新平台设立和发展，强调立足实际、重点示范、高效管理、下沉服务、分层推进和逐步覆盖等基本原则。建立健全符合国际规则的政府支持采购创新产品和服务的政策体系，加大对创新产品和服务的采购力度。吸引国外知名大学、研究机构和企业到资源型地区发展，强化资源型地区对国际创新资源的承接、互动与融合能力。实行最严格的知识产权保护制度，维护知识产权人的合法权益，健全知识产权侵权查处机制和维权援助体系，加大知识产权综合执法的力度。加快信息化建设，实现资

源型地区信息资源的快速整合和共享。开展多领域、多种形式的国际交流合作，加快提升国际化发展水平。

第六节　新兴产业发展方向

一　发达国家工业 4.0 和产业发展方向

以美国、日本、德国为代表，重新转向实体经济，即回归先进制造、回归创新、回归出口。这些国家以大型智能化装备、工业机器人等代表的、人力解放型的智能装备获得爆发式发展。

互联网技术和自动化技术在工业 4.0 框架内完美融合，很多产品进入蓝海时期，很多产品也在不断地转移出去。

英国《经济学人》杂志指出，未来制造业发展趋势有五大特点：制造网络化、制造智能化、制造柔性化、制造绿色化、制造服务化。

二　"十三五"期间国家战略新兴产业新布局

国家发改委已经确定，在"十三五"规划中，将新能源、节能环保、电动汽车、新材料、新医药、生物育种和信息产业作为重点内容规划。国家将在财政、信贷等多方面进一步扶持其发展。同时强调要做好以下工作："十三五"规划要在不同区域支持不同新兴产业发展，特别是在生物技术、节能环保、新能源和新材料等行业方面要取得突破；同时建立健全产业发展的政策扶持体系，完善市场的准入标准，银行信贷给予倾斜，鼓励中小企业发行集合债；推动产业开放化的全球合作等。

第三章

资源型地区战略性新兴产业培育机理

第一节 产业成长及转型理论

产业的发展是由萌芽到成形，由小到大，由弱变强发展起来的，经历产业的成长、成熟，然后出现衰退，再由大到小，由强到弱地衰落下去，最后再通过产业转型实现产业创新与再生的历史发展过程。产业成长过程是由产业量的增加和质的发展共同实现的，也就是说产业成长是由产业规模、技术及组织等多方面变化综合作用而得到的结果。[①] 因此，产业发展机理可以理解为，在外界刺激的作用下，影响产业成长的关键因素对产业的量变和质变产生作用。研究产业成长与转型必须以产业生命周期理论为基础，分析外部影响因素以及依据什么内在规律或原理如何推动产业发展。

产业的发展都经历成长与转换的过程，有着一定的规律，这种规律称为产业生命周期。学界通常将产业周期分为四个阶段，即产业的形成期、产业的成长期、产业的成熟期和产业的衰退期。在衰退期，由于生产要素受外界因素影响而实现转化，在目的产业中出现新的产业，新一轮的产业演化过程开始了，如此周而复始，循环往复。产业的生命周期具有三个特征：一是产业生命曲线形状平稳且漫长；二是产业生命中期具有明显的"衰而不亡"；三是生命周期曲线发生突变，"起死回生"进入下一个发展

---

① 张慧民：《产业集群与工业园区发展的机理与应用——以四川自贡为例》，西南财经大学硕士学位论文，2006。

周期。①

一　产业成长与转型的理论依据

(一) 马克思的经济周期理论

马克思的《资本论》针对经济周期问题做了专门的研究和阐述。他运用唯物辩证法对经济周期问题进行了阐述，他认为经济周期是由资本主义私人占有方式和社会生产力之间矛盾冲突所形成的。马克思的经济周期理论启发了西方经济学家对经济的研究思路，因此马克思被称为"当代周期理论之父"。马克思曾从多个方面对资本主义经济周期进行论述。

1. 马克思论述了产业周期的表现形式即产品周期

马克思认为资本主义周期成因集中到一起就是生产与消费的对抗。随着社会分工的精细化，按需分配的社会劳动呈现出规律性的运转并严重影响社会再生产。但是，无论在什么样的经济体制下，社会化大生产条件下的市场经济，产业发展过程中所涉及的部门、行业、地区以及国家之间发展势必会出现不平衡。发展快了，会出现产品过剩；发展慢了，则出现供不应求。当供需关系持续不平衡，达到一定程度的时候，企业的生产经营就难以得到价值补偿，很难继续社会再生产，因此就需要打破这种不平衡，而打破不平衡的途径就是要在旧的基础上实现新的平衡。所谓的经济增长的周期性波动也就是这种不平衡与平衡的周期性交替所产生的。

2. 经济周期是以经济危机为中心的

马克思关于经济周期探讨的主要观点是经济危机的周期。他指出，预付资本的价值周转周期"是由所使用的固定资本的寿命决定的，从而是由它的再生产时间或周转时间决定的……这种由若干互相联系的周转组成的包括若干年的周期（资本被它的固定组成部分束缚在这种周期之内），……虽然资本投下的时期是极不相同和极不一致的，但危机总是大规模新投资的起点。"② 因此，马克思认为经济危机是指在资本主义社会再生产过程中，必然会出现的具有周期性的生产相对过剩的危机。每一次危

---

① 戴伯勋、沈宏达：《现代产业经济学》，经济管理出版社，2001，第 117~119 页。
② 张作云：《〈资本论〉与当代金融和经济危机作用的二重性》，《华南师范大学学报》（社会科学版）2012 年第 4 期。

机交替出现，形成一个周期，而危机之间所间隔的时间则为周期长度。

（二）马歇尔的企业成长理论

新古典经济学的奠基者马歇尔在坚持规模经济决定企业成长观点的同时，试图改变古典经济学家把规模经济决定企业成长与稳定的竞争均衡条件相协调的理论。但马歇尔通过对稳定的竞争均衡条件与古典的企业成长理论综合分析，发现二者理论矛盾无法回避。正因为如此，马歇尔通过引入三个因素，把古典的企业成长理论与稳定的竞争均衡条件协调起来。马歇尔所引入的三个因素是外部经济、企业家生命有限性和垄断企业避免竞争的困难性。[1]

马歇尔改变以往对产业演进分析的模式，运用进化论原理进行阐述。他指出"产业不同于单个企业的成长和衰落是经常性的，产业的成长要经历长期的波动，甚至出现长期平稳向前发展的态势"[2]。马歇尔的企业成长理论提出了三个基本观点：一是企业成长的源泉同时来自企业的内部经济和外部经济，也只有这样企业才能成为规模较大的经济体，才能得到发展；二是制约企业成长的重要因素是市场结构和销售能力，当企业形成规模经济后，企业的灵活性将降低，类似的一系列弊端都会出现，这很容易使企业失去市场竞争力，因此解决市场结构性问题是企业调整的重点，也正因为如此，企业就很难形成持久的垄断性市场结构；三是企业成长的关键是企业家，因为企业家是进行组织管理企业的人，同时也要与企业共担风险。

（三）施蒂格勒的产业生命周期理论

作为古典主流经济学核心理论斯密定理被施蒂格勒再度发展，他在斯密定理的基础上提出了产业生命周期的假说。施蒂格勒根据产业寿命周期对企业成长的一般规律进行分析，其分析是以企业的功能划分为基础。[3]他的产业生命周期理论将产业划分为三个阶段，即产业新生期、产业成熟期和产业衰落期。第一阶段为产业新生期。这一阶段的产业由于刚刚起

---

①　陆国庆：《论产业演进的系统动力机理——兼论产业衰退的原因》，《江汉论坛》2002年第4期。

②　李媛：《中国战略性新兴产业的成长机制与实证研究》，南开大学博士学位论文，2013。

③　陆国庆：《论产业演进的系统动力机理——兼论产业衰退的原因》，《江汉论坛》2002年第4期。

步，市场规模相对较小，导致再生产发展过程中与之相关的各个环节规模都较小，因此第一阶段的企业多以"全能"型企业为主。[1] 第二阶段为产业成熟期。"全能"型企业发展到一定程度，与再生产相关的各环节都实现独立运营，这一阶段也是企业内部分工逐步转化为社会分工的阶段，实现社会分工精细化，独立企业承担各个再生产环节的生产。第三阶段为衰落期。随着市场规模缩小，已经不再需要由专业企业承担再生产的环节，社会分工又向企业内部分工转化（见图3-1）。[2]

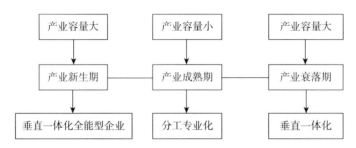

图3-1　施蒂格勒产业生命周期

（四）熊彼特的创新理论

约瑟夫·熊彼特在《经济发展理论》一书中第一次提出创新理论，熊彼特也是该理论的首位提出者。[3] 熊彼特在《经济发展理论》中提出，创新是推动经济发展的内在力量，运动和发展是资本主义经济的本质特征，然而创新的出现，打破了经济生活中本身所发生的非连续性变化与运动的均衡性，创新再将被破坏的均衡重新恢复。熊彼特从五个方面来阐述他的创新理论，并以创新为核心所建立起来的经济理论体系解释了资本主义发生、发展及其变化的规律。创新理论的五个方面包括：新产品或产品的新质量，新技术、新的生产方法，新市场，原材料新的供给来源和新的企业组织形式。[4]

熊彼特认为，创新是建立一种"新的生产函数"，是通过重新归类组

---

① 邬爱其、贾生华：《产业演进与企业成长模式适应性调整》，《外国经济与管理》2003年第4期。

② 袁中华：《我国新兴产业发展的制度创新研究》，西南财经大学博士学位论文，2011。

③ 李婷：《资源型地区产业转型内生增长机制研究》，山西大学硕士学位论文，2013。

④ 〔美〕约瑟夫·熊彼特：《经济发展理论》，杜贞旭等译，商务印书馆，1990。

合从来没有过的生产要素和生产条件，并将这个新组合引入生产体系，即实现生产要素或生产条件的"新组合"；整个资本主义社会不间断地实现这种"新组合"就是"经济发展"；通过创新实现"新组合"的目的是获得超额利润。因为创新过程的非均衡性和非连续性导致经济波动的周期性，也正是因为不同的创新对经济发展产生不同的影响，也由此形成经济周期（见图 3 - 2）。

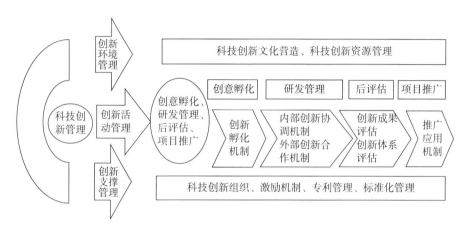

图 3 - 2　熊彼特创新理论示意

二　产业发展的规律

（一）产业的形成

一种新产业的形成时期，由各种原因导致某类产品原来的潜在需求逐步被市场所认可，成为现实需求。产业形成过程可以分为产业萌芽和产业形成两个阶段。

产业萌芽是指新的产业在旧的产业环境中就已经开始孵化与培育，并逐步成型的过程，意味着产业将从"无"到"有"，此时产业处于萌芽状态。判断产业是否处于萌芽状态有两个标准：一是有一种全新的产品出现，且该产品具有巨大的市场潜力和广阔的发展前景；二是具有独立从事该产品生产的厂家。当这两个条件都满足的时候，可以认定一种新的产业正在萌芽期。产业萌芽期的主要特点是产品单一，只有一个或少数几个生产厂家，产品销路一般；生产成本较高，产量较小，收益较少；产品知名度不高，消费者对该产品很陌生，不甚了解；产品没有形成独立的生产体系，仍处于改进和完善之中。

产业形成，是指产业萌芽经过培育之后转变成产业的过程，具备产业的基本要素。一个新产品本身无法证明是否形成产业，而通过这个新产品引导出来一批新产品，并形成了具有规模的市场，毋庸置疑新的产业已经形成。产业在形成的过程中需要技术进步和市场需求双向推动来实现。其中技术进步也是产业形成的关键，其影响产业形成的机理如下。第一，对需求结构的影响直接导致新产业的出现。一是直接降低成本，有利于扩大市场，需求也随之变化；二是可替代资源产生并增加，资源消耗弹性下降，生产需求结构随之变化；三是消费品升级换代，消费需求结构发生改变，随之而来的是新兴产业的产生。第二，技术进步对供给结构影响较大，直接导致新兴产业的出现。因为技术进步了，社会劳动生产率提高，从而导致产业细化，出现新的产业。

（二）产业的成长

当新产业的产品凭借自身优势获得市场认可，再加上广泛宣传，市场需求量不断上升，新产业的产出在整个产业系统中的比重不断增加，这标志着新产业已经由形成期进入成长期。产业成长期是产业发展中最为重要的一个阶段，在这个阶段，产业能否成长标志着产业是否会被扼杀或夭折，也标志着该产业是否能够顺利进入成熟期，走向繁荣发展，对整个产业结构和产业链的变化都有着巨大的影响。

1. 产业成长的实质是产业的扩大再生产

新产业形成之后，因其具有巨大的需求空间并且能够给投资者带来高额利润，这些优势吸引了大量的资金注入，这使得该新产业不断地扩张，不断地壮大。具体表现在：一是企业数量不断增多。随着投资规模加大，生产要素不断向该产业集中，产业的产出能力不断扩张，消费者需求增多，市场扩大，利润率提高，此时产业的生产经营以量的扩张为主。二是产业质量不断提高。在新产业的成长期，随着资本投入的加大，技术更新较快，产业达到质的提高的最佳阶段。

2. 产业成长的度量判断

产业成长的度量标准有五项，一是较高的产业销售增长率；二是产出份额在国民经济中的相对比重和地位变化，一般产业产出份额占工业总产值的8%以上，有些达到15%以上；三是产业资产总规模和劳动力就业人数增长较快;四是主要产品在国民消费总支出中的相对变化率;五是产业利润率变化态势,对一般产业而言,产业利润率与生命周期呈倒 U 形关系(见图 3 – 3)。

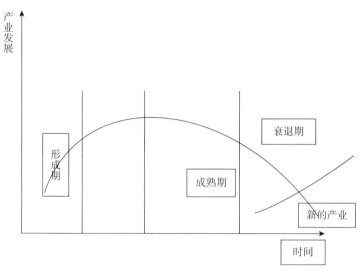

图 3 – 3 产业生命周期

(三) 产业的成熟

经过一个渐进的成长过程,产业逐步实现了由量变到质变的过程,从个别产品成熟到少数产品批量产出再到大多数产品成熟的过程,从局部成熟到整体成熟的过程。进入成熟期的产业,基本实现了规模稳定、技术稳定、产品稳定、供需关系稳定,而产业的再扩大趋势放缓直至停滞。判断产业是否达到成熟期,有四个明显标准。一是产业规模达到空前强盛的地步,产品市场普及率极高,买方市场已经出现;二是增长速度放慢,通过市场份额竞争实现增速的阶段已经过去,竞争力已经转向产业内部;三是新技术和新产品已经达到最佳状态,难以超越;四是新产业已成为支柱产业,其生产要素份额、产值及利率均占 GDP 较大的比重。

(四) 产业的衰退

产业的衰退期,产业发展到极限,无法继续发展,而新产业逐步出现替代老产业,老产业就不得不逐渐萎缩,退出市场,但不一定消亡,也有可能通过高新技术起死回生开始向具有比较优势的区域转移。

1. 产业衰退的实质

产业衰退期是产业生产率急剧下降，生产要素逐步退出的阶段。在产业走向衰落时，由于替代产品的新产业出现，或者新的主导产业出现，导致原产业市场份额不断下降，产品销量不断减少；市场需求减少迫使产业生产要素向其他产业部门转移，产业规模减小，产业增长率低于行业平均值且不断下降。

2. 产业衰退的特点

一是衰退产业以一般产业为主，其产值在 GDP 中的比重长期处在于降趋势；二是投入与产出呈反比，投入不断增加，但产出却明显减少；三是重要产业的衰退引起经济波动；四是"衰"而不"亡"，可能出现"复兴"或"中兴"。

3. 衰退产业的出路

一是由衰退直接走向灭亡；二是到产业结构的低层级领域，开辟新的销售市场；三是通过提高产业技术，在新的技术层面上开辟新的市场。

三　产业的转型内生增长机制分析

"转型，是指事物从一种运动形式或者是其结构形态通过创新等因素促使向另一种运动形式或结构形态转变的过程。在社会各个领域中都涉及转型问题，而在经济社会中，转型所包括的种类尤其多，如经济转型、产业转型、技术转型、国家转型以及企业转型等。"[①] 经济发展过程中最为重要的产业转型的含义可以从两个角度进行阐述，即广义和狭义。广义产业转型有两种解释，一是认为产业转型是研究以产业为突破口，通盘考虑生产者、销售者以及整个地区的经济、社会、环境等全方位因素，如何向可持续发展方向转变的问题。二是认为产业转型在特定的历史时期内，根据国际和国内环境，一个国家或地区对现有产业结构进行全方位调整，其调整手段为特定的产业或财政金融政策。而狭义的产业转型可以概括为："产业关系、产业结构、产业组织以及产业空间等在一国或地区的国民经济主要构成中发生显著变化的过程。"[②]

---

① 李婷：《资源型地区产业转型内生增长机制研究》，山西大学硕士学位论文，2013。
② 李婷：《资源型地区产业转型内生增长机制研究》，山西大学硕士学位论文，2013。

内生增长理论是西方宏观经济理论的分支,其理论内容主要是:从宏观层面理解,内生增长主要是依靠知识、技术及创新等边际报酬不递减的生产要素来推动经济增长,而不是依靠资本、劳动力、原材料等边际报酬递减的生产要素。简单地说经济增长需要知识、技术及创新来拉动。内生增长机制主要依靠创新促进经济增长和发展,系统内各主体、各生产要素在内外因的作用下互相影响、互相作用,共同推动经济系统变化和发展。正如熊彼特提出的"创新是指把一种新的生产要素和生产条件的'新结合'引入生产体系"。熊彼特强调,创新并非外部强加的,而是系统内部自发变化的过程。根据熊彼特对创新五个方面的概括,可以将创新所包含的内容概括为:资源创新(强调控制原材料供应的新来源)、新产品创造、技术更新和创造、市场拓展以及企业组织形式更新等多个领域的全方位的创新。

第二节　资源型地区产业发展与转型规律

一　资源型地区产业发展理论

(一) 资源型城市的依附理论

加拿大学者 Bradbury (1979) 根据欧美发达国家边远地区的资源型城镇发展特点,通过对魁北克省铁矿城镇谢弗维尔 (Schefferville) 案例的深入研究,提出了资源型城市的依附理论。Bradbury 提出的依附理论全面阐述了资源型城镇的兴起与衰落,并总结了资源型城镇在发展过程中所表现出来的经济特点。

根据 Bradbury 的总结,可将依附理论基本论点概括为:欧美发达国家,垂直一体化大公司(以跨国公司为主)对资源型产业及相关城镇直接控制。虽然这些公司尤其是跨国公司的经营范围与资源分配都是跨国的,但他们的目标是统一的,都是要公司在经营过程中获得最大化的资本积累,也正是如此,公司不会为某一具体的资源产地或国家的利益服务。比如,A 资源型城镇在特定时期具有资源优势及成本优势,吸引了 B 公司的进驻并大力发展。但当 A 地区的优势逐渐消退,所谓的优势消退并不一定是指资源枯竭,也可能是资源产品需求与价格的不稳定性导致产业发展困难，在此情况下，B 公司的资源开发业务就会停止或转移到其他地区或国家。B 公司的资源开发以及产业转移都是以公司利益最大化为目标的，并不会考虑 A 资源型地区的利益。资源型地区政府为了与其他地区竞争生产要素，会对大公司采取合作与支持的态度，为了鼓励资本与劳动力等生产要素进驻偏远的资源型地区，当地政府会出台系列鼓励政策，并提供基础设施建设及财政支持，更有甚者会通过法令来保障入驻公司的利益。也正是政府的鼓励政策，导致很多大公司对资源型地区的控制力长期存在并非常强大。

（二）资源诅咒及其作用机制

资源诅咒假说（Resource Curse Hy-pothesis）是由 Auty 于 1993 年提出来的，即丰富的自然资源逐步开始由促进经济发展转向阻碍经济发展。资源诅咒假说提出之后，引发学术界的广泛讨论，而对该假说的作用机制又有多种解释。

"荷兰病"的形成机制。"荷兰病"是指因全球石油危机而导致荷兰的制造业出现衰退的现象。该危机爆发于 1973 年欧洲天然气出口大国荷兰，全球石油危机使资源型产业迅速发展，由此带来该国其他产业尤其是制造业衰退，荷兰出现的这种现象被称为"荷兰病"。[①] 对"荷兰病"的研究要早于资源诅咒假说的提出，Corden 和 Neary 在研究"荷兰病"时，构造了可贸易资源型、可贸易制造业及不可贸易的服务三部门模型。根据三部门模型分析，可以产生两种效应，即资源转移效应（resource movement effect）和消费效应（spending effect）。资源转移效应是指资源型部门的发展提高了可转移生产要素的相关产品价值，通过本币汇率的提高等途径将生产要素从其他部门转移到资源型部门那里；消费效应是指资源型部门需转移来的资源，主要是指很少转移本地其他部门资源，主要依赖其他地方资源，正因为如此，资源型部门的繁荣直接导致当地服务部门额外消费，从而使其提高价格，进而传导到制造业。根据两种效应最终结构，可以看出资源型部门的繁荣都将提高制造业的成本，从而直接打击制造业的竞争，这种竞争的最终结果将引发制造业的萎缩与"去工业化"。[②]

---

① 钱勇：《资源型城市产业转型的路径与机制》，东北财经大学博士学位论文，2011。
② 钱勇：《资源型城市产业转型研究的路径与进展》，《产业组织评论》2012 年第 9 期。

挤出效应形成"资源诅咒"。Gylfason 提出了自然资本对人力资本与经济管理的挤出效应,即资源丰富的国家会出现资源诅咒问题的一个重要前提是,自然资源对人力资本产生了挤出效应。Gylfason 分析了多国的统计数据并针对石油资源丰富的挪威没有出现资源诅咒问题的现象总结出"挤出效应"概念,即无论是国家还是地区因为自然资源丰富,必然会以自然资源产业为经济发展的重要产业,然而资源型产业大多属于技术密集度较低的产业,因此大多数工人技术能力及文化水平较低,与此同时,政府、工人及当地居民也都忽视对经济管理、教育及人力资本等的投资。

价格变化效应形成"资源诅咒"。最早提出价格变化效应形成"资源诅咒"的是 Manzano 和 Rigobon。他们认为 20 世纪 80 年代出现的经济危机是因为在 10 年前资源型产品价格较高时,资源丰富的国家将其拥有的资源做抵押进行借贷,当资源产品价格大幅下跌时,则导致这些国家陷入债务危机。Manzano 和 Rigobon 也正是根据这一现象,提出资源型产业"繁荣与萧条的交替循环模式",与资源型产品价格的高度波动形成了"资源诅咒"。

二 资源型地区生命周期及发展规律

(一) 资源及资源产业的生命周期

"自然资源和与之直接相关的社会资源被称为国土资源。自然资源指能够为人们所利用的作为生产资料和生活资料来源的自然要素,一般包括土地资源、生物资源、气候资源、旅游资源等;社会资源一般包括人口和劳动力的状况和分布、人们的科学文化状况和传统、社会生产和生活设施状况等。"[①] 按照资源纵向分布的空间结构差异,自然资源由土地、地上、地表及地下资源共同组成。这种定义及分类是从资源经济学和环境经济学的角度所给出的狭窄定义,仅指自然资源。根据资源定义的概括性和周延性特点,资源应该是指已具有的并能为人类社会的存在和发展提供所能利用的各种物质、能量和条件的总和。[②]

---

① 吴春莺:《我国资源型城市产业转型研究》,哈尔滨工程大学博士学位论文,2006。
② 王素军:《资源型城市理论研究述评》,《甘肃社会科学》2010 年第 7 期。

资源产业是保护、恢复、再生、更新、增值和积累自然资源的生产和再生产活动的集合。从资源开发的发展历程看，资源产业的生命周期表现出鲜明的阶段性，即从勘探开发到建设到兴盛到停滞直至衰落。有关资源产业（矿业）的生命周期，世界各国的专家都给出了不同的解读。其中，美国地质学家胡贝特总结了矿业生命周期，将其分为四个阶段，并根据矿业生命周期特点概述了矿业城市的一般发展规律。胡贝特对矿业城市发展规律的概括具有普遍性，但也具有很大的局限性，他的概括忽略了科技进步、社会发展等一系列因素对矿业城市发展所带来的冲击，这些都会影响矿业发展周期的变化。

（二）资源产业的发展规律

资源产业发展要经历一个从资源的勘探、发掘、扩大生产、高产稳产、衰退直到资源枯竭的过程。按照美国地质学家胡贝特的概括，一般资源产业的生命周期可以分为四个阶段（见图 3 - 4）。①

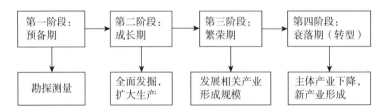

图 3 - 4　胡贝特概括的资源型产业生命周期

（三）资源型地区的生命周期

根据区域发展历史可以看出，一个地区的发展通常会出现增长、衰退相交替的生命周期。而建立在自然资源开发和利用基础上而发展起来的资源型地区，其生命周期主要依赖于该地区可开采自然资源的储量变动。资源型地区是依赖资源而形成的，因为自然资源的可消耗性，直接导致自然资源地区的主导产业存在明显的周期性与阶段性，也正是如此，资源型地区与一般化地区的生命周期存在差异。资源型地区是在自然资源开采和利用的基础上形成、发展起来的，对资源严重依赖，所以资源型地区的生命

① 于卢慧、周均清：《基于城市功能转型的空间结构调整研究——以邯郸市峰峰矿区为例》，《华中建筑》2011 年第 4 期。

周期与资源产业的生命周期是一致的（见图 3 - 5）。[①]

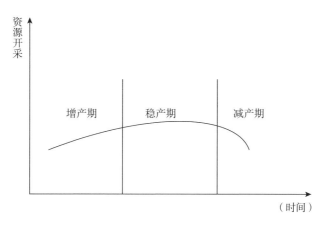

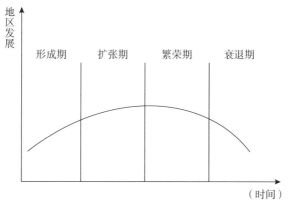

图 3 - 5　资源开发周期与地区开发周期

　　资源型地区生命周期主要分为四个阶段，一是资源型地区形成期。这是资源型地区生命周期的第一阶段，资源型区域处于初兴阶段，区域功能尚不完善。二是资源型地区扩张期。资源型地区雏形基本形成，大量劳动力和资金被吸引而来，地区开发建设速度加快，人口密度增加。三是资源型地区繁荣期。此阶段的产业已经成为该地区的主导产业，而资源型地区也开始建立起与主导产业相配套的服务业，地区功能达到最佳阶段。四是资源型地区衰退期。随着资源的枯竭，产业的衰落，该地区的发展也进入了衰退期，如果不能及时调整结构，改变发展方向，该资源型地区必然走

　　① 关睿：《我国资源型城市的可持续发展研究》，青岛大学博士学位论文，2010。

向灭亡。

三 资源型产业的特点

（一）资源型产业的产品生产具有时限性

由于自然资源的不可再生性，直接决定了资源型产业所生产的产品终会因资源的枯竭而停止生产，这种与生俱有的特征被称为生产的时限性。而生产时限性的长短主要取决于资源存储量和开采强度这两个因素。如果存储量较大，则开采的时限也会长一些，反之，则较短；同样，开采强度的大小也会影响时限的长短，如若开采强度较大则时限短。除了上述两个因素会影响时限外，还有一个因素也影响着资源型产品的生产时限，即资源的替代可能会导致资源的不再开发与生产。

（二）资源型产业是资源型地区的支柱

在资源型地区，资源型产业是当地的主导产业或支柱产业，整个地区的产业链条都是以资源型产业为核心而建立起来的。资源型地区的发展对自然资源型产业的依赖性极高，不论是地区的空间布局，还是道路交通、邮电通信等基础设施的建设，以及医院、学校、住宅、商场等配套设施建设都是以资源型产业生产为核心的。资源型地区与自然资源型产业以及以资源为核心的资源型企业之间都是相互依托、兴衰与共的。自然资源型产业是资源型地区的主导产业，为该地区经济发展、GDP、就业、财政收入等一系列经济活动贡献重要力量。资源型产业发展状况直接影响整个地区经济运行情况。

（三）资源型产业具有超重型和稳态性

资源型产业多以采掘业和原材料工业为主，大多属于重工业，而加工业比重较小，产品加工程度较低，产品结构中初级产品占绝对优势。资源型产业属于资本密集型和劳动密集型产业，投入资金量大，建设周期长，因此资源型产业在规模结构上以大中型企业居多。资源型产业的资产专用性较强，移动性较差，资本很难从中退出，容易产生大量沉淀资本，因此资源型产业结构调整弹性小，大多呈稳态性。

（四）资源型产业生产成本较高，高端人才匮乏

资源型产业受自然条件影响较大，大多数自然资源都是不可再生资源

而埋藏于地下，为开采资源增加了难度，由此增加了开采投资，增加了间接的生产性成本。资源开采对专业技术要求不是很高，导致资源型产业的职工普遍文化层次较低。资源型地区发展相对落后，生活工作相对艰苦，留不住人才，所以急需高精尖人才。

四　资源型地区产业转型模式分析

经济转型又可以分为广义转型与狭义转型两种。广义的经济转型包括新兴产业替代衰退产业、产业结构升级，以及伴随产业替代过程所发生的一系列体制、技术、环境和劳动力等相关问题；狭义的经济转型是指产业转型，通过将落后的产业淘汰出局，通过产业创新等途径使原有产业升级，并在原有产业基础上培育出新兴产业的过程。本课题所研究的资源型地区产业转型问题，研究的是狭义的经济转型问题。

资源型地区的产业转型，为了使资源型地区发展摆脱对资源产业的依赖，将主导的资源产业转向另一个非资源型产业，包括发展接续产业和替代产业。根据资源型产业转型特点，可将资源型产业转型模式分为产业延伸模式、产业更新模式和产业复合模式。[1]

(一) 产业延伸模式

产业延伸模式也被称为产业深化模式，是指利用原有主导产业基础设施，通过科技创新与技术进步推动整个产业链延伸，发展下游加工工艺，使产业由低端逐步向高端演进。产业延伸的机理在于，与已经进入衰退期的传统产业相关联的产业链中的其他产业并没有衰退，甚至有可能存在很大的市场潜力。因此，企业通过与传统产业相关联的其他产业的延伸，发展相关产业，获得利润。[2] 对于资源型地区的产业转型模式而言，产业延伸模式就是在原有产业基础上，不断拓展和延伸产业链，随着下游产业的发展壮大，一些生产关联度较高的企业会在空间上形成集聚效应，对原有资源产业的产品进行深加工和制造，逐步增强下游产业发展能力和竞争优势。

(二) 产业更新模式

产业更新模式也被称为产业替代模式，就是通过产业间的替代实现资

---

① 钱勇：《资源型城市产业转型的路径与机制》，东北财经大学博士学位论文，2011。

② 吴春莺：《我国资源型城市产业转型研究》，哈尔滨工程大学博士学位论文，2006。

源的重新组合，它有利于资源由低效产业向高效产业流动，从而实现资源的有效配置。[①] 资源型地区的产业转型采用产业更新模式就是要考察该地区现有产业基础情况，从已有产业中选择具有较好基础，较好发展前景以及能够带动其他产业发展的产业，加大对这种产业的扶持力度，使其变成该地区的主导产业。

虽然资源型地区选择产业替代模式发展能够有效摆脱对原有资源的依赖，但并不是所有的资源型地区适合采用此种模式，其必须满足三个条件。一是资源枯竭型地区或资源开采成本较高的地区。该地区已经无法再继续依靠资源发展产业，必须寻求转型新途径。二是资源型地区转型得到政府资金支持或能够吸引外资投入。三是技术、人才及市场等多方面支持。

（三）多元复合模式

将产业延伸模式和产业更新模式共同使用的模式就是多元复合模式。对于资源型地区产业来说，虽然对资源依赖很强，但该地区也有其他产业优势就可以选择多元复合模式。大多数资源型地区在产业转型时会选择这种模式。资源型地区在产业转型的初期采用产业延伸模式，以原有的资源型产业为基础，发展资源型产业深加工工业，增加产品的附加值，最终形成以深加工为主导的产业集群；随着深加工工业的壮大，经济基础与技术水平都得到进一步提高之后，可以选择培育新的主导产业，从而摆脱与自然资源之间的依附关系，实现成功转型。[②]

第三节　资源型地区新兴产业形成机理

一　战略性新兴产业生命周期

战略性新兴产业可以理解为由新兴技术演化而来，通过战略加以影响，使产业的环境和结构向着更有利的方向发展。由此面临一个关键的问题：战略性新兴产业是从什么地方开始的？根据威廉·汉米尔顿创立的新

---

① 吴春莺：《我国资源型城市产业转型研究》，哈尔滨工程大学博士学位论文，2006。

② 钱勇：《资源型城市产业转型的路径与机制》，东北财经大学博士学位论文，2011。

兴技术向新兴产业演变的过程模型①可以得到答案（见图 3 - 6）。在对新兴产业形成阶段的研究中，Peltoniemi（2011）以主导设计为分水岭将产业生命周期划分为两个大的阶段，即产业的形成阶段和产业的成熟阶段。② Suarez（2004）又进一步将新兴产业发展阶段向前提了一步，他认为新兴技术向新兴产业转化的阶段应为新兴产业发展的早期阶段，之后是研发竞赛、技术测试、市场创造、决定性战役和主导后阶段五个关键阶段，并对进入每个阶段的里程碑事件做了定义（见图 3 - 7）。③ 最新观点认为，战略性新兴产业发展可以分为七个阶段，即以科学技术为主导的先驱阶段，科学向技术过渡阶段，以技术为主导的胚胎阶段，技术向应用过渡阶段，以应用为主导的培育阶段，应用向市场过渡阶段和以市场为主导的生长阶段。

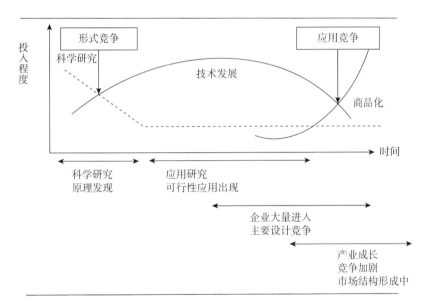

图 3 - 6 战略性新兴产业形成过程

资料来源：根据威廉·汉密尔顿教授模型修改。

---

① 〔美〕戴乔治·戴、保罗·休梅克：《沃顿论新兴技术管理》，石莹等译，华夏出版社，2002。

② M. Peltoniemi, "Reviewing Industry Life-cycle Theory: Avenues for Future Research," *International Journal of Management Reviews* 13 (2011), pp. 349 - 375.

③ Suarez, "Battles for Technological Dominance: An Integrative Framework," *Research Policy* 33 (2004), pp. 271 - 286.

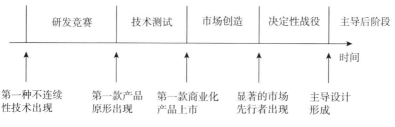

图 3－7　产业形成过程中主导设计的出现

二　资源型地区战略性新兴产业发展规律

根据产业转型规律、战略性新兴产业发展阶段以及资源型地区产业转型规律，总结出资源型地区战略性新兴产业成长的基本规律。

（一）产业更新换代是经济持续繁荣的关键

资源型地区依托资源发展起来的传统产业已经因资源的枯竭而难以继续发展下去，及时选择和培育新的经济增长点将旧的产业更新换代，是国内外所有国家及地区会选择的必然之路。只有在传统产业还没有完全衰退之际，进行产业结构优化调整，维持较高的产业高度，从而实现传统产业与新兴产业同步发展，直至传统产业升级，新兴产业成为主导产业。

（二）技术创新是战略性新兴产业发展核心

围绕技术开发（或引进、消化吸收）、生产、商业化到产业化的一系列创新活动的总和被称为产业技术创新。产业技术创新的目的是提高产业竞争力，与此同时，技术创新与产业发展相互作用，互促发展。

荷兰经济学家冯·丹因以熊彼特的长波技术论为基础提出了技术创新的生命周期理论。技术创新的生命周期与产业发展的生命周期基本吻合，分为介入期、发展期、成熟期和衰退期，整个周期中的技术创新与产业发展呈正比例关系，互相促进。然而到了产业衰退期，技术创新也进入低谷期，引起经济危机，显然，经济衰退和大危机刺激了技术创新，从而为高技术的出现和新兴产业的出现提供了条件，如此周而复始，进入下一个循环（见图 3－8 和图 3－9）。

技术创新对新兴产业培育的作用机理不容小觑。资源型地区的新兴产业是依靠现有资源优势和市场前景而发展的替代产业，是为了资源型地区的可持续发展提供永续动力。发展战略性新兴产业对资源型地区的创新能

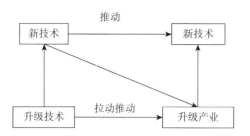

图 3 - 8　原发性技术创新与产业发展的互促机理

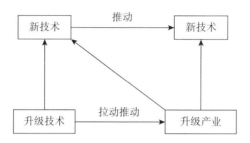

图 3 - 9　模仿性技术创新与产业发展的互促机理

力要求较高,既要有较高的技术创新能力,也要有较高的市场创新能力,同时还要有较好的环境创新能力和制度创新能力。所以,资源型地区既要加大创新人才的引进与培养,还要针对新兴产业提升服务水平及质量。

(三) 政府政策是战略性新兴产业崛起的保障

无论传统产业还是战略性新兴产业在发展之初都是没有任何竞争优势的弱势产业,需要政府的扶持。资源型地区发展战略性新兴产业存在更多的困难,因此对这些地区的产业需要格外培养和扶持。综观世界各国,无论是以政府主导型经济为主的东亚国家和地区还是以市场经济为主导的欧美国家,都会对新兴产业给予必要的扶持与引导。其中,具有代表性的是德国对鲁尔地区采取的政策扶持,如 1968 年的《鲁尔发展纲要》,1969 年的《鲁尔区域整治规划》,1985 年的《煤钢地区的未来倡议》,2007 年的《"未来鲁尔"倡议》等,德国鲁尔地区成功地完成了对传统工业区的改造,实现了从传统煤钢工业基地迈向现代欧洲文化之都的转变。

三　资源型地区战略性新兴产业发展机理分析

(一) 发展机制分析

资源型地区战略性新兴产业发展机制包括内部机制和外部机制两个部

分。其中内部机制是指：一是劳动对资本的弱替代性。在产业发展过程中，如果劳动对资本具有较强的替代性，即资本被廉价劳动力挤出去，企业很容易选择放弃投资进行结果未定的研发工作；相反，如果劳动力对资本的替代性较弱，则企业会有较强的动力去投入资本进行自主研发，也就能够实现创新驱动促进产业成长。二是产学研合作机制完善。技术创新是战略性新兴产业发展的核心，因此依靠产学研合作，共享资源、共担风险，实现合作研发的目标。三是经济效益和社会效益良好。资源型地区发展战略性新兴产业的外部机制包括开放的市场和竞争环境、持续稳定的市场需求与投资、健全的政策支持体系等。

（二）资源型地区战略性新兴产业动力因素

资源型地区战略性新兴产业动力因素主要表现在三个方面，即产业规模扩大、产业组织优化和产业技术提升。战略性新兴产业发展的动力系统及其主要表现见图3－10。

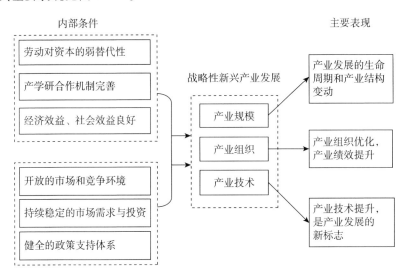

图3－10　战略性新兴产业的发展机制

1. 产业规模

根据产业规模的增量的变化，可以了解产业发展生命周期的进展阶段。衡量产业规模的主要指标是投资存量和产出水平。在战略性新兴产业发展初期，需要大量的资金投入，而产出水平较低。投资存量与产出水平也经历着投入期、成长期、成熟期和衰退期四个阶段的变化，能够准确反映出产业结构变化的程度。

2. 产业组织

产业组织机构是否合理，直接影响企业之间的关系，影响产业竞争力以及产业结构优化等一系列问题。新兴企业由小变大，由弱变强的过程可以通过企业组织的变化反映出来。产业组织优化主要表现在市场结构由竞争向垄断转变，产业绩效不断提升。

3. 产业技术

资源型地区战略性新兴产业发展的核心是产业技术的提升。资源型地区传统产业随着资源枯竭而衰退，只有通过产业技术的创新，才能够实现产业升级、降低成本、提高效率。

（三）资源型地区战略性新兴产业发展的因素

资源型地区发展战略性新兴产业除了受内部和外部两个方面因素的影响外，还受到技术创新、人才资源、市场需求、政府政策等因素影响（见图 3 - 11）。

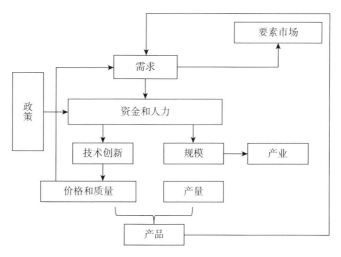

图 3 - 11　战略性新兴产业中诸要素的作用机理

1. 技术创新

费里曼曾将技术创新区分为增量创新、基本创新、新技术体系和技术经济模式的变革。[1] 技术创新对资源型地区发展战略性新兴产业影响巨大。

---

[1]　聂亚珍、张云、姜学勤：《资源型城市产业兴衰与转化之规律》，中国书籍出版社，2013。

一是传统产业技术已经走向衰亡，只有通过技术创新，产能实现"衰"而不"亡"；二是通过技术创新，引发产业结构变动，淘汰落后产业，发展新型产业；三是通过技术创新，降低产业成本，提高产品质量，实现市场扩张，形成新型产业的扩张机制。

2. 人才资源

资源型地区发展战略性新兴产业的关键点是吸引并培育创新型人才。资源型地区长期依靠自然资源、劳动力和其他保障来实现产业发展，对人才的渴求与吸收都不够。而工业发达国家的发展、国内外新兴产业发展的经验，都印证了一个观点，即得人才才能得发展。因此，资源型地区发展战略性新兴产业必须依靠各种高素质人才。

3. 市场需求

在资源型地区发展战略性新兴产业初期，技术和消费者都不确定，市场上不存在同类产品，市场需求不明朗。随着产品的不断开发，技术不断进步，产业结构得到优化，产品和市场都稳定了，市场需求增长迅速，带动了产业供给的快速增长。新兴产业在发展过程中的市场需求变化，直接反映出产业技术创新的实用程度，也直接反映了消费者对新兴产品的认可。需要注意的是，资源型地区发展战略性新兴产业并不是通过政府采购或者出口等其他方式来创造需求，而应该是以国内需求为主要拉动力，只有这样才能够培育产业竞争力，才能够突破其他国家所构筑的市场壁垒。

4. 政府政策

资源型地区战略性新兴产业的成长与传统产业成长的生命周期性虽然一致，但是战略性新兴产业特点更加突出，如更新周期快、风险大、市场竞争激烈等。因此，资源型地区发展战略性新兴产业一方面需要市场机制的动力支持，另一方面更需要政府给予有力的政策支持。政府作为资源型地区战略性新兴产业发展的强有力的支持者，不仅提供经费资助，建立完善的科技基础设施，制定科技与产业政策，引导和规范战略性新兴产业发展，而且还要为资源型地区发展战略性新兴产业提供政策扶持、技术扶持以及在资金、人才、信息、物料等方面的资助，有效改善战略性新兴产业成长的条件，推动其顺利成长。

（四）资源型地区战略性新兴产业发展的关键点

1. 要强化政府对新兴产业的激励和推动措施

自亚当·斯密以来，政府干预市场经济活动一直被西方经济学忽视政府作用的人士所反对。他们认为政府应该发挥好的"守夜人"作用，反对干预经济。但从新兴产业发展的国际经验来看，政府对发展新兴产业的作用是明显的，政府的土地政策、金融政策、税收政策等甚至关乎企业的生存。我国社会主义市场经济体制有着深厚的政企不分的"传统"，政府对企业经济活动干预过多颇具争论，但发展新兴产业，地方政府不可能坐视不管，这事关乎地方利益。关键是政府通过什么样的方式发展新兴产业，政府应该在这方面有所作为，多采取经济和法律手段、少用行政手段来发展新兴产业，才会收到良好的效果。

2. 积极引进外资

资源型地区发展新兴产业，难点之一就是资金不足。一般来说，国家通常要不断地投入巨额财政经费，但财政投入毕竟总量有限，在短期内见效也不容易。政府财政支持对资源型地区新兴产业的发展只是杯水车薪，资源型地区若要发展新兴产业必须多渠道引进更多的外资。意大利政府在引进外资方面树立了典范，值得学习。意大利政府不仅争取到国际援助，还通过放松国内限制等政策，大量吸引国外资本流入，利用外资发展本国新兴产业。

3. 恢复生态，着力提升美好城市功能

恢复治理生态环境、提升城市综合承载能力、完善城市功能等对资源型地区发展新兴产业十分重要。通过市场机制，建立复垦工矿废弃地、治理矿山地质灾害与尾矿库以及利用矿山废弃物等综合体制，加强发展新兴产业的基础设施建设，重塑资源型地区和城市的品牌，实现综合转型，不断深化改革和创新发展。

第四节　政府对资源型地区战略性新兴产业的培育案例

一　克拉玛依市在转型发展中探索和实践

克拉玛依市是以油气勘探、油气开发、炼油化工等为主导产业的资源型城市。目前，油气等储量已经探明，政府从资源型城市可持续发展的角度考虑，未雨绸缪，居安思危，已经开始锲而不舍地促进产业转型发展，特别是加快发展新兴产业。例如，他们提出以"建设六大基地，发展三大产业，搭建两个平台"为主要内容的"632"战略，即建设油气生产、炼油化工、相关技术服务、机械制造、石油储备和教育培训六大基地，做大做强油气开发这个核心的新兴产业，培育地方经济发展的新兴产业，打造世界石油城；快速发展新兴的金融、信息、旅游三大服务产业；打造高品质城市和最安全城市两个平台，提高市民生活品质，增强发展活力，实现城市的可持续发展。

二 资源型地区发展新兴产业需要政府投入

法国洛林、德国鲁尔，特别是多特蒙德市堪称资源型地区产业转型的范例。这个过程经历了多年的磨难，政府对每个区域，都投入高达百亿美元的财政支持。

日本煤炭产业区的产业转型，政府曾先后向这些地区投下总计约 5 兆日元的巨额资金，以此来推动产业转型、解决这些地区经济与社会发展问题。日本一些原产煤地区，如日本筑丰地区的大多数城市基本上摆脱了煤炭资源枯竭的困境，实现产业转型，出现了产业发展、人口增加、地区繁荣的景象。

应该看到，除了上述地区外，大多数资源型地区至今仍未能通过新兴产业的发展、转型摆脱产业衰退的问题。

第二部分

现实研究篇（以辽宁为例）

第四章

资源型地区

——辽宁省战略性新兴产业发展现状研究

尽管《战略性新兴产业分类目录》初步确定，但与之对应的统计数据尚未公布。因此，要准确评估辽宁省新兴产业的发展现状是一件很困难的事情。为此，本报告仅能通过与新兴产业发展密切相关的高新技术产业、高新技术企业，以及全省各城市新兴产业 403 家企业的样本数据进行定性和测评。

第一节　辽宁省战略性新兴产业发展的
基本情况

一　整体情况

（一）从高新技术产业角度看

高新技术产业与新兴产业重叠性较大，发展情况类似，有较强的参考性。《辽宁高新技术产业数据（2014）》显示，近年来，辽宁省高新技术产业规模呈现不断扩大的态势，2013 年，全省规模以上企业总产值和规模以上工业增加值，分别达到了 18922.6 亿元和 5970.8 亿元。2013 年，全省高新技术产品增加值占 GDP 的比重为 22.1%，是"十一五"时期以来最高的一年（见图 4－1 和图 4－2）。

（二）从高新技术企业角度看

高新技术企业在全省调整产业结构、提高经济增长质量和效益，辐射

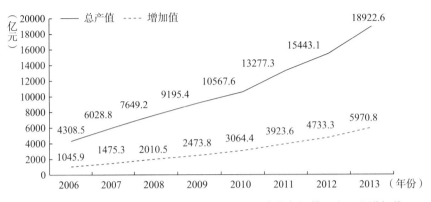

图 4 - 1　2006 ~ 2013 年辽宁省规模以上企业总产值与规模以上工业增加值

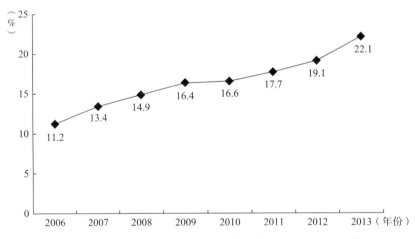

图 4 - 2　2006 ~ 2013 年辽宁高新技术产品增加值占 GDP 比重情况

带动区域经济又好又快发展中发挥着积极的作用，同时又是发展新兴产业的重要基础和有效载体。从全省高新技术企业的整体情况也能管窥新兴产业之一斑。2013 年，辽宁省拥有高新技术企业 1247 家，实现工业总产值 4014.8 亿元，总收入 4223.1 亿元、出口创汇 95.8 亿美元，实际上缴税费 194.4 亿元，从业人员达到 39.7 万人（见表 4 - 1）。

表 4 - 1　2008 ~ 2013 年辽宁省高新技术企业基本情况

指标	2008 年*	2009 年	2010 年	2011 年	2012 年	2013 年
企业数（家）	292	459	627	812	1023	1247
年末从业人员（万人）	12.4	21.5	26.3	32.9	36.5	39.7

指标	2008 年 *	2009 年	2010 年	2011 年	2012 年	2013 年
工业总产值（亿元）	860.1	1858.0	2790.3	3205.8	3567.0	4014.8
总收入（亿元）	891.0	1869.7	2704.3	3319.6	3526.8	4223.1
净利润（亿元）	72.7	144.6	222.0	256.4	233.5	250.7
实际上缴税费（亿元）	44.7	90.6	130.7	155.4	175.1	194.4
出口创汇总额（亿美元）	20.1	64.2	71.9	92.8	82.0	95.8

（三）从全国一些省份估算的结果看

目前，国家没有建立战略性新兴产业的具体统计标准，对于新兴产业的发展情况，很多省份也是估算。2011 年，江苏省发布其新兴产业实现产值 3.83 万亿元，其中六大新兴产业实现产值 2.61 万亿元，新兴产业实现产值占高新技术产值的 68.14%；同年广东省发布其新兴产业实现产值 3.33 万亿元，其中九大新兴产业实现产值 1.30 万亿元，新兴产业实现产值占高新技术产值的 39.03%。取两省的中间值，按照辽宁省新兴产业实现产值占高新技术产值的 50% 计算，2013 年辽宁省高新技术产业实现产值应为 1.89 万亿元，九大新兴产业实现产值应为 0.95 万亿元。再从各个省份新兴产业产值高于高新技术企业产值的情况看，2013 年辽宁省高新技术企业实现产值 0.4 万亿元，加上辽宁的先进制造规模比较大，由此判断，目前辽宁省新兴产业产值约在 1 万亿元是符合辽宁实际的。

二 产业分布

（一）从新兴产业领域看

2013 年，全省高新技术企业 61.2% 分布在先进装备制造、新材料和电子信息三大领域，共实现工业总产值 2239.5 亿元，占全部高新技术企业工业总产值的 55.8%。

（二）从高新技术企业看

2013 年，在全省新材料领域拥有企业 1707 家（包括非认定的高科技企业，下同），生产高新技术产品 558 种；光机电一体化领域拥有企业 1164 家，生产高技术产品 855 种，两个领域全年完成增加值占全省高技术产品增加值比重的80.6%，相对于其他领域处于明显优势，占据主导地位。而其他领域（生物医药、电子信息、新能源、高效节能领域等）所占比重仅为19.4%。

2013年，全省高新技术企业产品共实现总收入2239.4亿元，总产值2431.4亿元，分别占全省高新技术企业的55.4%和60.6%（见表4－2）。高新技术企业主要产品技术主要分布在光机电一体化、电子与信息和新材料领域，这三个领域产值占高新技术总产值的64.2%；共实现出口创汇26.6亿美元，占全省高新技术企业主要产品技术出口额的70.0%。

表4－2　2013年辽宁省高新技术行业产品部分指示情况

行业	产品（种）	总产值（亿元）	总收入（亿元）	年末出口额（亿美元）
合计	3047	2431.4	2339.4	38.0
电子与信息	543	198.2	187.2	9.6
生物技术	248	234.8	215.6	1.6
新材料	558	612.1	636.0	10.4
光机电一体化	855	695.3	598.0	6.6
新能源及高效节能技术	252	209.9	200.1	3.4
环境保护技术	116	115.4	93.3	0.2
航空航天	14	10.8	11.1	0.9
地球、空间、海洋工程	2	5.3	4.5	0.0004
核应用技术	23	7.1	6.7	0.1
其他高技术	436	342.5	386.9	5.2

三　区域分布

从高新技术企业看。沈阳和大连高技术企业分别有322家和441家，合计占全省的61.2%。其他城市比例偏小，合计481家，占比38.8%。具体是：鞍山95家，营口70家，锦州53家，丹东48家，抚顺38家，铁岭36家，盘锦31家，辽阳27家，阜新27家，朝阳25家，本溪18家，葫芦岛13家。

从主要经济指标看，沈阳322家高新技术企业，年末从业人数为13.6万人；大连441家，从业人数为12.9万人。由此可以看出，沈阳高新技术企业以大中型企业为主，大连高新技术企业以中小型企业为主；以大中型企业为代表的沈阳高新技术企业实现净利润 67.2 亿元，占全省高新技术企业实现净利润的 26.8%；以中小型企业为代表的大连高新技术企业实现净利润 102.5 亿元，占全省高新技术企业实现净利润的 40.9%，其效益明显高于大中型企业；尤其是大连的高新技术企业出口创汇达 55.4 亿美元，占全省高新技术企业出口创汇额的 57.8%，大连高新技术企业的贸易外向度更高（见表 4 - 3）。

表 4 - 3   2013 年辽宁省高新技术企业地区分布情况

省辖市	企业数 （家）	年末从业人员 （人）	工业总产值 （亿元）	总收入 （亿元）	净利润 （亿元）	出口创汇 （亿美元）
合计	1247	396920	4014.8	4223.1	250.7	95.8
沈阳	322	136020	1316.2	1223.7	67.2	20.4
大连	441	129399	1489.0	1576.0	102.5	55.4
鞍山	95	195057	200.7	200.5	14.5	2.4
抚顺	38	20358	149.5	159.7	2.9	2.0
本溪	18	4201	40.4	39.9	3.6	0.3
丹东	48	9221	61.6	62.4	6.1	0.3
锦州	53	12478	101.5	100.6	8.8	1.8
营口	70	13203	125.8	130.2	6.0	2.2
阜新	27	6130	38.5	34.9	4.2	0.5
辽阳	27	19644	216.2	424.8	27.2	4.3
盘锦	31	6151	93.8	92.3	-0.5	0.1
铁岭	36	6117	36.6	34.8	1.4	0.1
朝阳	25	6472	66.5	68.6	3.6	1.9
葫芦岛	13	6106	66.1	57.0	1.7	4.0

四　规模分析

（一）从高新技术企业的收入看

2013 年，高新技术企业总收入超亿元的企业有 471 家，其中超 10 亿元的企业有 64 家，收入在 1 亿~10 亿元的企业有 407 家，收入在 0.5 亿~1 亿元的企业有 221 家（见表 4 - 4）。

表 4 - 4　2013 年辽宁省高新技术企业总收入规模分布情况

企业收入规模	企业数（家）	年末从业人员（人）	工业总产值（亿元）	总收入（亿元）	净利润（亿元）	出口创汇（亿美元）
合计	1247	396920	4014.8	4223.1	250.7	95.8
10 亿元以上	64	164033	2480.5	2680.3	138.7	69.2
1 亿~10 亿元	407	159940	1261.6	1268.0	96.4	22.0
0.5 亿~1 亿元	221	35398	153.9	160.8	12.4	3.3
1000 万~5000 万元	401	32291	112.7	106.9	4.7	1.4
500 万~1000 万元	69	3037	4.1	5.0	-0.8	0.01
500 万元以下	85	2221	2.0	2.1	-0.8	0.01

（二）从高新技术企业人员看

全省人员超过 1000 人的高新技术企业有 67 家，占全省高新技术企业的 5.4%；这些企业年末实现就业 19.0 万人，工业总产值 1980.4 亿元，总收入 2098.6 亿元，净利润 117.1 亿元，出口创汇 60.2 亿美元，占全省高新技术企业比重分别为 48.0%、49.3%、49.7%、46.7% 和 62.8%。从总体上看，辽宁省高新技术企业处在以大型企业为主的发展格局，中小企业相对发展不足（见表 4 - 5）。

表 4 - 5　2013 年辽宁省高新技术企业人员分布情况

企业人员规模	企业数（家）	年末从业人员（人）	工业总产值（亿元）	总收入（亿元）	净利润（亿元）	出口创汇（亿美元）
合计	1247	396920	4014.8	4223.1	250.7	95.8
1000 人及以上	67	190434	1980.4	2098.6	117.1	60.2
500~999 人	83	58227	739.9	772.7	39.1	11.1
100~499 人	556	120777	1070.8	1140.4	81.1	22.5
50~99 人	283	20031	157.4	140.8	8.0	1.8
10~49 人	245	7372	66.2	70.2	5.3	0.2
9 人及以下	13	79	0.1	0.2	-01	0.001

五　类型分布

辽宁省高新技术企业仍以内资企业为主，尤其是有限责任公司居多。

全省仍以有限责任公司和私营企业为主，两者数量分别为 492 家和 409 家，共占全省高新技术企业的 72.3%，共实现总收入 1793.7 亿元，占全省高新技术企业的 42.5%。

全省高新技术企业中外资部分虽然数量较少，但在吸纳就业人数、实现总收入等方面明显高于内资企业，尤其是高于私营企业。全省高新技术企业中外商投资企业有 104 家，但吸纳就业人数为 68653 人，实现总收入 688.5 亿元；私营企业为 409 家，就业人数 53607 人，总收入 366.2 亿元（见表 4-6）。

表 4-6 2016 年辽宁省高新技术企业注册类型分布情况

企业类型	企业数（家）	年末从业人员（人）	总收入（亿元）	净利润（亿元）	出口创汇（亿美元）
合计	1247	396920	4223.1	250.7	95.8
内资企业	1090	302882	2872.0	158.6	56.2
其中：国有企业	55	30165	318.7	16.3	3.5
有限责任公司	492	138175	1427.5	73.6	38.8
股份有限公司	105	75170	699.8	38.0	9.0
私营企业	409	53607	366.2	24.5	4.7
港澳台商投资企业	53	25385	662.5	40.1	10.5
外商投资企业	104	68653	688.5	52.0	29.1

六 出口分布

2013 年，全省高新技术企业有 501 个产品实现出口创汇，出口额达 37.9 亿美元。美国和日本为主要出口国家，两者分别占全省主要产品出口额的 26.6% 和 20.1%。此外，中国港澳台地区和东南亚等国也是辽宁省高技术企业主要产品的重要出口区域（见表 4-7）。

表 4-7 2013 年辽宁省高新技术企业主要产品出口国家（地区）分布情况

出口国家（地区）	产品数（个）	年末总产值（亿元）	年末销售收入（亿元）	年末出口额（亿美元）
合计	501	1261.4	1145.4	37.9
美国	83	158.6	151.1	10.1

续表

出口国家（地区）	产品数 （个）	年末总产值 （亿元）	年末销售收入 （亿元）	年末出口额 （亿美元）
日本	93	141.2	138.7	7.6
南美	16	23.9	22.7	0.3
西欧	40	74.8	73.2	2.4
北欧	11	4.1	3.9	0.2
东欧	26	129.7	86.0	3.3
中国港澳台	18	283.5	276.9	5.7
东南亚	105	309.9	268.4	5.2
其他	109	135.7	124.5	3.1

第二节　辽宁省战略性新兴产业竞争力分析

目前，各地及全国的统计年鉴以及各类数据库尚未录入新兴产业的确切数据，本文采用与新兴产业重合度最高的高技术产业的同类指标进行分析。

一　评价基础

计算出我国内地 30 个省份（不含西藏）高技术产业的国内市场占有率、劳动生产率、相对出口优势指数和贸易竞争指数，并通过与北京、上海、江苏和广东发达省份对比分析，得出辽宁省新兴产业发展在国内的基本状况。

二　指标分析

（一）在国内市场占有率方面

从高新技术产品的国内市场占有率来看，广东和江苏的高技术产品几乎占据全国一半份额，国内市场占有率分别为 24.49% 和 22.35%，分列全国第 1 位和第 2 位；上海、北京的国内市场占有率分列第 4 位和第 7 位。东北三省整体产出并不高。辽宁是东北三省中高技术产品国内市场占有率最高的，为 2.16%，在全国排第 11 位；吉林的高技术产品国内市场占有率为 1.11%，排在全国第 19 位；黑龙江仅为 0.51%，排在全国第 22 位，吉林和黑龙江国内市场占有率均处于全国下游水平（见表4 – 8）。

表 4 – 8　2013 年各省份高技术产业主要发展指标分析

省份	国内市场占有率（%）	排名	劳动生产率（万元/人）	排名	相对出口优势指数	排名	贸易竞争指数	排名
北京	3.49	7	126.33	1	1.09	8	-0.22	26
天津	3.45	8	119.31	2	1.34	5	-0.09	23
河北	1.18	18	66.08	21	0.36	17	0.47	1
山西	0.61	21	42.07	29	0.93	10	0.16	11
内蒙古	0.27	24	88.39	9	0.07	27	-0.29	28
辽宁	2.16	11	103.95	6	0.30	19	0.03	20
吉林	1.11	19	73.34	16	0.14	24	-0.81	30
黑龙江	0.51	22	65.02	23	0.06	29	-0.28	27
上海	6.89	4	118.21	3	1.49	3	0.05	17
江苏	22.35	2	91.96	7	1.36	4	0.18	9
浙江	3.89	5	61.73	24	0.22	20	0.26	6
安徽	1.43	16	77.94	11	0.21	21	0.10	14
福建	3.16	10	90.81	8	0.49	13	0.03	19
江西	1.82	15	69.47	18	0.45	14	0.38	2
山东	7.56	3	114.52	4	0.38	15	0.01	21
河南	3.19	9	58.91	25	1.87	1	0.12	12
湖北	1.98	12	75.42	13	0.83	11	0.23	7
湖南	1.84	14	74.68	15	0.37	16	0.10	13
广东	24.49	1	65.19	22	1.31	7	0.09	15
广西	0.79	20	69.02	19	0.35	18	0.18	8
海南	0.15	26	88.05	10	0.56	12	-0.51	29
重庆	1.84	13	104.95	5	1.32	6	0.28	5
四川	3.87	6	76.91	12	1.55	2	0.17	10
贵州	0.34	23	69.53	17	0.08	26	0.04	18
云南	0.23	25	75.34	14	0.19	22	0.06	16
陕西	1.21	17	57.25	26	1.04	9	-0.11	24

续表

省份	国内市场占有率（%）	排名	劳动生产率（万元/人）	排名	相对出口优势指数	排名	贸易竞争指数	排名
甘肃	0.11	27	41.63	30	0.13	25	-0.08	22
青海	0.04	28	67.34	20	0.07	28	-0.16	25
宁夏	0.03	29	44.55	27	0.18	23	0.30	3
新疆	0.02	30	43.98	28	0.04	30	0.29	4

资料来源：根据《中国高技术产业统计年鉴（2013）》计算所得。

（二）在劳动生产率方面

辽宁劳动生产率较高，在全国排在第 6 位。在发达省份中除广东劳动生产率较低外[①]，北京、上海和江苏的劳动生产率均较高，分列全国第 1 位、第 3 位和第 7 位。

（三）在省际出口竞争力方面

辽宁是东北地区唯一沿海省份，但出口仅排在全国第 19 位。与之形成鲜明对比的是东部省份，如北京、上海、江苏和广东高技术产品均具有较强的国际竞争力，其相对出口优势指数均大于 1。由此可见辽宁高技术产业在利用外需市场方面存在较大不足，出口产品在国际上的竞争力较弱。

（四）在贸易国际竞争力方面

辽宁省高技术产品国际竞争力排在全国第 20 位，虽是东北三省中贸易竞争力较强的省份，但在全国排名较为落后，国际竞争力较弱。而发达省份高技术产品的国际市场竞争力较强，除北京[②]外，上海、江苏和广东的贸易竞争指数均大于零。

三 东北评价

本文参考已有的高技术产业竞争力评价研究体系[③]，并结合数据的可

---

① 广东劳动生产率较低的原因是在规模化生产过程中，外来用工较多，对劳动者的素质要求不高所致。
② 北京高技术产业发展正处于技术创新阶段，净出口额为负值。
③ 方毅等：《东北三省高技术产业竞争力提升策略研究》，《软科学》2010 年第 3 期。

获得性，选取了14项主要指标，从产业投入、产业产出、产业技术创新能力、产业发展环境四个方面对全国各省份高技术产业进行综合评价（见表4-9）。

表4-9　高技术产业竞争力评价指标体系

总目标	目标层	指标层
高技术产业竞争力	产业投入	R&D人员投入强度
		R&D经费投入强度
		劳动生产率
	产业产出	主营业务收入
		高技术产品出口额
		高技术产业利税总额
		国内市场占有率
		新产品销售收入
		新产品出口销售收入
	产业技术创新能力	申请专利数
		拥有有效发明专利数
	产业发展环境	企业单位数
		资产总额
		国家高新技术开发区总产值

本文依据构建的高技术产业竞争力评价指标体系，运用因子分析方法，初步得出2013年30个省份的高技术产业竞争力各因子得分及排名。

综合得分计算公式：

$$F = 0.71961 \times F1 + 0.13403 \times F2 + 0.08259 \times F3 \tag{1}$$

由公式（1）计算出旋转后的因子载荷矩阵（见表4-10）。

表4-10　旋转后的因子载荷矩阵

指标	因子1	因子2	因子3
产业R&D人员投入强度	0.0202	0.9604	0.1129
产业R&D经费投入强度	0.0170	0.9554	-0.1611
劳动生产率	0.1029	-0.0402	0.9747

续表

指标	因子 1	因子 2	因子 3
主营业务收入	0.9807	− 0.0442	0.1294
高技术产品出口额	0.9582	− 0.0394	0.0320
高技术产业利税总额	0.9596	− 0.0460	0.1366
国内市场占有率	0.9807	− 0.0442	0.1294
新产品销售收入	0.9914	0.0353	0.0453
新产品出口销售收入	0.9773	0.0058	− 0.0080
申请专利数	0.9578	0.0852	− 0.0278
拥有有效发明专利数	0.8993	0.0981	− 0.1356
企业单位数	0.9669	0.0057	0.0938
资产总额	0.9916	0.0215	0.0845
国家级高新技术开发区总产值	0.8474	0.1157	0.2779

通过因子分析，本报告提取了影响高技术产业竞争力的三大因子，这三大因子分别命名为规模产出因子、政策支持因子和技术创新因子，其中规模产出因子包含主营业务收入、高技术产品出口额等 11 项主要指标；政策支持因子则包含产业 R&D 人员投入强度、产业 R&D 经费投入强度 2 项指标；技术创新因子确定为劳动生产率。这三大因子中，规模产出因子的影响程度最大，为 71.961%；政策支持因子次之，其影响程度为 13.403%；技术创新因子的影响程度最弱，为 8.259%（见表 4 - 11）。我国经济发达的东部省份其高技术产业竞争力也较强，竞争力因子呈现出较强的相关性。

表 4 - 11　2013 年部分省份高技术产业竞争力各因子得分分析

省份	规模产出因子	排名	政策支持因子	排名	技术创新因子	排名	综合得分	排名
北京	0.0638	6	0.9329	6	1.8872	2	0.3268	4
辽宁	− 0.2598	13	0.2344	12	1.1634	5	− 0.0595	12
吉林	− 0.3231	17	− 0.8435	23	0.0167	15	− 0.3442	21
黑龙江	− 0.4323	23	1.2325	4	− 0.4698	21	− 0.1847	15
上海	0.2697	5	− 0.4445	17	1.5269	4	0.2606	6

续表

省份	规模产出因子	排名	政策支持因子	排名	技术创新因子	排名	综合得分	排名
江苏	2.6805	2	-0.7113	20	0.8840	7	1.9066	2
广东	4.2531	1	0.3983	10	-1.3835	26	2.9997	1

四　参考结论

通过公式（1）和表4-11可以得出以下结论。

（一）辽宁规模产出能力有待加强

目前我国高技术产业竞争力受其产出水平影响最大，发达省份由于规模产业能力较强使其综合竞争力排名靠前。北京、上海、江苏和广东的规模产业能力分列全国第6位、第5位、第2位和第1位，因此其综合得分均排在了全国前列。而辽宁规模产出能力处于全国中游水平，其综合得分排在全国第12位，但得分为负，仍然位于全国平均水平之下，表现出了产出能力严重不足。

（二）辽宁政策支持发展环境有待改善

广东和北京的政策支持因子得分均为正，分列第10位和第6位，说明东部发达地区政策支持环境较好。黑龙江和辽宁的政策支持因子得分分别排在全国第4位和第12位，也显示出良好的高技术产业的政策支持环境；但吉林的政策支持因子排名靠后，仅排在第23位，说明该省高技术产业发展需要政府进一步改善发展环境。

（三）辽宁技术创新能力表现尚可

对于技术创新因子，北京表现最好，排在全国第2位，上海和江苏该因子得分排在全国第4位和第7位，显示出了较强的技术创新能力。辽宁排名靠前，列全国第5位，显示其技术创新能力处于全国前列。

第三节　辽宁省战略性新兴产业计量分析

《中国高技术产业统计年鉴》的统计包含了研发活动、新产品开发和生产、专利、技术获取和改造、企业办研发机构等情况，与新兴产业发展情况密切相关，能够说明新兴产业发展的基本情况。

近年来，面对复杂严峻的国内外环境，辽宁高技术产业保持了生产规模不断扩大的态势，为全省经济稳定增长做出了重要贡献。但与东部先进省份相比，辽宁落后明显。

一　经济总量

从高技术产业产值看。2011 年，辽宁高技术产业产值达 1884.5 亿元（见图 4 - 3），比 2005 年增加了 2 倍，但在同东部省份的排名中居第 9 位，广东、江苏分别居第 1 位、第 2 位，高科技产业产值分别为辽宁的 12.5 倍和 10.3 倍。

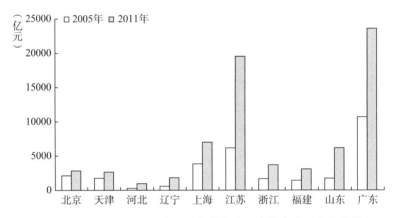

图 4 - 3　2005 年和 2011 年辽宁与东部省份高技术产业产值比较

资料来源：根据《中国高技术产业统计年鉴（2012）》计算所得。

二　研发投入

从研发经费的支出结构来看，在同东部省份的比较中，辽宁省高技术产业的 R&D 经费内部支出和新产品开发经费支出均远低于广东，也低于江苏和上海，仅高于河北和天津（见图 4 - 4），其中广东的 R&D 经费内部支出和新产品开发经费支出分别为辽宁的 8 倍和 10 倍。

从高技术产业产品出口额看。2011 年，辽宁高技术产业产品出口交货值约占全国份额的 1.0%，在同东部省份的比较中仅高于河北，排名第 9 位，而居前两位的广东和江苏所占的份额合计超过 60%。

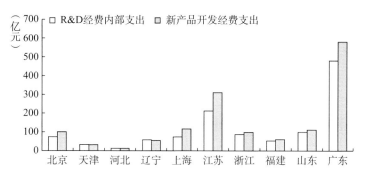

图4-4　2011年辽宁与东部省份新兴产业研发经费投入的比较

资料来源：根据《中国高技术产业统计年鉴（2012）》计算所得。

三　人员构成

从研发人员结构的比较看。同东部9个省份的比较中，2011年在辽宁省高技术产业研究与开发（R&D）人数排在第9位，仅为广东和江苏的科技活动人员数的1/20和1/10，仅高于河北省（见图4-5）。2011年辽宁省技术消化吸收经费支出仅为技术引进经费支出的1%，远低于国内先进地区，其重大关键核心技术的自给率和重大装备的国产化率还比较低。

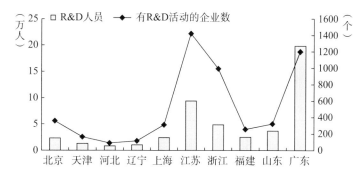

图4-5　2011年辽宁和东部省份高技术产业R&D活动人员情况

资料来源：根据《中国高技术产业统计年鉴（2012）》计算所得。

四　融资能力

从企业融资能力看。2011年，我国审核的上市公司分布于全国29个省份，其中经济较为发达的广东、北京、江苏、浙江、上海和福建上市公司数量较多，6 个省份合计共有 139 家上市公司，总市场占有率达到 67.18%（见图 4-6）。辽宁新兴产业发展财税扶持力度不够，企业普遍存在融资难、资金缺乏等困难，此是主要原因。

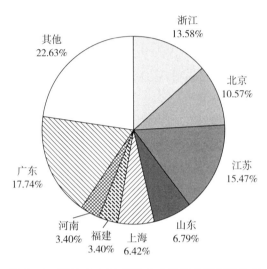

图 4-6　2011 年中国 IPO 企业地区分布统计分析

资料来源：汉鼎咨询《2011 年中国 IPO 市场统计分析报告》。

第五章

资源型地区

——辽宁省各城市战略性新兴产业发展研究

课题组根据自己设立的《战略性新兴产业发展情况调查统计汇总表》，到辽宁省资源型地区的各市收取样本数据，通过对其主要指标数据的分析，了解各城市战略性新兴产业发展情况，包括重点领域、重点企业、拟投入的重大项目、拟发展的重点产品、拟建设的重大平台和基地等基本情况。

第一节　阜新市战略性新兴产业发展情况

一　总体情况

（一）企业基本情况

2013 年，阜新市共有战略性新兴产业企业 59 家，其中先进装备制造业企业 17 家，新材料产业企业 15 家，新医药产业企业 7 家，节能环保产业企业 4 家，新能源产业企业 9 家，信息产业企业 7 家。战略性新兴产业企业职工总数为 7249 人，其中具有硕士及以上学历的职工 61 人，具有本科学历的职工 863 人。

（二）企业经营情况

2013 年，阜新市工业总产值合计 49.4 亿元，其中先进装备制造业工业总产值 14.97 亿元，新能源产业工业总产值 8.41 亿元，新材料产业工业总产值 9.06 亿元，新医药产业工业总产值 7.44 亿元，信息产业工业总产值 3.36 亿元，节能环保产业工业总产值 6.16 亿元。实现工业增加值 5.32 亿元，其中先进装备制造业工业增加值 0.88 亿元，新能源产业工业增加值 0.97 亿元，新材料产业工业增加值 1.80 亿元，新医药产业工业增加值 1.36 亿元，信息产业工业增加值 0.27 亿元，节能环保产业工业增加值 0.04 亿元。企业产品销售收入 44.16 亿元，其中先进装备制造业企业产品销售收入 14.51 亿元，新能源产业企业产品销售收入 8.37 亿元，新材料产业企业产品销售收入 5.55 亿元，新医药产业企业产品销售收入 6.98 亿元，信息产业企业产品销售收入 2.78 亿元，节能环保产业企业产品销售收入 5.97 亿元。

（三）企业科技和投资情况

阜新市拥有国家或省认定的特色新兴产业基地（园区）2 个，其中先进装备制造业和新材料产业各 1 个，省级工程技术研究中心 3 个，节能环保产业省级工程技术研究中心 1 个，信息产业省级工程技术研究中心 1 个。

阜新市战略性新兴产业累计专利申请受理量和授权量分别为 560 项和 429 项，其中先进装备制造业累计专利申请受理量和授权量分别为 364 项和 291 项，新能源产业分别为 63 项和 57 项，新材料产业分别为 30 项和 16 项，新医药产业分别为 52 项和 25 项，信息产业分别为 28 项和 17 项，节能环保产业分别为 23 项和 23 项。发明专利授权量合计为 54 项，其中先进装备制造业发明专利授权量 10 项，新能源产业发明专利授权量 3 项，新材料产业发明专利授权量 10 项，新医药产业发明专利授权量 20 项，信息产业发明专利授权量 2 项，节能环保产业发明专利授权量 9 项。

阜新市战略性新兴产业近 5 年主持和参加制定的国际、国家及行业标准数合计 168 项，其中先进装备制造业 12 项，新材料产业 6 项，新医药产业 142 项，信息产业 5 项，节能环保产业 2 项。

阜新市战略性新兴产业拥有省名牌产品 8 个，其中先进装备制造业省名牌产品 4 个，新材料产业省名牌产品 1 个，信息产业省名牌产品 1 个，节能环保产业省名牌产品 2 个。信息产业中有国家名牌产品 1 个。全市拥有省著名商标 10 个，其中先进装备制造业省著名商标 5 个，新能源产业省著名商标 1 个，新材料产业省著名商标 1 个，新医药产业省著名商标 1 个，信息产业省著名商标 1 个，节能环保产业省著名商标 1 个。信息产业中有国家驰名商标 1 个。

阜新市 2013 年重大项目投资合计 10.83 万亿元，其中先进装备制造业重大项目投资 2.15 万亿元，新能源产业重大项目投资 5.00 万亿元，新材料产业重大项目投资 1.91 万亿元，新医药产业重大项目投资 1.39 万亿元，信息产业重大项目投资 0.38 万亿元。

二 存在问题

（一）战略性新兴产业发展带有低端特征

从 2013 年的统计结果来看，阜新市战略性新兴产业中，先进装备制造业和新材料两大产业企业数占全市战略性新兴产业企业总数的 54%，先进装备制造业和新材料两大产业工业总产值合计占全市战略性新兴产业总产值的 49%，产业发展带有低端特征。

（二）人才紧缺成为战略性新兴产业发展的瓶颈

从阜新市 2013 年战略性新兴产业企业职工学历结构来看，硕士及以上学历的职工仅占职工总数的 1%，本科学历的职工仅占职工总数的 12%。调查结果显示，在"希望政府提供哪些支持"一栏中，多数企业选择了"加强技术人员技能和管理培训"。

（三）资金短缺成为企业面临的普遍性问题

辽宁省战略性新兴产业发展情况调查结果显示，在"希望政府提供哪些支持"一栏中，企业基本选择了"出台税收优惠政策、设立产业引导基金"。在"企业发展过程中遇到哪些问题"一栏中，资金短缺成为企业集中反映的焦点问题。不少企业提出融资难度大，技术研发、设备改造缺少必要的资金支持，使企业发展后劲不足。由于国家相关政策的制约，对民营企业没有技术改造相关的政策和资金支持，公司加大科研经费和产业化生产的投入只能由公司历年的未分配利润进行投资，投资金额有限，达不到企业快速增长的用户需求和技术开发需求。

三 政策建议

（一）加强战略性新兴产业合理布局

在发展先进装备制造业和新材料两大产业的基础上，应当注重培育信息产业、新医药产业、节能环保产业和新能源产业等阜新市原有一定基础的、产业附加值相对较高的战略性新兴产业。

（二）加大资金支持力度

设立战略性新兴产业发展专项资金，补助战略性新兴产业重点领域、重点企业和重点项目，尽快培植壮大一批新兴产业。进一步研究完善鼓励创新、引导投资和消费支持政策，切实解决企业融资困难，加快金融产品创新，建立风险补偿机制，引导金融机构信贷支持。积极发挥资本市场多层次融资功能，从资本市场和债券市场融资，开展技术创新活动，引导各类企业在加强规范管理的基础上提高融资能力。

第二节　抚顺市战略性新兴产业发展情况

调查问卷显示，抚顺市 23 家企业在 2014 年的计划中对重要指标都做了预估，企业生产总值、增加值、企业产品销售情况、利润及税收都将比 2013 年有所增长。企业家对本行业发展前景保持乐观态度，并对自己企业的生产经营状况充满信心。

一　总体评价

抚顺市战略性新兴产业发展理论基础雄厚，目前已经编制完成《抚顺高新技术产业开发区化工及精细化工园区产业发展布局规划》和《沈抚新城机器人产业发展规划》。以理论为基础，发挥实干精神，抚顺战略性新兴产业发展成绩显著。其重点发展的化工新材料及先进装备制造业在新兴产业中所占比重较高，成为抚顺市经济发展的重点。

虽然抚顺市战略性新兴产业在发展中取得了一定的成绩，但仍存在一些问题。一是战略性新兴产业发展不均衡。根据规划将战略性新兴产业分为七大产业，而抚顺市 23 个战略性新兴产业企业中只涉及先进装备制造业、新材料产业和信息产业，而新能源产业和新医药产业等产业均未涉及。二是产学研不协调。抚顺市设有 1 个节能环保产业升级工程研究中心，7 个新能源升级工程技术研究中心和 1 个新医药升级工程技术中心，但这些中心的设立都没有相对应的企业进行生产，这表现出研发与生产脱节，造成资源的浪费。

二 存在问题

通过调查问卷分析，以及在抚顺多家企业实际调研，笔者发现企业在发展中存在的最主要问题是政府的支持力度不够和自身发展的问题。

（一）政府支持力度不够

1. 土地指标不够、证件办理不及时

抚顺市战略性新兴企业因生产产品不同对厂区规模要求也不同，但受到土地指标的限制，有土地需求的企业无法得到想要的土地，从而直接或间接地影响了企业的发展壮大。

抚顺市办理土地证件的手续烦琐，很多企业虽然用地已批但迟迟拿不到土地证，这对正处于发展阶段的企业来说影响较大。大多数企业需要向银行申请贷款，使用土地证做抵押申请贷款是最有效方式之一。很多企业因土地证未能及时办理而影响贷款，导致资金周转困难。

2. 资金支持力度不够

目前，摆在企业面前最严峻的问题是资金问题。然而中小企业融资困难已经是一个不争的事实，政府针对中小企业融资难问题解决不力，导致企业缺乏流动资金，严重影响产品升级和技术改造，进而影响了企业的市场竞争力。

新兴产业具有研发周期长、见效慢的特点，很多企业很难支付相应的资金，需要政府在资金上给予支持。调研发现，抚顺市政府资金支持力度不够，未能有效为企业分忧。而且在新产品推广中，办理相关审批文号及生产许可时手续烦琐、周期较长，严重影响企业发展进度。

3. 基础设施配套不完善导致信息不对称

信息不对称也是制约企业发展的问题之一。很多企业在产品/应用方面缺少下游行业的数据反馈，无法有的放矢开展研发生产。而政府在整个产业园区的规划中未能配套相适应的信息收集和行业分析中心，因此很难给出指导性的建议，导致很多企业出现盲目生产的现象。

（二）企业自身存在问题

1. 同质化生产问题严重

一些企业在上项目时，未经过市场考察，盲目跟从，导致企业生产的

产品在市场上出现饱和现象。以光伏产业为例，同质化生产情况严重，仅辽宁就有多家生产企业，全国生产企业数量更是巨大。然而中国的光伏产品接连在美国及欧盟等国家和地区遭遇反倾销、反补贴调查，其国际市场疲软，国内市场饱和。这直接导致抚顺太阳能光伏公司产品积压，损失惨重。

2. 产品创新能力薄弱

由于资金、技术的缺乏，人才流失现象严重，直接导致产品创新能力不足，很多企业还停留在创业之初的产品生产上。很多科研中心研发出的产品并没有投入生产中。由于研发与生产的脱节，导致产品更新较慢。

三 几点建议

政府只有大力支持、强劲推动才能帮助战略性新兴产业蓬勃发展。结合抚顺市战略性新兴企业存在的问题，政府应从以下几方面给予支持。

（一）对重点园区（基地）在土地指标上给予倾斜

从辽宁省政府到抚顺市政府都需对抚顺市战略性新兴产业做到科学布局。市政府要合理规划战略性新兴产业，要对战略性新兴产业的发展问题、功能定位、优势互补等一系列重大问题进行充分的考量和综合研究。对未来发展前景广阔、具有较强竞争力的企业适当放宽政策，尤其是在土地指标上给予倾斜。

（二）设立专项资金，用于支持重点园区、重点项目

通过设立战略性新兴产业发展专项资金和引导资金，增加财政的资金投入，重点支持重大科技创新、创新成果产业化等项目，加大对前沿性技术和关键共性技术研究的支持力度，加大对基础研究和前沿探索的资金投入。鼓励社会资金投入新兴产业，实现政府引导资金和社会资金的相互促进，共同推进新兴产业发展。积极落实国家高新技术产业税收扶持政策，制定新兴产业具体税收减免政策。建立有利于新兴产业发展的投融资体制，扩大融资渠道，鼓励金融机构加大对新兴产业的信贷支持。

（三）提高政府工作人员办公效率，缩减企业审批程序

时间就是金钱，效率产生价值，企业的发展需要快速、高效。政府是为企业服务的重要部门，提高政府工作人员的办事效率，才能更好地为企业服务。目前，企业建厂、生产、产品推广等多个环节都需要政府部门的层层审批，审批时间长，审批程序多，对企业的快速发展极其不利，政府应适当减少审批环节，压缩审批时间，还高效率给企业。

第三节　本溪市战略性新兴产业发展情况

一　总体情况

本溪市战略性新兴产业发展情况见表 5 - 1。

表 5 - 1　本溪市战略性新兴产业发展情况

主要统计指标	先进装备制造业	新材料产业	新医药产业	其他	合计
企业数（家）	3	4	7	3	17
工业总产值（亿元）	0.45	2.60	1.50	4.67	9.22
工业增加值（亿元）	0.06	0.20	0.40	0.06	0.72
企业产品销售收入（亿元）	0.43	2.45	1.50	4.42	8.80
从业人员数（万人）	—	0.07	0.04	0.05	0.16
研发经费（亿元）	0.19	0.97	0.31	0.03	1.50
国家工程研究中心（个）	—	—	1	—	1
国家认定企业技术中心（个）	—	1	—	—	1
省级企业技术中心（个）	1	1	—	1	3
省级工程技术研究中心（个）	—	—	1	—	1
累计专利申请受理量、授权量（项）	15	32	268	10	32.5
其中，发明专利授权量（项）	0	9	47	8	64
中国名牌产品（个）	—	—	6	—	6
省名牌产品（个）	1	—	—	—	1
近 5 年主持和参加制定的国际、国家及行业标准数（项）	2	3	181	1	187

二　存在问题

本溪市生物医药产品在药监局注册审批的周期过长，高端人才不容易引进，有些政策支持资金难以到位，税收减免部分也未实施到位，政府要对真正有实力、有发展潜力的重点企业给予更多的支持。特别是2012年以来，受国内、外经济形势急剧下滑等诸多因素影响，一些银行因信贷规模问题，中止对原合作企业的项目融资审批工作，加之公司主营业务市场需求锐减，导致企业经营形势严峻，资金压力极大，使一些企业资金状况难以维系。由于市场需求锐减、订单不足、行业特点等原因导致垫付资金巨大，回款不良等问题出现，大量企业目前资金压力非常大，不得不加大筹融资力度，以保持公司资金链不断裂，保障公司经营活动的正常运行，使企业面临巨额财务费用支出的压力。

三　主要建议

（一）优化产业发展环境建设

建议资源整合、技术互补、研发平台共享，加强高端人才的合作交流，疏通战略性新兴产业资金筹集渠道，营造战略性新兴产业发展的良好环境和落实产业扶持政策。设立战略性新兴产业发展专项资金，带动战略性新兴产业的快速发展，加快金融产品的创新，积极发挥多层次资本市场的融资功能，引导各类企业在加强规范管理的基础上开展技术创新活动，增强从资本市场和债券市场融资的能力。

（二）加大对新兴产业的投入

建议设立新兴产业发展专项资金，支持新兴产业领域的重点项目建设；考虑设立新兴产业发展引导基金，发挥财政资金的杠杆效应，吸引社会资本投向新兴产业重点领域。

（三）加大对共性技术服务平台建设的支持力度

结合国家创新型城市建设，建立共性技术服务平台，以平台为载体，提高企业自主创新能力，将工作重点放在提升产业技术创新能力上面。通过掌握共性关键技术，形成对产业发展的控制力，增强对新技术、新产品开发的持续服务能力，不断推动产业结构升级。在自主创新的基础上建立新兴产业健康发展的新机制。

第四节　葫芦岛市战略性新兴产业
发展情况

一　总体情况

2013 年，葫芦岛市共有战略性新兴产业企业 15 家，其中先进装备制造业企业 6 家，新材料产业企业 3 家，新医药产业企业 3 家，节能环保产业企业 2 家，新能源产业企业 1 家。战略性新兴产业企业职工总数达33249 人，其中硕士及以上学历的职工 168 人，具有本科学历的职工 2833人。全市战略性新兴产业拥有省名牌产品 8 个，其中装备制造产业省名牌产品 5 个，新材料产业省名牌产品 3 个。全市战略性新兴产业共建成国家工程技术研究中心 4 个，其中先进装备制造业国家工程技术研究中心 1 个，新材料产业国家工程技术研究中心 3 个。2013 年，全市战略性新兴产业累计专利申请受理量、授权量 132 项；发明专利授权量 25 项，其中先进装备制造业发明专利 3 项，新材料产业发明专利 15 项，新医药产业发明专利 1项，信息产业发明专利 1 项，节能环保产业发明专利 1 项，其他战略性新兴产业发明专利 4 项。

未来葫芦岛市将依托中国石油天然气股份有限公司锦西石化分公司、渤海船舶重工有限责任公司和中冶葫芦岛有色金属集团有限公司等重点企业，投入徐大堡核电站、新型炼化工产业升级示范基地等重大项目，发展新型炼化工项目 MDI、煤和电等重点产品，建设高技术产业园区、北港工业园区、打渔山泵业基地和北港船园等重大平台和基地。

二　存在问题

（一）战略性新兴产业发展带有低端特征

从 2013 年的统计结果来看，葫芦岛市战略性新兴产业中，先进装备制造业和新材料两大产业企业数占全市战略性新兴产业企业总数的 60%，先进装备制造业和新材料发明专利授权量占全市战略性新兴产业发明专利授权量的比重为 72%，而这两大产业均为资源消耗性产业，产业附加值相对其他战略性新兴产业比较低，产业发展带有低端特征。除以上两大产业外，其他战略性新兴产业总体规模较小，不可能形成完善的产业链，对整个地区的贡献必然会大打折扣。

（二）人才紧缺成为战略性新兴产业发展的瓶颈

从葫芦岛市 2013 年战略性新兴产业企业职工学历构成结构来看，硕士及以上学历职工仅占职工总数的 1%，本科学历职工仅占职工总数的 9%，与战略性新兴产业匹配的高端人才严重不足。辽宁省战略性新兴产业发展情况调查结果显示，在"希望政府提供哪些支持"一栏中，多数企业选择了"加强技术人员技能和管理培训"。在"企业发展过程中遇到哪些问题"一栏中，企业纷纷反映员工队伍现状与未来发展需求不匹配，存在着人员相对过剩与人才相对短缺的矛盾。缺少专业工程技术人员及技术工人，缺少专业管理人员及营销人员。近些年市场环境疲软，加之企业效益欠佳，工程技术人员待遇低，导致人才流失严重，企业缺乏人才。

（三）资金短缺成为企业面临的普遍性问题

辽宁省战略性新兴产业发展情况调查结果显示，在"希望政府提供哪些支持"一栏中，企业基本选择了"出台税收优惠政策、设立产业引导基金"。在"企业发展过程中遇到哪些问题"一栏中，资金短缺成为企业集中反映的焦点问题。企业提出，公司在项目研发之初，投入巨大，但研发成功投产后，便能带动地方经济与就业，希望在重点项目建设初期能够得到相应的政策与资金等扶持，以便于企业早日投产，回馈社会。企业科研基金不足，导致企业科技研发基础薄弱，没有支持力量，希望政府加大企业研发风险资金投入，加大考核验收力度，真正发挥研发风险投资基金的作用。

三　对策建议

（一）加强战略性新兴产业合理布局

葫芦岛在发展先进装备制造业和新材料两大产业的基础上，应当注重培育新医药产业、节能环保产业和新能源产业等葫芦岛市原有一定基础的、产业附加值相对较高的其他战略性新兴产业。在制定产品配套和产业链招商方案时，葫芦岛应根据龙头企业提供相关产品的信息定点招商，推动生产企业与关键零部件企业之间合作和加大对上下游企业政策支持力度，对影响整个产业链的瓶颈，鼓励支持企业面向社会寻求解决之道，为科技型中小型企业发展提供特种加工服务，以及技术专精、模式有特色的服务。

（二）加强人才支撑作用

围绕葫芦岛市战略性新兴产业发展需要，增强人才建设的计划性、前瞻性和主动性，培养和引进急需的各类人才。依托重点高校、科研机构和优秀企业，构建多元化的人才创业资助和融资平台，完善外来人才的薪酬、税收、社会保障、医疗、住房、子女入学等配套政策。利用好国际经济技术交流合作平台，拓宽参与国际交流与合作的渠道，吸引跨国研发机构落户葫芦岛市或在葫芦岛市设立分支机构。

第五节　沈阳市战略性新兴产业发展情况

一　总体情况

2010 年，沈阳市政府出台了《关于加快发展新兴产业的意见》，明确了重点发展高端装备制造、信息、生物医药、民用航空、新材料、新能源和节能环保七大新兴产业。为推进新兴产业发展，沈阳市制定了沈阳市战略性新兴产业发展规划。沈阳将落实规划和三年实施方案确定的任务目标，围绕七大重点领域，建设 30 个重点园区、实施 10 项重大工程，突破 20 类关键技术，推进 150 个重点项目建设。截至 2013 年，沈阳市战略性新兴产业规模以上企业有 206 家，工业总产值达 2261.1 亿元（见表 5-2）。

表 5-2　2013 年沈阳市战略性新兴产业规模以上企业主要指标统计汇总

主要统计指标	先进装备制造业	新能源产业	新材料产业	新医药产业	信息产业	节能环保产业	其他	合计
企业数（家）	118	5	16	25	19	9	14	206
工业总产值（亿元）	810.5	887.6	128.3	85.3	120.2	11.0	218.2	2261.1
从业人员数（万人）	7.0	1.8	0.7	1.5	2.8	0.1	4.5	18.4
研发经费（亿元）	34.6	5.8	2.2	3.6	9.0	0.2	6.3	61.7
国家工程研究中心（个）	1	—	1	1	—	—		3

主要统计指标	先进装备制造业	新能源产业	新材料产业	新医药产业	信息产业	节能环保产业	其他	合计
国家工程实验室（个）	—	—	1	—	—	—	—	1
国家认定企业技术中心（个）	4	1	—	3	—	—	2	10
国家工程技术研究中心（个）	1	—	1	1	—	—	—	3
省级工程研究中心（个）	1	—	—	—	—	—	1	2
省级工程实验室（个）	1	—	—	—	—	—	—	1
省级企业技术中心（个）	14	—	3	7	4	—	2	30
省级工程技术研究中心（个）	6	—	3	3	1	—	1	14
企业获国家和国际组织认证的检测、实验机构数（个）	7	—	—	1	1	—	—	9
累计专利申请受理量、授权量（项）	3574	292	116	166	869	26	18	5061
发明专利授权量（项）	2063	8	95	175	464	49	17	2871
中国名牌产品（个）	15	—	2	1	—	1	1	20
中国驰名商标（个）	9	—	2	3	2	—	2	18
省名牌产品（个）	6	1	8	5	8	1	4	33
省著名商标（个）	4	2	1	12	5	—	4	28
近5年主持和参加制定的国际、国家及行业标准数（项）	318	26	26	48	12	13	2	445

二 存在问题

（一）资金缺乏

融资是企业市场化运作的重要手段，三一重装认为目前企业的融资成本还处在高位，不利于实业发展。由于市场竞争压力较大，且企业正处在产品结构调整阶段，产品利润下降，产品净利润率在 10% 左右，目前融资成本在 8% 以上，将挤占企业大部分利润，企业融资难的问题突出。

（二）政策扶持力度不够

例如沈阳机床集团自主研发的 i5 数控系统产业化取得初步成效，但数控系统的基础研究、应用开发及产业化量产还需要大量资金投入。因此，建议政府相关部门继续给予资金补贴或优惠政策，加大对 i5 数控系统的支持力度。

（三）本地项目支持力度不够

北方重工的压裂成套装备控制系统技术与国际公司相比，在先进性与可靠性方面存在较大差距。鉴于此北方重工与国外同行业知名公司开展技术合作，为下一步产学研合作开发出具有自主知识产权的技术奠定基础，此过程同样需要足够的资金予以支撑。

（四）人力资源保障的压力

沈鼓集团快速成长，公司规模将迅速扩大，公司对核心技术人员和管理人才的需求将大量增加。为保持企业的持续发展、服务创新和技术创新能力，巩固、提升其在行业中的优势地位，沈鼓集团需要引进与储备大量的优秀人才，集团公司面临人力资源保障的压力。

（五）国内市场不良竞争问题

一是仍存在地方保护及恶意竞争。三一重装认为煤炭行业去产能，导致煤机市场竞争日益白热化。部分地区地方保护势力较强。有些地方企业以"合作"名义开展恶意竞争，部分煤矿采购更存在"指定"煤机厂商的做法。二是在国内市场招投标过程中，仍存在一些低价中标、恶意压价等不良竞争，造成企业无法真正用实力说话。

（六）税费负担较重

三一重装生产大型成套设备，单台（套）价格较高，为了更好地争取客户及市场，企业开展按揭及融资租赁等业务。在面对部分客户特别是国有大矿时，客户往往要求提前开具发票挂账，在开具发票时就需缴纳增值税，也就是说制造企业可能在没有收到货款或者仅收到小部分货款的情况下就先缴纳了全额的增值税。

（七）海外市场投资环境问题

一是海外市场因经济、政治等各种因素影响，不确定性增大，对被投资国的财税、金融、经济、税法等政策不了解，造成企业在海外投资难度较大。二是海外子公司流动资金缺口问题。海外子公司在投资发展过程中，因国内外汇管制，在国外项目执行过程中产生了暂时性资金短缺问题。

（八）生产性服务业脱离母公司的遗留问题

目前，研发中心按照独立法人企业化运作困扰着一些大型企业。例如，研发中心独立后，原来的母公司也会出现困难，因为这个企业是国家高新技术企业，如果研发中心独立运作，在财务数据方面就会遇到困难，销售收入与原来相比会非常少，其他各项指标也可能会较差。在研发费用归集和研发人员的归属上与独立的研发中心产生矛盾。

第六节　大连市战略性新兴产业发展情况

一　总体评价

调查问卷显示，2014 年大连市 27 家企业在计划中对重要指标做了预估，企业生产总值、增加值、企业产品销售情况、利润及税收都将比 2013 年有所增长。企业家对本行业发展前景保持乐观态度，并对自己企业的生产经营状况充满信心。

当前世界装备制造业呈现出了全球化、高端化、智能化、高效化、绿色化的产业发展和市场需求趋势，大力培育和发展高端智能装备制造是提升我国产业核心竞争力的必然要求，是抢占未来经济和科技发展制高点的战略选择。对此，大连先进装备制造业发展前景较好。

大连战略性新兴产业的海洋工程、核电装备生产能力居全国首位，有物联网、智能装备制造等 107 个项目 137 项核心技术。规模以上工业企业实现高新技术产品增加值增长 20% 以上。从调查问卷可以了解到，大连市先进装备制造业是大连发展战略性新兴产业的重点产业，其总产值、工业增加值、产品销售收入及企业就业等多项指标占全市的比重都达到 70% 以上。

二 存在的问题

通过调查问卷分析和对大连多家企业实际调研，笔者发现企业在发展中存在的最主要问题是政府的支持力度不够及自身发展问题。

（一）政府支持力度不够

1. 税收优惠政策较少

税收政策没有对战略性新兴产业给予倾斜。例如，按照财政部和国税总局的相关通知精神，从事再生资源回收利用的企业在 2010 年可享受"先征后返"的税收优惠政策。目前，税负增大，严重影响企业的发展，也直接影响了下游利废企业的生产成本，企业做大做强有很大难度。

2. 资金支持力度不够

目前，摆在企业面前最严峻的问题是资金。然而中小企业融资困难已经是不争的事实，政府针对中小企业融资难问题解决不力，导致企业缺乏流动资金，严重影响产品升级和技术改造，以及市场竞争力。

新兴产业具有研发周期长、见效慢的特点，很多企业很难支付相应的资金，需要政府在资金上给予支持。但调研显示，大连市政府资金支持力度不够，未能有效为企业分担压力。而且在新产品推广中，涉及的相关领域办理审批文号及生产许可时手续烦琐、周期较长，严重影响企业发展。

3. 基础设施配套不完善

信息不对称是制约企业发展的问题之一。很多企业产品在应用方面缺少下游行业的数据反馈，无法有的放矢开展研发生产。而政府在整个产业园区的规划中未能配套相适应的信息收集和行业分析中心，因此很难给出指导性的建议，导致很多企业出现盲目生产的现象。

（二）企业自身存在问题

战略性新兴产业在国家整体经济发展中具有重要的地位，由于新兴产业研发周期较长，在人力、财力、物力资源等方面要求较高，很多企业存在以下问题。

1. 人才引进

人才是现代企业能够不断创新、进步的源泉，企业想要在日益激烈的市场竞争中赢得一席之地，就需要不断引进国内外高层次人才提高自身的竞争力。对战略性新兴产业来说，其面临人才引进渠道狭窄的劣势。同时，引进高层次人才也需要为其提供丰厚的待遇。而企业在发展中面临严峻的外部挑战的同时，企业的资金困难也阻碍着企业前进的步伐。

2. 研发投入

对于新兴产业来说，技术创新是整个公司最核心的问题，从调查问卷了解到，企业用于研发经费的投资比例较小，不利于企业的创新发展。与此同时，企业加大了投资力度，将会制约企业在产业化生产中的资金流动。

3. 市场开发

大多数从事战略性新兴产业生产的企业是集研发、生产、销售为一体的高新技术企业，在研发和生产中公司已投入大量的经费，而在市场推广方面也面临资金投入不足、推广市场狭小的难题。而产品的市场推广是为企业带来直接经济效益最有效的方法，因此开发更加广阔的国内外市场渠道也是战略性新兴产业在未来发展中亟须解决的难题。

第七节　锦州市战略性新兴产业发展情况

一　总体评价

目前，辽宁省锦州市光伏产业形成了完整的光伏产业链。产业集群内集聚了阳光能源、奥克阳光、博阳光伏、新世纪、华昌光伏等34家光伏企业。2012年，锦州光伏产业形成规模产能250亿元，其中主导产品产能240亿元。

二　存在问题

（一）企业"融资难"问题

企业在发展过程中首先遇到的难题是资金问题，资金不足影响企业的发展壮大。目前，锦州中小企业的资本实力较弱，市场知名度不高，技术装备生产工艺相对落后。随着企业的发展壮大，拟投资建设的重大项目资金来源面临瓶颈。大部分企业拟投资建设的重大项目资金来源是自筹和贷款。完全依靠企业自身筹集资金，难以满足企业生存发展的需要。

（二）企业科研经费投入较少

研发是技术进步和技术创新的核心，以技术支撑的战略性新兴产业必须在生产产业化的每一个环节投入大量的研发（R&D）资金和人才，以增强其竞争力。我国对高新技术企业的界定，要求企业 R&D 资金投入大于其总收入的 3%，而辽宁省高新技术产业的 R&D 资金投入强度为 1.29%，低于这个标准。2013 年，锦州战略性新兴产业企业研发经费（R&D）为 1.9111 亿元，经费投入占销售收入的比例不高。此外，锦州市战略性新兴产业的发展缺少国家级别的研发机构和企业技术中心等支持。目前，锦州市战略性新兴产业仅有 9 个省级企业技术中心和 4 个省级工程技术研究中心。研发机构的发展有待进一步提升。

（三）企业技术创新能力有限

企业技术创新能力主要体现在新产品销售收入比例和高新技术企业拥有发明专利数上。发明专利是指对产品、方法或者其改进所提出的新的技术方案。2013 年，锦州战略性新兴产业拥有发明专利申请量 993 项，其中专利授权量 485 项，仅占 48.8%。可见锦州战略性新兴产业在技术改进、创新能力方面仍有较大发展空间。

（四）缺乏产业发展的核心技术人才

战略性新兴产业的发展壮大离不开核心领军人才的指导。新兴产业缺乏核心技术人才往往导致企业自主创新能力和发展动力不足。以锦州市光伏产业发展为例，由于光伏产业核心技术和人才主要在国外，企业往往通过引进生产线、先进技术成果来发展产业。由于产业发展核心技术的巨大研发成本和核心技术人才的缺乏，企业难免轻视产业核心技术和创新技术的研发。此外，锦州缺乏针对专业人才的招聘渠道，人才交流缺乏公共平台，产学研合作交流有待进一步加强，专业人才培养模式有待进一步完善。

三　主要建议

（一）加大对战略性新兴产业的扶持力度

锦州政府应结合自身实际，制定切实可行的财税政策和配套扶持政策支持当地战略性新兴产业的发展。一是积极争取国家和辽宁省级财政成立专项扶持资金和财政贴息资金，加大对锦州战略性新兴产业的扶持力度。二是建立财政与金融企业的沟通与协调机制。通过中小企业信用担保资金、财政贴息资金等方式，积极引导金融部门不断加大对锦州战略性新兴产业的投入力度。三是构建以企业投资为主体、以银行金融信贷为支撑、社会资金参与的多元化投融资体系，以促进锦州战略性新兴产业的发展，解决企业"融资难"问题。

（二）加强科技研发，提高企业自主创新能力

科技研发是战略性新兴产业发展的动力源泉。要加强新兴产业的基础性技术研发，保持专业领域的技术领先优势。一是促进产学研的结合发展。积极鼓励和推进高校、科研院所与企业联合研发。通过政府搭台、企业主导、市场化运作、产学研互动的模式，建立以企业为主体、以高校和科研院所为依托的多学科、宽领域的联合攻关和技术创新体系，开展重大技术项目攻关，促进成果产业化工作。二是积极争取建立国家级技术中心、工程研究中心、重点实验室或检测中心。

（三）设立专项资金

专项资金用于支持重点园区、重点项目。对国家重点发展领域和国家战略性新兴产业的重点项目，做到"一事一议""一对一"的重点投资、跟踪支持，确保立项一个成功一个的策略，减少投资的盲目性，提高研发成功率，真正发挥政府对高技术项目发展的创新驱动作用。在项目支持方向上选择战略性新兴产业中的创新型企业，集中人力、财力和物力将创新型企业培育、发展、壮大，必定可以带动产业的发展。在当今市场竞争日益激烈的情况下，企业成为竞争中的主体，提升其社会知名度具有非常重要的作用。

（四）鼓励和支持新兴产业项目推广

将企业获得的成果和产品以集体展示、科技成果转化等方式推广出去，积极组织产业化的企业进行产品推广，给予产品推广指导和平台。产业项目推广不仅能够提高企业的知名度，帮助企业开拓市场，使科技创新企业在各企业中起到标杆的作用，更能够提升辽宁省整体研究开发及科技创新水平。

（五）明确高层次人才的优惠政策

建立国内企业与高校互相交流合作的平台。针对一些战略性新兴产业给予重点支持，对有发展前景、科技创新能力强的企业及高校，有针对性地邀请国内外著名专家到锦州做学术报告、洽谈合作等。省政府应加大吸纳高层次人才的力度，积极寻找适合在中国发展的专业性人才或技术，提供有利于人才留在锦州的优惠政策、福利待遇等，提升锦州科技创新和产业发展的整体能力。

第八节 铁岭市战略性新兴产业发展情况

一 总体情况

目前，铁岭市尚未出台战略性新兴产业发展的规划和政策。经过多年发展，铁岭市形成以专用设备为主体的先进制造业重点领域（见表5-3）。铁岭下一步将大力推进先进制造业，加快发展新能源汽车、节能环保等新兴产业。

表5-3 铁岭市战略性新兴产业主要指标统计汇总

主要统计指标	先进装备制造业	新能源产业	新材料产业	新医药产业	节能环保产业	合计
企业数（名单另行列表）	14	6	6	2	5	33
工业总产值（亿元）	12.1	3.0	2.8	0.6	1.8	20.3
工业增加值（亿元）	3.1	1.2	0.4	0.1	0.2	5.0
企业产品销售收入（亿元）	18.8	2.6	2.6	0.5	1.7	26.2
从业人员数（万人）	0.4	0.1	0.1	0.0	0.1	0.7
研发经费（亿元）	0.6	—	0.1	0.0	0.4	1.1
国家认定企业技术中心（个）	1	—	—	—	—	1
省级工程实验室（个）	1	—	—	1	—	2
省级企业技术中心（个）	4	—	1	—	—	5
累计专利申请受理量、授权量（项）	100	—	32	13	3	148
其中，发明专利授权量（项）	9	—	13	2	1	25

主要统计指标	先进装备制造业	新能源产业	新材料产业	新医药产业	节能环保产业	合计
中国名牌产品（个）	1	—	1	—		2
中国驰名商标（个）	2	—	1	1		4
省名牌产品（个）	3	—	2	1		6
省著名商标（个）	2	—	2	1		5
近5年主持和参加制定的国际、国家及行业标准数（项）	1	—	2	10	1	14

二　存在问题

铁岭市战略性新兴产业发展存在的问题和困难如下。

国内由保增长转为调结构，防通胀，实行稳健的货币政策，央行多次提高存款准备金率和存贷款利率，对铁岭市以投资拉动为主的经济增长结构产生一定影响。同时，国家利用土地、社保、行政审批等手段，控制社会固定资产投资，在一定程度上影响了中小企业的发展。

人民币升值明显，造成出口企业成本上涨，赢利空间缩小。

技术工人短缺。铁岭市工业基础薄弱，技术工人数量本来就不多，加之近几年企业数量迅速增多，规模做大，大量现金投入使用，工资水平增长较慢等因素影响，使技术工人严重短缺。

三　几点建议

辽宁省正处在转变经济发展方式取得实质性新突破、新进展的关键阶段，发展战略性新兴产业势在必行。

（一）战略性新兴产业的内涵和外延的界定尚不清晰

铁岭市在引导和支持战略性新兴产业上还缺乏明确的方向，哪些企业归属战略性新兴产业，应当给予政策支持；哪些产业应作为战略性新兴产业重点培育，积极推进，都需要明确。

（二）根据沈阳新型工业化综合配套改革实验区的布局要求调整新兴产业结构

结合铁岭区位条件，继续整合区域优势资源，突出园区产业定位，通过培育新兴产业聚集区，来促进铁岭市战略性新兴产业快速发展。

（三）解决战略性新兴产业的投融资问题

战略性新兴产业的发展一方面需要投入大量的资金进行高技术的研发；另一方面其对地方经济的支柱作用和带动性需要经过较长的时间才能显现，这种资金需求大、运作周期长的特点导致战略性新兴产业在发展初期面临比传统产业更高的市场风险，现有的资本市场很难满足新兴产业的融资要求。

（四）设立省级新兴产业创新专项资金

专项资金支持要直接指定给具体产业。在土地税收政策上，依据产业特点和企业需求制定有针对性的优惠政策，对新兴产业给予支持。加大对战略性新兴产业人才的培养和引进力度，增加储备，引进一批达到国际领先水平的新兴产业技术专家。

第九节　辽阳市战略性新兴产业发展情况

一　总体评价

2010 年辽阳高新区升级为国家级高新区后，不断提升产业综合竞争力和可持续发展能力，重点培育特色产业集群。目前，辽阳初步形成了以芳烃及精细化工、工业铝合金型材为主的两大产业集群，其规模数量在全国名列前茅，极大地促进了辽阳新兴产业的发展。2013 年上半年，辽阳芳烃及精细化工产业集群实现销售收入 524 亿元，同比增长 7.53%；辽阳工业铝型材深加工产业集群实现销售收入 218 亿元，同比增长 40.46%。同时，辽阳整合地区科技资源，加强科技研发力量，注重产学研结合发展，积极构建区域公共技术服务平台，推进创业孵化基地建设，以满足新兴产业升级和企业自主创新的需要，形成了较强的区域集聚效应。

二　存在问题

（一）企业创新研发能力不强

目前，大多数企业拥有独立的研发机构，但研发机构的层级不高。调查资料显示，30 家战略性新兴产业企业中拥有国家认定企业技术中心 3 个，省级企业技术中心 12 个，省级工程技术研究中心 9 个。企业拥有国家工程研究中心、国家工程实验室、国家工程技术研究中心、国家重点实验室的数量有待增加。此外，企业发明专利授权量不高，仅占企业申请量的 39%。不少企业技术、设备依赖进口，企业生产处于产业链的低端，产品技术含量低，附加值不高，竞争力不强。

（二）企业重大项目融资困难

2014 年，辽阳战略性新兴产业拟投资建设的重大项目资金约为 27.4 亿元，资金来源大部分为企业自筹和贷款。企业重大项目资金周转周期长，流动资金不足，融资困难。

三 对策建议

（一）政府制定优惠政策

战略性新兴产业的发展离不开优惠政策环境的扶持，应切合辽阳发展实际，建立健全法治发展环境，保障创新企业的主动性和积极性；同时，加大产学研合作，整合科技资源优势，促进科技创新生产要素自由流通，积极参与产学研联合合作模式，促进高新技术研究成果向生产力转化，加快发展新兴产业。

（二）完善投融资体制建设

政府发挥投资引导作用，支持建设创新型产业集群的公共研发平台和检测平台，补助支持高新区企业引进海外先进研发团队和先进技术，以促进高新区企业的发展壮大。积极倡导社会资金参与发展新兴产业，促进社会资本与高新技术产业化项目的结合发展。采取多种方式增加战略性新兴产业研发的资金投入。

（三）加强国际合作，提升国际化发展水平

积极引进国际上高新技术产业实力雄厚的大公司、财团到辽阳投资兴建企业。充分利用辽宁省的地缘优势与比较优势，积极与周边国家开展高新技术领域国际合作。重点学习引进其专利技术、生产设备、技术软件等；同时，注重学习其先进的生产方式、技术工艺和管理模式，以加快自身高新技术产业的升级改造发展，提升科技发展空间。

第十节　朝阳市战略性新兴产业发展情况

一　总体情况

（一）企业基本情况

截至 2013 年，朝阳市共有战略性新兴产业规模以上工业企业 29 家，其中有国有企业 1 家，私营企业 28 家，无一家上市公司。

目前，朝阳市战略性新兴产业主要集中在先进装备制造、新能源、新材料、信息和节能环保五大产业中，其中先进装备制造业企业 10 家、新能源产业企业 4 家、新材料产业企业 9 家、信息产业企业 3 家、节能环保产业企业 3 家。朝阳市战略性新兴产业大多处于产业链的中下游，其中有 14 家相关产品处于产业链的上游。

2013 年，朝阳市 29 家战略性新兴产业企业共完成工业总产值 50.1 亿元，占规模以上工业产值的比重 3.51%；实现工业增加值 6.9 亿元。企业产品销售收入达 47 亿元，出口额达 2633.961 万美元，实现利润 2.39 亿元，税收 2.64 亿元。重大项目投资额达到 16.36 亿元，其中有 10.64 亿元投入新能源产业。

朝阳市战略性新兴产业企业共计从业人员 0.76 万人，其中先进装备制造业 0.40 万人、新能源产业 0.05 万人、新材料产业 0.17 万人、信息产业 0.06 万人、节能环保产业 0.08 万人。技术人员中本科以上学历的有 859 人，具有中级以上职称的有 982 人。

（二）企业经营情况

1. 企业生产产品情况

先进装备制造业主要产品是磨床、102 系列柴油机、编码器等，M74PS 市场占有率最高，达 60%；其他产品市场份额不足 10%，编码器市场占有率在国内排名居第 2 位，液位计居第 3 位。新能源产业产品是电极碳、脱色碳、超级电容器、电容锂离子电池等，其中电极碳市场占有率为 90%，居国内第 1 位；脱色碳市场占有率为 60%，居国内第 1 位，超级电容器和电容锂离子电池的市场占有率也均居全国第 1 位。新材料产业主导产品是超级铁粉、还原铁粉等，其中海绵钛、超级铁粉、复合膨润土的市场占有率均居全国第 1 位。信息产业主要产品是键合银丝、集成一体化电源等，市场占有率不高，但在国内同行业中居前 5 名。节能环保产业主要产品是静电除尘器和电袋除尘器等，其中静电除尘器市场份额在国内居前两位。

2. 主要设备情况

朝阳市战略性新兴产业有 3 家企业的主要设备由德国和日本引进；使用自主研发设备的企业有 8 家；80% 的主要设备来自国产。

从战略性新兴产业的技术装备水平来看，有 2 家企业达到国际先进水平，绝大多数企业技术装备达到国内领先水平。

3. 科技研发和投资情况

（1）科研投入。朝阳市战略性新兴产业企业研发经费达到 3.1 亿元，其中先进装备制造业为 1.12 亿元，新能源产业为 0.17 亿元，新材料产业为 1.49 亿元，信息产业为 0.22 亿元，节能环保产业为 0.1 亿元。

（2）研发机构。朝阳市战略性新兴产业企业 29 家，其中具有独立研发机构的有 23 家。省级及以上研发机构有 18 家，其中国家企业技术中心 1 家，省级企业技术中心 9 家，省级工程技术研究开发中心 7 家，获得国家和国际组织认证的检测、实验机构 1 家（见表 5－4）。从企业技术研发机构等级来看，其中国家级有 1 家，省级 11 家，市级 8 家。

表 5－4 2013 年朝阳市战略性新兴产业研究机构情况

单位：家

级别	先进装备制造业	新能源产业	新材料产业	信息产业	节能环保产业	合计
省级企业技术中心	2	2	2	2	1	9
省级工程技术研究开发中心	—	1	4	1	1	7
国家企业技术中心	1	—	—	—	—	1
获国家和国际组织认证的检测、实验机构	1	—	—	—	—	1
合计	4	3	6	3	2	18

（3）核心技术来源和产学研合作。从朝阳市 29 家战略性新兴产业调查问卷中分析得出，目前企业现有核心技术来源主要是自主开发和合作研发，只有少数企业部分核心技术来自成果购买和委托开发。

朝阳市 29 家战略性新兴产业中有 22 家企业与 32 所大学、9 家科研院所、2 家企业建立产学研联盟。

（4）主持和制定标准情况。近 5 年（截至 2013 年）朝阳市有 4 家战略性新兴产业企业主持和参加制定与战略性新兴产业相关的标准 12 项，其中主持和参加制定国家标准 2 项，行业标准 10 项。

（5）与战略性新兴产业相关的专利情况。朝阳市战略性新兴产业累计专利申请受理量 959 项，授权量 843 项。从专利授权量看，先进装备制造业高达 579 项，新材料产业 101 项，信息产业 62 项，新能源产业 54 项，节能环保产业 47 项。

（6）品牌及商标情况。朝阳市战略性新兴产业企业具有省级以上名牌产品 9 个，省级以上驰（著）名商标 8 个（见表 5－5）。

表 5－5　2013 年朝阳市战略性新兴产业品牌和商标情况

单位：个

品牌	先进装备制造业	新能源产业	新材料产业	信息产业	节能环保产业	合计
省级以上名牌产品	4	2	2		1	9
省级以上驰（著）名商标	3	1	1	1	2	8
合计	7	3	3	1	3	17

资料来源：调查问卷。

4. 企业家对本行业景气状况和企业生产经营状况的判断

朝阳市 29 家战略性新兴产业企业中的企业家认为本行业具有广阔发展空间和巨大市场潜力的占 70% 以上，对未来战略性新兴产业的发展持乐观的态度。从企业生产经营状况来看，有 15 家企业生产产业链上游产品，10 家生产中游产品；在发展方式上，有 20 家企业采取自主投资，有项目发展计划的占 70%，在尖端技术领域有后发优势的占 70%。总体来讲企业家对企业未来生产经营状况预期良好，对战略性新兴产业发展和壮大有很大的信心。

综合来看，朝阳市战略性新兴产业得到较快发展，具备一定的基础和条件，仍处于成长培育阶段。从区域布局来看，产业形态初步凸显，形成了先进装备制造业、新能源产业、新材料产业、信息产业和节能环保产业领域的产业布局，但是未形成产业集聚和规模化发展。从企业来看，中小企业居多且发展较为迅速，但大型新兴企业较少，企业自主创新的主体地位尚未形成。在未来战略性选择上，要发挥产业自身优势，走产业多元化发展道路，提高产业整体竞争力。

二 存在的问题

（一）产业结构单一，产业链条短

在朝阳市的战略性新兴产业中多数是与资源相关的产业，对资源具有高度的依赖性，产业结构较为单一；产业结构层次较低，产业的技术创新能力与竞争力不强，产业集聚程度较低，企业联系不紧密，存在产业链条缺位或产业链条短等问题。朝阳市战略性新兴产业企业大多数是中小企业，但科技型中小企业缺乏，在生产、研发等方面难以形成规模经济优势，缺乏竞争优势。

（二）科技创新能力不足，产品附加值低

朝阳市战略性新兴产业发展的科技储备不足，许多产业领域缺乏关键技术和核心技术，拥有核心知识产权的自主品牌较少。多数企业科技研发投入不足，导致研发能力较弱，多数产品是建立在资源开发和初级产品加工基础上，附加值低的产品比重很大，缺乏真正的科技创新。产学研相结合缺乏有效的联合机制，科技成果转化较弱。科技中介服务水平不高，科技创新的扶持政策和环境有待进一步改善。

（三）企业融资困难

朝阳市发展战略性新兴产业，其产业财税、金融、科技创新等政策的支持体系尚未完善。战略性新兴产业的企业多数是中小型企业，在发展过程中普遍存在融资难问题，朝阳市应切实解决投资偏低，融资机制不健全等问题，这些是制约战略性新兴产业发展的关键瓶颈。

三 对策建议

（一）加大科技创新力度

鼓励企业加大研发投入，自主开发新产品，创建拥有自主知识产权的产品和技术；鼓励企业建立研发中心和实验室，支持中小企业技术创新；

加强产学研联合，建立协同创新机制，促进科技成果转化。

（二）加强人才队伍建设

应围绕战略性新兴产业发展的重要领域，加大构建创新人才培养和引进机制。引进一批高层次的创新人才和创新团队，依托项目或科技合作引进海外领军型科技人才。加强技术人员技能和管理培训，不断增强企业人员的基本技能和管理能力。完善人才发展环境，建立人才激励机制；完善相关配套机制，为人才引进和调动科研人员积极性和创造性多做工作。

第十一节　昌图县战略性新兴产业发展情况

一　总体情况

（一）企业基本情况

截至 2013 年，昌图县共有 5 家战略性新兴产业规模以上工业企业，其中有国有企业 1 家，私营企业 4 家，无一家上市企业。

涉及的产业主要是新能源、新材料、节能环保和生物四大产业，其中新能源产业 1 家、新材料产业 1 家、节能环保产业 2 家、生物产业 1 家。战略性新兴产业处于产业链的中下游。

昌图县 5 家企业共完成工业总产值 6.06 亿元，实现工业增加值 4.91 亿元，企业产品销售收入达 5.87 亿元，实现利润 1163 万元，税收 1024 万元。重大项目投资额达到 1.69 亿元，投资新材料产业 0.40 亿元、节能环保产业 1.50 亿元、生物产业 0.15 亿元。

昌图县战略性新兴产业企业共计从业人数 1451 人，其中新能源产业 141 人、新材料产业 35 人、节能环保产业 1225 人、生物产业 50 人。技术人员中具有本科以上学历的有 186 人，具有高级职称的有 34 人。

（二）企业经营情况

1. 企业生产产品情况

节能环保产业主要是生物质成型燃料块、冷冻冷鲜鸡产品和猪产品，其中生物质成型燃料块市场占有率为 25%，居中上水平。生物产业主导产品是复混肥、冲施肥、叶面肥和微生物菌肥，市场占有率非常小，不足

1%，处于行业发展的中游。新材料产业主导产品是碳毡和石墨毡，其中碳毡市场占有率为 10%，在国内居第 5 位。新能源产业产品是电力，市场占有率仅为 0.01%，在国内同行业中居下游水平。

2. 主要设备情况

昌图县战略性新兴产业有 1 家企业的主要设备引自丹麦；使用自主研发设备的企业有 2 家；主要设备来自国产的企业有 2 家。从技术装备水平来看，只有 1 家企业达到国际先进水平，其余 4 家企业技术装备达到国内领先水平。

3. 科技研发投资情况

（1）科研投入。昌图县战略性新兴产业企业研发经费达到 1180 万元，其中新材料产业 20 万元、节能环保产业 1060 万元，生物产业 100 万元。

（2）研发机构。在昌图县战略性新兴产业 5 家企业中，具有独立研发机构的为 3 家。省级以上研发机构达到 3 家，其中新材料产业有国家工程实验室 1 家，节能环保产业有省级企业技术中心 1 家，生物产业有省级工程技术研究开发中心 1 家。从企业技术中心等级来看，省级 1 个，市级 1 个。

（3）核心技术来源和产学研合作。从昌图县 5 家战略性新兴产业调查问卷中分析得出，目前昌图县企业现有核心技术来源主要是自主开发和合作研发，节能环保产业是合作开发、自主研发和委托开发，生物产业是合作开发，新材料产业是自主研发和合作开发，新能源产业是自主研发。昌图县 5 家战略性新兴产业中有 4 家企业与 7 所大学、1 家研究所和 1 个国家重点实验室建立产学研联盟。

（4）主持和制定标准情况。近 5 年（截至 2013 年）昌图县有 1 家战略性新兴产业企业（辽宁唐人神曙光农牧集团有限公司）主持和参加制定与战略性新兴产业相关的行业标准 1 项。

（5）与战略性新兴产业相关的专利情况。截至 2013 年，昌图县战略性新兴产业累计专利受理量 64 项，其中发明专利 26 项、实用新型专利 30 项、外观设计 8 项。累计专利授权量达到 52 项，其中发明专利 20 项、实用新型专利 29 项、外观设计 3 项。就发明专利授权量来看，涉及新材料产业 1 个，节能环保产业 19 个。

（6）品牌及商标情况。在昌图县战略性新兴产业中，节能环保产业具有国家驰（著）名商标 1 个和省级以上名牌产品 2 个。

4. 企业家对本行业景气状况和企业生产经营状况的判断

昌图县 5 家战略性新兴产业企业，对本行业的现状和发展趋势都做出客观的评价，对产业和产品的发展都持有乐观态度，占 100%，认为企业所发展的战略性新兴产业具有良好的发展空间和市场潜力。对企业生产经营状况判断，企业家综合考量企业营业收入、成本等，对未来的企业发展都具有明确的发展目标，力争发展中上游相关产品，并根据实际投资重大发展项目，认为技术领域具有后发优势的占 60%，普遍认为企业未来生产经营状况良好。

目前，从昌图县战略性新兴产业发展整体来看，产业基础比较薄弱，战略性新兴产业尚处于萌芽起步阶段。节能环保产业发展具有一定的规模，总产值占战略性新兴产业的 84%，新材料产业、生物产业和新能源产业分别只有 1 家企业且比重较小，整个战略性新兴产业发展规模较小，自身优势不明显，与先进地区相比，战略性新兴产业发展诸多要素都存在很大的差距。从战略发展方向上看，应突出主导产业，完善产业体系，提高产业的整体实力，未来能够在一定区域内占据一定的市场空间。

二　存在问题

（一）企业规模较小，无龙头企业支撑和带动

目前，昌图县共有 5 家战略性新兴产业规模以上工业企业，占规模以上工业企业数的 1.5%。产业基础薄弱，2013 年，5 家战略性新兴产业企业完成的工业总产值只占全县规模以上工业总产值的 1%。昌图县战略性新兴产业企业数量偏少，具有竞争力和影响力的龙头骨干企业严重缺乏，难以发挥导向作用，这在很大程度上制约了战略性新兴产业的发展。

（二）创新能力不强，动力不足

在推进战略性新兴产业发展过程中，昌图县政策环境、技术创新、管理体制、基础设施等配备不完善，不能满足产业发展的需求，无法吸引资金、技术、人才等要素集聚来促进战略性新兴产业的发展。

三　对策建议

（一）提高自主创新能力

加大对重大高新技术项目的投入和扶持力度，培育和壮大经济增长

点，形成新能源产业、新材料产业、节能环保产业和生物产业等的新优势产业。加大企业自主研发，鼓励企业加大研发投入，特别是加大对尖端技术和关键核心技术的投入力度，建立技术创新平台和产学研联动机制。鼓励企业建立产业化基地和实验室，打造自主品牌，开发具有自主知识产权的产品和技术，建立科技成果转化平台。大力建设产业链条长、资源循环利用、基础设施配套完备的产业基地，形成产业集聚效应。

（二）培育龙头企业

优化中小企业发展环境，支持中小企业特别是科技型中小企业向专、精、特、新和产业集聚方向发展。中小企业要与其他相关企业建立战略联盟，通过在研发、生产、营销等方面的联合合作，提升企业发展空间和竞争力。围绕主导产业，充分发挥上下游中小企业的产业链配套作用，推动产业集群发展。

（三）优化产业发展环境

政府要通过制度保障、公共服务、政策扶持等措施为战略性新兴产业发展创造良好的环境和氛围。制定和执行相关法律法规来维护公平竞争的市场秩序和市场环境，平等使用生产要素、公平参与市场竞争的良性体制环境。加强知识产权保护，对企业发明创新活动给予支持，积极引导知识产权的创造和保护，促使更多企业的技术成果转化。以战略性新兴产业发展为中心，建立服务体系，整合社会服务资源。

第六章

资源型地区

——辽宁省资源型城市发展现状及产业转型研究

辽宁省资源型城市普遍面临前所未有的困难和挑战，特别是煤炭、钢铁等资源型行业的困难和问题尤为突出，已经影响到企业生存和职工就业的稳定。目前看来，整个资源型行业的下行仍未见底，市场低迷短期内难以回暖。"十三五"时期，在产能过剩的背景下，辽宁省资源型城市如何转型发展，这不仅需要政府多措并举，采取财税、金融等多方政策支持，还需要钢铁、煤炭等企业主动加强经营管理，推进结构调整，实现转型升级。

第一节　辽宁省资源型城市发展历程

辽宁省资源型城市最初为"五大四小"9个城市①，其人口总量、土地面积和经济总量在全省占有重要地位②，当初这些区域总人口约有1200

---

① 辽宁省有9个城市为比较典型的以资源开采为主的城市，即阜新市（煤炭）、盘锦市（油气）、鞍山市（冶金）、抚顺市（煤炭）、本溪市（冶金和煤炭）、北票市（煤炭）、南票区（煤炭）、大石桥市（建材）和调兵山市（煤炭）；"五大"即5个设区的市，"四小"即4个县级市（区），简称"五大四小"。

② 煤炭是辽宁省主要能源矿产，产量占一次能源总产量的60%以上。截至2015年末，辽宁省尚有煤炭地质储量54.6亿吨，其中国家规划矿区45.6亿吨，占全国保有储量的1%。在籍煤矿289个，国有重点煤矿30个，集中在阜矿集团、沈煤集团、抚顺矿业集团、铁法能源公司和南票煤电5家国有煤炭企业中，产量占全部的85%，地方国有及民营煤矿259个，其中年产30万吨及以上的矿井有41个，30万吨以下矿井有248个。全省煤矿有从业人员共20.4万人，其中省属国有煤炭企业15.5万人，占全部职工数的76%，地方煤矿4.9万人。2014年末，辽宁省钢铁行业企业有864家，占全国的8.18%，仅次于江苏省和浙江省，居全国第3位；资产总计5902.92亿元，仅次于河北省和江苏省，也居全国第3位。

万人，占全省人口的 30%；土地面积占全省的 34%；GDP 占全省的 31%；这些地区为辽宁甚至全国的经济社会发展提供了重要的能源保障。① 2013 年 11 月，国务院颁布实施的《全国资源型城市可持续发展规划（2013～2020 年）》首次确定了 262 个资源型城市，辽宁的资源型城市扩大到 15 个，是东北三省中最多的地区，在 15 个城市中有 11 个被确定为资源成熟型和衰退型城市，这些地区面临资源趋于枯竭、经济发展滞后、民生问题突出、生态环境恶化等一系列发展问题，亟待通过产业转型和民生事业的发展，促进其经济社会转型发展，形成可持续发展的良性局面。

一 辽宁省资源型城市最新界定

资源型城市是依托某种自然资源开发而兴起的城市，资源型产业在城市发展和区域经济中占有举足轻重的地位。在国家公布的《全国资源型城市可持续发展规划（2013～2020 年）》中辽宁有 15 个地区被确认为资源型城市，其中地级市 6 个，分别为阜新、盘锦、抚顺、本溪、鞍山和葫芦岛；县级市 4 个，分别为北票市、大石桥市、调兵山市和凤城市；县（自治县）2 个，为宽甸满族自治县和义县；市辖区（开发区）3 个，分别为弓长岭区、南票区和杨家杖子开发区。根据资源保障能力和可持续发展能力差异，我国资源型城市划分为成长型、成熟型、衰退型和可再生型四类。② 在辽宁资源型城市中，成长型城市为空白；成熟型城市有 5 个，为本溪市、调兵山市、凤城市、宽甸满族自治县和义县；衰退型城市有 6 个，为阜新市、抚顺市、北票市、弓长岭区、南票区和杨家杖子开发区；可再生城市 4 个，为鞍山市、盘锦市、葫芦岛市和大石桥市（见表 6－1）。

---

① 因煤而兴的辽宁省阜新市，是典型的资源型城市。60 多年来，阜新累计为国家生产原煤 7 亿多吨，发电 3000 多亿千瓦时。

② 成长型城市是指资源开发处于上升阶段，资源保障潜力大，经济社会发展后劲足，是我国能源资源的供给和后备基地；成熟型城市是指资源开发处于稳定阶段，资源保障能力强，经济社会发展水平较高，是现阶段我国能源资源安全保障的核心区；衰退型城市是指资源趋于枯竭，经济发展滞后，民生问题突出，生态环境压力大，是加快转变经济发展方式的重点、难点地区；可再生型城市是指基本摆脱了资源依赖，经济社会开始步入良性发展轨道，是资源型城市转变经济发展方式的先行区。

表 6 - 1 辽宁资源型城市类型分布情况

政区类别	成长型	成熟型	衰退型	可再生型
地级市（6）	—	本溪市	阜新市、抚顺市	鞍山市、盘锦市、葫芦岛市
县级市（4）	—	调兵山市、凤城市	北票市	大石桥市
县（自治县）（2）	—	宽甸满族自治县、义县	—	—
市辖区（开发区）（3）	—	—	弓长岭区、南票区、杨家杖子开发区	—

资料来源：《全国资源型城市可持续发展规划（2013~2020年）》，2013。

（一）经济社会发展历程

1. 经济增速高于全省平均水平

2001 年 12 月，辽宁阜新被确定为全国第一个资源型城市转型试点城市。2003 年 10 月，国家发布《关于实施东北地区等老工业基地振兴战略的若干意见》，开始实施振兴东北老工业基地战略。实施振兴战略以来，阜新、抚顺和本溪三个城市保持了经济增速整体高于全省经济增速，尤其在2003~2010 年，三个城市均保持较高的发展水平，这一方面说明曾经的落后区域，其经济具有明显的后发优势，再加上这一时期正是我国整体发展速度较快的阶段，对能源原材料等工业基础性资料需求旺盛，进一步促进了这些区域的快速发展；另一方面，也说明这些城市，在确定为资源型地区以后，由于政策方面的优势，在投资及资金补贴方面受到了国家的"照顾"，其发展速度自然要快于全省其他地区。同时也应注意到近些年，尤其是 2011 年以来，随着全球能源价格的持续走低，这些地区经济发展受到严重冲击，经济下行压力明显加大，经济增速下滑态势明显（见图 6 - 1），资源型城市转型，尤其是抚顺、本溪和阜新等市产业转型仍然步履维艰。

2. 民生事业明显提升

经过多年的转型发展，三个城市的民生事业进步明显。从人均地区生产总值看，阜新市人均地区生产总值由 2003 年的 5339 元上升到 2014 年的 33882 元，增加了 5.34 倍；抚顺、本溪增加幅度没有阜新大，但明显大于全省人均地区生产总值增加幅度，其中抚顺增加了 3.4 倍，本溪增加了 3.5 倍（见表 6 - 2）。从城镇登记失业率看，三个城市失业率均较低，尤其是阜新市，其登记失业率由 2011 年的 3.9%，下降到 2015 年的 3.5%，

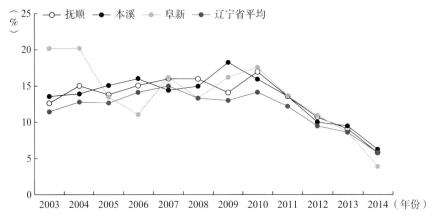

图 6 - 1   2003 ~ 2014 年抚顺、本溪和阜新及辽宁省经济增速变化趋势

资料来源：根据历年《辽宁省统计年鉴》计算生成。

降幅明显（见图 6 - 2）。居民生活水平的提升和城镇登记失业率的下降反映出这些城市民生事业发展水平明显改善，为社会稳定发展打下了坚实的基础。

表 6 - 2   2003 ~ 2014 年抚顺、本溪和阜新人均地区生产总值变化情况

单位：元

年份	抚顺	本溪	阜新
2003	13912	14985	5339
2004	16637	18752	6590
2005	17372	21922	7398
2006	20426	25619	8227
2007	24451	31066	10025
2008	29645	39199	12134
2009	31343	44251	14967
2010	41810	50612	20819
2011	52245	60552	26480
2012	58512	64459	31049
2013	63922	69118	34259
2014	61183	67879	33882

资料来源：历年《辽宁统计年鉴》。

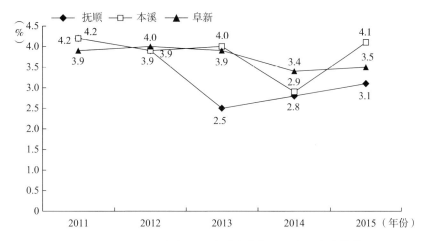

图 6 - 2   2011～2015 年抚顺、本溪和阜新登记失业率变化情况

资料来源：历年《辽宁统计年鉴》。

3. 多元化接续替代产业发展格局已现雏形

经过多年的转型发展，辽宁省资源型城市"一业独大"的局面正在打破。尤其是近年来，随着煤炭等资源型产品的价格持续走低，加上煤炭资源逐渐枯竭以及开采成本日益上升，以煤炭为主导产业的发展格局已经不可持续，各城市普遍面临"矿竭城衰"的不利局面。为走出发展困境，阜新根据本地发展实际，结合产业发展趋势，先后将农产品加工、装备制造、新型能源、煤化工、氟化工、皮革、板材家居等产业作为重点，努力打造"十大产业集群"。经过多年的培育和发展，目前辽宁省已经形成以农产品加工业、装备制造业、新型能源工业为支柱产业的发展格局。抚顺市一方面升级改造传统产业，一方面加快培育新兴产业，以增量调结构，以创新促升级。2014 年，抚顺采掘业（以煤炭开采为主）占全市经济总量降到历史最低点 3.2%[①]，形成了以先进能源装备、化工新材料、特色农业和现代服务业为主导产业的发展格局（见表 6 - 3）。本溪市一方面做优做精传统钢铁产业，继续打造中国"钢都"；另一方面积极培育发展生物医药产业以及区域特色旅游产业，打造中国"药都"和中国枫叶之都。

[①] 《抚顺市积极探索资源型城市转型新路》，国土资源部网站，http://www.mlr.gov.cn/xwdt/dfdt/201606/t20160601_1407532.htm，2016 年 6 月 1 日。

表 6 – 3　辽宁省资源枯竭型城市转型前后产业发展情况

城市	转型前	转型后
阜新	煤炭	装备制造、铸造、新型能源、煤化工、氟化工、皮革、板材家居、新型材料、玛瑙和农产品加工等十个重点产业
抚顺	煤炭	先进能源装备、化工新材料、特色农业和现代服务业
本溪	钢铁	钢铁、生物医药、特色旅游

4. 城市生态环境改造治理成效显著

多年来，辽宁各资源型城市实施"蓝天、碧水、青山"工程，加强生态环境治理力度，生态环境明显改善。本溪作为以钢铁为主导产业的城市，其环境污染问题一直很严重，近年来，随着老城区改造实施，大力整治了太子河，开展了森林城区等生态工程建设，空气质量明显改善，二级以上良好天数达到 349 天。本溪先后获得了中国优秀旅游城市、国家森林城市、国家园林城市、中国枫叶之都等"国字号"品牌。[①] 阜新以环境建设促经济转型。多年来，阜新通过封山育林、河道治理、棚户区改造、沉陷区治理等治理措施，进行生态环境的综合整治，目前辽宁阜新海州露天矿国家矿山公园已经成为全省工业旅游的重点区域。

第二节　资源型城市转型发展中面临的困境

一　采矿业就业人数占比仍较大，产业转型缓慢

辽宁省资源型城市产业转型虽取得了部分进展，但仍面临着资源型产业工人数量庞大，职工分流转岗任务艰巨。2015 年，抚顺采矿业就业人数占全市总就业人数的 12.7%，占比较大；加上历史遗留的厂办大集体等问题，抚顺采矿业转型发展不得不面临产业工人如何安置的问题，这直接制约了产业转型的步伐。阜新也是如此，其采矿业就业人数占全市总就业人数的比重达 22.1%（见图 6 – 3），是辽宁资源型城市中占比较高的，同时也是转型发展最为困难的城市之一。上述情况说明这些城市的替代产业规

---

① 《关于本溪经济转型发展的研究报告》，本溪市发改委网站，http://www.bxdrc.gov.cn/ndrc/content.aspx？i = 8a2b65f8 – 1fd4 – 43ea – 992b – fb37929c0b06，2016 年 7 月 19 日。

模较小，吸纳就业人数有限，城市转型发展仍很困难。

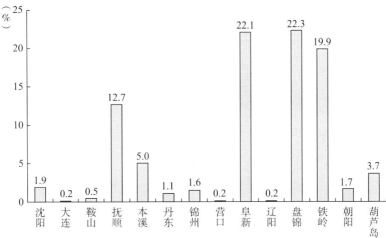

图 6 - 3　2015 年辽宁省各城市采矿业就业人数占比情况

资料来源：《辽宁统计年鉴（2016）》。

二　经济总量不足，产业结构不尽合理

辽宁省资源型城市普遍经济总量较小，极易受到外部市场变化的冲击。同时产业结构不合理，第二产业占比较大，且新兴产业规模较小，第三产业层次较低，对第二产业的促进作用明显不足。抚顺、本溪和阜新三个城市第三产业占比分别为 43.1%、42.8% 和 39.3%（见表 6 - 4）。以抚顺为例，2014 年，抚顺市总人口为 230 万人，其中城市人口为 140 万人，但地区生产总值仅为 1378 亿元，经济总量明显偏小；加上经济持续下行，产业结构单一，财政收入增长有限，2014 年财政收入仅增长 0.03%，为 2003 年以来最低。此外，工业内部传统产业仍占较大比重，2014 年，石化和冶金产业占规模以上工业总产值的 50%。

表 6 - 4　辽宁各城市产业结构情况

单位：%

城市	第一产业	第二产业	第三产业
沈阳	4.7	47.8	47.5
大连	5.9	43.3	50.8

城市	第一产业	第二产业	第三产业
鞍山	5.8	47.2	47.0
抚顺	8.1	48.9	43.1
本溪	5.8	51.4	42.8
丹东	15.9	40.9	43.2
锦州	15.9	42.9	41.2
营口	7.3	48.0	44.6
阜新	22.5	38.2	39.3
辽阳	7.1	55.3	37.7
盘锦	9.6	53.5	36.9
铁岭	27.7	31.8	40.5
朝阳	25.8	30.4	43.8
葫芦岛	14.5	41.1	44.4

资料来源:《辽宁统计年鉴 (2016)》。

三 国企垄断资源型产业，市场化程度偏低

资源的开发和生产，例如油气资源、煤炭资源的开发和生产，存在较高的进入门槛，形成了以国家行政为主导、国有企业垄断经营为手段的经营管理模式，导致资源性企业长期在行业垄断和封闭的状态下运行；同时，也导致资本、人才、技术等要素市场不发达，具有较强的垄断性。资源枯竭型城市的市场较为单一、市场规模较小、市场化程度偏低，这既不利于区域内和区域间生产要素的流动，也不利于城市发挥其集聚效应和扩散效应，从而成为资源枯竭型城市向可持续发展模式转型的主要障碍。[1]市场化程度低，还体现在地方保护主义方面。我国实行的财政分权体制和政府官员考核机制，使得企业一旦退出，则意味着地方政府财政收入的减少和地方经济的衰退。因此，地方政府出于保护本地经济发展的考虑，会倾向对这些企业施以信贷、财政、税收等多方面的扶持，使面临退出的企业得以继续生存。凌钢股份在 2015 年 12 月 25 日一次性获得政府补贴 7.92

---

[1] 杨继瑞、黄潇、张松:《资源型城市转型：重生、困境与路径》,《经济理论与经济管理》2011 年第 12 期，第 77 - 83 页。

亿元,用来弥补企业亏损。而且,钢铁企业已成为许多地方的主要财政来源,地方政府既不想本地的钢铁企业被其他地区吃掉,也不愿意被外地企业兼并。

四 城市综合竞争力相对较弱

综合竞争力是一个城市在经济、社会、科技、环境等综合发展能力上的集中体现,排名的先后基本反映出城市的发展水平。2006~2010年,三个城市的竞争力排名均出现了不同程度的下降,在三个城市当中,阜新降幅最大,由2006年的第172名下降到2010年的第223名,抚顺和盘锦也由2006年的第104名和第74名滑落到2010年的第130名和第108名(见表6-5)。竞争力的下降反映这些城市经济的发展质量和社会经济的"健康"状况有待加强,同时在技术、人力资源、对外开放、资源利用等方面的集聚和扩散能力还显不足。

表6-5 2006~2010年辽宁省资源枯竭型城市历年综合竞争力排名

城市	2006年	2007年	2008年	2009年	2010年
阜新	172	179	177	213	223
抚顺	104	105	101	115	130
盘锦	74	75	84	101	108

资料来源:根据倪鹏飞主编的《中国城市竞争力报告》整理。

第三节 促进资源型城市转型发展对策建议

一 城市经济结构转型:以战略性新兴产业为取向

(一)用技术创新引领积极向价值链高端攀升

资源型企业普遍存在管理理念落后,产品同质化严重,竞争激烈的现象。今天的高附加值产品,明天可能就会变成低端产品。企业要想生存,必须通过技术创新,不断提升核心竞争力。关键领域技术进步能够推动产业向价值链高端攀升,提高产业核心竞争力,为扩大市场份额和实现可持续发展提供坚实的物质基础。钢铁企业应树立市场竞争意识,发挥自身优势，推动差异化发展，提高生产装备和产品技术含量，加强管理、构建渠道、培育品牌，改变原材料工业处于产业链和价值链低端状态，加快产业转型升级，逐步实现高附加值化和高经济效益化的发展。力求通过创新在生产成本与产品差异化上建立领先优势，从而带动相关过剩产能的消化。

（二）引导资源型行业与"互联网＋"融合发展

引导钢铁等制造业与"互联网＋"融合发展，实施企业智能制造示范工程，制定生产全流程"两化融合"解决方案。提升企业研发、生产和服务的智能化水平，建设一批智能制造示范工厂。推广以互联网订单为基础，满足客户多品种小批量的个性化、柔性化产品定制新模式。加强行业生产加工与下游用钢行业需求对接，引导企业按照"先期研发介入、后续跟踪改进"的模式，重点推进高速铁路、核电、汽车、船舶与海洋工程等领域重大技术装备所需高端钢材品种的研发和推广应用。

（三）积极发展生产性服务业

以服务资源型制造业主业为切入点，辽宁省资源型企业应积极构建起一整套与主业系统配套、功能完善、专业化的生产性服务业，实现了由内型向市场型的转变，其中包括商贸物流业、工程技术服务业等。生产性服务业不仅能给企业自身带来方便，还可以在产品销售、产品设计、研究开发等具有较高价值的高端环节，实现提高经济效益，有利于产业结构的调整。

（四）提升改造传统煤炭产业，培育发展非煤产业

1. 做优做强非煤产业，增强煤炭企业抗风险能力

按照"传统产业品牌化、主导产业高端化、新型产业规模化"的思路，加快非煤产业结构调整提升，加快产业链延伸，提高产品附加值，尽快形成煤炭行业转型发展的主导产业。政府应从政策和资金上扶持煤炭企业"二次创业"。对煤机制造、煤建材等传统优势产业项目，重点推进技术装备更新、工艺优化和产品升级换代，提升产品技术含量和附加值，培育国内外知名品牌。做大做强油页岩产业，提高技术含量，延长、加粗产业链条，要做实做优煤矸石烧结砖、石头纸、高效洁净煤粉等环保产业。大力推进新兴产业规模化，培育和发展生物制药、高端装备制造、新能源、新材料等新兴产业，发展现代物流、健康养老、电子商务等服务产

业，打造一批大型产业基地、产业集群和产业园区。

2. 改造提升传统煤炭产业，增强经济支撑和能源保障能力

（1）创新煤炭产业发展思路，按照"严控增量、优化存量、淘汰落后产能"的原则，保护性开发矿区资源，稳定省内煤炭产量，产量要控制在年产5000万吨以内，域外企业煤炭产量达到3500万吨以上。严格控制煤矿新增产能，"十三五"期间严禁新建煤矿，核增煤矿产能。提升现有优势产能，通过优化开拓市场，简化生产系统，提高生产效率和资源回收率，实现高效集约化生产。加快运用高新技术和先进适用技术改造提升煤炭产业，实现减人提效，提升产能水平。

（2）加快两化融合，推进智慧矿山建设，提高煤矿生产现代化、管理信息化、决策智能化水平，努力构建以集约化、清洁化、安全高效为特征的现代煤炭生产开发体系。有序推进煤炭减采，重点压减安全保障条件较差、地质条件复杂、煤质不符合商品煤质量标准和资源压覆严重的煤矿产量。

（3）加大企业改革力度。以建立健全现代企业制度为目标，引导煤炭企业深化改革改制，着力构建层次分明、责权对等、运行高效、充满活力的管控体系。

（4）加快推进煤炭企业兼并重组。引导辽宁省有实力的国有煤炭企业兼并重组弱势煤矿，提高煤炭产业集中度，促进企业提档升级。积极吸收民营资本，探索与国有资本联合组建2～3家大型煤炭开采集团，按照市场规则进行定价，形成根据需求合理释放产能的良性供应格局，强力整合现有散乱的供应格局。

（5）推进煤炭技术创新。推进以市场为导向、企业为主体、产学研相结合的煤炭科技创新体系建设，以老工业基地新一轮振兴和建设沈大自主创新示范区为契机，争创一批省级、国家级工程研发中心和重点实验室，建设一批具有自主知识产权的科技成果产业化基地。支持煤炭企业深入研究煤炭科技需求，围绕煤矿安全生产、绿色开采、洁净煤利用、煤炭深加工及传统产业升级改造、煤机装备制造等重点，加大重大课题攻关。

（6）创新煤炭企业商业模式。推动煤炭企业由生产型向服务型转变。探索"互联网＋煤炭产业"的发展模式，打造集煤炭企业技术咨询服务、设计建设与技术改造服务、专业化技术服务、专业化生产服务、经营管理服务于一体的新型商业模式。

二 城市功能定位转型：加快建设开放型经济体，充分利用国内外两个市场

实施走出去战略，政府应主动为企业提供信息、对接项目，帮助其"走出去"发展项目、开发资源，在更广阔的区域参与竞争和产业分工，实现产业聚集和资源的有效配置。例如，鼓励支持阜矿、沈煤、铁煤、抚煤、南票煤电等煤炭企业开发国外、省外煤炭资源，引导企业加强系统风险防范，进一步提升参与省外煤炭资源开发能力。支持阜矿等集团公司用好内蒙古、山西等省份的资源优势和国家政策优势，积极布局和发展煤炭转化项目。推进煤炭物流体系建设，发展煤炭现代物流贸易。突出发挥巴新铁路、阜盘铁路等交通优势，依托中蒙俄经济走廊新通道，统筹煤炭生产开发和消费布局。依托煤炭主要消费地、沿海主要港口和重要铁路枢纽，建设区域性煤炭物流园区，形成集公路、铁路、港口、航运于一体的大物流服务体系。

三 城市生态环境转型：以节能减排考核目标为约束

（一）积极发展循环经济，保护矿区生态环境

1. 煤炭供给侧方面

要建立健全煤炭质量管理体系和质量标准体系，提高煤炭质量和利用效率。实施煤炭清洁高效项目建设，加快发展洗煤、型煤、水煤浆等洁净煤产品，加强煤炭质量全过程监管，实施煤炭分质分级利用，延伸煤炭产品价值链。

2. 煤炭消费侧方面

要大力实施煤炭清洁高效利用，抑制高灰高硫等低质煤炭的不合理消费。加快煤炭由单一燃料向原料和燃料并重转变，切实提高煤炭加工转化水平，提升煤炭综合利用效率，降低系统能耗、资源消耗和污染物排放，实现清洁利用。大力推广使用优质低硫煤、洁净型煤和新型炉具，逐步消减分散用煤和劣质煤应用。严格限制高硫、高灰和低发热量煤炭进入市场，严禁高硫、高灰煤直接燃烧，限制劣质煤生产和利用。

3. 煤炭技术方面

推动洁净煤技术创新，努力升级煤炭生产、洗选、运输、储存、利用等各环节的清洁化技术，不断提高煤炭清洁化程度，加大对尾矿和废弃矿固废回收再利用和资源化生态修复。

4. 完善矿区生态环境补偿机制

强化煤炭资源所有者与监管者在生产开发、生态保护和环境治理等方面的职责关系，促进矿区生态环境得到根本改变。

（二）强化节能减排约束机制，建立动态监控体系

辽宁省资源型城市转型应以《辽宁省节能减排"十三五"规划》为依据，明确资源型城市节能减排考核目标，促进资源型城市向资源节约型、环境友好型社会转变。一是通过技术创新和生产工艺、流程改造，降低资源开采和加工过程中的污染物排放水平。二是加大对城市污染的治理，通过科学规划促进城市生态的保护，提高排污权和排污费管制水平来控制污染物排放数量，增加对污染治理的投资来提供良好的生活环境。除了在工业上对环境污染进行治理和约束以外，建立健全城市生态环境监测和预警体系也是资源枯竭型城市生态环境转型的一个重要方面。应该通过实施城市生态资源普查、建立动态监控机制、构建城市生态数据库等方式，对城市生态系统进行科学分析、评判和预测，从而进行有针对性的防护和治理。另外，资源枯竭型城市还需在城市人文环境方面加强引导，包括倡导绿色生活方式、节能建筑、低碳城市、树立城市文化名片等。当然，城市生态环境的转型离不开对应的经济结构优化。对于高污染、高能耗产业的改造是减少污染的前提，而对绿色产业的政策倾斜和资金扶持是实现低碳增长的途径，应区别对待。实现可持续发展，既不能走"先污染后治理"的路子，也不能采用"边污染边治理"的模式，应逐步扭转重度污染产业在经济结构中比重过大的现象，实现经济的绿色发展。

四 城市要素聚集转型：以体制机制改革为引力

（一）推动供给侧结构性改革

多年来钢铁行业同质化扩张、结构失衡和落后产能等问题日趋严重，应加快供给侧结构性改革，改革重心从控制产能总量转向优化产能结构与

效率，改革要解决的根本问题是积极稳妥推进企业优胜劣汰，让市场选择出真正的成功者，淘汰失败者。从现实情况来看，产业发展政策密集的行业通常也是产能过剩相对严重的行业。因此，供给侧改革意味着产业政策将逐步让位于市场竞争、专项性补贴让位于普惠性补贴，让公平竞争的市场机制来筛选优胜者，避免特定补贴带来的企业行为扭曲。利用市场机制、引导产能退出是供给结构优化的重要举措。传统方式甚至在一些情况下为提升整体效率用公共财政帮助竞争失败者，这是一种反效率、反竞争的方式。市场化兼并重组和破产清算，能够有效识别哪些是过剩产能、哪些是落后产能以及谁是竞争失利者，由此为低效率产能退出市场、优化产能供给结构提供重要渠道。

（二）健全完善生产要素市场

土地、资本和劳动力是生产活动所需要的三种基本要素，辽宁产能过剩与老工业基地振兴的要素驱动、投资拉动行为关系密切，地方政府的产业政策起到了推波助澜的作用。为从根本上消除政府干预市场主体经济活动，应逐步取消政府干预资源配置，完善土地价格的形成机制，以市场化手段调节土地供求及其价格。同时要完善金融信贷市场，以市场的手段决定信贷资源的配置，使信贷资源流向高效率的生产企业，提高资金的使用效率。弱化国有商业银行作为国有企业预算软约束支持主体的角色，通过市场手段提高企业投资中自有资金的比例，解决企业投资行为中的风险外部化问题。

（三）支持民营企业做大做强

辽宁省国企强民企弱是导致产能过剩的根本，做大做强民营企业是钢铁行业去产能的有力措施。要重点培育一批行业领头的民营大中型企业和具有高成长性民营科技企业，要提高民营企业家的社会地位，保护民营企业家的合法权益，鼓励民营企业技术创新，营造民营企业健康成长的良好舆论环境。

第七章

资源型地区

——辽宁省传统优势产业产能状况的研究

2016 年，课题组从工业领域入手，围绕辽宁省钢铁、煤炭、水泥、装备制造、石化五大传统优势行业，通过座谈会、实地调研和问卷调查等方式，对辽宁省传统的优势产业产能情况进行了专题研究。结果显示，近年来，辽宁省工业企业产能过剩的情况比较普遍。由此说明，随着全面深化改革的持续推进，市场在资源配置中的决定性作用已经显现，在经济发展新常态下，辽宁省现实产业结构与市场发展不相适应问题已经凸显，化解产能过剩问题任重道远。

第一节 传统产业供给需求矛盾凸显

近年来，随着投资、出口和消费增速的持续回落，辽宁省多数传统工业品产能过剩，已经成为制约经济转型升级的主要因素。当前，明确产能过剩的基本内涵，明晰产能过剩的界定标准，有助于深入分析辽宁省产能过剩状况及深层次问题，并研究制定有效应对措施。

"产能"主要指的是企业利用现有资源所能达到的最佳产出量。当企业在一定时期内，实际产出量持续大于市场需求量、企业效益出现下滑时，就可称为产能过剩。通常用产能利用率作为界定产能过剩的主要指标。目前，我国还没有统一的产能过剩的界定标准，借用欧美等发达国家形成的国际通用标准，产能利用率只要低于 80%，就可视为产能过剩。现阶段，我国产能过剩主要有四种类型。

一　周期波动型

造成产能利用率周期性波动是某些行业因原料生产季节性限制或需求侧周期性波动，产能在一年中出现有规律的季节性变化，经常在一定时期（一般在 5～10 年）市场会出现谷底、恢复、高峰和衰退几个阶段，周期性波动反映的是企业产能利用率的变化。

二　行业垄断型

在一些市场未完全放开或市场准入门槛较高的领域，如钢铁、炼油、汽车、有色金属等，因民营资本分争国有资本独占的领域，采取非正规手段，依靠较低成本大量涌入，从而造成产能过剩。这是在少数垄断行业内为巩固垄断地位、谋取最大利润而扩张自身产能使全行业产能利用率下降的原因。

三　环境约束型

一些行业和企业在形成之初，或因当时环保标准不高，或根本就不符合环保标准。按照新的环保法有关规定，这些行业和企业因受资源、能耗、排放等方面制约，丧失了产业比较优势。随着环境治理力度的加大，其产能发挥受到限制，利用率下降，没有发展出路，如小水泥厂、小煤矿和小造纸厂等行业和企业。

四　技术替代型

科技革命的变化日新月异，速度超出想象，特别是颠覆性技术不断出现，这对传统生产有着革命性冲击，导致竞争优势不断失去，如液晶电视替代等离子电视、智能手机替代传统手机、高效低毒农药迅速替代传统农药等。

第二节　传统产能过剩基本状况及影响

从辽宁省有关部门提供的相关材料和这次抽取的 500 家工业企业问卷分析情况看，辽宁省产能过剩形势严峻。一旦处理不好，将波及经济和民生等社会问题，甚至影响改革发展的稳定大局。

一 产能过剩比较普遍，近半数企业处于亏损状态

2015 年三季度景气调查显示，辽宁省规模以上工业企业主要产品产能利用率为 75.0%，低于全国 80% 的平均水平，更是低于国际公认的 82% ~ 83% 的合理区间。辽宁省钢铁行业亏损面较大，铁矿企业停产、半停产现象突出；装备制造业产品结构与市场需求不相适应，部分骨干企业累计订单下降 20% 以上；石化行业下游产能释放不足，大宗化学品供大于求。这次调查的 500 家企业，有 225 家产能过剩，236 家处于亏损状态，140 家处于停产、半停产状态。在 56 家钢铁企业中，有 27 家产能过剩，46 家处于亏损状态，亏损面达 82%。

二 结构性过剩比较明显，过剩与供给不足并存

不同技术水平企业的产能利用率差异明显。很多企业基本不存在产能过剩问题。在激烈的市场竞争中，相对落后的企业没有"看家"产品，普遍存在产能过剩问题，具有明显的结构性过剩特征。以机床行业为例，沈阳机床和大连机床属于世界上最大型的机床生产商，中低档数控机床一直是他们的优势，随着市场需求接近饱和和国内用户普遍选择德国以及日本的产品，这两个厂家出现产能过剩问题。在钢铁行业中，我国的钢铁企业生产不出高级合金钢、轴承用钢和发动机用钢，一方面国内每年出口钢材 1500 多万吨，另一方面还需要从国外进口钢材 5000 多万吨，辽宁省钢铁行业也存在着结构性问题。

三 宏观走势低迷，产能利用率恢复期漫长

受投资下降、需求不足等因素影响，辽宁省工业经济下行压力持续增大，产能利用率恢复需要一个较长的过程。2015 年前三季度，辽宁省工业用电量持续负增长，用电量同比下降 5.9%；全省 41 个行业中有 31 个为负增长，其中汽车制造业增加值同比下降 3.5%，降幅比一季度扩大 2.5 个百分点；专用设备制造业增加值同比下降 7.6%，降幅比一季度扩大 1.5 个百分点；非金属矿物制品增加值同比下降 5.3%，比一季度扩大 1.8 个百分点。2015 年 1 ~ 10 月，沈鼓集团订单同比下降 17.2%，瓦轴集团订单

同比下降 16.6%，大连船舶订单同比下降 26.3%，大连机车订单同比下降 4.0%。这次问卷调查结果显示，企业对去产能的形势并不乐观，对当前宏观经济形势认为"很好或较好"的企业不足一成，认为"一般"和"较差或很差"的企业合计占九成多。

四 投资信心不足，制约经济企稳回升

近年来，辽宁省工业固定资产投资由 2010 年以前的 30% 以上增速，下滑到 2015 年 1~9 月的 -28.6%。问卷显示，有 53.4% 的企业效益不理想，没有追加投资的意愿，其中 55% 的钢铁企业、62% 的水泥企业、66% 的煤炭企业和 33% 的装备制造企业等都没有扩大再生产的意愿。

五 职工生产生活受到影响，保障和改善民生压力加大

目前，全省有职工 989 万人。其中，规模以上工业领域产业工人有 329.1 万人，占比超过 33%。产能过剩导致企业经济效益下滑，容易引发劳动就业和工资收入等方面问题，影响职工生产生活。这次调查问卷显示，500 家企业有职工 56 万人，其中下岗、失业 10444 人。在不能足额发放工资的企业中，钢铁行业为 14%，煤炭行业为 30%，水泥行业为 15%，装备制造行业为 9%；目前，阜煤集团整体降薪 40%，铁煤集团一线职工降薪 10%。

第三节 辽宁省传统产能过剩的启示

辽宁产能过剩是矛盾长期积累的结果，代价是惨重的，教训是深刻的。透过产能过剩的表象，从国际、国内和辽宁省经济发展现状的理性思考中，弄清产能过剩的"病根"，把握辽宁省经济发展趋势，对于有效化解产能过剩问题至关重要。

一 思想观念和思维方式陈旧

有很多经济发达省份的同志反映，辽宁一些干部热衷于在上面"忙乎"，而南方的很多干部总是在下面"忙乎"。辽宁的一些企业家注重研究上面的"政策"，习惯于"等、靠、要"，而南方的多数企业

家注重研究市场，主要依靠自己拼市场、抢市场。这说明，辽宁人的思想观念还比较陈旧落后，对市场反应不敏感，缺乏市场眼光，过于追求"现得利"，相比经济发达省份，从一定程度上说，辽宁差就差在思想观念上。

二 政府转变职能滞后

辽宁省产能之所以过剩，一个重要原因是没有处理好政府和市场的关系。地方政府出于政绩考虑，作为国有资产的管理者，常常习惯插手企业微观管理，政府主导的市场，一些见怪不怪的现象出现了。政府该干的事，却没有精力、财力去干。政府成为"全职管家"，凌驾于市场之上，甚至规划到了具体企业产值指标。

三 产业产品结构失衡

辽宁省新兴产业比重过低。以沈阳为例，目前产值在全市前30名的企业中，有27家属于传统产业，这27家传统产业的企业产值占全市的38.5%；全市机械制造、农产品加工及汽车制造企业占全市全部企业的60%以上，产值占全市近70%；而电子信息产品制造等新兴产业企业数，仅占沈阳市企业数的2.4%，全部产值占全市的3.6%。在过去的十年间，辽宁省的传统企业正好与国家重化工业的发展周期相吻合，生产规模迅速扩张，各类产能得到很好释放，经营效益较好，掩盖了一些不合理产能。

四 创新能力明显不足

企业创新体系普遍不完善，产学研协同机制不顺畅，缺乏创新精神和产品升级动力。战略性新兴产业发展慢、体量小，没有形成大众创业、万众创新的良好社会环境。目前，辽宁有国家级高新技术企业1200多家，有研发机构的仅占2.7%，在全国排名第31位；全省发明专利有18400多项，仅为江苏的1/8，在全国排名第15位。企业核心技术匮乏，技术对外依存度较高，装备制造业关键性配套零部件60%以上依赖进口；新产品开发及效益均显不足，销售收入仅为广东的4.1%、江苏的6%，新产品数量在全国排名第13位，销售额排在第12位；全社会研发经费投入不足江苏的1/3。

五 发展方式欠妥

辽宁省当前产能过剩的重要原因之一是在淘汰落后产能、创新驱动和简政放权等方面做得太少。钢铁、煤炭、装备制造等行业，一些该限制和转型的落后产能不降反升。当市场这一决定因素真正发挥作用之时，这些过剩产能经受不住价格剧烈下跌的冲击，原有的诸多问题就会暴露，过剩产能成为"裸泳"者。

六 国有企业改革不彻底

国企经过多年改革，虽有较大改观，但政府还是企业的真正"老板"，企业还是政府的"打工仔"，企业决策者在一些问题上重"市长"轻"市场"，没有形成以企业效益为核心的管理体制，国有资本不能按照市场规则正常运营，没有真正建立现代企业制度。在市场经济的大潮中，企业生产经营体制并没有完全从计划经济体制中走出来，具有明显的脆弱性。辽宁省钢铁、有色、船舶、工程机械、汽车、风电、光伏等行业中的国有企业成为这次产能过剩的"重灾区"。一些企业靠国家政策、政府信贷支持、资源垄断和价格垄断支撑的依赖性比较强。2015 年前三季度，省属国有企业平均资产负债率为 65%，比全省规模以上工业企业平均负债率高出 6 个百分点，负债总额达 2220 亿元，同比增长 17.1%，比全省规模以上工业企业高出 11.5 个百分点。

七 民营经济发展缓慢

辽宁省市场化水平不高，普遍存在着"开门招商、关门打狗"的现象，安商养商环境欠佳，民营经济发展动力不足。由于国有企业的"挤出效应"，民营经济发展空间狭窄，始终不能成为辽宁省经济的贡献主体。2014 年，全国五百强民营企业中，东北三省只有 14 家，其中吉林省仅 1 家，黑龙江 4 家，辽宁 9 家；2015 年辽宁仅剩 6 家，东北地区仅为 10 家。而浙江有 138 家企业入围，其中杭州市 55 家企业入围，仅一个萧山区就有 19 家企业入围；江苏有 91 家企业上榜，仅南通就有 17 家企业入围；山东有 53 家企业入选，其贫困地区临沂就有 6 家企业上榜，与辽宁持平。

辩证地看，这一次产能过剩既给辽宁带来了严峻挑战，也给辽宁带来了发展机遇。应当把辽宁的实际情况向全省广大干部讲清楚，让大家既要看到被动的一面，又要看到积极的一面；既要认清辽宁省的比较优势，又要认清辽宁省的比较劣势。利用这次产能过剩产生的倒逼机制，以思想观念转变促进体制机制创新、产业结构优化和发展方式转变，推动辽宁省经济由"物理变化"实现"化学变化"。

第四节 战略性新兴产业的供给与过剩问题的解决

一 大刀阔斧简政放权

在辽宁省一些行政体制机制与市场经济体制、企业生产经营体制不够匹配，政府行政管理团队与行业企业经营管理团队不够匹配。要以刮骨疗毒的精神和勇气，坚持"法无授权不可为""法定职责必须为""法无禁止皆可为"，真刀真枪地消除制约经济发展的行政审批权限和行政干预现象，大胆创新行政审批方式，归还市场和企业的应有功能和权限，最大限度地为企业"松绑"，为化解产能过剩"开山辟路"。

二 差异化应对产能过剩

从行业和企业产能过剩的各自特征和实际情况出发，一行一策、因企施策，差异化制定政策和指导服务，下大力气出好"七张牌"。

"**促**" 对于优势产能和具有竞争力的行业企业，要抓住发展机遇，做大做强。比如，像沈鼓集团、新松机器人、北方重工、东北特钢等企业，要加大科技和人才投入，推动这些企业加快结构调整和转型升级步伐，促进企业持续健康发展。

"**保**" 保住对辽宁省起重要支撑作用的一些装备制造、石油化工和冶金行业，要保住其市场份额，产品具有一定竞争潜能和市场份额的，给予一定支持，渡过难关，蓄势迎来下一轮经济增长周期。

"**转**" 对于适合到域外发展的企业如装备制造、冶金和建材，要引导其过剩产能向省外、国外转移。这些具有技术、规模和成本等优势的企业，鼓励和支持其参与产能合作，积极融入"一带一路"的建设中。

"**立**" 举全省之力实施新兴产业和消费品工业培育工程，优化产业布局，如新一代信息技术、高端装备、新材料、节能环保、生物医药、新材料和"互联网＋"等新兴产业，通过培育，大力发展新兴产业，补辽宁省短板。

"**合**" 对于产业集中度不高的装备制造、冶金、农产品加工和建材等行业企业，鼓励企业兼并重组，支持企业"抱团取暖"，带动中小企业向"专精特新"发展，形成以优强企业为主导、大中小企业协调发展的产业格局。

"**挺**" 在钢铁、煤炭和石油等能源行业中，要帮助困难企业挺过去，确保不发生新一轮大规模关闭潮和下岗潮。辽宁省煤炭产量主要集中在沈煤、铁煤、阜矿及抚煤四家国有企业中，企业亏损严重，但又承担着大量产业工人就业稳定的社会责任，企业负担沉重，发展举步维艰。对于这部分企业，政府应研究税收政策，给予企业减税或延期纳税，减轻企业负担。

"**停**" 对钢铁和水泥等高耗能、高污染产业，要坚决控制总量、抑制产能过剩，原则上不再批准扩大产能项目，严禁化整为零、违规审批，严禁各级政府的财政性资金流向过剩行业的扩大产能项目，坚决淘汰不适应市场需求的落后产能。

三 采取有效措施防止新兴产业发展需要的人才流失

守住辽宁"工匠"队伍这些"家底"，加强和改进对各类人才的动态管理，健全完善人才评价激励机制，改进职工技术职称评定制度，培养造就"高、精、尖"等人才，搭建更加便捷的技术创新成果转化平台，大力倡导和推行职工人才内部持股、津贴发放、转岗服务等做法，为辽宁技工等人才成长在家乡、创业在家乡、发展在家乡营造良好环境。

四 建立职工预警应急处理机制

要建立以工会为主体，以缓、关、停、并、转企业为重点对象，以职工思想动态、生产生活状况和劳动关系状态为主要内容的职工预警机制。工会要做第一知情人、第一通报人，在企业建立一支预警员队伍，形成工会组织的"千里眼""顺风耳"，对职工群体出现的重大思想波动和带有趋势性、苗头性的问题，及时向同级党委和上级工会报告，向同级政府和有关部门通报，防止隐性矛盾转化为显性矛盾，防止直接性矛盾引发非直接性矛盾，防止局部性问题转化为全局性问题，防止经济性问题转化为政治性问题。建立党委领导、政府负责的信息畅通、反应快捷、指挥有力的职工突发事件应急处理机制，明确责任分工、基本原则和主要程序，制定应急处理预案，建立多部门联动工作制度，形成工作合力，把问题化解在初始阶段、化解在基层。

第五节　辽宁省煤炭行业去产能问题研究（调研案例）

当前，辽宁省重化工产业普遍面临前所未有的困难和挑战，特别是煤炭行业的困难和问题尤为突出，已经影响到企业生存和职工就业的稳定。"十三五"时期，在产能过剩的背景下，辽宁省煤炭行业如何扭亏解困，这不仅需要政府多措并举，采取财税、金融等多方政策支持，还需要煤炭企业主动加强经营管理，推进结构调整，实现转型升级。

一　辽宁煤炭产业基本情况

煤炭是辽宁省主要能源矿产，产量占一次能源总产量的60%以上。截至2015年末，辽宁省尚有煤炭地质储量54.6亿吨，其中国家规划矿区45.6亿吨，占全国保有储量的1%。在籍煤矿289个，国有重点煤矿30个，集中在阜矿集团、沈煤集团、抚顺矿业集团、铁法能源公司、南票煤电5家国有煤炭企业当中，产量占全省的85%；地方国有及民营煤矿259个；年产30万吨及以上的矿井有41个，30万吨以下的矿井有248个。全省煤矿现有从业人员共20.4万人，其中省属国有煤炭企业15.5万人，占全部职工的76%；地方煤矿4.9万人，占全部职工的24%。

自老工业基地振兴政策实施以来，辽宁省对煤炭需求量一直保持较快的增长速度，发电用煤和冶金用煤消费量占煤炭消费总量的80%左右，省内煤炭产量长期供不应求，自给率仅为34%。在市场需求的带动下，辽宁省煤炭产量稳步提高，年均生产6148万吨，并在2011年达到峰值6890万吨。然而近几年，受赋存条件、资源枯竭及市场环境等因素影响，煤炭产量逐年下降。2015年生产原煤4824万吨，同比减少207万吨，下降4.3%（见表7-1），总产量仅占全国的1.3%。其中5家省属煤炭企业生产原煤4091.93万吨，占全部产量的85%，与全国主要产煤省份相比，辽宁省产煤量处于中游，煤炭资源枯竭形势严峻。

表 7 - 1 2015 年主要产能省份（年产量超过 4000 万吨）原煤产量

单位：万吨，%

省份	原煤产量	同比增幅
山　西	97500	- 0.17
内蒙古	90060	- 8.10
陕　西	50236	- 1.69
贵　州	17001	- 8.10
山　东	14400	- 2.70
新　疆	14000	- 2.11
安　徽	13530	5.71
河　南	12802	- 5.87
河　北	8384	- 3.5
宁　夏	7935	- 7.69
黑龙江	6310	- 7.35
云　南	4884	10.67
辽　宁	4824	- 4.3
甘　肃	4399	- 3.89

数据来源：中国煤炭新闻网。

从煤炭行业产能利用和库存情况来看，省内煤炭产能基本能够在本地消化，行业产能利用率和产销率这两项指标与全国以及其他煤炭生产大省相比维持较高水平，2015 年全省煤炭行业产能利用率为 70%，高于全国平均水平 5 个百分点。其中 5 家省属煤炭企业产能利用率平均为 80.18%（见表 7 - 2）。

表 7 - 2 2015 年辽宁 5 家国有煤炭企业产能利用率、产销率及储量情况

单位：%

企业	产能利用率	产销率	剩余储量占全省比重
阜矿集团	71.4	99.9	15.0
沈煤集团	90.3	88.5	29.7
抚顺矿业集团	89.7	92.5	6.4
铁法能源公司	70.4	99.6	30.4
南票煤电	79.1	100	2.0

数据来源：根据内部资料整理得到。

二　当前辽宁煤炭行业存在的问题和矛盾

(一) 企业经营面临较大困难和风险

当前国内煤炭市场需求持续下滑，煤炭产品价格大幅下降，受此影响，辽宁省在籍煤矿企业全面亏损，甚至出现价格成本倒挂现象。五大国有煤炭企业产品收入大幅缩减，月均亏损 3 亿元，流动资金除维持职工基本工资外，仅能保证必备的生产安全投入。由于煤炭下游行业持续疲软，绝大多数煤炭企业应收账款不能及时回收，资金周转困难加大。例如，沈煤集团 2015 年应收账款余额已达 20 亿元，资金缺口 10 亿元。与此同时，辽宁省煤炭行业普遍存在信用风险，负债率不断上升，金融机构抽贷、压贷极容易引发企业破产风险和局部债务风险。2015 年，辽宁省国有煤炭行业平均负债率为 68%，远高于全省规模以上工业企业负债率，尤其是阜矿集团负债率高达 75%，已经超过警戒线。

(二) 煤炭"去产能"压力较大

从政府层面看，按照《国务院关于煤炭行业化解过剩产能实现脱困发展的意见》 (国发〔2016〕7 号) 的总体要求，年产能在 30 万吨以下的 247 个地方矿井全部引导退出，省属国有煤炭企业未来 5 年内因资源枯竭而关闭的煤矿最少有 7 家。这些煤矿在环境生态治理、资源补偿等方面历史欠账较多，社会负担重，退出成本很高，预计总费用超过 110 亿元，这些成本除国家将一部分用于职工安置等专项资金弥补外，还需要省、市政府大量配套资金支付，形成巨大财政压力。与此同时，一些地方煤矿企业是当地政府主要税收来源，去产能化过程势必造成地方税收下降，影响地方财力。从民生层面来看，煤炭行业去产能不可避免地要转移出大量富余人员，造成巨大的职工分流安置压力。初步测算，未来 3~5 年内，政策引导退出和主动退出的煤矿涉及人员 8.8 万人，其中省属国有煤炭企业涉及人员 6.3 万人，这一庞大的潜在失业大军若处理不当或不及时，极容易引发社会稳定风险。从企业层面来看，绝大多数煤炭企业已经采取降薪、减少管理机构和管理人员的数量、解聘临时工和派遣工等方式缩减开支，但由于三高一低 (开采成本高，人工成本高，企业负债率高，煤炭价格低)，企业面临边亏损边生产的两难境况。

（三）历史包袱沉重，严重拖累企业发展

辽宁省煤炭行业的历史包袱仍然未减，尤其是 5 家国有煤炭企业承担着巨大的社会责任。截至 2015 年，辽宁省 5 家国有煤炭企业拥有 15.3 万人的厂办大集体职工群体，这些群体年龄结构偏大，绝大多数处于失业状态。这些企业普遍承担着管理社会的职能，额外支付高昂费用，如"三供一业"费用支出、退休人员及职工工伤保险的统筹外支出、厂办集体的管理费用以及为集体企业提供的土地、房产等固定资产支出。据不完全统计，这 5 家国有企业涉及的这部分费用支出（或缺口）近 14 亿元，让本已不堪重负的煤企"雪上加霜"。

（四）煤炭行业转型难度加大，提高煤炭行业发展质量和效益任重道远

近年来，辽宁省煤炭企业积极探索多元化发展，不仅涉及煤炭开采、煤化工、电力、造纸、机械制造、物流、工程、地产等，还涉及建材、商贸物流、新型环保、页岩油化工及煤层气开发等。但多数企业过度依赖煤炭主业，非煤产业规模优势不明显，资源配置效率不高，非煤主导产业发展方向不明确。煤炭主业优势相对不明显，多数集中在资源开采环节，缺乏核心技术，煤炭深加工和高附加值产品少，企业自主创新能力差，技术研发意识不足，影响了企业竞争力的提升和效益的提高。

三 "十三五"时期辽宁省煤炭行业发展形势——机遇与挑战并存

（一）发展机遇

"十三五"时期，随着我国工业化、信息化、城镇化、农业现代化持续推进，能源需求仍将保持增长，煤炭作为我国能源的主体地位不会改变。未来我国将着力推动能源革命，为煤炭产业转型升级增添动力。国务院印发的国发〔2016〕7 号文件确定了化解煤炭行业过剩产能、推动煤炭企业实现脱困发展的主要任务，国家有关部门也陆续出台了包括金融支持、分离企业办社会职能、职工安置等在内的 8 个配套政策措施，为推动煤炭行业发展提供了强有力的政策支撑，为辽宁省新一轮振兴发展注入强大动力，必将推动能源工业发展，为煤炭行业带来发展空间。辽宁省加快

国有企业改革步伐，进一步推动煤炭行业资源整合、企业兼并重组。

（二）面临挑战

当前辽宁省经济下行压力依然较大，重化工业发展遭遇瓶颈，辽宁省煤炭行业进入需求增速放缓阶段，煤炭市场供大于求的态势短期难以改变。辽宁省煤炭企业虽坚持多元化经营，但仍缺少理念创新，结构调整与转型升级思路尚不清晰，对新常态下行业发展表现出的速度变化、结构变化、动力转换特点认识不深，按照市场规律组织生产经营的理念远没有树立，表现出企业主动转型升级的动力不足。资源枯竭、企业冗员等问题的存在，使辽宁省煤炭行业生产效率较低，运行质量不高，这种局面很难在"十三五"时期彻底扭转。我国对煤炭科学开发、清洁生产、洁净利用和矿区生态环境治理提出更高的要求，使得辽宁省煤炭产业发展面临较大的环境约束，矿区环境保护责任越来越重。

四 促进辽宁省煤炭行业解困的对策建议

（一）改造提升传统煤炭产业，增强经济支撑和能源保障能力

1. 创新煤炭产业发展思路

按照"严控增量、优化存量、淘汰落后产能"的原则，保护性开发矿区资源，稳定省内煤炭产量，将年产量控制在5000万吨以内，域外企业煤炭产量达到3500万吨以上。严格控制煤矿新增产能，"十三五"期间严禁新建煤矿、核增煤矿产能。提升现有优势产能，通过优化开拓市场，简化生产系统，提高生产效率和资源回收率，实现高效集约化生产。加快运用高新技术和先进适用技术改造提升煤炭产品质量，减人提效，提升产能水平。加快两化融合，推进智慧矿山建设，提高煤矿生产现代化、管理信息化、决策智能化水平，努力构建以集约化、清洁化、安全高效为特征的现代煤炭生产开发体系。有序推进煤炭减采，重点压减安全保障条件较差、地质条件复杂、煤质不符合商品煤质量标准和资源压覆严重的煤矿产量。

2. 加大企业改革力度

以建立健全现代企业制度为目标，引导煤炭企业深化改革改制，着力构建层次分明、责权对等、运行高效、充满活力的管控体系。

3. 加快推进煤炭企业兼并重组

引导辽宁省有实力的国有煤炭企业兼并重组弱势煤矿，提高煤炭产业

集中度，促进企业上档升级。积极吸收民营资本，探索与国有资本联合组建 2~3 家大型煤炭开采集团，按照市场规则进行定价，形成根据需求合理释放产能的良性供应格局，强力整合现有散乱的供应格局。

4. 推进煤炭技术创新

推进以市场为导向、企业为主体、产学研相结合的煤炭科技创新体系建设，以老工业基地新一轮振兴和建设沈大自主创新示范区为契机，争创一批省级、国家级工程研发中心和重点实验室，建设一批具有自主知识产权的科技成果产业化基地。支持煤炭企业深入研究煤炭科技需求，围绕煤矿安全生产、绿色开采、洁净煤利用、煤炭深加工及传统产业升级改造、煤机装备制造等重点，加大重大课题攻关。

5. 创新煤炭企业商业模式

推动煤炭企业由生产型向服务型转变。探索"互联网＋煤炭"产业的发展模式，打造集煤炭企业技术咨询服务、设计建设与技术改造服务、专业化技术服务、专业化生产服务、经营管理服务于一体的新型商业模式。

（二）加快推进煤电一体化进程，实现煤炭上下游企业共赢发展

鼓励属地发电企业与区域煤炭生产企业互保共建。借鉴内蒙古、宁夏等省份做法，实施"煤电联动、互保共建"。协调省内煤电企业建立互保联动机制，立足以企业自主协商为主、政府积极协商为辅，合理确定电煤价格，严禁电厂擅自压价行为，采取火电机组采购本土煤与发电量挂钩政策，引导电力企业有序采购属地煤炭，采取适当措施限制属地外劣质低价煤入市，支持省内发电企业就近选用燃煤，鼓励大型煤炭、电力企业签订中长期合同，鼓励煤电联营，确保属地煤炭市场稳定；积极推动电价形成机制改革，进一步完善辽宁省电力用户直接交易政策，引导符合产业政策和环保政策的企业与发电企业通过市场手段形成最终用电价格；积极推进煤电冶化一体化重组，鼓励煤炭企业与电力企业、冶金企业实现重组；加快淘汰落后产能、关闭非法矿井和小煤窑，支持环保、质优及安全有保障的大矿达产生产。

（三）做优做强非煤产业，增强煤炭企业抗风险能力

按照"传统产业品牌化、主导产业高端化、新型产业规模化"的思路，加快非煤产业结构调整提升，加快产业链延伸，提高产品附加值，尽

快形成煤炭行业转型发展的主导产业。政府应从政策和资金上扶持煤炭企业"二次创业"。对煤机制造、煤建材等传统优势产业项目，重点推进技术装备更新、工艺优化和产品升级换代，提升产品技术含量和附加值，培育国内外知名品牌。做大做强油页岩等产业，提高技术含量，延长、加粗产业链条，要做实做优煤矸石烧结砖、石头纸、高效洁净煤粉等环保产业。大力推进新兴产业规模化，培育和发展生物制药、高端装备制造、新能源、新材料等新兴产业，发展现代物流、健康养老、电子商务等服务产业，打造一批大型产业基地、产业集群和产业园区。

（四）积极发展循环经济，保护矿区生态环境

一是在煤炭供给侧方面，要建立健全煤炭质量管理体系和质量标准体系，提高煤炭质量和利用效率。实施煤炭清洁高效项目建设，加快发展洗煤、型煤、水煤浆等洁净煤产品，加强煤炭质量全过程监管，实施煤炭分质分级利用，延伸煤炭产品价值链。二是煤炭消费侧方面，要大力实施煤炭清洁高效利用，抑制高灰高硫等低质煤炭的不合理消费。加快煤炭由单一燃料向原料和燃料并重转变，切实提高煤炭加工转化水平，提升煤炭综合利用效率，降低系统能耗、资源消耗和污染物排放，实现清洁利用。大力推广使用优质低硫煤、洁净型煤和新型炉具，逐步削减分散用煤和劣质煤应用。严格限制高硫分、高灰分、低发热量煤炭进入市场，严禁高硫、高灰煤直接燃烧，限制劣质煤生产和利用。三是在煤炭技术方面，推动洁净煤技术创新，努力升级煤炭生产、洗选、运输、储存、利用等各环节的清洁化技术，不断提高煤炭清洁化程度，加大对尾矿、废弃矿固废回收再利用和资源化生态修复。四是完善矿区生态环境补偿机制，强化煤炭资源所有者与监管者、生产开发与生态保护、生态保护与环境治理等方面的职责关系，促进矿区生态修复可持续发展。

（五）发挥企业优势，用好国际国内两个市场

实施走出去战略，政府应主动为企业提供信息、对接项目，帮助其"走出去"发展项目、开发资源，在更广阔的区域参与竞争和产业分工，实现产业聚集和资源的有效配置。鼓励支持阜矿、沈煤、铁煤、抚煤、南票煤电等煤炭企业开发国外、省外煤炭资源，引导企业加强系统风险防范，进一步提升参与省外煤炭资源开发能力。支持阜矿等集团公司用好内

蒙古、山西等省份的资源优势和国家政策优势，积极布局和发展煤炭转化项目。推进煤炭物流体系建设，发展煤炭现代物流贸易。突出发挥巴新铁路、阜盘铁路等交通优势，依托中蒙俄经济走廊新通道，统筹煤炭生产开发和消费布局。依托煤炭主要消费地、沿海主要港口和重要铁路枢纽，建设区域性煤炭物流园区，形成集公路、铁路、港口、航运于一体的大物流服务体系。

（六）坚持政府托底，促进矿区和谐稳定

1. 尽快出台全省化解煤炭行业产能过剩就业与职工安置实施方案

在政策上要有突破，如在资金来源、设置专项资金、失业保险基金使用等方面。同时建议给国有企业更大的可操作空间，制定有针对性和可操作性强的促进就业与职工安置实施办法，政府加强情况跟踪和监督管理。

2. 对受影响的职工制定专项政策

将化解煤炭产能过剩受影响的职工统一纳入目前就业政策扶持范围，享受现有的促进就业政策，同时针对他们的特殊情况，要制定解决企业欠缴社会保险费和经济补偿金政策，社会保险转移接续政策；适当降低困难企业社会保险费率，减轻企业负担，基金缺口由财政给予补贴；采取措施帮助因化解产能过剩而关停企业的小微企业主二次创业，为其提供创业培训、技术转让、小额信贷、经营场所等援助。

3. 着力解决厂办大集体问题

对全省厂办大集体进行摸底调查，周密制订改革实施意见，认真做好组织实施。从省财政拨付一定专项资金，各市按一定比例配套，积极争取国家政策和资金扶持。建议政府选择厂办大集体问题比较集中的城市作为改革试点区域，督促试点企业制订改革方案、职工安置方案、债务和解协议，着手对厂办集体企业和职工身份进行认定，做好社保接续工作和补偿金发放工作。要把握试点节奏，边推广、边总结，为整体改革摸索经验，避免走弯路和改革不彻底。

（七）多举措降成本，助力煤炭企业度过"严冬"

1. 清理税费，减轻企业负担

按照国家促进煤炭行业平稳运行和扭亏脱困有关精神，借鉴有关省份的有效做法，出台扶持煤炭行业脱困的短期应急减负政策，适度减免或缓缴环境治理保证金、资源税、水资源和水土保持补偿费等税费，尤其对开展重大技术攻关、技术改造的企业实施减税或免税方面的激励政策，减轻煤炭企业负担。

2. 出台激励政策，解决煤炭企业资金难题

引导各大银行尤其是省内银行加大对煤炭企业的信贷支持，对资源储量和市场前景好，目前经营困难的企业，增加授信放贷额度，减少抽贷缩贷，规避资金链断裂风险。充分利用贷款担保、贴息、借款等多种形式，支持企业抢抓机遇，推动技改、升级，助力企业度过"严冬"。

第六节　辽宁省钢铁行业去产能问题研究（调研案例）

钢铁产业是国民经济的支柱性产业，钢铁产业的发展与国家的基础建设以及工业发展的速度关联性很强。同时，钢铁产业是重要基础原材料产业，处于工业产业链的中间位置，产业关联度高，投资拉动作用大，吸纳就业能力强，为辽宁省经济社会发展做出了重要贡献。近年来，随着钢材市场需求回落，钢铁企业生产经营困难加剧、亏损面和亏损额不断扩大。钢铁行业快速发展过程中积累的矛盾和问题逐渐暴露，其中产能过剩问题尤为突出。

一　辽宁省钢铁行业基本情况

辽宁省钢铁行业主要分布在鞍山、本溪、营口、抚顺、朝阳等地。目前，辽宁省已形成以鞍钢、本钢和五矿营口中板为依托的精品板材基地，以东北特钢为依托的优质特殊钢和装备制造业用钢基地，以凌钢、抚顺新钢铁为依托的新型建筑钢基地，提高高附加值钢铁产品产量，其在行业中所占比重。

（一）辽宁省钢铁行业规模情况

辽宁省钢铁行业近年来整体呈扩大趋势，企业单位数从 2008 年的 566 家上升到 2014 年的 805 家；资产总额从 2008 年的 3189.54 亿元上升到 2014 年的 5872.05 亿元；从业人员也从 2008 年的 28.12 万人上升到 2014 年的 39.29 万人；利润总额从 2008 年的 136.09 亿元跌至 2012 年的 35.84

亿元，后又上升到 2014 年的 116.50 亿元；资产负债率也从 2008 年的 56% 上升到 2014 年的 63%（见表 7-3）。从总体来看，辽宁省钢铁行业虽然规模有所扩张，但是资产负债率逐步提高，运营成本上升，吸纳了更多的从业人员，利润水平有所下降。

表 7-3 2008~2014 年辽宁省钢铁行业规模情况

年份	企业单位数（个）	资产总计（亿元）	负债合计（亿元）	主营业务收入（亿元）	主营业务成本（亿元）	利润总额（亿元）	从业人员年平均人数（万人）
2008	566	3189.54	1799.13	3199.19	2780.42	136.09	28.12
2009	616	4310.57	2517.26	3664.71	3265.55	137.39	34.41
2010	608	4924.88	3016.67	4506.83	3941.23	191.33	33.35
2012	947	5436.99	3397.79	5276.20	4718.56	35.84	42.77
2013	889	5818.17	3642.22	5305.78	4729.64	186.79	40.43
2014	805	5872.05	3703.48	5071.69	4549.86	116.50	39.29

注：1. 本文所指的钢铁行业对应的是黑色金属冶炼及压延加工业，下同。
　　2. 2011 年相关数据有待考证，未采用。
数据来源：历年《辽宁省统计年鉴》。

从辽宁省钢铁行业和全国其他省份的对比来看，辽宁 2014 年末有钢铁企业 864 家，占全国的 8.18%，仅次于江苏和浙江，居全国第 3 位；资产总计 5902.92 亿元[①]，仅次于河北和江苏，也居全国第 3 位（见表 7-4）。

表 7-4 2014 年全国钢铁行业主要区域规模对比

省份	企业个数（家）	企业占比（%）	资产总计（亿元）	平均资产（亿元）
全国	10564	100	64873.71	6.14
江苏省	1494	14.14	6912.26	4.63
浙江省	984	9.31	1991.00	2.02
辽宁省	864	8.18	5902.92	6.83
河北省	752	7.12	10719.36	14.25
山东省	747	7.07	4637.61	6.21

---

① 此数据为《钢铁行业风险分析报告（2015）》（北京世经未来投资有限公司）数据，与上节数据（《辽宁省统计年鉴》）略有出入，但不影响笔者对问题的理解与判断。下节同。

续表

省份	企业个数（家）	企业占比（%）	资产总计（亿元）	平均资产（亿元）
河南省	618	5.85	2360.84	3.82
湖南省	539	5.10	1175.28	2.18
广东省	514	4.87	1468.96	2.86
四川省	442	4.18	2511.34	5.68
安徽省	428	4.05	1665.05	3.89
天津市	391	3.70	4276.51	10.94

资料来源：北京世经未来投资咨询有限公司《钢铁行业风险分析报告（2015）》。

从 2014 年全国钢铁行业主要区域效益对比情况来看，辽宁省钢铁行业销售收入 5245.05 亿元，位于河北、江苏和山东之后，居第 4 位；利润总额 117.53 亿元，位于江苏、河北、河南、山东和天津市之后，居第 6 位；亏损企业亏损总额 46.54 亿元，在钢铁行业主要区域之中仅次于四川省，居第 2 位（见表 7-5）。

表 7-5　2014 年全国钢铁行业主要区域效益对比情况

单位：亿元

省份	销售收入	利润总额	亏损企业亏损总额
全国	75028.45	1647.15	556.95
河北省	11194.02	209.84	33.46
江苏省	10783.24	390.31	23.99
山东省	6001.88	176.02	31.52
辽宁省	5245.05	117.53	46.54
天津市	5070.52	135.46	12.52
河南省	3730.63	186.38	5.57
山西省	2892.54	-7.24	42.33
湖北省	2691.51	25.81	9.63
四川省	2630.69	-15.93	62.69
浙江省	2552.06	78.26	10.16
广东省	2480.34	63.38	28.66

资料来源：北京世经未来投资咨询有限公司《钢铁行业风险分析报告（2015）》。

（二）辽宁省钢铁行业主要产品产量情况

辽宁省钢铁行业主要产品生铁、钢和成品钢材产量都呈现逐年上升的态势。2003 年，生铁产量 2061.0 万吨，钢产量 2169.0 万吨，成品钢材产量 2334.0 万吨；到了 2014 年辽宁省生铁、钢和成品钢材的产量分别达到 6307.5 万吨、6507.8 万吨和 6962.2 万吨（见图 7 - 1）。

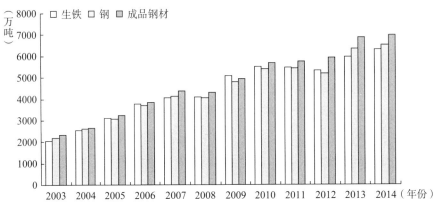

图 7 - 1　2003 ~ 2014 年辽宁省钢铁行业主要产品产量变化情况

辽宁省钢铁行业主要产品占全国的比例呈现逐步下降的趋势。2003 年，辽宁省生铁、粗钢和钢材产品的产量占全国产量的比例分别是 9.65%、9.76% 和 9.68%；到了 2014 年，这三种产品占全国产量的比例分别下降至 8.84%、7.91% 和 6.19%（见图 7 - 2）。其中，钢材产品所占比例下降最多，这说明辽宁省钢铁行业产品深加工程度有所下降。

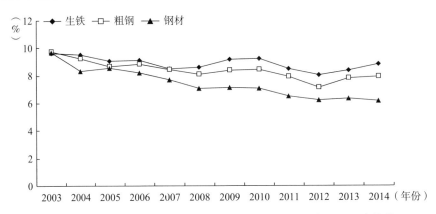

图 7 - 2　2003 ~ 2014 年辽宁省钢铁行业主要产品产量占全国比重变化情况

（三）辽宁省钢铁行业固定资产投资情况

2005 年，辽宁省钢铁行业固定资产投资额为 308.19 亿元，2008 年达到最高值 563.56 亿元后，后逐步下降至 2014 年的 353.08 亿元，占整个辽宁省制造业的比例呈下降趋势，从 2005 年的 19.40% 下降至 2014 年的 3.98%（见图 7 - 3）。这说明辽宁省钢铁行业已经不再占据辽宁省制造业的绝对主导地位。

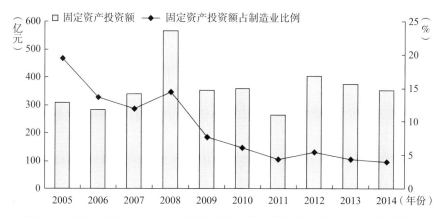

图 7 - 3　2005 ~ 2014 年辽宁省钢铁行业固定资产投资及占制造业比例变化情况

二　2015 年全国钢铁行业产能过剩情况

据相关机构统计，2011 年中国新上高炉 63 座，2012 年新增高炉 34 座，两年的新增产能就超过了 1 亿吨，2013 年继续新增高炉 31 座，新增产能 3800 万吨。2014 年，仍有多座高炉投产，产能净增 2000 万吨，全国钢材产量达到 11.26 亿吨左右。与此同时需求增速较为有限，钢铁产能过剩状况仍然较为严重。

（一）粗钢产量和市场需求均明显下降

数据显示，2015 年，全国生产生铁 6.91 亿吨，同比下降 3.45%；生产粗钢 8.04 亿吨，同比下降 2.33%；生产钢材（含重复材）11.23 亿吨，同比增长 0.56%；平均日产粗钢 220.23 万吨。钢协会员企业生产生铁 6.25 亿吨，同比下降 1.31%；生产粗钢 6.34 亿吨，同比下降 1.92%；生产钢材 6.09 亿吨，同比下降 1.71%。与此同时，经济增长对于钢材消费的带动作用逐步减弱，房地产开发投资增长乏力，传统用钢行业工业增加值增速明显回落。2015 年，我国粗钢表观消费量同比下降 5.44%，钢材供大于求的矛盾十分突出。如果再考虑社会库存和企业库存变化，粗钢实际消费量降幅更大。

（二）钢材价格持续下跌

2015 年 12 月末，中国钢材价格指数（CSPI）为 56.37 点，同比下降 26.72 点，降幅为 32.16%。从全年看，各月指数均低于 2014 年同期。统计显示，2015 年 CSPI 月平均值为 66.43 点，比 2014 年下降 24.89 点，降幅为 27.26%。2015 年，长材价格下跌超过 800 元/吨，板带材及管材价格下跌超过 1000 元/吨。钢协认为，钢材价格的持续下跌是导致企业生产经营困难的直接原因。

（三）钢材出口增长和贸易摩擦增多

中国钢铁产量占到全球的一半，中国正面临越来越大的国际压力，要求化解钢铁供应过剩问题。因为随着中国钢铁向国际市场的大量溢出，陷入困境的海外钢铁生产商面临关停的风险。2015 年，我国出口钢材 11240 万吨，同比增长 19.9%；进口钢材 1278 万吨，同比下降 11.4%。全年净出口钢材折合粗钢 10338 万吨。钢协表示，需要注意的是国际贸易保护主义抬头，以及针对我国钢铁产品的反倾销、反补贴案件增多。2015 年，这类事件发生了 37 起（是前两年案件数量的总和）。随着出口环境不断变化，出口难度也不断增大。

（四）钢材社会库存持续下降，企业库存仍处高位

数据显示，2015 年 12 月，我国 22 个城市 5 大品种钢材社会库存为 792 万吨，略低于 2014 年同期水平，并且低于前 4 年社会库存水平。与社会库存不同，企业库存高于前 4 年同期水平。钢协统计显示，2015 年 12 月底，钢铁会员企业库存为 1418 万吨，同比增加约 129 万吨。

（五）经济效益大幅下降

2015 年，钢协会员企业实现销售收入 2.89 万亿元，同比下降 19.05%；实现税金 632.31 亿元，同比下降 22%；实现利润总额为亏损 645.34 亿元（2014 年为盈利 225.89 亿元），亏损面为 50.5%，亏损企业产量占钢协会员企业钢产量的 46.91%。

由中国产业信息网发布的钢铁行业大中型企业利润率及产能利用率变

化情况可以看出，2008 年以来，钢铁行业大中型企业的产能利用率和利润
率都呈现明显下降趋势，产能利用率已下降至 70% 以下，利润率已呈亏损
状态（见图 7 - 4）。

图 7 - 4　2008 ~ 2015 年钢铁行业大中型企业利润率及产能
利用率变化情况

资料来源：中国产业信息网。

三　辽宁省钢铁行业去产能的难点分析

为贯彻落实党中央、国务院关于推进结构性改革、抓好去产能任务的
决策部署，进一步化解钢铁行业过剩产能、推动钢铁企业实现脱困发展，
国务院发布《关于钢铁行业化解过剩产能实现脱困发展的意见》（国发
〔2016〕6 号），明确提出要严禁新增产能，化解过剩产能。在近年来淘汰
落后钢铁产能的基础上，从 2016 年开始，用 5 年时间再压减粗钢产能 1
亿 ~ 1.5 亿吨，行业兼并重组取得实质性进展，产业结构得到优化，资源
利用效率明显提高，产能利用率趋于合理，产品质量和高端产品供给能力
显著提升，企业经济效益好转，市场预期明显向好。辽宁作为钢铁行业大
省，去产能已经成为经济闯关中一个绕不开的关口。辽宁钢铁行业的产能
过剩是经济周期因素与经济体制原因等多种因素的叠加结果，具有地方特
色，去产能任重道远。

（一）钢铁行业专业性强，退出困难

钢铁产业的设备专用性强，固定成本高，其资产专用性较强。对于钢
铁产业来说，有相当数量的投资一旦进入该产业就成为沉没成本，完全停
止生产也无法消除。当企业退出时，企业所持有的生产设备等专用性资

产，无法在二手市场上出售或出售价格远低于其成本，难以回收而只能作废处理。另外，用于研究开发、广告、员工教育培训等无形资产的支出中，由于专业性太强而难以回收。企业从原有行业退出以及进入新的行业需要较为完善的产权、资本、劳动力等生产要素市场，目前要素市场很不发达，这加大了企业退出的机会成本。因而继续留在钢铁行业尽管利润率可能很低，尽管会出现过度竞争，但仍然是一些企业的理性选择。

（二）地方保护主义影响钢铁企业的退出和兼并

我国实行的财政分权体制和政府官员考核机制，使得企业一旦退出，则意味着地方政府财政收入的减少和地方经济的衰退。因此，地方政府出于保护本地经济发展的考虑，会倾向于对这些企业施以信贷、财政、税收等多方面的扶持，使面临退出的企业得以继续生存。凌钢股份于2015年12月25日一次性获得政府补贴7.92亿元，用来弥补企业亏损。而且，钢铁企业已成为许多地方的主要财政来源，地方政府既不想本地钢铁企业被其他地区吃掉，也不愿意被外地企业兼并。

（三）系统性金融风险可能性加大

由于前几年的大规模投资，许多地区钢铁行业的产能仍然处于增长过程中。由于面临经济周期下行和结构调整的双重压力，经营环境更趋艰难，行业整体信用风险不断攀升。经济增长本身正处在下行通道，必然导致商业银行不良贷款余额和不良贷款率两大指标上升，而化解产能过剩工作的开展，也将带来不良贷款不断增加，这两点将对银行业未来几年的资产风险构成致命的杀伤力。如果不提前化解过剩产能，今后几年产能过剩矛盾可能会进一步加剧。如果单纯阻止信贷资金流向产能过剩行业，那么资金链的断裂很可能导致产能过剩行业的信贷风险大面积爆发。

企业职工生产生活受到影响，易引发社会矛盾和突发事件。辽宁省近几年来经济发展一直不景气，就业形势十分严峻，再加上社会保障制度不完善，计划经济体制下残留的社保机制弊端在短时间还不能完全解决。企业的退出意味着剥夺了企业职工的饭碗，这些职工将面临巨大的生存压力，生产生活都会受到影响。另外，钢铁企业的职工往往是家族式的，一家两代几口人都在一个企业工作，他们对企业不论从经济上还是心理上都很难割舍，这部分群体的失业极易引发社会矛盾和突发事件，迫使地方政府不敢关闭那些效益不佳但尚能维持的企业。

四　辽宁省钢铁行业去产能的对策建议

产能过剩的矛盾蕴含了较大的社会风险，不能完全依靠市场自行化解。短期内需要通过严禁新增产能、淘汰落后产能、有序退出过剩产能等多种措施相结合的方法促进供需平衡；但长期看，必须要进一步深化改革，建立有利于防范和化解产能过剩的长效机制，化解产能过剩将成为辽宁省"十三五"乃至更长时期内的重点任务之一。

（一）短期内依法依规清理整顿一批不合格企业和项目

在严禁新增产能的同时，严格执行环保、能耗、质量、安全、技术等法律法规和产业政策，达不到标准要求的落后钢铁产能要依法依规退出。钢铁产能退出须拆除相应冶炼设备，具备拆除条件的应立即拆除；暂不具备拆除条件的设备，应立即断水、断电，拆除动力装置，封存冶炼设备，企业须向社会公开承诺不再恢复生产，同时在省级人民政府或省级主管部门网站公示，接受社会监督，并限时拆除。

1. 环保方面

严格执行环境保护法，对污染物排放达不到《钢铁工业水污染物排放标准》《钢铁烧结、球团工业大气污染物排放标准》《炼铁工业大气污染物排放标准》《炼钢工业大气污染物排放标准》《轧钢工业大气污染物排放标准》等要求的钢铁产能，实施按日连续处罚；情节严重的，报经有批准权的人民政府批准，责令其停业、关闭。

2. 能耗方面

严格执行《中华人民共和国节约能源法》，对达不到《粗钢生产主要工序单位产品能源消耗限额》等强制性标准要求的钢铁产能，应在 6 个月内进行整改，确需延长整改期限的可提出不超过 3 个月的延期申请，逾期未整改或未达到整改要求的，依法关停退出。

3. 质量方面

严格执行《中华人民共和国产品质量法》，对钢材产品质量达不到强制性标准要求的，依法查处并责令停产整改，在 6 个月内未整改或未达到整改要求的，依法关停退出。

4. 安全方面

严格执行《中华人民共和国安全生产法》，对未达到企业安全生产标准化三级、安全条件达不到《炼铁安全规程》《炼钢安全规程》《工业企业煤气安全规程》等标准要求的钢铁产能，要立即停产整改，在 6 个月内未整改或整改后仍不合格的，依法关停退出。

5. 技术方面

按照 2011 年《产业结构调整指导目录（修正）》的有关规定，立即关停并拆除 400 立方米及以下炼铁高炉、30 吨及以下炼钢转炉、30 吨及以下炼钢电炉等落后生产设备。对生产地条钢的企业，要立即关停，拆除设备，并依法处罚。

（二）政府出台相关政策，支持钢铁行业过剩产能有序退出

1. 设立钢铁行业去产能专项奖补资金

为避免产能退出引发社会动荡，应建立产能退出补偿机制，用于退出企业失业人员的职工赔偿、职业培训、创业指导、创业培训，扶持下岗失业人员以创业带动就业。引导地方综合运用兼并重组、债务重组和破产清算等方式，加快处置"僵尸企业"。结合地方任务完成进度，使用专项奖补资金。

2. 落实有保有控的金融政策

对化解过剩产能、实施兼并重组以及有前景、有效益的钢铁企业，按照风险可控、商业可持续原则加大信贷支持力度，支持各类社会资本参与钢铁企业并购重组；对违规新增钢铁产能的企业停止贷款。支持社会资本参与企业并购重组。严厉打击企业逃废银行债务行为，依法保护债权人合法权益。

3. 完善去产能税收优惠政策

在税收政策方面，落实好企业兼并重组涉及的非货币性资产交易的企业所得税、增值税、土地增值税、营业税、印花税、契税等税收政策。落实建筑安装、金融等行业营改增政策，扩大增值税抵扣范围，降低钢铁行业税收负担，提高市场竞争力和效益。统筹研究钢铁企业利用余压余热发电适用资源综合利用企业所得税优惠政策问题。

4. 建立信息发布制度

产能过剩有时候表现出市场信号失灵，企业很难准确预测市场需求，

导致生产行为具有一定的盲目性。因而，相关部门或行业协会有必要建立完备的信息系统，让企业方便查询，由于逐利的本性，企业会自发地选择更好的资金流向。对行业产能、产能利用率、政策导向、本产业目前的生产状况、社会对产品的需求等信息适时发布，引导各方落实国家产业政策，引导企业向技术创新和产品创新方面努力。

（三）把保障民生作为化解产能过剩的重要前提，做好职工安置工作

1. 依法支付经济补偿

对于需要解除劳动关系的钢铁行业职工，依法支付经济补偿，偿还拖欠的职工在岗期间工资和补缴社会保险费用，并做好社会保险关系转移接续等工作。企业主体消亡时，依法与职工终止劳动合同，对于距离法定退休年龄 5 年以内的职工，可以由职工自愿选择领取经济补偿金，或由单位一次性为其缴纳至法定退休年龄的社会保险费和基本生活费。对符合条件的职工可以实行内部退养，职工在达到法定退休年龄前，不得领取基本养老金。

2. 鼓励职工积极参与创新创业

各地区钢铁企业工会积极鼓励企业员工开展岗位创新、创业、创效行动。特别是为减轻企业负担，鼓励放假待岗员工开展自主创业行动。积极搭建创业平台，从提供创业服务入手，在做好经济帮扶、精神慰问等帮扶工作的同时，通过搭建创收工作站、提供就业培训服务，积极为员工自主创新创业增技添能创造条件。

3. 重视开展多种形式培训

鼓励钢铁企业开展职工技能培训、岗位技能提升培训。企业发生的教育经费支出按比例准予税前扣除，实施企业高技能人才培养扶持政策，大力开展技师、高级技师培训，并给予一定补贴。要加大就业援助力度，通过开发公益性岗位等多种方式予以帮扶，通过培训帮助其寻找、适应新的就业岗位。公共资源特别是财政要有一部分资金用于支持转岗和新技能的再就业培训。就再就业培训大方向来讲，服务业未来会有越来越多的就业机会。

4. 成立突发事件领导小组

积极做好应急预案和突发事件控制。建议成立钢铁行业去产能突发事件领导小组。领导小组定期召开联席会议，对化解产能过剩进展、相关企

业发展动态及企业职工就业和心理状态等情况进行研判。各市都要设立领导小组，定期对辽宁省钢铁行业进行风险排查和评估，及时上报，谨防出现不可预知的下岗潮和破产关闭潮，引发社会矛盾和政治风险。建议从省本级财政划拨一部分资金用于解决可能发生的意外突发事件。对产能过剩严重且员工较多的大型国企给予重点关注，帮助企业制定职工转岗分流细则，充分发挥企业工会作用，坚持正确的舆论导向，要主动接近职工，了解并疏导职工的思想情绪，引导职工提升担当意识和责任意识。

（四）创新企业竞争发展模式，形成新供给

1. 用技术创新引领产业向价值链高端攀升

钢铁企业普遍存在管理理念落后，产品同质化严重，竞争激烈的现象。今天的高附加值产品，明天可能就会变成低端产品。企业要想生存，必须通过技术创新，不断提升核心竞争力。关键领域技术进步能够推动产业向价值链高端攀升，提高产业核心竞争力，为扩大市场份额和实现可持续发展提供坚实的物质基础。钢铁企业应树立市场竞争意识，发挥自身优势，推动差异化发展，提高生产装备和产品技术含量，加强管理、构建渠道、培育品牌，改变原材料工业处于产业链和价值链低端状态，加快产业转型升级，逐步实现高附加值化和高经济效益化的发展。力求通过创新在生产成本与产品差异化上建立领先优势，从而带动相关过剩产能的消化。

2. 引导钢铁行业与"互联网+"融合发展

引导钢铁制造业与"互联网+"融合发展，实施钢铁企业智能制造示范工程，制定钢铁生产全流程"两化融合"解决方案。提升企业研发、生产和服务的智能化水平，建设一批智能制造示范工厂。推广以互联网订单为基础，满足客户多品种小批量的个性化、柔性化产品定制新模式。加强钢铁行业生产加工与下游用钢行业需求对接，引导钢铁企业按照"先期研发介入、后续跟踪改进"的模式，重点推进高速铁路、核电、汽车、船舶与海洋工程等领域重大技术装备所需高端钢材品种的研发和推广应用。

3. 积极发展生产性服务业

以服务钢铁主业为切入点，辽宁钢铁企业应积极构建起一整套与主业系统配套、功能完善、专业化的生产性服务业，实现由内生型向市场型的转变，其中包括商贸物流业、工程技术服务业等。生产性服务业不仅能给企业自身带来方便，其产品销售、产品设计、研究开发等具有较高价值的

高端环节还可以实现提高经济效益，有利于产业结构的调整。

（五）继续全面深化改革，破解钢铁行业去产能难题

1. 推动供给侧结构性改革

多年来钢铁行业同质化扩张、结构失衡和落后产能等问题日趋严重，应加快供给侧结构性改革，改革重心从控制产能总量转向优化产能结构与效率，改革要解决的根本问题是积极稳妥推进企业优胜劣汰，让市场选择出真正成功者、淘汰失败者。从现实情况来看，产业发展政策密集的行业通常是产能过剩相对严重的行业。供给侧改革意味着产业政策将逐步让位于竞争政策、专项性补贴让位于普惠性补贴，让公平竞争的市场机制来筛选优胜者，避免特定补贴带来企业行为的扭曲。利用市场机制、引导产能退出是供给结构优化的重要举措。传统方式甚至在一些情况下为提升整体效率用公共财政帮助竞争失败者，这是一种反效率、反竞争的方式。市场化兼并重组和破产清算，能够有效识别哪些是过剩产能、哪些是落后产能以及谁是竞争失利者，为低效率产能退出市场、优化产能供给结构提供重要渠道。

2. 健全完善生产要素市场

土地、资本和劳动力是生产活动所需要的三种基本要素，辽宁产能过剩与老工业基地振兴的要素驱动、投资拉动行为关系密切，地方政府的产业政策起到了推波助澜的作用。为从根本上消除政府干预市场主体经济活动，应逐步取消政府干预资源配置的工具，完善土地价格的形成机制，以市场化手段调节土地供求及其价格，同时要完善金融信贷市场，以市场手段决定信贷资源的配置，使信贷资源流向高效率的生产企业，提高资金的使用效率。弱化国有商业银行作为国有企业预算软约束支持主体的角色，通过市场手段提高企业投资中自有资金的比例，解决企业投资行为中的风险外部化问题。

3. 扶持民营企业做大做强

辽宁省国企强、民企弱是导致产能过剩的根本，做大做强民营企业是钢铁行业去产能的有力措施。要重点培育一批行业领头的民营大中型企业和具有高成长性的民营科技企业，要提高民营企业家的社会地位，保护民营企业家的合法权益，鼓励民营企业技术创新，营造民营企业健康成长的良好舆论环境。

第三部分

发展路径篇

第八章

资源型地区新兴产业发展的路径选择

本章论述的资源型地区新兴产业发展的路径选择问题包括资源型地区新兴产业的发展路径，不同路径的发展优势和劣势以及不同路径下新兴产业发展的项目选择。

第一节　资源型地区新兴产业的发展路径

新兴产业的培育和发展是一个长期的动态调整过程，由于自身条件不同，自身因素不断变化和外部环境的各种影响，资源型地区需要选择适合于自身特点的新兴产业发展路径。通过对国内外资源型地区转型模式的考察，本文将不同转型模式下资源型地区各类新兴产业的发展脉络重新厘清甄别，归类分析资源型地区新兴产业的发展路径。

一　对资源型地区转型模式的考察

综观资源型地区转型模式的论述，资源型地区转型模式大致可归为以下几类。

（一）加工型产业多元化模式

这种转型模式的前提条件是该地区拥有先进的资源深加工技术，地区产业结构多元化格局已具雏形，因此转型发展基本不需要依赖原有资源，已经呈现加工型产业结构。这种模式要求资源型地区建立以资源深加工为主导的产业群，且在此主导产业群的技术外溢和牵动效应之下，资源深加工产业群与其他产业群之间能够实现相互服务和彼此促进。在原有资源深加工技术的扩散效应下，随着主导资源的枯竭，资源型地区逐渐降低了对主导资源的依赖程度，推动了与本地资源不相关的其他产业包括新兴产业的发展，逐步实现了地区产业的综合转型。[①] 遵循这类转型模式的典型案例是德国的鲁尔地区和吉林省白山市。

1. 德国鲁尔地区的转型经验

20 世纪 60 年代，鲁尔区的传统工业开始走向衰退，但是基于长期经济发展所形成的以煤钢为中心的工业体系，以及能源安全的考虑，鲁尔区在用高新技术改造传统产业特别是资源深加工环节的同时，大力发展信息、环保、生物等高科技产业，增强区域竞争力。现今鲁尔地区仍然是欧洲最大的钢铁生产基地。[②]

2. 吉林省白山市的转型经验

白山市迫于煤炭勘探技术约束和林业的政策性衰退，开启了转型调整之路。白山市在对矿产品和林产品进行多元开发和利用基础之上，积极发展非资源型产业，将绿色食品、医药、旅游业培育为新的支柱产业，逐步摆脱了对传统资源采掘业和初级加工环节的过度依赖，呈现资源深加工基础上的多元化产业格局。

（二）资源型主导产业延伸模式

这种转型模式的前提条件是该地区在资源储量和开采成本方面具有一定的优势，但产品附加值较低，需要在本地主导资源开发的基础上，积极拓展下游产业，建立资源深度加工和利用的纵向关联。[③] 遵循这类转型模式的典型案例是美国的休斯敦地区和辽宁省盘锦市。

1. 美国休斯敦地区的转型经验

休斯敦地区的转型基于路径依赖和完善市场机制下的偶然因素两个方面。在路径依赖作用下，通过拓展石油产业链，发展石化工业，带动机械设备制造、钢铁、水泥、电力、交通运输等相关产业发展，同时在加速石油科技开发的基础上向第三世界出口石油技术；在市场机制作用下，企业家个人梦想得克萨斯医疗中心和美国国家航空航天局航天中心（NASA）

---

① 袁占亭：《资源型城市接续产业发展研究》，中国社会科学出版社，2010，第 81 页。
② 李洁：《资源型地区转型的国际比较——基于比较历史制度分析的视角》，经济科学出版社，2015，第 103～104 页。
③ 袁占亭：《资源型城市接续产业发展研究》，中国社会科学出版社，2010，第 82 页。

这两个机构的建立，带动了休斯敦地区高新产业的蓬勃发展，形成了产业结构的多元化格局。①

2. 辽宁省盘锦市的转型经验

由于地区经济发展对油气资源开采业的过度依赖，油气采掘业一枝独秀的局面使盘锦市的产业结构过于单一，因而盘锦的经济社会发展受油气资源减少的影响较为严重。但盘锦市在转型过程中并没有放弃油气开发，而是以此为基础分别向上下游产业拓展，如上游的石油装备制造业和下游的石化、新型材料等，同时积极培育和发展契合当地比较优势的其他新兴产业，如中小型船舶制造、绿色有机食品、现代服务业。②

（三）外生型主导产业更新模式

这种转型模式是从外部直接植入主导产业，无须依赖地区的原有资源，主要适用于开采成本较高或资源已经枯竭的单一性资源型地区。③遵循这类转型模式的典型案例是日本的九州地区和辽宁省阜新市。

1. 日本九州地区的转型经验

在进口煤炭竞争激烈、环保和安全法规严格及替代产品大量使用的背景之下，日本政府在逐步缩减煤炭采掘业的同时，一方面通过煤炭工业已经形成的技术优势向国内外开拓市场，另一方面基于九州自然条件、运输条件、人力资源、经济政策等比较优势，坚定地从地区外部植入与传统资源型产业毫无关联的高新技术产业。④

2. 辽宁省阜新市的转型经验

阜新市在煤炭资源已经枯竭的情况下，一方面依托传统优势积极构建多元化的能源产业体系；另一方面依托比较优势，将农产品加工业作为重要接替产业加以扶持，同时重点培育壮大装备制造配套、新型建材、精细化工、新型电子、玛瑙加工和北派服饰六个优势特色产业，加速产业集聚。⑤

资源型地区转型既涉及衰退产业的调整又关乎接替产业的培育，对其

---

① 李洁：《资源型地区转型的国际比较——基于比较历史制度分析的视角》，经济科学出版社，2015，第105页。
② 袁占亭：《资源型城市接续产业发展研究》，中国社会科学出版社，2010，第83页。
③ 袁占亭：《资源型城市接续产业发展研究》，中国社会科学出版社，2010，第82页。
④ 李洁：《资源型地区转型的国际比较——基于比较历史制度分析的视角》，经济科学出版社，2015，第105页。
⑤ 袁占亭：《资源型城市接续产业发展研究》，中国社会科学出版社，2010，第82页。

研究的目的是尽可能为区域整体的产业结构升级扫清可预见的障碍，从全局视角出发重点关注对区域主导产业的选择。而研究资源型地区新兴产业的发展路径，目的是根据资源型地区要素禀赋结构所形成的比较优势，为各类新兴产业找寻适宜的培植土壤，形成多元化产业结构以契合资源型地区可持续发展的需要。从上述对资源型地区转型模式的分析中可以看出，新兴产业的培植与资源型地区的比较优势息息相关，而传统资源型产业的发展特征在资源型地区的比较优势中占据非常重要的地位。因此，资源型地区新兴产业的发展路径宜从其与传统资源型产业的关联性角度进行归类分析。

二　资源型地区新兴产业发展路径的归类分析

通过对资源型地区转型模式的考察，依据新兴产业与资源型产业的关联程度，本报告将资源型地区新兴产业的发展路径大致归为两大类，一是在提升传统资源型产业中萌发，二是以外来者的角色被直接植入，即内发型发展路径和外生型发展路径。

（一）在提升传统资源型产业中萌发

这类内发型的发展路径在于决策部门对资源型产业持续发展的坚持，尤其是注重用高新技术改造传统资源型产业，于是新兴产业借势而起。遵循这类发展路径的典型案例是德国鲁尔地区的信息技术产业，美国休斯敦地区的高端装备制造业、纳米技术和信息技术产业，吉林省白山市的新材料产业和参药产业，以及辽宁省盘锦市的石油装备制造业和石化新材料产业。

1. 德国鲁尔地区的信息技术产业

该地区特别重视利用信息技术改造传统产业，并通过建立公共信息服务平台，率先激发中小企业创新活力，缩短科研成果生产力转化进程，有效提高产品性能，将产品种类锁定在质优价高范畴，大幅提升区域产业结构的层次。信息技术在鲁尔区传统企业的工艺流程、产品配方、过程控制、信息采集、运行管理、物流配送和市场销售等多方面应用后，企业产品性能显著提高，许多传统企业再次焕发生机，在全球市场上形成了新的竞争力。[①] 借此契机，鲁尔区及周边地区的信息技术产业迅猛发展。2002

---

① 李洁：《资源型地区转型的国际比较——基于比较历史制度分析的视角》，经济科学出版社，2015，第85页。

年，鲁尔区所在的北威州从事数据处理、软件和信息服务的企业就超过 11 万家，电信公司 380 多家，其中绝大多数位于鲁尔区内。[①] 到 2004 年，以鲁尔为主的北威州电子商务总营业额达到 870 亿欧元。[②]

2. 美国休斯敦地区的高端装备制造、纳米技术和信息技术产业

休斯敦基于其独特的区位优势，始终未放弃石油产业在该地区的重要地位，并千方百计提高石油开采和加工技术以维持其石油技术出口的垄断优势。特别是高端装备制造、纳米技术和信息技术在石油产业各环节的应用和渗透，使休斯敦的传统石油行业降低了生产成本，提高了勘探的准确率，从而增强了抗风险能力，借助技术优势成功地将资源比较优势转化为真正的竞争优势。目前，六大世界超级石油企业中有五家（康菲、艾克森美孚、壳牌、BP、雪佛龙）在休斯敦设立生产或研发基地。休斯敦市集中了美国各大能源公司的研发机构，在石油地质勘探 3D/4D 地震图、光纤和数字化油田、深水浮式海洋平台和化工科研等领域均居世界领先水平。世界海洋技术大会（OTC）是海洋石油产业界最负盛名的国际会议，自 1969年起每年 5 月在休斯敦举行。

3. 吉林省白山市的新材料产业和参药产业

吉林省白山市基于资源衰减或政策性衰退的考虑，不断拓展资源深加工领域的新兴产业成长空间，全力打造以硅、镁、钴为主的矿产新材料产业，积极培育以生物制药、现代中医药和健康、美容系列产品为主的参药产业，以硅藻土系列开发为主的硅藻土产业，以金属矿山尾矿、煤矸石、粉煤灰综合利用为主的新型建材产业。

4. 辽宁省盘锦市的石油装备制造业和石化新材料产业

目前，盘锦地下仍蕴藏着可观的油气资源，通过采用高新技术，提高油气采收率，可以使油气采掘业保持一定的支撑作用。在油气采掘业中，大力支持天意公司自主研发和生产钻井顶部驱动装置，在主电机、回转头等关键技术上取得重要突破，获得 5 项国家专利。在石化产业中，大力发展附加值高的聚酯、丁基橡胶、丙烯腈、超高分子量聚乙烯纤维等乙烯下

---

① 戎昌海：《德国鲁尔区迈步新经济》，《国际金融报》2002 年第 8 期。

② 吕涛：《从德国鲁尔区变革谈我国老矿区的再生》，《煤炭企业管理》2002 年第 2 期，第 30～31 页。

游精深加工产品等。[①]

（二）以外来者的角色被直接植入

这类外生型的发展路径大多基于地区资源枯竭的现状或源于决策部门对最终摒弃发展资源采掘业的判断，新兴产业的发展不需依赖原有资源而从外部直接嵌入。遵循这类发展路径的典型案例是法国洛林地区的装备制造、电子和塑料加工行业，日本九州地区的集成电路等高新技术产业，以及辽宁省阜新市的新材料产业和电子信息产业。

1. 法国洛林地区的装备制造、电子和塑料加工行业

替代能源和材料的出现，使得欧洲对煤钢资源的总体需求减少；同时，煤炭资源接近枯竭和铁矿资源品位较低，导致洛林地区煤钢资源的开采和生产成本持续上升。在这样的背景之下，政府决策部门已经预见到传统煤钢产业的衰落，果断决定培育和发展与传统产业毫不相干的新兴产业。洛林的汽车工业从 1960 年的空白发展到 1996 年成为当地从业人数最多的行业，奔驰汽车公司驰名品牌 smart 汽车制造厂便设在该区。起步于 1969 年的电子元器件行业，在日本松下、东芝，韩国大宇，美国通用电气和荷兰飞利浦等世界知名企业集聚效应的带动下成为大量吸纳就业和有效促进消费品生产的重要行业。此外，面向汽车、建筑和包装市场的塑料—橡胶产业也是因为地区转型需要却又不依赖原有资源而发展起来的新兴产业。

2. 日本九州地区的集成电路等高新技术产业

20 世纪 60 年代，基于进口煤炭的竞争、严格的环保和安全法规及替代产品的大量使用，日本政府已经意识到煤炭工业的衰退趋势是无法逆转的，因此在资源型产业完全衰退之前就以立法形式主动引导衰退地区引进并发展成长型替代产业。借助九州丰富的劳动力资源、良好的自然环境及发达的航空运输设施，1965 年由三菱电机公司建造的第一座集成电路工厂，标志着集成电路作为全新的高科技替代产业正式植入九州。此后，日本电气、东芝、索尼、富士通、松下、美国仙童和得克萨斯仪器也接踵而至。集成电路产业的繁荣引发了高新技术产业的集聚效应，不仅使九州成为日本乃至世界的半导体生产基地和汽车生产基地，同时也带动了环保产

---

① 李光全：《西部资源型城市产业与组织双演变的动态分析》，兰州大学博士学位论文，2010。

业、新能源产业的规模化生产。

3. 辽宁省阜新市的新材料产业和电子信息产业

由于煤炭资源逐渐衰竭，阜新经过几次产业结构调整，最终确定了三次产业协调发力的格局。其中在新兴产业领域，引入了不依赖煤炭资源的新材料产业和电子信息产业。以钛产业为主的新材料产业，整合资源，优化布局，引进省内外先进的钛化工企业，发展四氯化钛、钛酸钡、钛酸锶和复合二氧化钛等精细化工产品，打造钛产业基地。在电子信息产业方面，重点发展中高档片式元器件、新型电力电子器件、超大容量和超级电容器、光电复合电缆、防爆通信等产品，加快推进新能源电池的产业化。[①]

第二节　资源型地区新兴产业发展的优势和劣势

前文是对资源型地区新兴产业发展路径的归类阐述，下文对不同路径下的新兴产业在资源型地区发展的优势和劣势做出具体分析。

一　内发型新兴产业在资源型地区发展的优势和劣势

（一）内发型新兴产业在资源型地区发展的优势

内发型新兴产业在资源型地区的发展是从对资源采掘、初加工和深加工等资源型产业链上各个环节的技术提升开始的。资源型地区原有的产业结构体系中资源型相关产业占据很大的比重，经过长期的发展积累，其所形成的空间集聚效应带来了专业化的分工协作、低运输和交易成本、完整的配套服务等产业发展优势，[②] 加上丰富的生产经验和大量熟练劳动力，新兴产业依托资源型产业发展，能够充分利用地区原有产业架构体系内的所有资源，起步阶段成本较低，且有利于传统资源型产业的改造升级以及生态环境的改善和保护。

（二）内发型新兴产业在资源型地区发展的劣势

内发型新兴产业在资源型地区的培育和发展必须依托原有资源型产

---

① 《辽宁省人民政府关于优化产业布局和结构调整的指导意见》，《辽宁省人民政府公报》
　　2016 年 1 月。

② 陈慧女：《中国资源枯竭型城市产业转型研究》，武汉大学博士学位论文，2010。

业，适合于处在资源产业的成长期和成熟期的资源型地区。但是，处于资源产业成长期和成熟期阶段的资源型地区，由于资源储量丰富，资源型产业的外延式改进和内涵式改进都面临被技术简单、利润丰厚的上游产业所排挤的风险，所以内发型新兴产业在资源型地区发展的速度和水平都将受到不同程度的制约。

二　外生型新兴产业在资源型地区发展的优势和劣势

（一）外生型新兴产业在资源型地区发展的优势

外生型新兴产业是以外来者的角色被直接植入资源型地区，这种发展路径通常以吸引外来投资的方式开始，即资源型地区通过承接国际产业转移来实现产业的嵌入性发展。外来投资的进入，使资源型地区获得直接参与全球生产网络分工的捷径，并通过技术外溢为资源型地区的技术进步创造了条件，有利于资源型地区产业结构的调整和升级。同时，在中央政府和资源型地区政府培育新兴产业的推动下，借助大量优惠政策与条件进入的外来资金，必定有利可图。此外，外生型新兴产业在资源型地区的培育和发展与原有的资源型产业关联度较低，适合于处在资源产业周期各阶段的资源型地区。

（二）外生型新兴产业在资源型地区发展的劣势

外生型新兴产业在资源型地区的培育和发展与原有的资源型产业关联度较低，在处于资源产业周期成长期和成熟期的资源型地区培育和发展，面临着与内发型新兴产业同样的被技术简单、利润丰厚的上游产业所排挤的风险，因此外生型新兴产业更适合在资源产业处于衰退期的资源型地区进行培育和发展。尽管如此，由于外生型新兴产业的外来者角色，在市场经济较为发达的国家尚且无法完全脱离政府的支持，在市场经济体制不甚完善的地区培育和发展对于政府推动的依赖程度更高，这对于政府的履职能力将是巨大的考验。

第三节　资源型地区新兴产业发展的项目选择

资源型地区产业形成和发展规律决定了资源型地区新兴产业培育和发

展的必然性；同理，依托资源型地区要素禀赋结构所形成的比较优势也决定了资源型地区新兴产业发展的项目选择。

一　资源型地区的比较优势分析

新兴产业是资源型地区转型发展的接替产业，是产业结构的变迁和优化。但是，无论基于内发型还是外生型发展路径，新兴产业的发展都要受限于资源型地区的要素禀赋结构，脱离要素禀赋结构的产业是不可能长期发展的。也就是说，新兴产业在资源型地区发展，在客观上存在一个由资源型地区要素禀赋结构所决定的能力范围。虽然这一能力范围的边界不是静止的，一成不变的，是随着资源型地区比较优势的动态演化而不断变化的，但在特定的时空条件下，还是能够基本勾勒出来的。如果没有能力边界作为先决条件，资源型地区新兴产业的项目选择就会成为无的放矢。

资源型地区的比较优势主要由其要素禀赋结构所决定，而要素禀赋结构是指物质资本、人力资本和自然资源等要素的相对丰裕程度。资源型地区某个特定时点的要素禀赋结构决定了要素的相对价格，也决定了哪种产业是资源型地区在这个特定时点最具竞争力的产业。[①]

（一）资源型地区的要素禀赋结构

资源型地区长期以资源开采业为主导产业，其物质资本也都是围绕资源开采业而配置的，多用于开采资源的机器、设备和厂房等，种类较为单一；人力资本也是以从事传统资源开采业的熟练劳动力与低素质劳动力居多，结构层次偏低。因此，资源型地区多以发展资源密集型和劳动密集型产业为主。随着资源型地区的转型发展，要素禀赋结构亦相应变化：物质资本种类有所拓展，用于资源开采和深加工的机器设备精度有所提升，非熟练劳动力与高素质劳动力比例也有所提高，开始逐渐出现资本密集型和技术密集型产业。

（二）资源型地区的技术进步

技术进步是提升资源型地区比较优势的核心动力。无论是基于自主创新还是基于模仿创新，作为高级生产要素的技术进步，既为实现利润最大

---

① 张鹏：《比较优势动态演化下的战略性新兴产业区域嵌入研究》，华南理工大学出版社，2016，第41页。

化的企业所热衷，也是促使资源型地区要素禀赋结构实现内生性转变的重要力量。因此，无论采取何种模式转型发展的资源型地区都与技术进步密不可分。

二　资源型地区新兴产业发展的项目选择

资源型地区发展新兴产业，最终目的是要使资源型地区形成新的竞争优势，并能持续保持这种优势，引领资源型地区良性发展。资源型地区新兴产业的竞争优势取决于在某一特定时点上，资源型地区新兴产业的发展是由符合该地区要素禀赋结构和技术进步所决定的比较优势，而这一比较优势的呈现与新兴产业项目选择的适宜性息息相关。

在资源型地区选择内发型或外生型新兴产业的过程中，传统产业的转换能力和转换需求存在差异，因此应区分新兴产业在资源型地区的不同发展路径来谋划新兴产业发展的项目选择。

（一）内发型新兴产业发展的项目选择

内发型新兴产业是基于对传统资源型产业的提升需求而发展起来的，新兴产业的产品更多的是在旧产品技术基础之上的适度升级，而不是完全另起炉灶。新产品与旧产品在技术上的相似程度决定了旧产品转换成新产品的成功概率。由于生产新旧产品的要素存在一定程度的可替代性，因此对于内发型新兴产业来说，其项目选择较为容易。与资源开采相关的先进装备制造业领域、与资源深加工相关的新材料领域和生物医药产业领域、与资源综合利用相关的节能环保产业领域等，都是内发型发展路径下可供选择的新兴产业项目。

（二）外生型新兴产业发展的项目选择

外生型新兴产业是以外来者的角色被直接植入资源型地区的，新产品与旧产品之间的转换属于非线性的产品转换。这种路径下新兴产业发展的项目选择，一方面要寻找与旧产品具有相似技术基础的新产品种类，另一方面要对资源型地区现有的可供调遣的转换资源加以全面评估，综合确定新旧产品的最优转换方式。

第九章

资源型地区发展战略性新兴产业的实践案例

第一节　阜新市液压产业发展壮大的情况调查

一　产业发展情况

阜新（国家）液压装备高新技术产业化基地（以下简称阜新液压产业基地）坐落在国家级阜新高新技术产业开发区内，规划占地29.8平方公里，2009年被国家科技部授予"十一五"国家科技计划执行优秀团队奖。该基地以液压装备制造为主导产业，重点发展液压泵与马达、空压机与气动元件、液压缸与阀铸造件、热处理、模具与密封件、整机制造与液压系统六个产品聚集区。截至2014年底，基地累计开工建设项目416个，总投资额为337.9亿元，实现地区生产总值59亿元，实现规模以上工业产值210.75亿元。

二　产业发展的优势与基础条件

（一）历史优势

阜新液压件厂始建于1960年，历史上曾居全国液压行业前三名。到20世纪80年代，阜新生产的叶片泵、汽车动力转向泵产品科技含量高，有20余种优质产品市场占有率达70%以上。

（二）科技成果优势

目前，阜新液压产业基地形成了相对完善的研发检测服务体系、创新创业服务体系和公共技术服务体系，科技创新氛围良好。阜新液压产业基地研发检测中心和阜新浙大液压装备技术创新中心已投入试运行，为辽宁乃至东北地区相关行业提供研发检测服务。企业研发经费占全市的 50% 以上；实施产学研合作项目 150 余项，占全市的 60% 以上；申报专利 573 项，占全市的 77%；拥有授权发明专利 66 项，占全市的 71%；有高新技术企业 15 户，占全市的 69%。科技创新成果显著。

（三）区位优势

随着公路、铁路交通网络设施基础建设加快，阜新区位优势迅速提升。2008 年 7 月，阜新成为沈阳经济区八城市的一员，借助沈阳经济区这个核心平台，通过发挥自身产业、技术、资源、劳动力等优势促进产业发展。

（四）良好的政策环境优势

2014 年《国务院关于近期支持东北振兴若干重大政策举措的意见》发布，为阜新液压产业基地创建接续替代产业示范园区和国家级产业发展示范园区创造了良好的政策环境。同时，阜新液压产业基地融入沈大自主创新示范区后将获得更大的发展平台。阜新市政府根据《关于加快阜新高新技术产业开发区发展的实施意见》，已经将所有的权限下放给阜新液压产业基地，为基地创新体制机制，优化服务环境提供了政策支持和保障。

三 企业和产品优势

（一）液压零部件

德尔公司生产的汽车转向泵已经达到年产 240 万台生产规模，在全国自主品牌和主机配套领域应用中，行业综合排名均居第一位；北星公司的高压齿轮泵已在工程车领域逐步替代进口，达到国内领先水平；九丰机械和中孚铸造公司引进的日本全自动精密铸铝、铸铁生产线，产品达到国际先进水平，并出口欧美地区，能够为基地内液压件生产企业提供精密壳体铸造的内配套。

（二）液压气动成套系统

伟光公司生产的油田用自卸式变频电驱动修井平台液压装置、导弹发射液压控制系统等居世界先进水平；金昊公司研发生产的单螺杆空压机产品，拥有 1 项发明专利，16 项实用新型专利，技术水平领先世界；北星公司生产的自卸车液压举升系统，将液压缸生产与自动控制技术相结合，达到国内先进水平。

（三）整机生产

永生公司与徐工集团的合作已全面开启，将对基地的整体发展产生巨大的牵动作用。前期永生公司与徐工机械合作生产的环卫车辆，产品遍布全国。永生公司与德国施密特公司合作的公路除雪设备项目已经投入生产；瀚石机械公司自主研发的 LWD 系列全液压钻机和 LDC180 端帮采煤机拥有产品专利技术，具有国际领先水平，2012 年获得辽宁省优秀新产品奖和阜新市科技一等奖；昕丰液压公司生产的立式车床和恒瑞机床公司生产的数控加工中心等主机产品已经批量投入市场，昕丰液压与徐工集团合作生产的井下采煤机项目，也已经开始试生产。

（四）在建项目科技含量显著提高

中国航天科技集团四川神坤装备有限公司投资建设的电液控制系统高端液压支架项目，其产品耐久性试验达 5 万余次，远超欧洲标准，被科技部评为"国家重点新产品""国家自主创新产品"，公司取得授权专利 32 项，其中发明专利 11 项。德尔公司新开工建设的直流无刷电机项目和自动变速箱油泵项目全部引进韩国进口全自动生产线，技术水平达到国际领先，填补了国内空白。阜新凯斯特姆公司的液压油缸项目，产品技术水平达到国际领先，公司产品全部出口加拿大。同时，凯斯特姆公司还不断进行自主研发，提高产品的市场占有率，为客户专门定做特殊标准的 CU 型号液压油缸产品，正在申报国家专利；九丰液压率先在国内解决多路阀铸件问题，多路阀项目填补了国内空白。

四　产业发展的成功实例

发展液压产业园区的目的是建成主机装备与液压系统和液压泵与马达等六个系列产品集群区。同时形成七个发展服务平台（搭建研发与检测、创新与创业孵化、产品展销与仓储物流、金融与担保、产业政策与信息交流、要素协调与配置、教育与培训等），主要承接京、津、唐及东南沿海等国内发达地区和发达国家及地区的产业转移项目。以国内为例，目前发展较好的企业有北京华德、山西榆液、徐工集团、柳工集团、上海立新、宁波中意、宁波华液、四川长江液压等，国外有德国的费斯托、力士乐、宝德，美国的 MAC 气动、ROSS 气动元件、ASCO 气动、ACE 气动、CPC 气动等知名企业。基地内已有多个产业发展的成功范例。

第一，徐工集团通过增资扩股的方式与永生合作，徐工集团根据东三省市场调研情况，逐步转移需求量大的徐工集团现有产品到阜新生产。重点发展起重机、环卫设备、除雪设备、垃圾无害化处理设备、垃圾新能源设备等相关产品。

第二，中国航天科技集团四川神坤装备有限公司将电液控制系统高端液压支架项目整体搬迁至阜新液压产业基地，计划年产 5000 台高端液压支架，同时形成以自主知识产权为核心的完善的科研生产体系。

第三，无锡市凯斯特姆液压机械有限公司在阜新液压产业基地内投资建设年产 1 万台液压缸项目，其生产的标准缸、拉杆缸、多级缸、扫雪车用油缸等均为该公司自主研发产品，具有 3 项专利技术，市场占有率较高，发展前景广阔。

第四，辽宁阿尔法液压有限公司年产 2 万套汽车举升油缸项目由中国航天科技集团公司中国运载火箭技术研究院下属北京长征天民高科技有限公司与阜新环宇橡胶（集团）有限公司共同投资建设，主要产品有自卸车前顶油缸及液压系统、机械自锁紧油缸、油气弹簧、清障车液压系统、除雪车液压系统以及军用车辆液压油缸等。

五 发展方向与保障措施

（一）在全市范围内产业集聚度高

阜新市现有 22 户与电子信息相关的在产企业，其中 19 户集中在阜新高新区，产值占全市电子信息产业总产值比重达到 87% 以上。在品牌和市场影响力方面，迪亚、新亚、亿金等企业在行业内具有较高的知名度，产品质量得到客户的一致认可。目前，阜新高新区内的阜新电子元器件产业园已初步形成集聚优势，对液压产业的智能发展奠定了科技基础。

（二）生产以加工制造为主

本地区电子信息企业都为加工制造企业，尽管经营的产品门类众多，但都属于基础零部件，缺乏具有带动性的整机和高端产品。同时，相对元器件加工制造来说，高新区目前电子信息产业涉及的研发设计和软件开发所占的份额仍然很小，整体研发能力和水平有待提高。

（三）企业对创新驱动发展的意识逐渐增强

近年来，在国家创新驱动发展的有关政策引导下，同时受市场竞争日益加剧的影响，企业家对创新驱动发展的意识逐渐增强，对创新和研发的投入逐步提高，有的企业已经开始着手搭建电子商务平台对自有产品进行市场推广，这些创新行为对本地区乃至全省电子信息产业的发展具有很强的积极意义，为"十三五"时期本地区电子信息产业加速发展积蓄能量。

第二节　本溪市发展三大战略性新兴产业的优势和对策

根据《国务院关于近期支持东北振兴若干重大政策举措的意见》（国发〔2014〕28 号）中"加快培育新兴产业"的有关要求，本溪市计划发展的战略性新兴产业是健康产业、高端装备制造配套产业和信息产业。健康产业的发展地是在生物医药产业园区；高端装备制造配套产业的发展地是在桥北钢铁深加工产业园区、东风湖钢铁深加工产业园区以及南芬区和本溪县人参铁产业园区。

一　本溪市发展战略性新兴产业的条件和优势

（一）发展健康产业的基础条件和优势

1. 产业优势

本溪市坚持产业为重、科技支撑、大学为要、产城结合，打造科技、智力和生活三大支撑体系，实现了生物医药产业的跨越式发展，走出了一条新型工业化道路。2008~2014 年，药都地区累计实现生产总值 466.2 亿元，累计完成固定资产投资 855.4 亿元，累计完成财政预算收入 93.7 亿元，累计完成规模以上工业增加值 247.1 亿元。

2. 公共技术服务优势

本溪市充分发挥科技的重要支撑和引领作用，成立药都公共技术服务中心为区内外企业提供技术、产品等相关服务，并为初创期、成长期、成熟期的药都企业提供金融服务；开发 5 万平方米的药都创新园和 5 万平方米的药都创业园；建成创新药物临床前研究、医药临床研究、医药测试仪器、新药安全评价、实验动物、生物医药注册认证及专利、医药信息和投融资 8 个省级公共服务平台。

3. 政策优势

本溪生物医药产业园区荣获国家火炬计划本溪中药科技产业基地、辽宁（本溪）中药现代化科技产业园等十余项称号，辽宁省政府自 2008 年做出举全省之力支持本溪做强做大医药产业的战略决策以来，于 2014 年又出台了《辽宁省人民政府办公厅关于支持国家辽宁（本溪）生物医药科技产业基地建设措施及工作分工的通知》（辽政办函〔2014〕25 号），提出包括支持本溪医药企业开拓市场、完善医药流通体系建设等 7 个方面 19 条具体政策措施。在市级层面，本溪市于 2008 年和 2014 年分别出台了《关于加快医药产业发展若干政策的决定》（本委发〔2008〕4 号）和《本溪市人民政府关于印发〈本溪市进一步加快发展服务业若干政策的通知〉》（本政发〔2014〕9 号），包括土地政策、财税政策、科技政策、融资政策等各方面优惠政策。

（二）发展高端装备制造配套产业的基础条件和优势

1. 产业优势

钢铁产业一直是本溪经济的支柱产业，本钢集团作为全市的龙头企业具有极强的综合实力。2010 年，本钢集团与北钢集团成功合并重组后，新本钢集团已经成为辽宁省最大的国有企业集团，优质钢材的年生产能力超过 2000 万吨，年销售收入超过 1000 亿元。本钢集团形成了普碳钢、特钢、不锈钢和球墨铸管等产品系列，并广泛应用于汽车、家电、石油化工、航空航天、机械制造、能源交通、建筑装潢和金属制品等领域，在汽车板、家电板、石油管线钢、集装箱用钢和不锈钢等产品开发研制中处于国内领先水平。

依托本钢集团的产业优势，全市规划建设了钢铁深加工产业集群，包括桥北和东风湖两个园区。桥北钢铁深加工产业园区着力推进板材、预应力线材、紧固件、装备制造、冲压件、焊材和精细化工七个产业基地建设，2014 年实现工业生产总值 106 亿元；东风湖钢铁深加工产业园区集中发展冶金和装备制造业，围绕龙头产业配套发展机械加工、废钢利用等关联项目，2014年实现工业生产总值67.4亿元。

2. 资源优势

全市矿产资源丰富，宝贵的"人参铁"资源主要蕴藏在南芬区和本溪县两地。铁矿石品位一流，高炉冶炼后得到的生铁是生产优质球墨铸铁和高纯生铁的必需原料，也是汽车铸件、机床铸件、核电铸件、风电铸件等高端优质铸件的理想原料来源。国内多家专门生产铸造生铁的企业，为保证优质铸造生铁的品质而必须加入部分本溪"人参铁"铁精粉。本溪"人参铁"深受国内外铸造企业的青睐，具有显著的市场优势和影响力，"人参铁"举世闻名。

3. 技术优势

本钢集团作为全市钢铁产业的龙头企业，拥有强大的技术研发平台。本钢集团技术中心于2001年被国家发改委等五部委认定为国家级技术中心，2003年进入国家实验室行列，2004年建立博士后流动站，现有高级专家16人、在技术中心从事研发工作的外部专家98人。现有国家级创新平台1个、省级创新平台2个，其中辽宁省汽车板工程实验室正在申报国家级工程实验室。截至2014年，国家实验室认可能力范围达到6个领域、52个项目（参数）、91个标准。

4. 重点项目

重点发展国内外大型高端装备制造业企业项目，同时规划上下游配套项目，积极参与高端装备制造业全球化合作。目前调度的储备项目共9个，预计总投资15.5亿元。

（三）发展信息产业的基础条件和优势

1. 信息产业发展基础

一是呈现出快速发展趋势，传统电子制造业产品结构不断优化，向整机化、集成化、智能化方向发展，LED、数字虚拟、物联网等技术创新步伐加快，企业规模、效益和产品竞争力快速发展。二是呈现出集聚发展趋势，体现在中国药都医疗电子产业、光电产业等产品、技术、人才集聚增强。三是呈现出融合发展趋势，"智慧本溪"建设将新一代信息技术与城市信息化应用紧密结合，引导和推进企业发展。四是呈现出创新发展趋势，互联网增值服务、智能手机的第三方应用程序开发、第三方物流及电子商务创新发展。

2. 比较优势

一是气候优势，按工信部《关于数据中心建设布局的指导意见》，全市属于一类地区，气候、地质灾害度指标均优于国内其他城市，有利于发展数据产业和电子设备制造产业。二是资源优势，电力、水资源充足，交通便利；光纤陶瓷套管、电缆、超薄铜箔等原材料生产有一定基础。三是市场优势，全市经济社会各领域信息化应用需求空间极大，传统企业急需将信息技术融入工业生产流程，信息技术产品和服务市场广阔。四是后发优势，"智慧城市"、信息惠民、宽带城市和"活力本溪"等国家级试点工程建设将形成极强的应用支撑和技术推进，后发优势明显。五是政策优势，市委、市政府高度重视新一代信息技术产业发展，加强"智慧城市"等重大项目推进，全面落实 2014 年《国务院关于近期支持东北振兴若干重大举措的意见》（国发〔2014〕28 号）文件提出的"培育发展新一代信息技术、云计算、物联网等产业"的要求，积极争取支持，借力发展，将政策优势转化为发展优势。

二　本溪市发展战略性新兴产业的主要措施

（一）继续推进市领导分工负责制，加大项目推进力度

在原有市政府领导分工负责的基础上，进一步突出大项目推进力度，坚持优中选优，提升项目建设质量，努力推进一批亿元以上和十亿元以上的重大项目建设，坚持市政府班子成员"点对点服务企业，开门办公解决问题"的工作方法，提升"点对点"服务会的内涵，在解决项目建设问题的同时，围绕市场开拓、技改扩能、产能释放等重点工作，帮助企业解决实际问题。

（二）实施"4 + 2"驱动战略，打造发展新引擎

全力落实省政府提出的同步实施创新驱动、改革驱动、市场驱动和开放驱动四个驱动战略，并结合本溪实际，实施主体驱动和服务驱动，一方面充分发挥县（区）的工作主体作用和企业的市场主体作用，另一方面充分发挥市政府及市直各部门的服务主体作用。通过同步实施"4 + 2"驱动战略，进一步激发本溪新一轮振兴发展的内在动力和活力。要抓好创新驱动，在体制机制上进一步创新。密切对接通过实施市场驱动和主体驱动涌

现出来的各类市场主体，培育壮大实体经济。要在开放驱动和服务驱动中打造良好的发展环境，提升本溪城市竞争力。

（三）夯实"5＋1"个载体，积极培育新的经济增长点

落实辽宁省政府5个载体要求，突出"大众创业、万众创新"发展新动力，积极培育经济增长新引擎，持之以恒地聚焦发力，务求取得实实在在的效果。

1. 推进传统产业转型升级

通过深入实施"163"发展战略，继续全力支持本钢"1＋5"板块发展；加快建设6个涉钢产业基地，促进本钢冷轧高强钢、思山岭铁矿、大台沟铁矿开发等重大项目建设；完善技术创新、金融和物流三个平台建设，力争将绿色钢都建设成为全省传统产业转型升级的典范。

2. 发展战略性新兴产业

加快推进药都规模化、国际化、城市化进程。在规模化上，既要考虑存量企业产能的释放，也要考虑生物医药产业之外的高新区内其他产业的协同发展、有序发展，进行全链条拓展，快速做大产业规模。在国际化上，积极促进药都企业与欧美及日本等知名医药企业的合资合作和兼并重组，提升药都企业的国际化水平。支持沈阳药科大学（本溪校区）加快建设国家级大学科技园，发挥盛京医院国际学院的作用，推进中医的国际化、健康养生的国际化。在城市化上，坚定产城融合的发展路径，以健康产业进一步集聚资金、人才、企业、项目等一系列发展要素，创造青山碧水蓝天的良好环境，提高本溪的城市化水平。

3. 培育服务业新增长点

一是做优做实旅游业，二是做强做大金融业，三是做精做细房地产业。重点开发李家山、新溪湖·印象等需求导向型的健康养生、养老、旅游等特色地产，积极解决空间要素问题，推动房地产业健康发展。结合"三都"建设发展会展经济，提升本溪产业发展影响力。

4. 实施城镇化发展战略

以一个城乡规划为统领，加快实现全市城镇化目标。以沈本新城、本溪主城和桓仁北方国际养生城三大城市板块为依托，5个中心镇和6个优美旅游小镇建设为重点，形成市、县、镇规模等级有序、功能优势互补、空间布局合理的市域城镇体系。

第三节　盘锦市发展战略性新兴产业的优势与操作规划

一　盘锦市发展战略性新兴产业的优势

（一）区位优势明显

盘锦市地处辽宁省西南部，是辽西与辽南两大板块的接合部，从地理坐标看是辽宁省的中心点，从经济布局来讲是环渤海经济带的重要节点，从对外开放的角度讲又是东北对外开放门户的第一连接点。盘锦临港经济区处于盘锦市南部，区位优越，交通便捷，京沈、沈大、盘海营高速公路和京沈、哈大高速铁路在这里交汇，沈盘（疏港）铁路纵贯全境，是沈阳地区向海延伸的最佳通道；2小时车程即可抵达沈阳桃仙国际机场、大连周水子国际机场，与正在建设的营口兰旗机场相距不足百公里；距已经通航的盘锦港仅8公里，随着港口疏运体系的不断完善，这里已成为中国东北及蒙东地区最便捷的出海口，盘锦临港经济区的水陆空综合交通能力和枢纽地位日益增强。

（二）经济持续增长

盘锦市地域面积较小、建市较晚，但经济发展水平始终排在辽宁省前列。2013年，盘锦地区完成生产总值1351.1亿元，是2006年的2.61倍，年均增长14.7%；公共财政预算收入148.8亿元，是2006年的5.73倍，年均增长28.3%；固定资产投资1137.7亿元，是2006年的5.63倍，年均增长28.0%。外贸出口8.2亿美元，是2006年的8.2倍，年均增长35.1%；实际利用外资15亿美元，累计完成64.3亿美元。近年来，盘锦各项主要经济指标持续走在全省前列，综合实力显著增强，人民生活幸福指数大幅提升。盘锦临港经济区作为市级重点产业园区，自2010年组建以来，各项经济指标一直在全市名列前茅，固定资产投资最高增幅达75.4%，财政一般预算收入最高增幅达85.3%，经济发展水平逐年提高。经济区基础设施已经实现高标准的"七通一平"，产业布局科学合理并已粗具规模，为全面发展国内外产业奠定了强大的硬件支撑。

（三）产业稳步发展

盘锦市在"向海发展，全面转型，以港强市"的战略进程中，按照"产业相近、产品关联、优势互补、资源共享"的原则，初步形成国内领先的先进装备制造业基地。同时，盘锦资源丰富的优势，为产业稳步发展提供了坚强保障。2015 年盘锦原油年加工能力达到 3300 万吨，乙烯生产能力达到 180 万吨。目前，辽东湾新区现已入驻台湾长春石化、台湾联成化学、宝来石化、和运石化等一批大项目，中国兵器辽宁华锦精细化工及原料工程项目也已获批，正在加快打造世界级石化及精细化工产业基地；而环渤海地区作为我国重要的石油化工基地，炼油规模达到 2 亿吨，在"十二五"期间，辽宁重点打造大连、葫芦岛、丹东、盘营四大修造船基地，到 2015 年末，辽宁造船能力将达到 2000 万载重吨，造船产量达到 1500 万载重吨，这为盘锦的快速发展奠定了基础。盘锦临港经济区作为盘锦向海发展的新引擎，以沿海装备制造产业为核心，石化装备、海工配套装备、节能环保设备等装备制造产业和临港物流产业集群效应已经形成，正在朝着建设东北最大的临港装备制造沿海产业基地进发。

（四）生态环境良好

盘锦拥有"世界第一大苇田"辽东湾苇田和"天下奇观"红海滩，是世界上保存最为完好的湿地和"中国最美湿地"。从 2002 年盘锦市确立"生态立市"发展战略起，市委、市政府始终把"生态"作为发展的重要准则和目标，从单纯追求工业社会的城市转向追求经济、社会和环境协调发展的具有复合效益的现代化城市。作为"国家级有机食品生产示范基地""全国首批十个有机食品生产基地"，盘锦已成为全国规模最大的有机食品生产基地，而随着红海滩湿地、辽河绿水湾、太平河风光带、西安生态养殖场（盘锦西安镇）、东晟园艺基地等一批生态文化旅游景点的不断发展壮大，盘锦已经成为全国优秀旅游城市、全国市级生态城市示范区和国际著名的生态湿地之都。盘锦临港经济区紧邻红海滩国家风景廊道、田庄台古镇和三角洲、荣兴水库，区内环境优美、生态良好，是宜居、宜商、宜业、宜游的新型现代化产业园区。

（五）体制机制灵活

盘锦临港经济区深入解读并认真落实《国务院关于近期支持东北振兴

若干重大政策举措的意见》及相关文件精神，牢牢把握在东北地区建设国家级产业发展示范区的有利契机，在学习借鉴先进地区的发展经验的基础上，最大限度发挥辽宁省综合改革试验区的发展优势，在管理体制、运行机制、人事管理、绩效考评等方面大胆创新，已经形成一套运行独立、机制灵活、责权协调、自主性较强的运行模式。通过进一步增强创新意识，盘锦市积极探索完善了绩效考核、干部使用等管理机制，不断丰富了"团结、求实、创新、进取"的高度核心精神，努力打造了一支一流的干部服务队伍。同时，坚持以项目建设为核心，以保障投资者利益为向导，建立了"一切围绕项目干""抛开既得利益、注重长远发展""投资者优先"等运行机制，从项目签约、审批到开工建设、竣工投产、达产达效，全程为企业提供"保姆式"和"专家型"服务，确保入驻盘锦经济区项目建设"快速度、零障碍"，通过体制机制创新，进一步简化办事程序，提高服务效率，努力营造最适宜产业发展的软环境。

（六）要素保障有力

盘锦作为因油而建的资源型城市，拥有极其丰富的石油、天然气资源和沥青、燃料油、润滑油、液化气、苯乙烯、丙烯、乙烯等工业产品资源，盘锦已成为全国最大的稠油与高凝油生产加工基地、最大的高等级道路沥青生产基地和最大的防水材料生产基地。盘锦又拥有典型的国有农场群，与其他地区相较而言，土地资源为国有，在土地资源开发和利用方面具有其他地区无法比拟的独特优势。盘锦还是北方地区少有的移民城市，随着石油开采、油气资源开发利用以及向海发展等各发展阶段战略进程的不断加快，各类人才不断汇聚于此、城市活力不断增强，特别是以石油开采和集中农垦为代表的工农业大会战的一次次打响，培育了一大批具有极高科学文化素质和勤劳勇敢特质的优秀人才，这将成为盘锦临港经济区建设产业发展示范区的又一重要保障。在资金保障方面，盘锦作为年轻的活力型城市，金融环境优越，融资政策宽松，盘锦临港经济区广佳融资担保中心的组建，更为入驻企业融资贷款提供了全方位的政策担保和全程服务，真正解除了投资者建设发展的后顾之忧。

二　盘锦市发展新兴产业设想

盘锦市将围绕培育新的经济增长点，重点发展装备制造业，加速壮大临港物流产业，积极与京津冀、东北三省及东南沿海地区紧密联系，共同推动产业发展，加快区域经济发展速度。产业发展的重点是根据国内外发达地区产业布局战略、市场开发与培育、产业链条衔接等特点，充分利用国家支持东北地区产业发展的优惠政策，突出装备制造、节能环保设备制造、港口物流三大地域特色产业，在环渤海与东北两大经济圈的接合部构建特色鲜明的产业发展示范区。

（一）临港装备制造产业园主要发展产业

1. 重型装备制造产业

盘锦市充分发挥临港的区位优势，抢抓发达国家和地区产业发展以及内陆企业向沿海布局的机遇，重点发展高端石油钻机、旋转导向钻井系统、钻井工具、测井设备、录井设备、天然气液化配套低温设备、天然气净化成套设备、天然气储运设备等石油天然气装备，高效新型反应器、大型塔器、板式换热器、高压换热器等石油化工装备，大型变压器、整流器和配电控制设备等输变电设备，以及数控机床、自动化控制系统等重型装备制造产业，向低成本、高可靠性、高附加值方向发展，完善产业链条，打造具有国际竞争力的临港重型装备制造产业基地。

2. 海洋工程装备及配套产业

盘锦市顺应国家大力发展海洋经济大势，面向国内外海洋资源开发市场，依托渤海装备、辽河重工等大型企业，重点发展自升式钻井平台、半潜式钻井平台和深水钻井船等海洋钻井装备，浮式生产储油船、导管架采油平台等海洋采油装备，平台供应船、深海铺管船、半潜运输船、起重船、震源船、LNG船和海上风电安装船等海洋工程船舶，以及平台升降系统、动力定位系统、超深水钻机模块和水下采油树等海工关键配套设备制造产业。在优势领域形成特色和品牌，打造国家级海洋工程装备及配套产业基地。

3. 专用汽车及配件产业

盘锦市以引进国内外专用汽车及配件产业为主要发展目标，重点发展防疫车、化验车、电视车、舞台车等厢式汽车，低温液体运输车、液化气体运输车、杂项危险物品运输车、吸污车、飞机吸污车、油井液处理车等罐式汽车，随车起重运输车、航空食品装运车、高空作业车、计量检衡车等起重举升汽车，集装箱运输车、车辆运输车、渣料运输车、钻井车、测试井架车等特种结构汽车，以及汽车发动机和液压、气动、轴承、模具、仪器仪表等汽车配件，超合金、专用钢、特种材、非晶合金、铝镁钛轻合金、特种铜材等先进金属加工产业，打造北方沿海新型专用汽车及配件产业基地。

（二）节能环保设备产业园主要发展产业

盘锦市坚持以引进先进生产技术、推进新型节能环保产业发展为目标，重点发展大型海上风电设备、太阳能中高温利用设备、海洋清洁能源设备、生物质能利用成套设备等新能源装备，氢氧燃料电池和碳材料超级电容器等储能设备，高效换热设备、余热余压利用设备、节能监测设备、先进烟气脱硫脱硝设备、高效除尘设备、油田污水处理成套设备等节能环保装备，通信导航设备、雷达设备、电子仪器仪表、软件开发等电子设备，以及井口管处理机器人、水下机器人等能源机器人制造产业，并加强与高等院校和科研院所的交流合作，全力建设以高新技术为主要特点的节能环保设备产业基地。

（三）临港电商及仓储物流产业园主要发展产业

盘锦市充分发挥临近港口和高速公路、疏港铁路与高等级公路交织纵横的区位交通优势和现代电子商务快速发展的有利契机，按照盘锦港功能定位，吸引国内外大型仓储物流企业入驻发展，建成以石油及液体化工品、干散货仓储为主，集装箱、钢铁、木材、粮食等散杂货仓储为辅的大型仓储物流系统，同时引进新型互联网商务企业，建设物流大厦、交易中心等电子商务平台和商品集散中心，真正形成立足盘锦港区、面向东北、辐射海内外的新型电商及仓储物流集散地。

三 盘锦市战略性新兴产业建设的重点区域安排

（一）临港装备制造产业园重点发展区域

1. 重型装备制造产业发展区域

该区域将利用国内外特别是东北地区和西北地区重型装备制造产业向环渤海区域转移的机遇积极谋发展。盘锦临港经济区将积极与中国一重、沈阳机床、哈空调、哈飞股份、兰州通用等国内具有较高竞争力的企业进行对接洽谈，在企业外扩或实施转移时适时发展。

2. 海洋工程装备及配套产业发展区域

该区域主要依靠持续旺盛的海洋工程装备需求以及中国发展海工产业的优势，积极与美国的 J. Ray McDermott 公司，法国的 Technip 集团公司，新加坡的吉宝岸外与海事（Keppel O & M）和胜科海事公司，韩国的现代重工、三星重工和大宇造船，以及国内的中集集团、振华重工、大连船舶重工和南通中远船务等国内外知名企业进行对接洽谈，主动发展国外海洋工程产业，致力于打破欧美以及韩国、新加坡等国家和地区对海洋工程装备制造业市场的垄断。

3. 汽车及配件产业发展区域

该区域紧紧把握北京、长春、上海、郑州、湖北、四川、山东、沈阳等知名汽车及零部件企业（主要有中国重汽、东风专用汽车、重汽集团专用汽车、一汽专用汽车等）扩建、转移等机遇快速发展，不断壮大辽宁省汽车产业规模、丰富汽车产品品种、提升汽车产品品质和档次，推动全省产业结构升级。

（二）节能环保设备产业园重点发展区域

该区域紧紧抓住节能环保设备产业国内市场的迅速扩张、国际市场格局的重大调整、技术和人才国际流动加快等机遇，以京津冀、长三角、珠三角、中国台湾和日本、韩国等地区和国家为重点，积极与国内的龙净环保、同方环保、浙江菲达环保、科林环保、中国台湾环保节能科技以及日本三浦工业、日本环保科技、韩国三进 SJT 等国内外知名企业进行对接洽谈，快速发展节能环保设备产业。

（三）临港电商及仓储物流产业园重点发展区域

该区域以北京、上海、广州、深圳及香港等国际知名大城市的知名企业为重点，通过建设临港保税功能区，积极吸引现货交易、电子商务、仓储加工、物流配送等国内外知名企业（如阿里巴巴、当当网、中国远洋物流、中邮物流、锦程国际物流、北京百利威仓储物流、普洛斯、上海华宜储运等），实现大宗生活物资流通及批发配送。

四 盘锦市发展战略性新兴产业的保障措施

（一）加强组织领导

建立高层启动、上下互动、部门联动、合力推动的工作机制，由市发改委牵头成立盘锦临港经济区建设国家级产业发展示范区工作领导小组，协同解决重大问题。盘锦临港经济区建立相应机构，负责经济区产业发展的组织领导工作。建立健全绩效考评机制和目标责任制，对主要目标和重点工作分解细化，层层落实，严格监督考核，确保全面完成产业发展规划提出的各项目标任务。

（二）创新发展机制

创新发展平台，充分发挥行业协会、商会的作用，搭建产业发展促进平台。创新经济区管理模式和运行机制，积极探索产业发展新模式，实现优势互补、资源整合、联动发展、互利共赢的局面。探索建立产业发展的利益分享、利益补偿、风险共担、分歧协商等机制，对转移过程中的重大事项可采取"特事特议"的方式予以解决，以推进产业有序转移与合理发展。

（三）扩大对外开放

充分利用盘锦临港经济区现有资源优势、区位优势、港口优势、政策优势，积极发展国内外行业排名靠前、市场占有率高、科技含量高的新项目、大项目，加快形成龙头项目带动、关联企业集聚、协作配套完善的产业基地和出口基地。积极引进与主导产业相配套的中介和生产性服务企业，为主导产业提供配套。鼓励境外装备制造企业和科研机构在经济区设立研发机构，鼓励有实力、有条件的企业到境外投资和承包工程，并购或参股国外企业和研发机构，推动企业充分利用各种渠道和平台开展对外合资合作，加快融入全球产业链。

（四）强化要素保障

继续发挥政府在规划引导、公共设施建设、财税支持等方面的主导作用，切实抓好重点项目的前期准备、审批以及征地等重要环节的工作。发挥资源集聚优势，引导和推动土地、资金、人才和人力资源、技术等生产要素向发展产业适度倾斜，确保有效供给。注重发挥市场配置资源的基础性作用，促进投资主体多元化，积极营造良好的民间资本投资环境。

（五）加强环境保护与资源利用

在发展过程中要坚持不污染环境、不破坏生态、不浪费资源、不搞低水平重复建设的原则，把合理利用资源和保护环境放到更加突出的位置，严格坚持环保准入制度，凡是不符合新型工业化要求的项目一概不发展，杜绝先污染后治理发展模式，严肃查处各类污染和破坏环境的违法行为。把环保指标作为每年示范区工作的重要内容，真正实现"绿色发展"。

第四节　鞍山市发展战略性新兴产业的行动设想

鞍山作为东北老工业基地范围内的一个地级市，被列入《全国老工业基地调整改造规划（2013～2022年）》（共95个地级市）中；在《全国资源型城市可持续发展规划（2013～2020年）》中，鞍山市被界定为资源再生型城市（共23个）；同时，鞍山市还是沈阳经济区新型工业化综合配套改革实验区的8个城市之一。无论是在规划范围还是实验区内，其共同的要求就是进一步优化经济结构，提高经济发展的质量和效益，深化对外开放和科技创新水平，改造提升传统产业，加快培育发展战略性新兴产业，加快发展现代服务业，使经济社会步入科学可持续的良性发展轨道。鞍山期望借此机遇，努力探索，成为国家支持东北振兴政策的先行者和受益者。

一　鞍山市战略性新兴产业重点发展的产业

（一）新兴产业发展的区域设想

1. 达道湾工业新兴产业园

该产业园主要有钢铁精深加工、先进装备制造、精细化工、节能环保、新材料等新兴产业，从产业优势和基础条件看，鞍山市有较好的聚集度、关联度和配套能力。比如，达道湾新城正重点推进总投资25亿元的辽宁中科化工煤焦油及产品仓储项目，总投资10亿元的辽宁中科化工煤焦油产品深加工项目，总投资5000万美元的泰工机械汽车变速箱差速器项目，总投资5亿元的北京阿尔肯阀门高端阀门制造项目等，积极推动产业升级。

2. 高新区光电新兴产业园

着力构建激光、光电、柔性输配电等新兴产业体系，推动产业结构优化升级和布局，提升产业竞争力和经济效益。鞍山高新技术产业开发区是1992年11月经国务院批准的国家级高新区，规划面积由7.9平方公里扩大到110平方公里。拥有省级以上企业技术研发中心39家，其中国家级6家。目前，明确了28平方公里的激光产业功能区；现有重点光电企业30余家；柔性输配电产业是国家级特色产业。

3. 汤岗子健康新兴产业园

汤岗子新城规划建成8.8平方公里的中央活力区；建成28.5平方公里的温泉养生度假区；建成49.5平方公里的城市综合体高档居住区。以350健康国际产业园区为依托，发展以健康养生为核心的健康管理、运动服务、康复养生、休闲度假、娱乐服务、医疗服务、医疗器械、美容美体、保健品和高科技医药十大方向为重点的健康产业。

（二）新能源、新材料等新兴产业

1. 海城菱镁新材料产业基地

海城市依托菱镁资源及产业基础，规划建设了辽宁海城菱镁新材料产业基地，岫岩菱镁新材料和高分子新材料产业，规划面积50平方公里。主要发展镁合金制成品、镁建材、镁化工等菱镁特色产业。该基地分为海城开发区菱镁新材料工业园和牌楼矿产品加工园。

2. 铁西新能源电池产业园

鞍山市铁西区列入《国务院支持东北振兴第一批9.3亿元的城区老工业区搬迁改造中央预算内投资计划》，获得1.7亿元专项资金，居东北四省区14个试点老工业区之首，已具备较大腾挪发展空间。目前，电池产业园已成规模，新能源电池研发生产具备良好产业基础。

3. 台安县彩图板产业园

台安县2平方公里的彩涂板产业园，入驻项目达到23个，年产60万吨热镀铝锌板等7个项目竣工投产，年产110万吨镀锌板、彩涂板等8个项目开工建设，年产1000台重型起重设备等8个项目稳步推进。成立了辽宁涂镀行业商会，成功举办彩涂板产业集群招商推介会，彩涂板及深加工产业集群建设经验在全省推广。

4. 岫岩县拟建立东北地区国家级产业发展示范区

计划发展福建省泉州水头石材产业项目。该项目计划由福建泉州商会投资30亿元，占地3000亩，采用国际最先进的设备和技术，集中全县的石材资源、进口高档石材和岫玉加工余料及粉末，在新甸镇加工石材和岫玉板材产品，满足东北包括内蒙古地区在内的石材市场的需求。

在大洋河临港产业区拟发展高分子材料、配饰品制造、精密铸造、汽车配件四大产业。

（三）现代服务业

1. 电子商务平台

以钢铁电子物流公共服务平台、现代服务业电子物流公共服务平台、电子商务仓储物流平台和鞍山钢铁现货交易电子商务平台为依托，全面加速电子商务平台建设，进一步完善相关软硬件设施，为电商企业进驻提供良好条件，将电子商务和仓储物流作为服务业升级的重要突破点。

2. 融资平台

以开发区建投公司与中城建（鞍山）投资公司为主体，增资扩股，注册资金 10 亿元，形成全新融资平台。

3. 研发检测平台

主要以钢铁、环保、先进装备制造、激光、阀门等科技研发部门为基础，发挥阀门检测中心和研发中心的作用，利用资质优势、专家优势和资源优势，迅速扩大影响，建立辐射整个东北地区的服务体系和服务网络。

二 推动鞍山市发展战略性新兴产业的建议

（一）抓住"一带一路"的契机，努力融入产业国际合作

抓住"一带一路"对外开放及合作和沈阳经济区建设等契机，努力将全市特色优势产业融入全省规划，支持优势企业到境外开拓市场。

（二）尊重市场规律，增强发展项目软实力

顺应经济发展规律，要突出市场在资源配置中的决定性作用，更多激发市场的力量。加大薄弱环节投资力度，改善交通、信息、能源等基础设施，提高财税、金融等服务水平。要创新思路、方法和管理制度，加强人才培养，强化政府服务和法规制度保障，增强全市产业发展的吸引力。

（三）准确定位产业布局，促进产业发展

防止产能严重过剩行业的盲目扩张，避免产业在区域间低水平重复建设。在环保方面绝不能走"先污染、后治理"的老路，要找准产业发展的方向，把城市特色和产业优势结合起来，减少产业发展的盲目性，通过产业发展促进相关产业转型升级。

（四）加强产业园区建设，推进产业集聚发展

进一步提高产业集中度。要特别注重智力要素和园区的融合，把园区建设和科研院校、人才培养引进等结合起来，使园区成为新知识、新技术、新创意的策源地。

（五）积极利用国家差别化的区域产业政策

积极推进相关行业、园区及企业享受国家财税、金融、产业、投资、土地和产业合作 6 个方面的若干支持政策。

第十章

国内打造支撑战略性新兴产业发展平台的比较研究

第一节 武汉东湖、北京中关村、天津滨海高新区的基本情况和发展经验

一 武汉东湖高新区的基本情况和发展经验

（一）基本情况

武汉东湖高新区始建于 1988 年 10 月，1991 年 3 月被国务院首批批准为国家高新技术产业开发区，2001 年被国家计委和科技部批准为国家光电子产业基地（"武汉·中国光谷"）；2006 年以来，被国家有关部委批准为国家服务外包基地城市示范区、国家生物产业基地，并被列为全国建设世界一流科技园区试点；2009 年 12 月，被国务院批准为首批国家自主创新示范区之一。

东湖高新区规划面积 518 平方公里，常年居住人口 40 万人。集聚了各类高等院校 42 所、56 个国家级科研院所、20 多万名各类专业技术人员和 80 多万名在校大学生、52 名两院院士。现已形成以光电子信息为核心产业，以生物、环保节能、高端装备为战略产业，以高技术服务业为先导产业的"131"产业架构。"中国光谷"已成为我国在光电子信息产业领域参与国际竞争的知名品牌，成为率先发展、辐射中部、联动全国、面向世界的科技经济引擎和新兴产业生成中心。

2012 年，高新区完成企业总收入 5006 亿元，同比增长 31.3%，连续

跨越 4000 亿、5000 亿大关；完成工业总产值 4012 亿元、工业增加值 1373 亿元，同比分别增长 25.7% 和 26.6%；完成固定资产投资 444 亿元，同比增长 25.2%，其中完成工业投资 232 亿元，同比增长 54.5%。2013 年高新区实现企业总收入 6500 亿元，同比增长 30% 以上；主抓大项目，引进了世界 500 强项目 8 个，50 亿～100 亿元以上项目 3 个；兼顾资本建设，推动企业在主板、创业板上市 3 家、新三板上市 40 家，多种途径解决了企业融资难问题。

2014 年，在全球经济复苏缓慢、国内经济下行压力加大的环境下，高新区继续呈现逆势增长态势，全年引进内外资总额 243.8 亿元，实际利用外资 10.4 亿美元；引进世界 500 强项目 8 个；引进 50 亿～100 亿元以上项目 3 个，10 亿～49 亿元项目 16 个，3 家出口型企业，6 家服务外包型企业。高新区"十二五"发展的总体目标是：着力培养集聚一批优秀创新人才特别是产业领军人才，研发和转化一批国际领先的科技成果，做大做强一批具有全球影响力的创新型企业，培育一批国际知名品牌，全面提高高新区自主创新能力和辐射带动能力，基本构成国家自主创新示范区创新体系框架，初步建成世界一流科技园区。到 2020 年，高新区企业总收入将突破 3 万亿元，进入全球高新技术产业园区发展第一梯队，成为代表我国参与全球高新技术产业竞争的主力军。

（二）发展经验

1. 始终把高新区建设摆在全省重要战略位置

东湖高新区从建立伊始就获得省、市领导的高度重视和支持。近 30 年，湖北省从战略高度，积极聚合各种资源，以高端化、特色化、规模化、集聚化、国际化和大产业、大平台、大企业、大项目为目标，突出自主创新，通过加快高新区发展，推动全省经济社会快速发展。同时，国家、省、市三级的重大高新技术产业项目集中布局到高新区。省发改委、经信委、科技厅等部门的高新技术产业计划及资金等长期向高新区倾斜。

2. 持之以恒抓自主创新和体制机制创新

创新型国家建设要求高新区不断增强自主创新能力。东湖高新区紧紧抓住创新发展的这个灵魂，不断整合创新资源，构建自主创新平台，围绕光电子产业，支持国家实验室建设，并与多个国家重点实验室、工程（技术）研究中心和企业技术中心合作，建立多家技术研究院，一直走在全国前列。同时，他们认识到，高新技术产业发展的条件不仅仅是要有科技院校和科技人才的基础，不仅仅要有产学研的紧密结合，更要拥有良好的运行体制和机制。为此，东湖高新区在体制和机制创新上长抓不懈，政府已从管理型变为服务型，实施一站式服务，简化办事程序；下放管理权限，缩减审批环节；去机关化、去衙门化，实施全员聘任等。

3. 将人才队伍建设作为战略任务来抓

高新区发展与人才集聚密不可分，人才的质量与数量往往决定高新区发展的质量与数量。多年来，东湖高新区视人才为第一资源，实行"人才优先"战略，打造人才特区。其中，特别是把吸引和造就一大批具有超前意识、创业精神、善于开拓，既懂技术又懂经济和市场的复合型高素质创业人才作为战略性任务来抓；并利用部省合作平台，争取国务院国资委、教育部、财政部等国家部委支持，推动中央在武汉的企业、高等院校、科研院所开展职务科技成果、股权和分红激励试点。实施人才引进计划，吸引高层次人才到高新区创新创业，促进高端人才在高新区集聚。

4. 重视金融创新并多争取国家支持

东湖高新区不断拓宽投融资渠道，鼓励社会资本在高新区依法设立产业投资公司，支持在高新区依法设立风险投资引导基金、融资租赁补偿基金、中小科技企业担保以及再担保基金；鼓励地方金融机构、投资公司积极争取国家政策支持，在高新区设立金融租赁公司，积极推行融资租赁业务。支持多家商业银行在东湖高新区设立面向科技型中小企业的金融机构。支持东湖高新区开展非上市股份公司股权交易、知识产权交易、无形资产质押等融资工作。推动符合条件的科技企业上市融资、发行债券等。争取国务院和国家相关部委的支持，批准在高新区建设国家自主创新示范区，将高新区建设成为改革开放的先行区、科学发展的试验区、先进产业的集聚区。同时，积极争取国家有关部委的支持，批准以高新区为核心区，在武汉建设综合性国家高技术产业基地，加快高新技术产业发展，带动武汉城市圈产业结构调整，促进发展方式转变。面向国家科技重大专项和产业振兴规划，积极组织企业和科研机构申报项目，承担国家重点任务，提升自主创新能力和产业整体实力。

二　北京中关村的基本情况和发展经验

(一) 基本情况

目前，中关村已发展成为"一区十六园"（包括海淀园、丰台园、昌平园、电子城、亦庄园、德胜园、石景山园、雍和园、通州园、大兴生物医药产业园等），总面积480平方公里。截至2014年，上市公司达到254家（其中境外98家，境内156家），初步形成了"中关村板块"。中关村实行的是北京市与国家部门联动的工作机制。管委会上级有两个领导小组，一是北京市中关村领导小组，由北京市委书记郭金龙任组长；二是国务院的部级领导小组，由科技部部长万钢任组长。中关村管委会与分园的关系是双重领导、以区为主。各分园的财政、税收都不在中关村管委会，而在区政府。中关村管委会内设产业发展促进处、自主创新能力建设处、规划建设协调处、科技金融处、人才资源处、创业服务处、经济分析处、国际交流合作处等。

中关村如今已是我国最重要、最具发展活力、最有发展潜质的科技创新区之一，也是我国乃至亚太地区增长最快、现代产业竞争力较强的地区之一。目前，这里软件与信息服务业持续引领国内产业发展，产值约占全国总量的1/6；计算机市场占有率、手机产量稳居国内第1位；集成电路设计收入占全国的1/4。拥有以联想、方正为代表的高新技术企业近2万家，包括世界知名跨国公司的分支机构近80家，形成了以电子信息、生物医药、能源环保、新材料、先进制造、航空航天为代表的高新技术产业集群。其中，电子信息产业是主导产业，占经济总量的一半以上。同时，物联网、移动互联网、云计算、卫星导航、能源环保、生物医药等战略性新兴产业发展迅速。

中关村高新技术产业主要处于研发和营销服务两端，并形成了一些具有较大规模的产业集群。例如，在核心芯片技术领域形成重大技术突破后，出现了方舟、龙芯、众志3个系列的具有自主知识产权的CPU产品为代表的集成电路产业集群和以中星微、海尔集成电路设计、同方凌讯等为代表的一批优秀企业。2009年3月，国务院批复了中关村新的战略定位是国家自主创新示范区，发展的战略目标是成为具有全球影响力的科技创新中心，提出了支持中关村示范区建设的8条政策措施，包括开展股权激励试点、科技金融创新试点、科技重大专项列支间接费用试点、支持产业技术联盟等新型产业组织参与国家重大科技项目、制定税收政策、编制发展规划、政府采购自主创新产品试点和建设世界一流水平新型研究机构。这些政策措施实施顺利，效果明显。

2012 年，中关村技工贸总收入 25025.0 亿元；工业总产值 6494.7 亿元；进出口总额 752.0 亿美元；实缴税费总额 1445.8 亿元；利润总额 514.0 亿元；专利申请数 28159 项，其中发明专利 17388 项；专利授权数 15407 项，在科技部火炬中心进行的一次高新区评价中，中关村综合排名和知识创造与孕育创新能力、产业化与规模经济能力、国际化与参与全球竞争能力、可持续发展能力等全部 4 个单项排名均为第 1 位。

（二）发展经验

1. 善于抓住机遇，勇于创新突破

20 世纪 70 年代兴起以信息技术为代表的世界新技术革命和 90 年代我国改革的大力推进，从那时起，中关村就抓住了机遇，长抓不懈地发展企业成长快、投资回报高、创新能力强的高新技术产业。世界金融危机后，中关村抓住世界出现新的科技浪潮和国家重视自主创新的新机遇，大胆创新，在转变经济发展方式和建设创新型国家队伍中走在前列。中关村成立以来，在善于抓住机遇的同时，还牢牢把握创新的使命和宗旨，始终坚持把创新作为发展之基、立足之本，不断创造局部优化的环境，培育技术创新能力，加快发展高新技术产业，提升综合竞争力。正如中关村自己总结的那样，如果中关村不能成为真正的创新基地，不能引领高新技术产业的快速发展，不能缩小与发达国家在发展高新技术产业方面的差距，中关村就不会有生命力，就会失去存在的价值和意义。正是这种崇尚创新的精神，使得中国第一个国家级高科技园区、"一区十六园"模式和国家自主创新示范区才可能在中关村出现。

2. 政府转变职能，强化服务，营造一流环境

中关村是我国高新区的一面旗帜，其成功的重要一点就是对环境建设的重视。多年来，它们不断增强服务意识，提高服务效率，为创新型人才密集、创新型企业密集、创新型产业密集和创新型知识产权密集营造良好环境。随着环境的日益完善，高新区创新创业的磁场效应愈加明显，大批国内外企业竞相入驻。出现这样的结果，绝不是偶然的，而是他们对社会主义市场经济条件下政府应该干什么、公务人员应该怎么干等问题有了很好的回答。中关村的实践表明，在市场经济条件下，政府必须切实履行好营造环境的重要职责，加快职能转变，突出公共服务和社会管理，真正做到在管理中服务、在服务中管理。政府的主要职能就是要调动各方积极性，特别是要用好政府能够调动公共资源的优势，调动企业的市场资源，科研机构的智慧资源，形成发展高新技术产业的合力。中关村的经验表明：要做好高新区的一切，首先从政府做起，特别是要制定好政策、搭好平台。

3. 发挥优势，突出特色，做大做强产业

产业是高新区发展的重要支撑。中关村正是始终扭住培育壮大产业不放松，深深扎根于雄厚的科技资源沃土上，突出高端化、特色化、新型化，促进了一批在全国有影响力的特色产业形成。为抓好产业，中关村善于站在全球高度思考问题，善于与国外合作，并鼓励企业以收购兼并的方式从事海外投资，把握专利技术、资金来源、市场国际化三个环节，提高国际化水平；抓住新一轮全球生产要素优化重组和产业转移的重大机遇，扩大利用外资规模，提高利用外资水平；建设一批具有国际水准的科技企业孵化器、特色产业基地，形成一批国际知名、能够参与国际竞争的高新技术企业。

4. 注重创新体系建设，科技引领，增强发展内生动力

中关村成功的另一个经验就是，不断完善以各层次企业为主体、孵化器网络为支撑、产学研结合为纽带、风险投资为推手的科技创新体系，促进科技与人才、技术与资本的有机融合，使发展逐步实现从主要依靠土地、资金等要素驱动向主要依靠人才、技术创新驱动转变。这种融合产生的聚合裂变十分明显，从中关村的表面来看是经济现象，但从深层次来看主要是人才、资本等现象。例如多年来，中关村已形成视人才为第一资源的理念，大力实行"人才优先"原则，并在人才吸引和服务机制建立方面下大力气。这些年，它们在最接近技术源头的国外城市建立了多个人才基地，引进各类创新型人才。这些人才的住房贷款补贴、安家费、科研启动经费等费用，可依法列入成本核算。同时，千方百计解决好人才的求助、危机处理、话语权、参政议政等问题。根据中关村出台的《中关村建设人才特区若干意见》，到 2015 年，中关村将聚集 5 万名高层次人才，建 1 万套人才公寓，努力把中关村建设为智力高度密集、体制机制真正创新、科

技创新高度活跃、新兴产业高度发展的人才特区。

三 天津滨海高新区的基本情况和发展经验

（一）基本情况

天津滨海高新区前身为"天津新技术产业园区"，1991年被国务院批准为首批国家高新技术产业开发区，总面积42平方公里，由华苑产业区、滨海科技园、南开科技园、武清开发、北辰科技工业园和塘沽海洋科技工业园六个园区组成。其核心区域华苑科技园、滨海科技园位于天津市西南部和东部，是天津经济发展的双子星座。2001年，被科技部评为"国家先进高新技术产业开发区"；2005年，被国家知识产权局批准为全国首家"国家知识产权试点园区"；2009年，成为国家科技部首批创新型科技园区建设试点单位之一。

多年来，天津滨海高新区把抓大企业、龙头企业作为招商工作的主攻方向，突出国际化、专业化的招商特色，全力构建"产业招商、以商招商、科技招商、中介招商"的招商工作新格局；以完善产业链和壮大产业集群为目标，重点围绕新能源、生物医药、总部经济、软件及动漫等产业引进一批行业龙头企业和关键项目；积极吸引国内外著名高科技企业在园区建立地区或全球研发中心；加大引进知名外资企业的工作力度；强化引进战略性新兴产业和新型业态的意识，并致力建设我国自主创新和高新技术研发高地、科技创业者的乐园、科技人才的理想憩息地，进而成为引领全球科技及新技术产业发展的龙头以及支撑中国第三增长极的重要创新极。

为了促进优势产业聚集，2012年天津滨海高新区以高标准做好新能源产业聚集区产业发展规划，把握产业发展规律，抢占产业发展的战略制高点，建成国家新能源高技术产业化基地、技术和产品创新中心、新能源产品应用示范中心，在新型动力电池、薄膜太阳能电池、风电机组等领域形成技术领先优势，在我国新能源产业的发展、技术进步、推广应用、信息交流和商业模式创新等方面发挥重要作用。2013年，天津滨海高新区实现总收入5570亿元。核心区完成地区生产总值830亿元，实现了两年翻一番，继续保持了在全市各区（县）、功能区排名第3位的优势；注册口径工业总产值突破1000亿元大关，达到1020亿元，增速连续8个月超过

100%，始终保持全市第 1 位。天津滨海高新区目前已形成新能源、软件及高端信息制造、生物技术和现代医药等具有较强竞争力的优势主导产业。

2015 年，天津滨海高新区主要经济、技术指标全面进入先进高新区行列，引进和建设高水平研发机构 150 家，集聚和培育 1 家以上产值超过 100 亿元级高科技企业、50 家 10 亿元级企业和 5000 家创新型科技小巨人企业，各类上市企业数量达到 50 家以上，经认定的高新技术企业占园区企业总数的比例高于 50%，高新技术企业营业总收入占园区营业总收入的比例高于 60%，每万人拥有专利数超过 200 件，形成拥有自主知识产权的拳头产品 500 多个。天津滨海高新区目前正向建设创新型科技园区、成为支撑中国第三增长极的创新极迈进。

（二）发展经验

1. 重视中小科技企业，培育壮大市场主体

企业是创造财富的主体，也是技术创新的主体。天津滨海高新区坚持一切工作围绕企业、全部精力投向企业，实施初创企业孵化、小规模企业促进和成长性企业加速发展等举措，既培育了一大批创新能力强的高成长性企业，又聚集了一批懂技术、会经营、善管理的企业家队伍。在这个过程中，天津滨海高新区特别重视中小科技企业，因为科技创新和中小企业有密切的联系，相对来说中小企业相较于大型企业更具有创新的动力。虽然大型企业创新的技术力量是具备的，但是可能没有创新的动力，因为创新有可能会影响到自己的垄断地位。为此，天津滨海高新区紧紧抓住天津市确定的大力发展"大企业、科技小巨人、楼宇经济"的方针，在中小科技企业的培育和促进上下了大功夫。

2. 重视招商作用，大力发展战略性新兴产业

多年来，天津滨海高新区加强对高新区产业规划、产业布局等实施宏观指导，注重通过招商等措施，选择战略性新兴产业加大发展力度，并努力使之成为主导产业。在具体形成的路径上多管齐下，即利用国际市场的产品优势、资金优势、信息优势、市场拓展优势招商引资，互利互惠，在高新区共同发展；争取国家"863"计划和重点科技攻关计划等产生的高科技成果落户园区，并使之在区内实现产业化；通过创业服务中心等各类科技企业孵化器建设，逐步把很多自主创新项目落户高新区。同时，加大财税金融等政策的扶持力度，引导和鼓励社会资金投入。设立战略性新兴产业发展专项资金，建立稳定的财政投入增长机制。制定完善促进战略性新兴产业发展的创新支持政策。鼓励金融机构加大信贷支持，发挥融资功能，大力发展创业投资等。

3. 重视文化方面的建设

天津滨海高新区之所以能够在全国高新区阵营中颇有实力和独树一帜，就是因为其文化中崇尚创新精神、竞争精神、冒险精神和企业家精神。这种文化存在于管理人员、工程师、技术人员和熟练工人的价值观与生活方式之中，并构成了制度。国际经验也证明，世界上技术的革命常常与某种特定文化和制度的出现有关，这种文化和制度往往是创新能力的重要组成部分。正是这些积极向上的文化和制度，才能营造出天津滨海高新区良好的创新氛围，从而推动高新区走向成功并快速发展。

4. 重视区校战略合作，探索多种产学研深度结合的有效模式

多年来，天津滨海高新区积极推进与高校、科研院所和大型企业的全面战略合作，通过共建公共研发平台等手段，联合促进重大科技创新和产业化项目落地。同时，他们还积极探索高校、科研院所科技成果技术转移和产业化的有效机制。支持高校师生在高新区创新创业。引导高校、科研院所围绕经济社会发展的重大科技问题开展创新。鼓励高校、科研院所改革技术成果管理制度，推动技术成果转移转化。鼓励智力要素和技术要素以各种形式参与创新收益分配。进一步界定和明晰高校、科研院所科研成果的所有权、使用权、收益权等相关权属，完善相关技术成果的评议、定价、收益分配机制等。

四 武汉东湖、天津滨海高新区发展情况

（一）经济规模稳步增长，支撑作用逐渐显现

自 2009 年以来，武汉东湖高新区在科技部的排名从第 10 位上升到第 4 位。目前，累计注册企业 2.37 万家，高新技术企业 481 家，其中世界 500 强企业 61 家，上市公司 32 家，新三板挂牌企业 29 家。平均每个工作日注册科技类企业 12 家。

（二）创新能力显著提升，产业结构不断优化

武汉东湖高新区是中国第二大智力密集区。2012 年专利申请量达到

10365 件，占武汉市专利申请量的 43%。在科技部公布的全国高新区评价中，东湖高新区综合实力居全国第 4 位（北京、上海、深圳分列前三位），技术创新能力排名第 2 位（北京为第 1 位）。东湖高新区高新技术产业发展迅速。2012 年，光电子信息、生物、高科技服务等主导产业同比增长30% 以上。高技术服务业产值达 1002 亿元，成为高新区第二个千亿元产业。光谷生物城跻身全国生物产业基地前三名。

（三）制度环境日益改善，发展模式各具特色

东湖高新区主导产业与北京中关村类似，但该区通过体制机制创新，注重人才引进、资本集聚、政策扶持及创新创业平台搭建等举措，实现了该区特有的发展模式和强有力的竞争优势。中关村高新区一直以来秉承创业型发展模式，通过加快自主创新，吸引人才集聚，依靠其发展基础和总部经济的优势，在电子信息产业方面遥遥领先。天津高新区注重科技创新、自主研发和中小科技型企业的引进，尤其是对生产性服务业企业的引进，有力地支撑了天津滨海高新区制造业及战略性新兴产业的快速发展。

第二节　武汉东湖、北京中关村、天津滨海高新区与辽宁省高新区的比较分析

一　经济总量与这些高新区差距明显

从高新区营业总收入看，2012 年沈阳高新区为 2288 亿元，仅为北京中关村（25025 亿元）的 9.1%、武汉东湖高新区（5007 亿元）的 45.7%、天津滨海高新区（4602 亿元）的 49.7%；大连高新区（2072 亿元）仅为北京中关村的 8.3%、武汉东湖高新区的 41.4%、天津滨海高新区的 45.0%。从高新区工业总产值看，2012 年沈阳高新区实现 1917 亿元，仅为北京中关村（6495 亿元）的 29.5%、武汉东湖高新区（4013 亿元）的 47.8%、天津滨海高新区（2620 亿元）的 73.2%；大连高新区实现工业总产值 1547 亿元，分别为北京中关村、武汉东湖和天津滨海高新区的23.8%、38.5% 和 59.0%（见表 10 - 1）。

表 10-1 2012 年辽宁省高新区与先进高新区经济总量比较

单位：亿元

名称	营业总收入	工业总产值
北京中关村	25025	6495
天津滨海高新区	4602	2620
武汉东湖高新区	5007	4013
辽宁高新区	7483	6342
沈阳高新区	2288	1917
大连高新区	2072	1547
鞍山高新区	1736	1513
营口高新区	436	448
辽阳高新区	788	762
本溪高新区	163	155

资料来源：科技部火炬高技术产业开发中心，《2012 年国家高新区综合发展与数据分析报告》，《中国科技产业》2013 年第 11 期。

此外，全省 6 家国家高新区营业总收入为 7483 亿元，不到北京中关村的 30%；工业总产值实现 6342 亿元，仅为北京中关村的 98%。由此看出，辽宁省国家高新区与先进地区的差距十分明显。

二 经济增长速度落后于这些高新区

2010~2012 年，沈阳、大连高新区在营业总收入和工业总产值增长速度上明显落后于北京中关村、天津滨海高新区、武汉东湖高新区。从工业总产值的增长率看，沈阳和大连分别为 12% 和 13%，明显落后于武汉东湖高新区、天津滨海高新区和北京中关村（见表 10-2）。

表 10-2 2010~2012 年辽宁与部分国内国家高新区经济增长速度比较

单位：亿元，%

名称	营业总收入				工业总产值			
	2010	2011	2012	年均增长	2010	2011	2012	年均增长
北京中关村	15939	19646	25025	25	4988	5832	6495	14
天津滨海高新区	3016	3619	4602	24	1845	1923	2620	19
武汉东湖高新区	2926	3810	5007	31	2509	3191	4013	26

续表

名称	营业总收入				工业总产值			
	2010	2011	2012	年均增长	2010	2011	2012	年均增长
沈阳高新区	1815	2178	2288	12	1522	1827	1917	12
大连高新区	1625	1883	2072	13	1220	1405	1547	13

资料来源：科技部火炬高新技术产业中心，《2012 年国家高新区综合发展与数据分析报告》，《中国科技产业》2013 年第 11 期。

三 经济外向度明显不足

2012 年，沈阳和大连高新区出口总额分别为 20.4 亿美元和 72.5 亿美元，均低于北京中关村（261.7 亿美元）、天津滨海高新区（88.1 亿美元）和武汉东湖高新区（88.1 亿美元）。尤其是沈阳高新区经济发展的外向度明显偏低，与同为内陆区域的武汉东湖高新区相比，其出口额仅为武汉东湖高新区的 1/4，经济的国际化程度不够高。

第三节 武汉东湖高新区、北京中关村、天津滨海高新区给辽宁省高新区的启示和建议

一 工作建议

尽管辽宁省高新区与一些先进高新区相比，在技术创新能力、管理水平和体制机制创新、产业结构和企业聚集度等方面存在很大差异，但应该看到，经过多年的发展，辽宁省高新区在产业基础、人才集聚、园区建设等方面还是取得巨大成效，在新一轮的发展中，辽宁省有发展高新技术产业先导区、示范区、辐射区和产出区的优势。为此，辽宁省应树立信心，以"问题倒逼"推进改革创新，抓住难得机遇，承担新的使命，在全省上下形成鼓励创新的氛围，不断激发工作活力和发展动力，推进辽宁省高新区实现新发展、新跨越，为辽宁省科学发展、和谐发展、创新发展做出更大的贡献。在具体工作中，建议从以下几个方面着手。

（一）在政策法规制定方面

省委、省政府出台文件，或召开全省高新区建设工作会议。要求全

省各个市委、市人民政府深入学习贯彻落实 2012 年省委、省政府出台的《关于加快推进科技创新的若干意见》、2013 年出台的《促进高新区发展的意见》和 2014 年省人大出台的《自主创新条例》等文件，为实现省委、省政府提出的促进高新区转型升级、把高新区建设成高水平创新型区域的重大战略部署，到 2017 年工业总产值超过 2 万亿元和高新技术产品产值超过 1 万亿元，新建公共研发服务平台 20 个、孵化器及标准化厂房 1000 万平方米的目标而努力。同时，通过出台文件或召开全省高新区工作会议，明确高新区建设的责任主体，形成共识，营造良好的发展氛围。

学习外省经验，设立省高新区产业发展引导资金，制定《辽宁省高新技术产业开发区产业发展引导专项资金管理办法》。同时推进辽宁省各市科技局会同市财政局，出台一些支撑高新区快速发展的体制机制等系列政策，如股权激励、技术入股、技术市场、非上市股份有限公司股份代办转让试点、个税减免等政策。特别是要解决辽宁省高新区发展中遇到的资金、土地、项目等难题。要下大力气解决这些问题，就要从创新的角度研究，想方设法解决问题。总结规律，不断营造有利于高新区创新发展的社会舆论氛围，特别是要把高新区建设成金融服务的绿色通道。

（二）政府宏观管理指导方面

1. 设立三类园区

沈阳和大连高新区要在新的起点上，把握机遇，实施顶尖设计，在"自主创新示范区"和"未来科学城"建设上有所突破；其他国家高新区在"高"和"新"的建设上下功夫，注重自主创新，在发展高新技术产业，转型升级方面有巨大的进展。省级高新区，要更多注重挖掘资源，合作创新，协调发展，在创新发展中取得新突破。

2. 搭建高新区合作平台，成立发展联盟

取长补短，携手共进。省政府一些职能部门，要与市有关部门积极沟通，完善政策体系，推动各市将高端人才、创新资源、重大项目、土地供应、财政资金、服务资源等向高新区倾斜与集中，为高新区发展争取条件，为高新区发展营造良好的环境。

3. 调动科研人员积极性

在辽宁省高新区中大规模建设孵化器。辽宁省高新区要取得辉煌的成就，孵化器建设是其中的关键。孵化器通常是新兴产业和新业态的发源地，形成以大带小、以小促大的大中小企业协同发展格局；充分挖掘各地方优势资源，如科技、人才、信息、区位甚至文化等资源，孵化出更多企业，为做强做大特色产业奠定基础。

（三）在体制机制创新方面

政府要从管理型变为服务型，实施一站式服务，简化办事程序；下放管理权限，缩减审批环节，实现以园区发展带动周边区域就业和公共服务设施的完善，以周边区域发展服务园区发展，为园区拓宽发展空间和为入区企业提供产业和生活配套，吸引国内优秀园区运营公司，投资开发项目或建设专业园，鼓励民营资本进入高新区孵化器、加速器和园区建设中。

（四）在创新文化建设方面

1. 推动辽宁省高新区转型升级、快速发展

建立有效的创新理念和工作机制，定期对高新区管委会的主要领导进行培训，提高其创新理念和工作素质；定期开展高新区发展论坛、海外行等各类交流活动，并完善全省高新区创新文化的宣传。

2. 加强创新创业文化建设

大力营造"鼓励创新，宽容失败"的创新氛围，提升高新区创新创业活力，集聚一批具有"锐意创新、勇于冒险、开放合作、敬业敬职、百折不挠、回报社会"的人才在高新区工作。

3. 提高队伍水平，进一步加强辽宁省高新区"班子"建设

国际经验证明，世界上的技术革命和产业发展常常与某种特定队伍的文化和水平有关。只有高新区的管理人员、工程师、技术人员和熟练工人的价值观与工作方式发生变化，高新区建设才能有实质性的推动。为此，加强队伍特别是"班子"建设是目前一项非常重要的工作。

第四部分

保障措施篇

第十一章

资源型地区发展战略性新兴产业的政策保障

第一节　政策创新规律及其实行的必然性

一　政策创新规律

政策创新主要包括五个方面内容，即理念创新、举措创新、方法创新、功能创新和形态创新，这五个方面互相关联，具有一定的内在规律性。其中理念创新是政策创新的先导。所谓理念创新，主要是指对事物及其规律性的新认识或认识的深化。这种新的认识或认识的深化一旦被政策制定者所接受，就将成为政策创新的源泉。[①] 举措创新是政策创新的核心，新的政策理念需要通过实施新的政策举措来体现。方法创新是政策创新的关键，方法创新与政策研究制定中的理念和举措创新是相辅相成的。功能创新是政策创新的出发点，其核心内容是推动新的体制和机制的形成。形态创新是政策创新的重要体现，其主要内容是保持政策形态规范性与形式灵活性的统一。

二　资源型地区实行政策创新的必然性

（一）从国民经济战略性发展的战略高度，重视资源型地区政策创新的发展

资源型地区为我国建立独立完整的工业体系，加速工业化进程，促

---

① 李强：《地方政策创新的规律和重点》，《人民论坛》2010 年第 6 期。

进经济发展、社会进步和改善人民生活做出了历史性的贡献。然而，随着资源的日益枯竭，资源型地区经济的转型发展迫在眉睫。进入 21 世纪，科技革命和产业变革日新月异，新兴产业不断在世界范围内引起重视和崛起。

由于资源型地区是资源类产品的生产供应基地，其发展对我国原料工业和整个国民经济发展具有重要的支撑作用。所以资源型地区的经济转型发展在我国国民经济结构调整中具有重要的位置。20 世纪 80 年代以来，我国针对沿海开放经济地区制定和实施了一系列政策，极大地促进了该地区经济的发展，加速了改革的进程，取得了巨大的成就。新时期，在东北老工业基地振兴战略的推动下，国家出台了相应的政策和规划，以政策创新加大对资源型地区的支持力度，推动地区新兴产业的发展。一是针对资源型地区发展的实际，实施一系列相应的优惠政策，大力促进地区新兴产业的发展。二是对于部分已陷入严重发展困境的资源型地区，合理规划地区的产业发展，实现地区新的经济增长活力。

（二）从社会稳定发展的战略高度，重视资源型地区政策创新的发展

由于大部分资源型地区最初由矿区演变而来，地区的主导产业以资源开发和原材料初级加工为主，其他非主导产业发展薄弱，致使当地劳动者的劳动技能和就业格局单一。随着资源型地区资源的萎缩枯竭，传统产业的日渐衰退，资源型地区的社会发展面临基础设施落后、投资环境差、社会保障体系的覆盖范围相对较小，企业负担沉重，职工技能单一、文化程度不高、再就业困难，下岗职工基本生存和生活条件得不到保障等一系列问题。社会困难群体容易引发群体性事件，激化社会矛盾，增加社会的不稳定因素。因此，资源型地区的转型发展应以生存、稳定为首要目标，首先解决下岗职工的再就业、保障职工温饱基本生活，只有这样才能确保资源型地区的发展有一个稳定的社会环境。同时还需要建立社会最低保障制度，扩大社会保障体系的覆盖范围，保障职工的基本生活权益。此外，实施积极的职业培训和再就业政策、注重资源型地区环境的改造等。所有这些举措是保障资源型地区社会稳定发展的重要政策支持。

（三）从生态环境发展的战略高度，重视资源型地区政策创新的发展

由于长期以来，高耗能、高污染的资源型产业一直为资源型地区的主

导产业，因此资源型地区的生态环境破坏程度一直比其他地区严重。长年的开采、加工造成资源型地区地表塌陷，废水、废气、废渣排放污染严重，地质环境遭到破坏，地质环境日益恶化，严重影响了当地居民的正常生产和生活。地方政府的忽视和有限的污染治理投入，使资源型地区的生态环境一直没有得到有效改善。政府要从可持续发展的角度，协调处理好资源、经济与生态三者之间的关系。通过实施环境保护立法、建立监督机制、设立环境专项基金等举措，从源头上加大污染的控制力度，积极整治现有的污染，不断减轻地区污染程度，加强生态环境的恢复与建设，防沙治沙、退耕还林。政府只有建立规范、合理的权益分配机制，严厉的奖惩机制，良好的服务体系，才能有效地处理好经济、社会与资源、环境之间的关系。

第二节 资源型地区发展新兴产业的国际政策比较

资源型地区的可持续发展是世界各国在推进工业化进程中不可避免的共性问题。20 世纪 80 年代以来，德国、日本、法国、英国等发达国家通过政府干预、发挥市场调节机制、调整衰退传统产业、扶持新兴产业等举措进行积极的探索和尝试，以摆脱"资源枯竭"的魔咒。

一 德国鲁尔区的转型发展

德国鲁尔区是德国最重要的工业基地之一，其经济转型大致经历了三个阶段。经过 50 多年的经济结构调整和转型，在德国政府和社会各方面资金、技术等力量的扶持下，鲁尔区由"炼钢中心"逐步变成了一个传统产业与新兴产业相结合，多种产业协调发展的新型经济区。

（一）政府出台优惠政策大力扶持

政府积极制定各种优惠政策，改善鲁尔区的投资环境，鼓励新兴产业企业在鲁尔区投资落户。一是提供优惠的商业用地。鲁尔区繁华地段土地售价约为每平方米 100 马克，一般地段售价为每平方米 57 马克，仅是慕尼黑土地价格的 1/10。鲁尔区写字楼每平方米月租金为 16 马克，仅为柏林租金的 1/3。二是政府提供资金补贴。从 1985 年起，鲁尔区分 5 个阶段，投资 1.3 亿马克建设了一个技术园。其中 9000 万马克的建设费用是由欧盟、联邦政府和州政府资助的。[①] 同时，为帮助鲁尔区的经济转型发展，德国联邦政府协调银行对煤矿区提供 9 亿马克的低息贷款。三是出台优惠政策扶持科技型企业，重视生物、信息和环保等创新企业的发展。1972～1980 年，政府先后为 3.5 万个新投资项目提供了 890 亿马克的经济补贴，创造了 66 万个工作岗位。[②] 此外，德国北威州规定，凡是生物技术等新兴产业企业在北威州投资生产，将给予一定比例的经济补贴，其中小型企业给予 18%、大型企业给予 28%。截至 2000 年，德国拥有约 330 家生物技术企业，其中有 1/3 在北威州。

（二）确立新兴产业发展方向

1979 年，德国政府协同各相关方面，制定了"鲁尔行动计划"。通过经济、资金、技术等方面的资助，支持鲁尔区重点发展第三次产业革命所形成的新技术，大力发展新兴产业。政策方面的支持与倾斜，推动了该地区生物、信息、环保、新能源等新兴产业的发展。20 世纪 90 年代以来，鲁尔区新兴产业发展迅猛。以信息技术领域为例，1994～1997 年，北威州的软件企业数量增加到 2720 个，是原来的 10 多倍，其中鲁尔区聚集了绝大部分新兴企业。

（三）完善基础设施建设，注重环境改造

1. 完善交通运输网

对原有交通线路进行技术改造，修建高架铁路和高速公路，使区内任何地点距高速公路都不超过 6 公里。同时在最大限度发挥本地水运优势的基础上搞好水陆联运，加强南北交通线路的建设，把全区彼此分割的工业区和城市紧密结合起来。[③] 这为鲁尔区日后的复兴发展奠定了牢固的基础。

2. 注重环境建设改造

政府通过出资购地、恢复地貌、回收有害气体、净化污水、建立烟囱自动报警系统、植树造林等举措，有效控制污染，改善当地环境。

---

① 吴春莺：《我国资源型城市产业转型研究》，哈尔滨工程大学博士学位论文，2006。
② 李洁：《资源型地区转型的国际比较——基于比较历史制度分析的视角》，经济科学出版社，2013。
③ 吴春莺：《我国资源型城市产业转型研究》，哈尔滨工程大学博士学位论文，2006。

（四）注重产、学、研的紧密结合

德国鲁尔区的大学和科研机构注重研究成果转化，积极帮助企业将科技成果转化成生产力。同时，企业也注重自身技术研发创新能力的培养，大多数企业拥有独立的科研机构，并依据市场发展和自身特点，量身定制科研计划，实现产、学、研的紧密结合。鲁尔区拥有 15 所高等院校、6 个著名的科研机构、69 个技术中心，其中起技术推广作用的有 55 个，企业孵化器有 14 个，科研基础雄厚。此外，政府在多特蒙德、波鸿、埃森、哈根和杜伊斯堡之间建立了一条横贯全区的"技术之路"，将区内的经济中心和研究中心连接起来，加快科研成果的应用，并建立"鲁尔区风险资本基金会"和新技术服务公司，为新技术企业提供资金和咨询。[①]

（五）妥善安置下岗职工，加强职业培训

由于煤炭、钢铁等传统企业转型发展，鲁尔下岗失业人员较多。针对这些工人技能单一，不适应新兴产业发展的需要。政府在提供失业保险金的前提下，为青年矿工转岗培训提供"转业培训津贴"。一是政府资助矿区工人转岗培训的全部费用。同时，培训中心与地区招工局合作，向培训者提供至少两个就业资源。二是政府对提供就业岗位的企业提供资金援助，每个就业岗位补助企业 5 万马克。在政府的大力推动下，1986～1989 年，鲁尔区接受较高教育的就业人数增加了 2.8 万人，其中拥有大学本科及以上学历的就业人数为 0.9 万人，拥有大专学历的就业人数为 1.5 万人。1992 年，接受在职培训者占全部就业人数的 8.1%，远高于 1978 年 6.5% 的水平；同期有 70% 的在职职工接受了系统的"上岗"培训。[②] 高素质的人才为鲁尔区企业参与区域经济竞争储备了大量的人力资本。

（六）积极发展工业旅游和文化创意产业

鲁尔区实现转型发展的特色产业是工业旅游和文化创意产业。鲁尔区将原来老矿区的遗迹，比如废弃建筑物、废弃机器设备等改造成工业博物馆、艺术展览馆以及公园等文化艺术景区，开发当地的工业遗产旅游资源。比如，将老旧厂房修建成工业博物馆或艺术展览馆，将高炉墙修建成

① 李洁：《资源型地区转型的国际比较——基于比较历史制度分析的视角》，经济科学出版社，2013。

② 吴春莺：《我国资源型城市产业转型研究》，哈尔滨工程大学博士学位论文，2006。

攀岩运动场所,将废弃钢铁厂、煤矿改造成科学公园或技术公园等。1998年,鲁尔区规划了一条区域旅游线路,名为"工业遗产之路",该线路包括 6 个国家级博物馆、12 个典型工业城镇和 19 个工业旅游景点,覆盖全区旅游景点。

二 日本北九州地区的转型发展

日本北九州作为历史悠久的重工业基地,曾是日本最大的钢铁基地和四大工业区之一。20 世纪 60~80 年代,北九州老工业基地进行改革。在原有以煤炭、钢铁、化学工业、造船等重化工业为主体的产业基础上,大胆革新,积极发展高新技术新兴产业,使之成为日本新的重要的高新技术产业区。日本北九州目前的主要产业是电子、汽车、半导体、物流、环保等产业。新兴产业的蓬勃发展在带动北九州投资增长的同时,也恢复了地区经济增长的活力。

(一) 政府出台了一系列调整政策

1. 制定煤炭产业政策

为推动北九州经济的转型发展,1961~1991 年日本政府先后 9 次制定煤炭产业政策,实施一系列相关配套措施,制定相关法律法规和振兴计划,比如《煤炭地域振兴基本计划》《产煤地域振兴临时措施法》《煤炭地域振兴实施计划》等。

2. 政府出台财政支援政策

地方财政支援政策包括产煤地域振兴临时支付金、产煤地域开发事业费补助金和地方支付税特例三种。①

3. 制定开发区的优惠政策

政府在北九州建设了一批现代工业园区,并在财政、税收、金融、土地等方面出台了一系列优惠政策。在融资方面,通过长期低息、长期低利转让等方式帮助进入产煤地域的企业进行资金融资;在税制方面,减免地方税,对产煤地区的中小工商业企业实施特别贷款对策及信用保险措施、简化设立企业各种手续、产煤地区投资企业快速折旧政策、减少对企业卖

---

① 吴奇修:《我国资源型城市竞争力的重塑与提升》,中南大学博士学位论文,2005。

掉陈旧设备课税、促进企业技术更新等。①

（二）积极发展新兴产业，产业结构多元化发展

政府根据北九州的自然条件、区位优势和客观现实情况，重新定位北九州的产业结构，积极促进高新技术产业发展。20 世纪 60 年代，北九州利用自身优势，发展集成电路（IC）产业。IC 产业在带动地区经济发展的同时，逐渐发挥出集聚效应，带动了日本电气、东芝、松下、索尼、富士通等一大批公司在北九州的落户。大企业的投资建厂又加速了相关研究机构、开发基地的集聚，从而为北九州高新技术产业基地的形成奠定了基础。

（三）创新发展模式

北九州注重政府、企业和科研机构间的紧密配合，以了解企业实际发展需求、介绍相关科研院所、提供双方交流途径、指导科研发展。日本独创的"产、学、官"和"科技城"发展模式为北九州吸引了大批世界知名研究机构和高新技术企业，带动了北九州新兴产业技术升级和创新的发展，加速了科技成果向现实生产力的转化，使北九州逐渐成为新兴产业发展的基地。

（四）建立生态工业园区，大力发展循环经济

政府出台了一系列法律严格要求环境保护，同时动员企业、民众等社会各方面力量共同开展环境的改善和治理工作。政府积极培育和引进环保产业，在北九州组建多个生态工业园区，强化资源循环再利用，大力发展循环经济，以改善北九州的环境。

（五）安置培训下岗再就业人员

一是政府提供培训费用和生活补贴金。对于下岗失业的人员，政府提供培训费用，培训费用为一年工资的 2/3 或 3/4。此外，以 3 年为期限，在找到新工作前，被培训人员每月可以免费领取生活补贴金。二是政府提供特别贷款政策，企业一旦雇用失业人员，政府可以为企业提供 40% 的低息贷款。三是政府给予一定的补助。政府根据企业雇用失业人员的数量给予相应的补助，通过提供各种优惠政策，鼓励当地企业吸纳更多的下岗人

① 吴春莺：《我国资源型城市产业转型研究》，哈尔滨工程大学博士学位论文，2006。

员再就业。

三　法国洛林地区的转型发展

法国洛林工业区是法国最重要的钢铁和煤炭工业基地，位于法国的东北部，其产业结构与中国东北辽宁省等资源型城市的产业结构相似。20 世纪 70 年代初，法国对洛林工业区的传统产业进行了较为彻底、激进的改造。通过注重高新技术等新兴产业的培育发展，帮助洛林地区迅速脱离困境，重新焕发经济活力。经过 40 多年的改造，洛林地区由一个依赖钢铁和煤炭等资源开发的重工业基地转变成以发展汽车、电子、塑料加工等新兴产业为主，生态环境优美的新兴工业区，成为法国吸引外资的最主要地区。

（一）政府制定各种优惠政策，吸引外资入驻

政府出台了一系列优惠政策包括土地、税收、设备、就业补贴等，吸引外资入驻工业园区，帮助洛林地区进行工业转型。比如土地价格低廉，在洛林地区建厂土地的价格仅相当于德国的 $1/6 \sim 1/5$，同时地方资助 50%；厂房建设可以得到 20% 的资助；对在以前的矿区建厂，国家还以更多的资助作为鼓励；在原有矿区办厂，国家给予 5 年免税待遇;[①] 在设备方面，可以得到 15% 的资助；投资额达 4000 万法郎，新创 40 个就业岗位为特大项目，可以得到 25% 的资助；政府帮助新建企业按岗位要求进行劳动力培训，规定每雇用一个本地劳动力可得到 3 万法郎的资助。[②] 优惠政策提高了洛林地区对外开放程度，吸引了外资的入驻。目前，在法国投资的外商有一半聚集在洛林地区。

（二）扶持发展新兴产业

1981 年，法国制定了《科学研究和技术开发指导与规划法》，规定政府对非军事类科研经费的投资每年递增 17.8%，仅在电子工业方面就计划在 5 年内动员 200 亿美元的投资。[③] 政府的推动与重视，促进了洛林地区

---

① 国家经贸委企业改革司考察团：《法英两国煤矿关闭思路及启示》，《煤炭经济研究》2002 年第 4 期，第 75 ~ 78 页。

② 辽宁工业转型研究课题组：《借鉴法国洛林经验加快辽宁工业转型》，《中国软科学》1998 年第 10 期，第 99 ~ 103 页。

③ 刘力钢、罗元文等：《资源型城市可持续发展战略》，经济管理出版社，2006，第 142 页。

新兴产业的空间集聚发展。计算机、生物制药、激光、电子信息等新兴产业在洛林地区培育发展起来。目前，洛林地区汽车工业成为支柱产业，其产值占当地国民生产总值的 30%，计算机、生物制药、激光等高新技术产业产值占该地国民生产总值的 15% 以上，高新技术等新兴产业发展态势良好。

（三）大力扶持中小企业发展

1. 为中小企业提供创业资助

在洛林地区创建雇员不足 15 人的小型企业，可得到 1 万~2 万法郎的创业补贴。当企业的新设备投资达到 3 万法郎以上时，若是生产性设备，可享受最高为设备投资额 30% 的地区补贴；若是服务性设备，补贴的最大比例可达 20%。[1]

2. 建立中小企业孵化器

中小企业孵化器（创业园）提供新公司成立初期的各种服务，是中小企业创业的实验场所。法国的创业园内有厂房、车间、机器、办公室等设施，配有专家顾问，可供创业者实习两年。一个中小企业孵化器每年大约扶持 20 个新企业创业，帮助 10 个企业转型。创业园为了给企业服务，每年要分别同 100 个科研单位、企业取得联系，同时与整个地区的技术转让网络建立联系，与所有的技术开发区都有联系。[2] 法国政府在洛林地区共成立了 16 个创业园，积极促进了洛林地区的工业转型发展。

（四）加强职业技术培训

根据产业发展和再就业人员的实际，政府组建了不同类型、层次和专业的培训中心，有针对性地进行专门培训。培训时间一般为 2 年，特殊岗位为 3~5 年，国家承担培训期间的培训费用和工资由企业支付。[3] 培训后有多达 100 种以上的职业岗位可供选择，90% 的人员能够重新就业。1982~1990 年，洛林地区共培训 17 万人次就业。职业技术培训不仅增加了职工的技能，提高了职业素质，而且为洛林地区的新兴产业发展奠定了基础。

---

① 袁朱：《英国、法国老工业区经济转型的主要对策及启示》，《经济研究参考》2004 年第 32 期，第 11~19 页。

② 辽宁工业转型研究课题组：《借鉴法国洛林经验加快辽宁工业转型》，《中国软科学》1998 年第 10 期，第 99~103 页。

③ 刘力钢、罗元文等：《资源型城市可持续发展战略》，经济管理出版社，2006，第 143 页。

四 英国伯明翰的转型发展

英国伯明翰作为英国制造业的中心,曾代表当时世界上最先进的技术和生产力。20世纪70～80年代,伯明翰开始进行转型发展。政府在宏观上对资源型地区的发展给予政策指导和鼓励,采取有针对性的引导投资政策、鼓励企业采用新技术进行升级改造、扶持培育中小企业发展等举措,促进了伯明翰地区新兴产业的发展。

(一) 明确政府职能,改善地区发展软、硬环境

政府逐步减少对资源型地区控制和干预的力度,通过实施宽松的财税政策,比如废除百余项限制经济活动规定、允许外国公司直接参加市场交易;废除了对产品价格的限制等,鼓励企业参与市场竞争,大力扶持发展私营企业,调动资源型地区企业投资和生产的积极性。同时政府注重伯明翰地区软、硬环境的建设。政府通过财政拨款修建基础设施,整治环境污染,改善居民生活环境。同时积极开展教育和技术培训活动,增强失业人员工作技能,促进地区新兴产业的发展。

(二) 改造升级传统产业,大力发展高新技术产业

一是逐步淘汰生产效率低、竞争能力弱、效益水平差、发展潜力小的传统产业。二是利用高新技术改造升级传统产业。从1968年开始,市政府投入巨额资金对传统产业进行升级和技术改造。通过更新生产设备,采用先进工艺增加产品的科技含量和附加值等举措,不断提升产品质量和生产效率,延长产业的生产价值链。三是大力发展高新技术产业。政府出台投资补贴、税收优惠、现金资助等优惠政策,比如重点发展汽车制造业和电子工程,如今伯明翰已发展成为汽车制造业中心。

(三) 政府积极培育发展中小企业

政府出台税收、金融、投资等一系列优惠政策,大力扶持中小企业发展。比如,减少中小企业所得税、资本所得税、法人税、投资特别税等;增加中小企业贷款额,帮助中小企业筹集资金;为中小企业的发展提供资本和技术咨询服务;等等。政府的大力扶持,带动了中小企业的快速发展。当前,英国中小企业的数量占到全部企业总数的96%。

（四）注重对居民的教育和素质的培养

政府注重对当地居民的教育和素质的培养，高度普及居民的高等教育，并将居民素质视为伯明翰地区经济文化发展的根本。伯明翰拥有众多英国著名高校，比如格林威治工学院、伯明翰大学等，学术氛围浓厚，为新兴产业的发展营造了良好的学术科研环境。此外，政府通过"就业培训项目"组织失业人员进行劳动培训，增加其工作技能，增加他们的再就业机会。

第三节　资源型地区政策创新及公共政策构建

一　资源型地区政策创新发展战略

资源型地区新兴产业的发展要充分利用国家经济结构调整和产业政策倾斜的时机，以政策创新为动力，以重大项目投入为支撑，不断推动地区产业的发展替代和经济的转型升级，大力促进资源型地区向创新型、特色型和综合型转变（见图 11 - 1）。

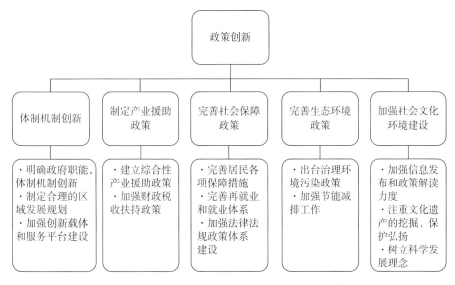

图 11 - 1　资源型地区新兴产业政策创新发展战略

二　资源型地区发展新兴产业的公共政策构建

（一）实施体制机制创新

1. 明确政府职能，实现体制机制创新

根据中共十八届三中全会全面深化改革的战略部署，大力推进转变政府职能，进行体制机制创新。根据《国务院关于深入推进实施新一轮东北振兴战略加快推动东北地区经济企稳向好若干重要举措的意见》（国发〔2016〕62号），东北三省政府要全面对标国内先进地区，转变以往政府在资源型地区干预过多的计划体制，进一步简政放权、管放结合、深化服务机构改革。推广建立"一个窗口受理、一站式办理、一条龙服务"的工作流程，提高效率。探索建立新的管理模式，即以政府的政策性条件为引导、以企业的信用承诺为保证、以有效监管约束为核心。此外，注重投资营商环境的优化建设，积极推进法治建设和信用建设，完善政府信用和法治机制。加大放宽外商投资准入标准，提高市场便利化程度，倡导公平开放、有序竞争。2016年，沈阳市政府将打造国际化营商环境确定为今后的工作重点。2016年11月，沈阳市委、市政府及各职能部门，针对现存的制约经济发展的各类障碍，在政务、市场、开放、设施、法制、要素和社会七个方面进行改革，试行企业投资项目承诺制；试行市场准入负面清单政策；建立与国际接轨的营商规则体系；以辽宁自由贸易试验区沈阳片区建设为契机，加快探索营商环境的法制化、国际化和便利化建设。目前，沈阳行政审批事项已削减至548项，并且全部实现集中办理。同时，沈阳市进一步优化审批业务全流程、推进审批网络全联通，要件审批削减幅度达31%、缩减时限达35%。

2. 制定合理的区域发展规划

在符合市场经济发展的基本前提下，政府不断发挥其宏观调控职能，根据资源型地区的发展实际，科学规划新兴产业的发展布局，确立新兴产业的发展方向、战略重点、目标任务、实施阶段、配套措施等。2010年2月，辽宁省发布了《辽宁省人民政府关于加快发展新兴产业的意见》，提出辽宁要重点发展九大新兴产业。2015年8月，辽宁省政府印发了《辽宁省壮大战略性新兴产业实施方案》（以下简称《实施方案》），对辽宁省战略性新兴产业的发展壮大进行了具体部署，明确了9

项保障措施，确定了辽宁省战略性新兴产业发展的重点产品和关键技术，以及依托的重点企业。《实施方案》提出力争到 2020 年，辽宁省战略性新兴产业主营业务收入占规模以上工业企业主营业务收入的比重达到 20% 以上。

此外，政府通过实施专项行动计划、专项资金等举措，积极培育区域发展新动能，加大对新兴产业的扶持力度。按照部署，东北地区实施了培育和发展新兴产业的三年行动计划，加大对东北地区信息产业发展和信息基础设施建设的支持力度，大力发展基于"互联网＋"的新产业新业态，支持打造制造业互联网"双创"平台，引导知名互联网企业深度参与东北地区电子商务发展，支持互联网就业服务机构实施东北地区促进就业创业专项行动。政府的宏观调控和专项规划，促进了地区资源的合理配置、利用与开发，壮大了区域的吸纳、辐射和扩散功能，有力推动了区域经济的转型。

3. 加强创新载体和服务平台建设，扩大开放合作平台

全面推进创新改革试验工作，加快国家自主创新示范区、"双创"示范基地、"双创"平台等服务平台的建设。根据国发〔2016〕62 号文件内容，深入推进辽宁沈阳全面创新改革试验，加快沈阳浑南区"双创"示范基地建设、沈大国家自主创新示范区建设；推进哈尔滨、长春等城市"双创"平台建设，支持吉林长春、黑龙江哈大齐工业走廊培育创建国家自主创新示范区；支持东北地区建立国家机器人创新中心；设立国家实验室、大科学装置等重大创新基础设施时，着重向东北地区倾斜。同时，鼓励地方设立新兴产业创业投资基金，开展金融改革试点工作。在中央预算内，投资设立东北地区创新链整合专项、支持东北地区开展科创企业投贷联动等金融改革试点。

同时，还要发挥区位优势，打造重点开发开放平台，扩大对外合作。在借鉴上海自由贸易试验区先进经验的基础上，做好辽宁自由贸易试验区的总体设计方案；加快中德（沈阳）高端装备制造产业园、珲春国际合作示范区建设；规划建设中俄、中蒙、中日、中韩产业投资贸易合作平台以及中以、中新合作园区；加快东北沿边重点开发开放试验区和边境经济合作区建设，支持跨境电子商务综合试验区建设。

（二）制定合理的产业援助政策

1. 建立综合性产业援助政策

政府根据资源型地区产业发展实际，将管理职能转移到建设和完善基础设施建设，提供公共服务，促进技术创新，保护生态环境，改善民生，提高社会保障力度等上来，建立推动资源型地区经济转型和可持续发展的综合性援助政策，保障政策的系统性、综合性和持续性。抓紧落实和推进"十三五"专项规划和东北地区等老工业基地振兴三年滚动实施方案，加快东北地区公路、高速铁路、机场、能源、农业、水利等重大基础设施项目的建设。加快东北地区电力体制改革专项工作方案的制定，建设新的特高压电力外送通道，切实降低企业用电成本。扩大电能替代试点范围，大力实施风电清洁供暖工程，积极开展光伏暖民示范工程等等。中央和各省级政府通过建立资源型地区转型发展专项资金，在利润分配和税收方面给予必要的政策倾斜等政策手段，建立促进资源型企业技术研发创新、改造与引进的技术支持政策，鼓励社会资源向新兴产业倾斜。比如，提高中央预算内资金补助比例，加大对东北地区农网改造升级工程的补助力度；出台倾斜政策支持东北地区棚户区改造、新型城镇化试点、老旧小区节能综合改造、重点城市燃煤机组改造等，使科技含量高、经济效益好、资源消耗低、环境污染少的新兴产业逐步发展成为地区的支柱产业和替代产业。

2. 加强财政税收扶持政策

充分发挥财政、税收、金融政策的调节作用，促进资源型地区新兴产业的可持续发展。一是各级政府通过财政参股、财政补贴、财政投融资等方式，重点扶持资源型地区新兴产业的发展。在国家财政的支持下成立资源型地区新兴产业技术研发专项基金，专款专用，用于资源型地区新兴产业技术研发、技术改造、创新项目的贷款和贴息。二是制定合理的税收优惠政策。相应调整资源型地区新兴产业企业的税收标准，建立新兴产业技术研发、新兴产业新增利润所得税、新技术推广投资税收减免政策等，大力支持资源型地区调整产业结构，发展新兴产业。三是出台促进资源型地区新兴产业发展的金融政策，比如减免地方税政策、长期低息贷款政策等。政策性银行通过放宽融资条件、延长贷款期限，降低利息水平、设立新兴产业发展专项资金等举措为资源型地区新兴产业的发展提供金融支持。支持金融机构加大对东北地区的信贷支持力度，对有市场、有效益、有竞争力的企业，应满足其合理信贷需求。支持东北地区企业和金融机构赴境外进行融资，支持东北地区探索发行企业债新品种，扩大债券融资规模，以此带动民间资本对东北地区新兴产业发展的支持。

（三）完善社会保障政策

随着资源型地区资源开发的日益枯竭，资源产业的日益衰落，失业和就业问题突出，大量居民生活贫困、生活环境恶化、环境污染严重等问题不断涌现。资源型地区的转型发展离不开完善的社会保障政策的辅助与保障。

1. 政府需逐步完善居民的各项保障措施

政府需逐步完善资源型地区居民医疗保险、养老保险、失业保险、工伤保险和生育保险等社会保障体系，扩大社会保险覆盖范围，积极推进各类困难群体参加社会保险，提高保障水平。设立资源型地区转型专项社会保障基金，以保障转型职工的基本生活需求和社会的稳定。同时完善建立社会最低生活保障体系和社会救助政策，国家对于下岗失业职工给予一定的经济补偿。逐步解决历史遗留问题，比如关闭破产集体企业退休人员参加医疗保险、"老工伤"人员纳入工伤保险等。[1]

2. 完善再就业和就业体系

一是大力扶持下岗职工再就业。健全东北地区创业服务体系，鼓励自主创业，支持服务业、中小型微型企业的发展。加强建立职业技能培训体系，重点扶持建设 50 个技工院校、100 个再就业培训基地和 200 个职业技能实训中心（基地）。[2] 建立专业化、信息化和产业化的人力资源服务体系，建立技术人才培训中心、新兴产业人才联合培养示范基地、公共技术服务平台等，加强对新兴产业职工的在职培训，帮助他们提高文化素质，掌握新兴产业岗位所需的实践技能。优先支持矿区失业人员、棚户区改造回迁居民等困难失业群体再就业。二是加强人才的培养和成长机制建设。积极开展紧缺急需和骨干专业技术人员的专项培训，培养发展骨干人才。

---

[1] 《国务院关于印发全国资源型城市可持续发展规划（2013～2020 年）的通知》，《辽宁省人民政府公报》，2014 年 1 月 8 日。

[2] 《国务院关于印发全国资源型城市可持续发展规划（2013～2020 年）的通知》，《辽宁省人民政府公报》，2014 年 1 月 8 日。

加强企业与各大高专院校的产学研合作，完善人才引进机制，培养符合新兴产业发展需要的工人和专业技术人员。三是完善人才激励和引进机制。建立新兴产业人才发展基地，支持引导企业和科技中介服务机构加大引进海外顶尖人才团队的力度，通过高薪高酬、股权、期权等多种激励机制，吸引新兴产业发展所需的科研、工程技术、管理、金融、市场营销等领域高端人才。

3. 加强法律法规政策体系建设

一是组织专门机构负责资源型地区法律援助事宜，出台资源型地区法律援助政策细则，包括法律援助规划、具体措施、援助对象、实施效果评价等，具体职责落实到专人。通过确立资源型地区援助政策的法律地位，来维护和保障资源型地区下岗职工、工伤残人员和特困职工等弱势群体的基本权利，确保援助政策的贯彻实施。二是完善知识产权保护的法律和政策体系。加强对战略性新兴产业知识产权包括新兴产业内新产品、新技术等保护政策的落实，逐步完善建设相关领域的知识产权保护法律法规和政策体系。加强知识产权保护措施的建设，探索知识产权监管的现代技术方法，规范执法行为，提高执法水平。三是建立知识产权保护的长效机制。通过构建知识产权维权援助体系、联席会议政策等举措，加强战略性新兴产业领域知识产权保护的发展建设，促进知识产权司法保护与行政保护的结合。

（四）制定生态环境治理和保护政策

资源型地区转型发展的基础是生态环境的治理和保护。

1. 出台治理环境污染政策，加强整治措施，加大处罚力度

按照"谁破坏，谁治理"的原则，对破坏资源、污染环境的行为严惩不贷。重点开展对抚顺市西露天煤矿区、阜新市海州煤矿区、鹤岗市岭北煤矿区等大型矿坑的治理工程，辽河油田盘锦油区地下水破坏的治理工程和葫芦岛市杨家杖子开发区钼矿区重金属污染的治理试点工程建设。同时加强对空气污染、江河流域水污染、天然林场的恢复与建设、防沙治沙、退耕还林等重点环境工程的治理力度。

2. 加强节能减排工作

加大煤炭、化工、建材、冶金、电力等行业落后产能、设备和工艺技

术淘汰力度,完善落后产能退出机制。[①] 积极推广重大节能技术产品的规模化生产和应用,组织实施节能重点工程;鼓励使用低碳产品,推广应用低碳技术;鼓励建立资源循环利用产业体系,促进高效产出。此外,要建立环境补偿机制。根据环境治理和修复程度科学制定环境补偿标准体系。通过合理利用资源开发环境治理金和环境恢复保证金来确保环境保护的成本与收益相一致。同时,建立环境保护与治理基金,用于共同环境的治理与保护,专款专用。

(五) 加强社会文化环境建设

营造良好的社会文化环境,吸引外部投资,是资源型地区新兴产业发展壮大的关键。一是及时加强信息发布和文件政策解读力度,组织各类媒体对资源型地区开展深度采访报道,营造良好的社会舆论氛围,增强发展信心。同时,对不实报道等负面信息,要及时快速反应、澄清事实,赢得公众的支持和理解。二是注重资源型地区工业遗产和精神文化遗产的挖掘、保护和弘扬。加强资源型地区工业文化遗产博物馆、纪念馆和教育示范基地的保护和建设。加大对资源型地区先进模范人物(如郭明义、马永顺等)事迹的宣传力度,弘扬他们爱岗敬业、勇于创新、艰苦奋斗的精神,为资源型地区的创新创业发展注入宝贵的精神动力。三是在全社会范围内树立科学发展理念,培养和加强开放意识、竞争意识和市场意识,倡导建立诚信创业、勤劳致富、团结互助的社会风尚。通过浓厚创业氛围的营造和文明社会环境的形成,全方位、多样化地促进资源型地区新兴产业的发展,形成全社会支持创新创业的良好发展氛围。吸引更多的企业在资源型地区进行投资、生产,进而加快区域产业链的集聚,丰富地区产业结构。

第四节 全国各地发展战略性新兴产业的方向和对策比较

全国各地发展战略性新兴产业的方向和对策比较见表 11 – 1。

---

① 《国务院关于印发全国资源型城市可持续发展规划(2013～2020 年)的通知》,《辽宁省人民政府公报》,2014 年 1 月 8 日。

表 11 – 1   国内各地发展战略性新兴产业的方向和对策

地区	主要方向	主要对策
北京	集成电路、信息安全、4G 移动通信、大数据与物联网、智能制造装备、新一代健康诊疗、新能源汽车、航空航天等	☆细化落地方案，实施好八大产业生态建设专项和五大行动； ☆运行好高精尖产业发展基金； ☆以北京经济技术开发区为核心，打造"中国制造2025"示范区； ☆全面调整企业技术中心认定管理办法，变"被动评"为"主动布"
天津	航空、航天、集成电路、高性能服务器、海洋工程、特高压输变电、大型工程机械、轨道交通、高档数控机床和自动变速器10个高端产业，智能终端、基础元器件、生物医药和健康 3 个具有比较优势产业规模，节能与新能源汽车、新能源、新材料、机器人、3D 打印、自主操作系统、国产数据库和软件8个新兴产业	☆构筑"10＋3＋8"新兴产业新体系； ☆依托滨海新区"双创"特区，建设一批产业创新中心和创新网络； ☆加快建设滨海工业云、企业云等公共服务平台； ☆落实"美丽天津·一号工程"，子牙国家"城市矿产"示范基地； ☆制定出台《关于支持企业通过融资租赁加快装备改造升级的实施方案》及配套政策
河北	先进装备制造、电子信息、信息服务、新能源汽车等	☆推进实施工业机器人、增材制造、高档数控机床等专项； ☆积极申报高端设备及重要零部件进口减免税项目； ☆加快建设石家庄集成电路封装测试基地，推广太阳能光伏应用示范
山东	新材料、新医药和生物、新一代信息技术、新能源和节能环保、高端装备制造、海洋开发等	☆探索建立新材料首批次应用保险补偿机制； ☆实施覆盖产品全生命周期的质量管理和追溯制度，保障药品质量安全； ☆加强物联网技术应用，分配推广智能工厂和数字化车间
青岛	轨道交通装备、新能源汽车、船舶海工与海洋生物医药、软件业、传感器及物联网、北斗导航、大数据、增材制造、工业机器人、石墨烯	☆创新开展"技术改造＋互联网"，强化专家诊断咨询服务、规划设计系统集成等专业机构智力支持； ☆大力发展工业设计，加快打造"中国工业设计名城"； ☆支持市中小企业云服务平台完善政务服务、融资服务、技术服务等12类功能
江苏	新能源、新能源汽车、智能电网、节能环保、高端装备、海洋工程装备、新一代信息技术和软件、物联网、云计算、新材料、生物技术和新医药	☆推进下一代信息网络在智慧城市、农村信息化等重点领域的应用示范和规模推广； ☆推动芯片、设备、系统、智能终端等的研发和产业化； ☆加快推进南京中电熊猫、昆山国显光电、无锡海力士等产业重大项目； ☆打造新兴产业交流平台

续表

地区	主要方向	主要对策
浙江	信息经济、高端装备、新能源、新材料等	☆规划建设杭州城西科创大走廊，全力建设杭州国家自主创新示范区，支持宁波创建国家自主创新示范区； ☆完善以"四换三名"为核心、"亩产效益"为导向的企业分类综合评价制度； ☆2016年继续安排战略性新兴产业相关专项资金5.4亿元
安徽	电子信息、节能环保、新材料、生物、新能源、高端装备制造、新能源汽车等	☆加快推进芜蚌新型显示、芜马合机器人两个国家级战略性新兴产业集聚发展试点； ☆以合芜蚌地区为依托，全面推进以"3个新体系和8个新机制"为重点的系统性、整体性、协同性创新改革试验
江西	光伏、电子信息、生物医药等	☆加强调度，摸清情况，完善统计，积极做好新兴产业经济运行分析工作； ☆出台江西省首台（套）重大技术装备保险补偿办法； ☆引导产业集群优化布局、完善公共服务，实现特色发展、错位发展
湖北	以电子信息、生物、先进制造和新材料四大产业为支撑，节能环保、新能源、新能源汽车竞相发展的格局	☆积极为企业提供简化审批、减免进口设备税收的咨询和服务； ☆建立"多中选好、好中选优"的项目竞争性分配遴选机制
湖南	先进轨道交通装备、工程机械、新材料、新一代信息技术产业、航空航天装备、节能与新能源汽车等汽车制造、电力装备、生物医药及高性能医疗器械、节能环保、高档数控机床和机器人、海洋工程装备及高技术船舶、农业机械	☆出台《支持先进轨道交通产业发展若干政策措施》； ☆举办湖南智能制造系列推进活动； ☆组织全省工业企业与省内外优秀互联网企业对接活动
重庆	电子核心基础部件、物联网、机器人及智能装备、新材料、高端交通装备、新能源汽车及智能汽车、MDI及化工新材料、生物医药、页岩气、环保等	☆按照见目标、见项目、见企业、见实效、见路径和见责任人的"六见"要求，明确责任清单，组织实施重点项目； ☆切实发挥战略性新兴产业股权投资基金示范带动作用，加快基金投资进度，2016年力争完成基金投资200亿元，带动社会投资1000亿元； ☆健全工业发展专项资金与工业税收同步增长的机制
贵州	生物医药、农特食品加工、有色金属及稀贵金属新材料、汽车及先进装备、石油及精细化工、电子信息产业等	☆完成《贵州省"十三五"新兴产业发展规划》编制； ☆通过贷款贴息、以奖代补、产业基金等方式，引导企业技术改造、信息化提升，推动清洁生产，技术进步、绿色发展； ☆支持企业拓展市场，发展电商平台，创新营销模式，组织企业参加有关会展

续表

地区	主要方向	主要对策
云南	生物医药、农特食品加工、有色金属及稀贵金属新材料、汽车及先进装备、石油及精细化工、电子信息产业等	☆提速发展生物医药产业，加快发展农特食品工业，大力发展有色金属及稀贵金属新材料产业，加速发展汽车及先进装备制造业，延伸发展石油及精细化工产业，快速发展电子信息产业
宁波	新材料、新装备、新能源、新一代信息技术、节能环保、生命健康、海洋高技术、创意设计	☆针对上海等地提出的全面创新综合改革试验区方案，研究提出宁波主动对接上海科创中心，打造开放型区域创新中心； ☆针对高端海工装备专业园等重点领域提出针对性的思路和建议，并根据国家发改委要求开展"一带一路"跨境电子商务相关问题研究，为下步发展理清思路
河南	电子信息产业、生物医药产业、节能环保产业、新材料产业和新能源产业	☆建立新兴产业发展工作机制，成立专门机构，组织专题研究，制定专项方案，拟于近期组织智能终端产业产销对接活动，成立智能终端产业联盟； ☆起草电子信息、汽车和新能源汽车、节能环保、医药等新兴产业年度行动计划； ☆实施"十百千"技术改造升级工程
山西	现代煤化工、高端装备制造、新能源、新材料等	☆落实"减负60条""工业19条"等举措，确保对新兴产业的各项惠企政策落到实处、取得实效； ☆做好项目储备，及时跟踪企业发展动态，对企业转型项目按照续建、新开、拟建分类做好项目储备，形成梯度推进、良性循环的技术改造项目储备机制
广东	高端新型电子信息、高端装备制造、节能环保、新材料、新能源产业、新能源汽车、半导体照明、生物产业	☆实施省新兴产业"双创"示范基地三年行动计划； ☆深入推进"中以合作产业园""中德金属生态城""佛山中德工业服务区"等创新平台建设； ☆推动粤港澳创新圈建设，深入实施"粤港创新走廊三年行动计划"和"粤港联合资助计划"； ☆建设"深莞惠河智能终端""广深惠新型显示""广深珠集成电路"等高端产业集聚区； ☆建设珠江西岸先进制造产业带
福建	新一代信息技术产业、新材料、高端装备、节能环保产业、新能源、生物与新医药、海洋高新等	☆贯彻落实福建省委、省政府《关于进一步加快产业转型升级的若干意见》《福建省实施〈中国制造2025〉行动计划》《福建省加快战略性新兴产业发展实施方案》； ☆完善创新驱动支撑平台体系； ☆加快研发成果产业化和实施示范工程
海南	医药制造业、互联网产业、低碳制造业等	☆加快新兴产业项目建设，完善多部门"大会诊"机制，及时解决项目建设问题； ☆推动互联网产业快速发展，推动医药产业快速发展，发展低碳制造业

续表

地区	主要方向	主要对策
辽宁	智能装备、航空航天装备、海洋工程装备、通用航空等	☆大力推动新兴产业发展，落实新兴产业三年滚动实施方案，明晰高端装备制造业转型升级的战略定位，瞄准智能化、高端化发展方向； ☆推进创新体系建设，推进创新平台建设，吸纳企业和科研院所参与省重大科技专项计划的决策和实施； ☆成立辽宁省新兴产业创业投资基金
吉林	先进装备制造、新能源汽车、电子信息、新材料、生物医药	☆重点培育发展新兴产业，突出发展节能与新能源汽车、先进轨道交通装备、航空航天装备、机器人与智能装备、农机装备、生物医药和高性能医疗器械、新一代信息技术、新材料八大领域
黑龙江	新能源、新材料、节能环保、生物产业、信息产业、高端装备制造业	☆重点打造生物医药、机器人、石墨烯新材料、清洁能源装备、云计算等重点新兴产业集群
内蒙古	新材料、先进设备制造、生物、新能源、电子信息、节能环保、煤炭清洁高效利用、高技术服务业	☆围绕新材料、生物医药等细分领域，研究制定一批产业技术路线图； ☆建设战略性新兴产业专业孵化器并给予相应优惠政策； ☆加快推进产业标准制定，强化标准引领
宁夏	新能源、新材料、先进装备制造、生物医药、节能环保和新一代信息技术产业	☆构建主要行业体系标准，完善安全环境评价与监督管理体系，重新梳理自治区战略性新兴产业发展重点； ☆实施循环技术创新工程； ☆加快专业园区基础设施建设和产业聚集园区配套服务功能建设
广西	新材料、先进装备制造、节能与新能源汽车、节能环保、生物医药和新一代信息技术	☆对规模较大、技术创新能力强、发展后劲大、有自主知识产权或知名品牌、具有核心竞争力的企业，推动其做大做强； ☆对规模较小、拥有一定技术创新能力和创新成果、产品市场前景好、发展潜力大、成长性高的企业，通过扶持培育，支持企业快速扩大规模，发展成为骨干企业； ☆着力引进一批高水平的大企业和大项目，补短板，做大做优增量；推动全区企业积极与国内外拥有技术、资金和管理等先进生产要素的大企业联合重组、优化改造，发展壮大一批本土企业
新疆	新型能源汽车、高端装备制造、太阳能光伏、新材料、生物产业	☆发挥优势，大力发展光伏等新能源产业； ☆贯彻实施《〈中国制造 2025〉新疆行动方案》，抓好特变电工、美克家具智能制造试点示范工作； ☆创新发展新材料产业，稳步发展节能环保产业，积极培育新能源汽车产业，加快发展信息产业，重点发展生物医药产业

续表

地区	主要方向	主要对策
陕西	精细化工、新材料、节能与新能源汽车、航空装备、航天装备、高档数控机床与机器人、电力装备、轨道交通装备、节能环保装备、集成电路、平板显示、智能终端、生物医药及医疗器械、云计算大数据物联网产业	☆成立现代化工、新材料、航空航天、高端装备与新能源汽车、新一代信息技术、生物医药和云计算大数据物联网7个工作推进组； ☆编制8大工程实施方案，对接《中国制造2025》，突出重点、分类推进，围绕研发、制造、服务全产业链打造，实施八大工程
青海	新能源产业、新材料产业、电子信息产业、生物医药产业、高端装备制造业	☆着力构建在全国具有重大影响力的锂电、光伏光热、新材料、盐湖化工四个千亿元产业集群，使新兴产业成为带动全省工业转型升级和创新发展的重要支撑

第十二章

资源型地区发展战略性新兴产业
环境创新

　　我国资源型地区发展战略性新兴产业存在许多有利条件，如改革开放三十多年来积累的产业基础、广大的国内市场、政府的政策支持等；但同时也面临许多制约条件，如高端创新人才和技能人才短缺、知识产权保护制度不完善、资源配置机制不合理等。了解我国资源型地区战略性新兴产业发展环境的优劣势，并制定相应的政策来巩固与强化原有的优势条件，改变原有的劣势环境，强化制度创新意识，通过环境创新，改善和优化战略性新兴产业的要素条件、需求条件和制度条件，将有助于资源型地区战略性新兴产业的发展。因此，本章以 FIDI 模型中的要素条件、需求条件和制度条件为分析对象，探讨我国资源型地区在这些条件方面存在的问题，为政策研究奠定基础。

第一节　资源型地区发展战略性新兴
产业的环境因素

　　当前，影响我国战略性新兴产业发展的要素条件涵盖极广，限于篇幅，下文只分析其中几个重要的要素条件，包括劳动力资源、资本和企业家资源。

一　劳动力资源

　　资源型地区熟练技术工人短缺。究其原因，主要在于以下几点：一是当前我国职业教育发展远远落后于产业发展；二是社会上对职业教育存在一定歧视，一些高素质学生不愿意接受职业技术教育，从而导致职业技术学校很难招到高素质学生，这又反过来制约了我国职业技术教育的发展；三是我国的职业培训制度较为落后，尚未形成完善的终身教育制度，从而无法使在职工人及时接受本行业新知识、新技术的培训，影响了工人技术水平的提升。

二 资本

资源型地区进入资源枯竭期后，均积极采取转型措施，大部分资源枯竭型城市在转型过程中积极进行招商引资，利用外资发展本地的接续和替代产业，进而使城市获得可持续发展。从总体趋势来看，2001～2011 年辽宁省阜新、抚顺和盘锦三个城市的外商直接投资合计额占全省总额的比重大致呈现"U"形变化，其间虽然有所波动，但总体来看，三个城市的外商投资总额占全市比重呈上升态势，尤其是 2007 年以来，上升幅度加大，由 2007 年的占比 1.32% 上升到 2011 年的 9.72%，三个城市实际利用外资发展本地经济的速度在加快（见图 12 - 1）。但不容忽视的是，近两年来，东北资源型地区受"资本不过山海关"的影响，战略性新兴产业发展所需的资本要素急剧萎缩，外商投资额呈现断崖式下滑的情况。

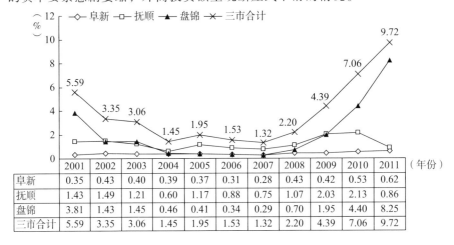

	2001	2002	2003	2004	2005	2006	2007	2008	2009	2010	2011
阜新	0.35	0.43	0.40	0.39	0.37	0.31	0.28	0.43	0.42	0.53	0.62
抚顺	1.43	1.49	1.21	0.60	1.17	0.88	0.75	1.07	2.03	2.13	0.86
盘锦	3.81	1.43	1.45	0.46	0.41	0.34	0.29	0.70	1.95	4.40	8.25
三市合计	5.59	3.35	3.06	1.45	1.95	1.53	1.32	2.20	4.39	7.06	9.72

图 12 - 1　2001～2011 年辽宁省资源枯竭型城市占全省外商
直接投资份额变化曲线

资料来源：根据 2001～2012 年《辽宁统计年鉴》整理。

三　企业家资源

企业家是生产要素的组织者与运用者。一国（或地区）企业家的数量、质量、分布等对该国（或地区）战略性新兴产业的发展具有重要影响。在资源型地区，由于资源的开发和生产，例如油气资源、煤炭资源的开发和生产，存在较高的进入门槛，于是形成了以国家行政为主导、国有企业垄断经营为手段的经济管理模式，导致资源性企业长期在行业垄断和封闭的状态下运行。同时，也导致了资本、人才、技术等要素市场存在不发达、垄断性强等特征。也就是说，资源枯竭型城市的市场较为单一、市场规模较小、市场化程度偏低。这既不利于区域内和区域间生产要素的流动，也不利于企业家资源的培育和发展，从而成为资源枯竭型城市向可持续发展模式转型的主要障碍。[①]

第二节　资源型地区发展战略性新兴产业的需求条件

需求是产业发展的主要动力。产业能否持续发展，需求的支持至关重要，战略性新兴产业也不例外。影响一国（或地区）战略性新兴产业发展的需求条件，既包括国内需求，也包括国际需求。

一　国内需求条件

具体来看，国家提出的七大战略性新兴产业的国内潜在需求都很大。

节能环保产业　随着环境污染的日益严峻和节能减排压力的日益增大，我国对节能环保产品与服务的需求不断增长，这为我国节能环保产业带来了巨大的潜在需求。

新一代信息技术产业　一方面我国庞大的人口基数和不断提高的人均收入为新一代信息技术产业带来了巨大的潜在消费型需求；另一方面我国规模庞大的产业体系，将为新一代信息技术产业带来巨大的潜在生产性

[①]　杨继瑞、黄潇、张松：《资源型城市转型：重生、困境与路径》，《经济理论与经济管理》2011 年第 2 期，第 77～83 页。

需求。

生物产业 每一子行业都有巨大的潜在国内需求。随着我国人民生活水平的不断提高和人口老龄化，未来对生物医药的需求将进一步增大；随着我国城市化进程的深化，农村人口将不断减少，但农产品的市场需求量将不断增长，这就要求我国进一步提高农业技术水平和农业生产效率，从而为高效率的生物农业带来更多的潜在需求；随着环境保护压力的进一步加大，生物环保产业的国内需求潜力也十分可观。

高端装备制造业 我国当前正处于经济转型升级阶段，大量的机器设备需要升级换代；与此同时，我国正处于城市化进程之中，需要大量的基础设施建设，这些都将为高端装备制造业带来大量的潜在需求。

新能源产业 随着石油等化石能源的日益减少，全球都期待开发可再生的、清洁的新能源。我国作为发展中大国，对新能源的需求更为迫切，这无疑将为我国新能源产业的发展带来大量的潜在需求。

新材料产业 材料工业是国民经济的基础产业，新材料是材料工业发展的先导，无论是国防科技工业的发展，还是各种民用产业的发展都离不开新材料产业的支持，这些将为我国新材料产业的发展带来大量的潜在需求。

新能源汽车产业 我国是世界第一汽车生产与消费大国，又是石油资源十分紧缺的国家。石油紧缺必将倒逼我国汽车产业降低对石油的依赖性，从而为我国新能源汽车产业的发展带来大量的潜在需求。

然而，尽管我国七大战略性新兴产业的潜在国内需求都很大，但要将潜在需求转化为现实需求，还有相当的距离，需要许多条件的配合。目前我国战略性新兴产业普遍存在社会认同度不高、配套设施与配套政策不完善等问题，导致许多战略性新兴产业的国内实际需求很小。以太阳能产业为例，尽管我国光伏电池产量居世界首位，但由于国内电网配套设施和相关政策不完善等的影响，国内太阳能发电的装机容量很小，对太阳能电池的需求很小，导致我国光伏产业过度依赖国际市场。又如，在新能源汽车产业领域，由于充电装置等配套设施的短缺和消费者对新能源汽车认同度低等因素的影响，目前我国新能源汽车的实际私人需求极低，我国新能源汽车的潜在需求远远没有转化为现实需求。在战略性新兴产业的国内需求条件方面还有一个瓶颈，即我国消费者和下游产业对产品质量、产品差异性特征、产品服务等质量方面的要求不够高，低于国际市场的质量要求，这容易导致我国战略性新兴产业出现重规模、轻质量等问题，不利于我国战略性新兴产业的长期发展与国际竞争力的提升。

二 国际需求条件

我国当前的七大战略性新兴产业，也是国际市场上极具需求潜力的产业。但是，在国际市场上，我国战略性新兴产业还面临许多瓶颈，突出表现在以下几方面。一是我国战略性新兴产业大多位于国际产业链的低端，缺乏国际市场的话语权与定价权，国际市场竞争力较弱；二是欧美等国经常对我国战略性新兴产业采取各种贸易保护主义措施，加大了我国战略性新兴产业开拓国际市场的难度。资源型地区普遍存在着经济外向度不高，开放程度不均衡的问题。以辽宁为例，2015 年全国外贸依存度为 36.3%，辽宁仅为 21.7%（见图 12-2），外贸出口总额只占全国的 2.5%，分别为广东和江苏出口额的 1/11 和 1/6，与沿海发达地区相比差距仍然较大。

图 12-2 2005~2015 年辽宁与全国外贸依存度对比分析

第三节 战略性新兴产业发展的环境供给

制度条件是影响战略性新兴产业发展的重要因素，也是 FIDI 模型中最具可操作性的条件，合理的制度设置可以大幅度改善其他三大条件。影响战略性新兴产业发展的制度条件涵盖的内容非常广，本研究的制度分析只涉及与战略性新兴产业发展相关性最强、最直接的经济领域的各项制度。

一 部分生产要素配置机制缺失，资源利用效率有待改善

当前我国消费品的市场配置机制已十分完善，但部分生产要素配置机制的市场化改革相对滞后，一些生产要素配置不合理，一些稀缺资源的价值被严重低估，甚至被免费使用，导致资源利用效率低下，重复建设严重，在一定程度上抑制了我国战略性新兴产业的培育和发展。比如，土地价值、生态环境价值被严重低估，导致土地的泛用与生态环境的严重破坏。国有资本由于缺乏足够的利润约束而被价值低估，从而导致盲目投资与重复建设。由于缺乏科学规范的生产要素配置机制，行政命令往往取代市场进行部分资源的盲目配置。一些地方政府为了上项目增加 GDP，常常有意降低准入门槛，使不可行的投资变为可行，引进大量没有核心技术的所谓战略性新兴产业项目，发展战略性新兴产业的低端组装加工环节，而无视生态环保要求和资源的可持续发展，从而导致部分战略性新兴产业的低质量扩张与重复建设，不仅造成大量的资源浪费，而且增加了产业结构调整和经济转型的难度，不利于战略性新兴产业的长远发展。

在东北资源型地区，在以经济建设为中心的大背景下，不同地方政府之间存在明显的竞争行为。东北地区的战略性新兴产业在发展中已经出现各个地方政府彼此争夺项目，争夺税基的局面。战略性新兴产业发展中出现了产业雷同、过度竞争等现象，如各地出现了竞相发展新能源、新材料、节能环保、生物、电子信息、装备制造等新兴产业的局面（见表 12 -1），缺乏对本地优势的充分考虑和全局战略，这容易造成重复建设和资源浪费。

表 12 - 1 东北地区战略性新兴产业圈定领域一览

省份	圈定领域
辽宁	先进装备制造业、新能源、新材料、新医药、信息产业、节能环保、海洋产业、生物育种和高技术服务业
吉林	生物医药、生物化工、电子信息、新材料、新能源、新能源汽车、先进装备制造、节能环保、文化、旅游

续表

省份	圈定领域
黑龙江	新能源装备制造、新材料、节能环保、生物、信息、现代装备制造业
内蒙古	新能源、新材料、节能环保、高端装备制造、生物、煤清洁高效利用、新能源电动汽车、新一代信息技术

二 国有大企业地位突出，中小民营企业发展空间有限

当前，资源型地区的国有大企业凭借独特的政策优势，在一些领域出现垄断发展的局面，在一定程度上对中小企业产生挤出效应，阻碍了中小企业的健康发展，从而使企业结构产生一定程度的扭曲。大中小企业共生的企业结构对战略性新兴产业的发展十分重要。资源型地区很多大型企业，特别是国有资源型企业，由于行政化管理体制等因素的影响，集成创新能力与动力都相对不足。换言之，目前资源型中小企业和大企业尚未形成有效的共同生存共同创新的局面，这一企业结构特点不利于我国战略性新兴产业的发展。

例如，辽宁省投入大型企业的大量研发经费并没有达到理想的产出效果。2014 年，辽宁省大型工业企业有效发明专利数为 3913 件，而小微企业的有效发明专利为 3163 件，两者相差不多，但在研发投入方面，大型企业是小型企业的 4.4 倍；同期，浙江和江苏对各类型企业的投入比较均衡，其中小微企业已经成为创新产出的主体，其有效发明专利数分别占总量的 74.4% 和 70.4%，均大幅高于辽宁省。由此可见，大量的资金投入并未确保辽宁省大型工业企业研发实力在全国的优势地位，而对中小微企业的投入挤占，确实造成其较弱的技术创新能力。

三 战略性新兴产业的融资环境亟待改善

与战略性新兴产业的发展要求相比，我国资源型地区的金融制度仍相对落后，整体的投融资环境较差。东北地区存在着创业投资规模小、天使投资缺乏、融资性担保机构不发达和资本市场不健全等问题。从 2014 年中国 IPO 企业的地区分布图来看，东北地区上市企业表现偏弱，成功上市的企业数量较少。上市企业主要分布在东部沿海经济发达地区。中西部地区上市企业表现强劲（见图 12-3）。再从 2014 年中国私募股权投资市场投

资地域分布来看，案例数量及金额居前五位的地区分别为北京、上海、浙江、江苏和广东，东北地区的案例较少，发展处于中游水平。东北地区的创新型企业普遍存在融资难、资金缺乏等问题。同时，战略性新兴产业发展的财税扶持力度不够，支持方式和政策体系需要进一步完善，政府采购、研发投入加计扣除等政策落实不到位。

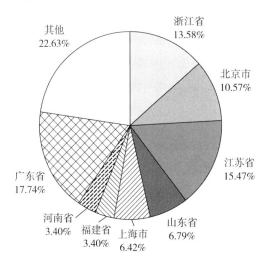

图 12 - 3　2014 年中国 IPO 企业地区分布概况

资料来源：汉鼎咨询，《2014 年中国 IPO 市场统计分析报告》。

四　政策支持方式有待改善

（一）产业规划的科学性有待加强

产业规划是引导产业发展的重要政策手段。近年来，中央和各地纷纷推出了各种战略性新兴产业的发展规划。但是，当前一些产业规划科学性有待加强。在全国层面上，一些产业规划的出台往往具有较强的应急性，出台时间急，研究深度不够，从而影响了规划的科学性、严肃性和可操作性。在地方层面上，许多地区产业规划的出台往往是为了迎合国家的整体战略而忽视地区差异，导致各地产业规划脱离本地的要素条件、创新条件和产业基础，不仅无法发挥地区比较优势，还造成了全国范围内的重复建设和产业布局混乱的现象，从而无法发挥产业规划应有的引导作用，不利于全国战略性新兴产业的统筹发展。此外，一些地方战略性新兴产业的发展目标过于乐观，不切合实际，也削弱了产业规划的科学性和引导性。例如，湖南省提出到 2015 年战略性新兴产业增加值占 GDP 的比重超过 20%，陕西省提出到 2015 年战略性新兴产业增加值占 GDP 比重达到 15% 以上。这些发展目标都超过了国务院提出的 2015 年战略性新兴产业增加值占 GDP 比重达到 8% 的目标。从各地的现实条件来看，实现难度较大。

（二）政策支持方式过于直接，可能会形成政府推动的"依赖症"

在发展战略性新兴产业的过程中，政府的角色是新兴产业的支持者而不是主导者。政府对战略性新兴产业的支持政策，应该通过优化战略性新兴产业发展的要素条件、创新条件、需求条件和制度条件来间接支持战略性新兴产业的发展，而不能直接参与产业发展，不能代替市场机制来配置资源。但是，从我国出台的部分战略性新兴产业的支持政策来看，支持方式过于直接，过于强势，可能会影响市场资源配置功能的发挥，并可能出现政府推动的"依赖症"，不利于战略性新兴产业的健康发展。

（三）"列举式"产业支持政策缺乏准确性和全面性

我国一些战略性新兴产业的支持政策对支持对象往往采取"列举式"方式，但由于战略性新兴产业的发展瞬息万变，"列举式"往往滞后于产业的发展需要，很难真正扶持到最需要的产业和环节。与此同时，不同产业的特点差异很大，而支持政策的制定者大多又非相关产业的专业人士，因此政策支持重点很难准确涵盖产业的发展需要，从而降低了政策的准确性和全面性，影响了政策的支持效果。

（四）"倾斜式"产业支持政策影响了市场的公平竞争环境

产业支持政策必须具备一定的"倾斜性"，即对不同产业采取不同程度的政策支持。这种"倾斜性"是产业政策的基本特征。但是，一项好的产业政策的"倾斜性"，应体现在对产业、产业环节上，而不应该对同一产业及同一产业环节的不同类型企业采取差别待遇。但是，我国的部分"倾斜式"产业政策在实施细则和操作过程中，往往对不同规模、不同企业性质的企业采取差别待遇，如对国企和民企给予不同待遇，对中小企业和大型央企给予不同待遇等等，这在一定程度上影响了市场的公平竞争环境，虽然在短期、局部可能会促进某些产业、行业或企业的快速发展，但从长期、整体来看，不利于相关产业的发展。

第四节　打造资源型地区发展战略性新兴产业环境的对策建议

政府政策对战略性新兴产业的发展具有重要影响，科学合理的政策将会促进战略性新兴产业的发展。与此同时，如果要发挥政策对战略性新兴产业的正面影响，必须采取间接的方式，即通过优化 FIDI 模型的四大条件来间接促进战略性新兴产业的发展。如果以政府代替市场直接操纵战略性新兴产业的发展，则将事与愿违，不仅很难实现政策目的，而且将对战略性新兴产业的发展带来负面影响。

本节将在借鉴战略性新兴产业发展的历史与当代国际经验的基础上，根据资源型地区战略性新兴产业的发展现状与条件，特别是其中的劣势条件，以 FIDI 模型为理论框架，提出促进资源型地区战略性新兴产业发展的政策建议。

一　优化资源型地区战略性新兴产业发展的要素条件

（一）优化资源型地区战略性新兴产业发展的人才条件

1. 加强高端研发人才的培养，积极引进海内外高端人才

（1）改变当前我国高等教育结构，在高等院校与科研院所中进一步增加理工科招生比重，以培养更多的适合战略性新兴产业发展需要的理工科毕业生。

（2）改变当前我国高等院校、科研院所专业设置与产业发展相脱节及滞后于产业发展的现象，以前瞻性的眼光，根据我国未来科技与产业发展方向，适度调整高等院校和科研院所的专业结构。

（3）改善我国高等院校与科研院所的人才培养方式，增加更多的科研型、实验型课程，提高学生的科研实践能力、创造力和工作适应能力。

（4）完善高端人才的选拔任命机制。改变当前一些科研院所、国有企业在科研人才使用领域的论资排辈现象，建立按照能力、贡献选拔任命人才的新机制，给予年轻人才平等待遇和发展机会，以激发年轻人才发明创造的积极性，吸引更多的年轻人才投入科研工作中。

（5）淡化科研单位的行政级别和行政管理体制，使科研单位的后勤部门服务于科研业务，减少行政管理对科研工作的干扰，给予科研人才在科研单位中应有的主体地位，以吸引优秀人才、海归人才加入科研队伍。

（6）主动到国外一流大学、科研院所开展宣传和招聘活动，吸引优秀毕业生，特别是优秀中国留学生回国工作。

（7）将招商引资与招商引智紧密结合起来，在招商引资过程中，积极引进战略性新兴产业发展所急需的技术人才、管理人才和创业人才。

2. 大力发展职业技术教育，培养熟练技术工人

（1）加大职业技术教育的财政投入，增加职业技术学校的数量，提高职业技术学校的质量，为培养技术工人创造教育条件。

（2）加强社会舆论的宣传引导，鼓励优秀中学生报考职业技术学校，从生源上提高职业技术学校的学生素质，培养更多更好的技术工人。

（3）大力发展在职培训工作，使在职工人及时接受本行业新知识、新技术的培训，不断提高在职工人的技术水平。

（4）改善企业用工制度，从制度上增强员工稳定性，从而既有利于员工在实践中不断提高技术水平，也有助于企业增加员工的培训投入。

3. 进一步提高劳动力的整体素质

（1）进一步完善义务教育制度，特别要落实农村的义务教育制度，使每个孩子都享有受教育的权利，通过义务教育提高我国劳动力的整体文化水平。

（2）进一步改善我国教育模式，减少应试教育，增强能力教育，以提高我国劳动者的适应能力。

（3）大力加强职业道德教育，提高劳动者的劳动责任感和职业道德。

（二）提高资源利用效率，建立稀缺资源的战略储备体系

——根据我国土地资源紧缺的特点，在发展战略性新兴产业时，应坚持集约化利用土地资源，尽可能地提高土地利用效率。

——根据我国水资源短缺与地区分布不均的特点，在发展战略性新兴产业时，一方面应尽量减少水资源的浪费，提高水资源利用效率；另一方面在确定战略性新兴产业的空间布局时，应考虑水资源分布特点，对一些用水较多的行业，宜布局在水资源较丰富的南方地区或其他丰水地区。

——鉴于我国水能资源十分丰富的特点，应充分发挥我国水能资源优势，大力发展水力发电。在水电站规划过程中，要充分考虑水电站对河流及周边生态的影响，防止乱开发而破坏生态环境。

——考虑到稀土资源等特殊矿产资源重要的战略意义，应建立有序、规范的开发制度，坚决防止过度开发。与此同时，应严格控制稀土等战略性资源的出口，并建立国家稀缺资源战略储备体系，加强战略性稀缺资源的进口与储备。

（三）进一步完善基础设施条件，加强高端基础设施建设

——进一步完善全国各地的道路、水、电、气、信息等基础设施条件，着重加强欠发达地区的基础设施建设，以完善的基础设施条件吸引投资者，发挥欠发达地区的后发优势，促进全国的平衡发展。

——进一步提高港口运作效率，与此同时，考虑到我国产业转型的特点，适度控制我国港口的规模扩张，防止重复建设与资源闲置。

——大力加强公共技术研发平台、资金融通平台以及产业标准平台等高端基础设施建设，加强战略性新兴产业各行业相关的专业性基础设施建设，不断优化高端基础设施和专业基础设施环境。与此同时，积极探索公共技术平台等高端基础设施的运营管理模式，整合现有全国以及各地区的公共技术平台等高端基础设施，形成合力，提高相关设施的运作效率。

——加快发展金融保险、现代物流、信息服务、研发设计、人力资源服务等生产性服务业，为我国战略性新兴产业的发展提供发达的市场化产业配套服务。

（四）加强环境保护，促进产业与环境的可持续发展

——严格执行环保一票否决权，严把环境保护关，坚决杜绝高污染项目建设。

——加强水污染治理，尽快提高我国河流、地下水等水源质量。

——加强大气污染治理，尽可能地提高我国空气质量。

——大力发展节能环保产业、新能源产业，以产业发展为环境保护提供产品和服务支持，以环境保护营造产业可持续发展所需的良好生态环境，确保产业与环境的可持续发展。

二 优化我国战略性新兴产业发展的需求条件

（一）完善战略性新兴产业发展的配套设施与配套政策

根据我国战略性新兴产业的发展需要，加强相关配套设施建设，制定

与完善相关配套政策。例如，在新能源产业领域，应尽快完善分布式电网并网发电的配套设施建设，优化分布式电网并网流程，降低分布式电源的补贴门槛，简化补贴申请程序，为分布式电源项目接入国家电网提供便利条件，从而鼓励企业和家庭积极采用太阳能、生物质能、风能、地热能等新能源发电，促进新能源产业的发展。又如，在新能源汽车领域，应加快充电站、充电桩等电动汽车的专用充电装置建设，为新能源汽车充电提供便捷的基础设施。再如，在节能环保产业领域，应加快再生资源和垃圾分类回收体系建设，进一步完善合同能源管理、火电厂烟气脱硫特许经营等领域的相关政策，推进节能环保设施建设和运营社会化、市场化、专业化，从而为扩大节能环保产业的国内需求创造条件。

（二）完善政府采购制度，增强政府采购对国内需求的引导作用

——增加对战略性新兴产业领域的产品与服务的政府采购。根据我国战略性新兴产业的发展需求，在满足产品功能和符合WTO《政府采购协定》的前提下，政府采购应尽可能地购买本国战略性新兴产业的产品与服务，以支持本国战略性新兴产业的发展。为了符合WTO《政府采购协定》的要求，可通过设置技术标准、价格标准等非歧视性标准，引导政府采购购买本国产品。

——进一步完善我国政府采购制度，完善《政府采购法》《招投标法》等相关法规及相应的实施细则，完善政府采购的监督机制，完善政府采购预算制度。通过完善政府采购制度，进一步发挥政府采购对拓展战略性新兴产业国内市场的作用。

——消除政府采购中的地方保护主义倾向，在全国范围内采购战略性新兴产业的产品与服务，以加强国内地区之间的良性竞争，促进我国战略性新兴产业的发展。

（三）创新消费模式，促进国内消费结构升级

——加强宣传推介工作，增强国内消费者对新产品、新服务的了解和认同，为开拓战略性新兴产业的国内市场奠定民意基础。

——通过舆论宣传、消费补贴等方式，积极鼓励广大消费者尝试绿色消费、循环消费、信息消费等新型消费模式。创新消费模式，促进消费结构升级，为战略性新兴产业的发展打开市场空间。

——通过税收减免、加速折旧等优惠政策，积极鼓励企业使用物联网技术、节能环保服务、新能源、信息服务、智能化设备、新能源汽车等有利于扩大战略性新兴产业市场需求的新产品、新服务，在提升企业技术水平和生产效率的同时，促进我国生产性消费结构升级，拓展我国战略性新兴产业的国内生产性需求。

（四）加强消费者保护，提高国内需求质量

加强消费者保护，逐步提高我国消费者的自我保护意识与保护能力，以此逐步提高我国消费者对产品质量与服务质量的要求，增强对产品差异性的需求，从而在整体上提高国内需求质量。在此基础上，以消费者的高要求为外部压力，促进我国战略性新兴产业提高产品质量，改善服务品质，增强产品差异性，并最终促进我国战略性新兴产业的长期发展与国际竞争力的不断提升，为我国战略性新兴产业拓展国内外市场奠定质量基础。

（五）合理运用贸易政策，提高我国战略性新兴产业的市场竞争力

鉴于当前欧美发达国家在部分战略性新兴产业领域的绝对领先优势和部分国家对我国战略性新兴产业产品出口采取贸易保护主义措施，应借鉴国际经验，合理运用贸易政策，以提高我国战略性新兴产业的市场竞争力。比如，对于高度依赖技术标准的产业，我国可以通过制定符合我国国情的技术标准，以防止国外成熟产业冲击甚至垄断我国国内市场，从而保护我国"幼稚"产业；对于国外对我国出口产品的反倾销、反补贴等贸易保护主义措施，政府应引导与支持我国企业积极应对，尽可能减少损失；对于国外产品对我国"幼稚"产业带来的巨大冲击，我国应主动采取反倾销、反补贴调查等措施，以保护我国"幼稚"产业；适当运用汇率政策，以提升我国战略性新兴产业的出口竞争力。

（六）引导与鼓励战略性新兴产业的企业开拓国际市场

——市级政府可成立战略性新兴产业出口促进基金，对当地企业参加国际展会、品牌推广等开拓国际市场行为给予一定的补贴，为企业提供国家出口政策、国际市场环境、出口目的地的政策与风俗等有关知识的免费培训，对企业参加国际反倾销反补贴应诉提供支助等。

——进一步完善出口退税政策。对于国家鼓励出口的战略性新兴产业

的产品出口，可适当提高出口退税率，并尽可能缩短出口退税时间，以增强产品的国际竞争力。与此同时，简化出口退税流程，减少出口企业的财务成本，更好地发挥出口退税对战略性新兴产业产品出口的促进作用。

三 优化我国战略性新兴产业发展的制度条件

（一）进一步完善市场经济体制，更好地发挥市场在资源配置中的决定性作用

——继续转变政府职能，减少政府审批项目，减少行政事业性收费，让政府从制度上离开市场领域，从制度上防止政府出于政绩需要、部门利益、地区利益等原因直接干预资源配置，把本该由市场承担的资源配置功能还给市场。

——减少并最终消除地方保护主义，建立统一的全国大市场。市场统一是商品和生产要素自由流动的重要前提，也是发挥市场资源配置功能的重要前提。统一市场覆盖范围越广，市场的资源配置效率就越高。为此，中央政府应采取有效措施，引导全国各地消除地方保护主义，消除市场藩篱，建立商品、要素完全自由流动的全国统一大市场。

——进一步提高开放经济水平。继续加大进出口贸易，优化进出口结构；继续大力引进外资，同时积极鼓励对外投资。通过加强国内外资源的双向流动，进一步提高市场的资源配置效率。

——深化垄断行业改革。除极少数关系国家经济安全的行业外，放开其他各行业的市场准入，让更多的投资进入原有的垄断行业，通过市场竞争，提高这些行业的竞争力。

——改革与优化土地、矿产、环境等稀缺资源的价格形成机制，建立能反映市场供求关系、资源稀缺程度、环境损害成本等生产要素和资源价格形成新机制，从而有效防止资源滥用、重复建设与环境污染，提高稀缺资源的利用效率，促进资源的可持续利用及经济与环境的可持续发展。

——进一步规范市场秩序，加大打击假冒伪劣产品的力度，打击不正当竞争行为：把物联网技术引入产业供应链管理，建立产品的原产地追溯制度；加大知识产权保护；加大消费者权益保护。通过建立规范有序的市场秩序，为市场资源配置功能的顺利发挥保驾护航。

——进一步深化国有企业管理体制改革，通过改革国有企业管理者任

命制度、国有企业管理者薪金制度、国有企业管理者业绩评价制度等各种途径，增强国有资本的利润约束，防止国有企业的盲目投资与重复建设。

（二）进一步改革与完善行业管理体制

——成立战略性新兴产业部际协调委员会，建立战略性新兴产业部际协调机制。鉴于战略性新兴产业是以创新为基础的新兴产业，很难按现行的产业分类归属到某一传统产业领域，较难像传统产业那样有明确的主管部门。为了解决因多头管理而导致的各部门职责不清、管理越位和管理缺位等问题，应成立由国务院牵头，由战略性新兴产业相关管理部门参与的战略性新兴产业部际协调委员会，及时研究解决战略性新兴产业的发展战略、规划、政策等方面的问题，及时沟通各部门之间的工作安排与工作进展，加强各部门之间的配合，形成各部门之间的有效合力，以促进战略性新兴产业的健康发展。

——建立中央与地方之间战略性新兴产业管理的协调机制。中央政府在制定战略性新兴产业的国家级规划与支持政策时，应充分征求并吸纳地方政府的意见，根据各地特点布局合适的战略性新兴产业。地方政府在确定当地战略性新兴产业发展规划时，应以中央规划为基础，在中央规划的框架内发展本地的战略性新兴产业。如果地方政府发现中央规划与本地情况有不适应之处，应及时上报中央，以便中央能及时调整与优化全国产业布局。与此同时，中央应制定合适的区域补偿机制，对地方为了全国全局利益而放弃本地利益的行为进行适当补偿。通过建立中央与地方之间的协调机制，防止地区之间的重复建设与恶性竞争，促进全国战略性新兴产业的健康有序发展。

（三）构建大中小企业公平竞争、和谐发展的企业结构

构建大中小企业公平竞争、和谐发展的企业结构，关键在于加大对中小企业的支持力度。与此同时，应进一步完善国有企业管理制度，建立与完善反垄断法规及制度。

——加大对中小企业的支持力度。改变当前在银行信贷、财税政策、土地政策、市场准入等各种政策领域或明或暗地存在的各种对中小企业的歧视待遇，给予中小企业与国有企业、跨国公司平等的待遇；加大对中小企业创新支持力度，通过创新支出的税收抵免、委托研究与购买技术成果

的资金支助等政策支持，引导中小企业加强研发活动，提升中小企业在战略性新兴产业领域的竞争力。

——进一步完善国有企业管理制度，增强国有企业投资回报的硬约束，彻底改变大型国有企业的行政化管理模式，提高国有企业的创新能力与创新动力，提升国有企业的国际竞争力。

——建立与完善反垄断法规与制度，及时防止垄断对市场经济体制的侵害，防止大企业垄断对中小企业的挤出效应，维护公平竞争的市场环境，促进大中小企业的和谐共生。

（四）实施标准化战略，打造完善的产业标准体系

产业标准是全球战略性新兴产业竞争的关键之一。谁拥有产业技术标准的制定权和话语权，谁就有望在战略性新兴产业的竞争中脱颖而出，抢占战略性新兴产业发展的制高点。为了提升战略性新兴产业的国际竞争力，我国应实施标准化战略，打造完善的产业标准体系。

——加快我国战略性新兴产业的技术标准建设。瞄准国际先进水平，立足自主技术，建立与完善我国七大战略性新兴产业及相关子行业的标准体系、技术规范、检测方法和认证机制，争取成为相关产业国际标准的引领者。

——探索建立"科研—标准—产业"同步发展模式，促进产业与标准建设的同步发展。

——探索自主创新与标准化工作相结合的工作机制，大力发展以企业为主体的产业和标准联盟，借助企业联盟来推动标准化工作。

——设立专门的标准化服务中心。各地应由财政出资，设立标准化服务中心，将其作为提供标准咨询服务、标准符合性验证和推进标准产业化的重要平台。

——加强产业标准的实施与监督，使其落到实处。通过实践检验标准的适用性，适时修订与完善标准。

（五）改善与优化政策运作方式，提高政策实施效果

——采取间接政策促进战略性新兴产业发展。在发展战略性新兴产业的过程中，政府的角色是新兴产业的支持者而不是主导者。政府对战略性新兴产业的支持，只有通过优化战略性新兴产业的发展条件来间接支持产

业发展，才有可能取得预期的效果。否则将事与愿违，不仅达不到促进产业发展的政策目的，还会影响市场资源配置效率，并造成企业的"政策依赖症"。因此，应改变或取消目前我国一些过于直接、过于强势的支持政策，如地方融资平台直接投资战略性新兴产业等，通过优化战略性新兴产业的发展条件，间接促进战略性新兴产业的发展。

——增强产业规划的科学性。应改变当前部分产业规划出台时间过快、随意性强的问题，加强规划出台前的调研工作，积极吸取相关各方的意见，增强产业规划的科学性，从而使产业规划真正发挥其应有的引导作用。

——改变目前一些支持政策以"列举式"确定支持对象的方式，按照战略性新兴产业的本质特征来确定支持对象，以适应瞬息万变的战略性新兴产业发展形势。同时，在描述支持对象的本质特征时，应充分吸取专业人士的意见，以便能准确地描述待支持对象的本质特征，明确真正的支持对象，增强政策的准确性和全面性。

——改变目前对不同规模、不同性质企业采取差别待遇的"倾斜式"产业支持政策，严格按产业与产业环节来确定支持对象，而不以企业的性质、规模作为评判是否支持的标准。通过这一措施，防止支持政策对资源配置的扭曲，培育公平的市场竞争环境，促进战略性新兴产业的长期发展。

——加强各级政府之间的沟通与协调。各级政府在推出一项新支持政策之前，应先整理现有的各项政策，避免政策重复与重大缺失。与此同时，对于各级政府之间已有的相似支持政策，应加强整合，形成合力，更好地提升政策的支持效果。

第十三章

资源型地区战略性新兴产业的
集聚发展

战略性新兴产业发展具有集聚化的特征和趋势，其产业区位更倾向于极化式发展。本章主要讨论战略性新兴产业发展的集聚化特征和趋势、战略性新兴产业布局的影响因素，并以阜新高新技术产业开发区为例，全面评价其作为资源型地区战略性新兴产业集聚发展中存在的问题。

第一节　战略性新兴产业的集聚和发展

一　战略性新兴产业的集聚

（一）战略性新兴产业集聚特点

1. 持续创新

高新技术企业进行持续创新的外部原因是高新技术产品市场竞争激烈。高新技术产品需求变化快，技术进步迅速，技术扩散明显，使得其市场竞争较传统产品市场更激烈。战略性新兴产业的基础性技术还不够成熟，因此每一次基础性技术进步都会引发战略性新兴产业迅速调整。而对手的跟进策略——模仿又使得原创新企业必须进行不断的、持续的技术创新，这样才能保持在市场中的持续领先地位。持续创新的内部动机是企业追求创新所带来的高额利润。一方面创新为企业追求产品量的增长提供了空间，通过投入量增加和生产效率提高，达到规模经济；另一方面创新创造出新的市场需求，扩大了企业的成长空间，同时创新也使企业获得了一定的垄断地位，使企业获得高额利润。

2. 人力资本作用超过物质资本

战略性新兴产业成长经历四个阶段，即技术开发、产品开发、生产能力开发和市场开发。战略性新兴产业发展越来越依赖于科学知识和基础理论的系统化、专业化、综合化，简单劳动无法适应战略性新兴产业发展的要求。据统计，战略性新兴产业研究开发所需要的科技人员是传统产业的5倍，生产销售等非研究开发部门中的技术工人比传统产业高70%，生产第一线的人员中有1/3具有大学学历，其中50%以上具有双学位。可见，决定高新技术企业的支配性力量不再是机械设备和原料，而是人力资本。

（二）形成原因

战略性新兴产业群的形成是战略性新兴产业在一定区域内聚集的结果。聚集是指资源、经济要素、经济活动主体等在空间上的集中趋向与过程。战略性新兴产业聚集的动因主要表现在以下几个方面。

1. 战略性新兴产业的区位指向性形成聚集

战略性新兴产业是知识密集型产业，其产品具有技术复杂、生命周期短、高附加值、研究开发费用高等特点。所以，战略性新兴产业的区位一般趋向聚集于基础设施发达、智力资源密集、信息灵通、生活环境质量良好、交通通信便利的地区。完善的基础设施是各种企业赖以生存的物质基础，良好的环境和发达的服务业可以吸引高级人才，而高度发达的金融市场有利于聚集社会闲散资金投资于高科技企业。科学基地效应促使高新技术企业聚集于大学或研究基地附近，便于获得知识资源，包括高新技术的最新成果、技术上的咨询和指导等。

2. 战略性新兴产业的内在功能联系形成聚集

战略性新兴产业的内在功能是战略性新兴产业聚集的重要因素。战略性新兴产业群内部分工与协作是一种网络化的组织结构，它们的功能主要通过两种技术关联关系形成，一是基于垂直技术关联关系，由上游企业的创新技术向下游企业的扩散引起；二是基于水平技术关联关系，在生产同类产品的企业间引起的模仿创新形成的联系。对基于垂直技术关联关系进入集群的企业，可以利用位于上游的企业创新中溢出的一般性知识和共用专门知识进行创新；基于水平技术关联关系进入集群的企业，可以利用先创新者溢出的知识、市场信息所带来的市场机会。对这些溢出效应的利用，就可以使高新技术企业在创新中节约成本、提高效率、缩短创新的技术实现周期和市场实现周期，减少创新中的风险和不确定性，从而提高创新的投入产出效率。

3. 获得聚集的外部经济效应

聚集的外部经济，是一种因聚集而使相邻企业之间相互提供的"免费服务"，包括降低交易费用、实现外部规模经济、共同的市场效应等。战略性新兴产业聚集的外部效应除了一般的效应外，还主要包括以下几个方面。一是人才的外部效应。知识是高新技术企业最重要的资源，而知识的载体就是人才，聚集便于高新技术企业获得人才和信息。聚集扩大了人才市场，便于高新技术企业寻找各类高新技术人才；同时，聚集为人才流动创造了条件，人才的高流动性必然形成信息的流动，这在客观上增加了不同企业人员之间信息、技术、经验交流的机会。二是创新技术的溢出效应。三是战略性新兴产业的发展需要良好的风险资本和资本运营环境，由于乘数效应，高新技术企业集中必然造成第三产业的聚集，特别是金融服务业的聚集，从而形成多元化的投资体系，便于战略性新兴产业发展获得资金支持。

由于上述动力的驱动，战略性新兴产业在形成和发展过程中，往往按照其内在的联系，趋向集中于特定的区域，从而形成战略性新兴产业群。

（三）因素分析

战略性新兴产业集聚的形成要素自然有很多区别于传统产业的地方，在此用表 13 - 1 详细表示这种不同。

表 13 - 1　战略性新兴产业与一般产业区位因素作用的对比

区位因素	一般原材料工业	一般加工制造业	商业与金融业	高新技术产业
燃料与动力	+ + +	+ +	–	–
水	+ + +	+	–	+
土地与地形	+ +	+	+	+
地理位置	+	+ +	+ +	+ +
经济基础	+	+	+ + +	+ +
科技水平	–	+	–	+ + +
交通	+ + +	+ +	+ +	+ +

续表

区位因素	一般原材料工业	一般加工制造业	商业与金融业	高新技术产业
通信	+	+	+ + +	+ + +
协作与集聚经济	+ +	+ + +	+ +	+
劳动力	－	+	－	+ +
环境条件	－	+		+ +

注："＋"的多少表示各因素对各产业的布局影响的强弱程度，"－"表示基本不产生影响；劳动力因素主要指其素质；高新技术产业大致可以表示战略性新兴产业区位选择的因素。

资料来源：逯宇铎、兆文军：《高新技术产业化理论与实践》，科学出版社，2011。

（四）形成条件

在经济全球化趋势日益明显的今天，为了抢占国际竞争力的制高点，各国各地区特别是发达国家和地区，高度重视发展技术含量高、附加值高和竞争力强的战略性新兴产业，不断完善和发展本国的国家创新体系，以图继续主导世界经济发展的方向。虽然各国政府，特别是地方政府都在努力营造有利于战略性新兴产业发展的空间环境，实施各种产业和地方政策进行扶持。但是，世界上战略性新兴产业并没有突破区位的限制而遍地开花。相反，综观各个国家战略性新兴产业的发展，不但战略性新兴产业发展的空间集聚特征更加凸显，而且已形成一个全绿化浪潮下的高新技术产业集聚成群的亮丽景象。例如，美国的战略性新兴产业集聚区——硅谷、波士顿128公路、得克萨斯州奥斯汀，还有英国的剑桥、印度的班加罗尔和法国的索菲亚等高新技术集群，凡此种种。成功的战略性新兴产业集聚都深深地打上了区位的烙印。笔者结合表13－1对产业集群形成区位因素的分析可以看出，战略性新兴产业集聚的形成离不开以下两个方面因素。

1. 资源是战略性新兴产业集聚区形成的最基本的条件

早期的产业或企业集群得益于各地在土地、矿产、地理位置等自然资源方面的差异，如德国的鲁尔区，美国的钢铁带的资源型地区。而战略性新兴产业的大量形成实际上主要是得益于人才和资金等资源的创新。

（1）人力资源是战略性新兴产业集聚发展的推动力量。这里所指的人力资源不是一般的劳动力，而是指拥有丰富的知识和高度专业化技术的高层次人才。一般的战略性新兴产业集群往往靠近大学等研发机构。大学和科研院所为产业集群提供大量丰富稳定的高级研究和管理人才及创新成果，并且这种人力资源供给的便利大大降低了企业自身的培训成本，使之可以利用大学等机构的科研设施。

（2）充足的资金来源是战略性新兴产业集聚发展的保障。根据国外经验，科研成果转化为应用所需投入的资金应 10 倍于研究开发的费用，才能使高新技术成果转化为商品。国外战略性新兴产业集聚的成功经验表明，大量的资金投入对战略性新兴产业的发展和形成至关重要。而在这些外来的资金投入中，风险投资又占了绝对的比重。风险投资业是战略性新兴产业集聚发展的"金融发动机"。例如，美国的硅谷，全美大约 600 家风投机构有一半在硅谷，可以说硅谷的成功在很大的程度上与资金来源是分不开的。

2. 制度环境因素对战略性新兴产业集群的形成起了促进作用

纵观各国战略性新兴产业集群的发展历程，可以发现在集群内的经济主体之间一般会形成一种相互依存的产业关联和共同的产业文化，这是集群内的经济体共同遵守的行为规范。在这套行为规范的指导下，不同类型的企业在体制机制和发展模式上相互竞争、相互学习，企业之间形成多层次的协同作用和技术产品的交互，形成较强的集群竞争力，推动区域经济发展。正是这种制度环境的形成对战略性新兴产业集聚的良性发展带来了有利因素。例如，硅谷形成的鼓励冒险、善待失败的环境为硅谷的形成和发展提供了持久的动力。

二 战略性新兴产业集聚发展

（一）战略性新兴产业集聚的发展特征

战略性新兴产业集聚发展一般具有以下的共同特征。

第一，集群内的产业集中、专业化分工与协作程度相对较高。产业集群的支柱产业一般集中在 2~3 个方面的高新技术领域。

第二，产业集群内的协作配套体系完善。无论是集群内的中小企业之间，还是大企业与小企业之间的分包关系，都表现出高度灵活的合作关系。这说明成功的战略性新兴产业集聚其组织基础都是介于市场和等级制之间的网络关系。

第三，当地大学或研究开发机构的集中，且自主开发能力强大；高新技术成果转化率高。不同的研究都表明，在推动高新技术发展中，需要的是那些特殊的大学，那种与工商业发展有着一整套特定联系的大学或研究机构。需要注意的是，大学或研究机构要成为高新技术经济发展的核心力量并不是由其科研实力所直接决定的。

第四，虽然地方化的智力资本是新产业发展的关键性因素，但是新产业与地方化智力资本并不存在必然的地理锁定效应。而突破这种地理锁定性的唯一途径就是与这些地方化的智力资本之间形成有效的外部网络联系。

第五，那种建立在共同基础科学之上的不同产业在同一地点的集聚所形成的交叉性产业集群才是地方保证持续发展和获取更高竞争优势的根本所在。

第六，当地政府部门对于产业集群的发展给予大力扶持，提供良好的政策环境，但政府部门严格遵循市场竞争规则，并不参与企业具体的生产经营活动。

第七，比较完善的社会服务体系，特别是金融、中介服务、劳动力教育和技术培训等体系比较完善。

第八，比较充裕和自由开放的劳动力市场，特别是高素质的管理者和高技能工程师的可获得性十分重要。

第九，有一个鼓励创新、创业精神和新企业形成的商业环境，区域内信任度较高，集群内企业之间的交易成本低。

第十，区域内拥有现代化的基础设施，特别是完善的通信设施，即地方产业集群发展的硬环境建设完善。

（二）战略性新兴产业集聚的发展模式分析

战略性新兴产业集聚有许多不同的形式，要视其纵深程度和复杂性而定。根据国外及我国战略性新兴产业集聚发展模式的实证研究，产业集群的发展大多属于弹性的专业化形式，发展模式大致可分为以下几种。

1. **基于技术的模仿扩散式**

这种模式的形成首先是少数的企业具有一定的优势资源，通过企业资源的投入，在核心或主导技术方面处于控制地位，对新技术具有较强的壁垒。为在生产中提高劳动生产率，同时也保护自己的核心技术，先期进入的企业率先占领稀缺资源，只经营该产品中核心或主导的部分，并通过改造、分拆等办法与其他上游及下游的产业进行分工。由于技术、市场、信息和利益等方面具有一定的外溢性，后期进入的关联企业节约了研究开发的成本，降低了投资风险，尤其是创新技术的溢出，使新技术迅速在行为体之间进行扩散，并在扩散中被不断改进。原有的核心企业为保持竞争的优势，也需要不断地创新，创新的技术成果再次被模仿扩散，从而形成一种良性循环，对经济产生巨大的推动作用。投资风险的降低，关联产业的不断集聚，也促进形成了这样一个产业集群：围绕在一个核心企业周围出现与之相关联的众多企业，这些企业在模仿的基础上实施创新，并通过技术上的层层扩散形成产业集群。例如，日本的丰田汽车企业所在地的周围就存在一大批与之相关的产业。

2. 基于协作的合作网络式

高新技术企业大多衍生于大学、科研院所，或者与它们有着千丝万缕的联系。通过中介组织和金融机构的参与，使这些科研院所、大学等组建成一个合作网络，各创新主体形成相互影响的联盟。它们之间的互动和协作，吸引了更多的产学研和中介组织加入。通过产学研的联合拓宽了创新的空间，并通过联盟的形式，发挥各自的优势，网络成员之间分工合作，共同分担风险，使集群的范围不断扩大。台湾新竹工业园区就是这种发展模式。

3. 基于政府的政策导向式

各地政府为鼓励产业集群的发展，往往会采取一定的优惠政策，如提供土地使用的优惠政策、完善的基础设施、便利的交通条件。通过政府介入和引导，克服产业集群发展的无序性和盲目性，因地制宜建立具有地方特色的战略性新兴产业园区，引导和扶持本地产业集群的健康发展，这种类型产业集群的典型代表是国家高新技术开发区和大学科技园等。我国现有的53个国家级高新技术开发区就是国家通过优惠政策引导和扶持的结果。由于战略性新兴产业区内各产业存在高度相关性，它们不仅表现为技术上的相关，还表现为由此所衍生的互补、竞争等各种相关关系，同时与企业相关的诸如组织行为、制度安排、金融支持和服务体系等各种关系的介入，也为战略性新兴产业集聚发展扩大了动力源。空间集聚在这些外在动力的驱使下，发展效果将更加显著。

（三）战略性新兴产业集聚发展的风险防范和集群升级

1. 战略性新兴产业集聚发展的风险及其防范

我国高新技术企业在创办与发展过程中的风险性主要表现在如下几个

方面。

（1）方向选择风险。主要包括两种情况：一是研究目标过于长远，资金投入过多，资本回收期长，经济效益难以预测；二是研究的高新技术实用性差，或者无法投入生产，或产品竞争能力差，无法取得高额利润。

（2）技术风险。主要指在高新技术开发过程中，存在着新产品能否开发出来的不确定性。

（3）产业化风险。指高新技术产品开发成功以后，这些高新技术产品能否批量投入生产的不确定性。

（4）市场营销风险。指高新技术产品投入批量生产以后，产品在销售过程中存在的能否打开市场和销售出去的风险。

（5）管理风险。我国高新技术企业还处于初步发展阶段，缺乏管理经验，内部管理制度不健全，缺乏民主管理和科学管理等现代管理体系的基本要素，管理人员素质差，缺乏现代企业经营管理知识。

（6）外部环境风险。有关政策缺乏稳定性和配套性，尚未形成健全的市场竞争机制，技术转让法规不健全等，都会对高新技术企业产生影响。创办发展高新技术企业，离不开风险投资。

重视风险研究，减少风险损失，是发展高新技术企业的重要战略问题。一是树立风险不可避免，但并不完全是坏事的思想。二是在进行风险投资之前，要注重技术论证，从基础上避免风险。主要包括技术的先进性、技术的独占性、技术的普及性、技术的延伸性、技术的效益性。三是在选择投资企业之前，要对该企业管理人员及工程师的工作能力、业务水平、科学素质等方面进行评估。四是风险投资公司应积极从各种不同角度支持已经给予投资的高新技术企业的经营活动，参照高新技术企业经营者构思的意见，对企业进行经营技术方面的指导，或者提供有价值的信息，与企业创业者齐心协力对企业进行经营管理。五是建立企业风险投资的风险快速反应机制。

2. 战略性新兴产业集聚升级策略

（1）产业集群的升级类型分为四种：工艺流程升级、产品升级、功能升级和价值链升级。在一般情况下，集群的产业升级是从工艺流程升级开始，然后逐步实现产品升级和功能升级，最终达到价值链升级。

工艺流程升级　处于全球价值链低端的产业集群通常以较低的生产成

本、运输成本与规模经济作为竞争优势。在这个阶段的产业集群可以通过增进传输体系，引进工艺流程的新组织方式，提升价值链某个环节的生产效率，实现集群的升级与发展，即所谓产业集群的工艺流程升级。

产品升级　产业集群的产品升级是指集群引进、研发新产品或改进现有产品，比竞争对手速度更快、效率更高。新产品、新品牌及其市场份额的不断增加，将带动产业集群的产品不断升级，进而增强开拓国际市场的能力。

功能升级　产业集群的功能升级是指集群在实现产品升级后，逐步重新组合价值链的优势环节或战略环节，调整嵌入价值链的位置与组织方式，专注于产业价值链某个或某几个优势环节，放弃或外包原有的低价值环节，弱化或转移非核心业务，通过拥有该产业价值链的"战略性环节"，最终获得该产业价值链的掌控权。

价值链升级　价值链升级是指在原有价值链基础上延伸至价值量更高的相关产业价值链，在相关产业领域获得较高的收益率，或者移向新的、更有利可图的价值链，抑或使一些企业得到数条全球性价值链，从而促使企业和地方产业集群提升到一个新层次，达到一个新水平，提高区域产业整体的竞争力。

（2）要实现产业集群的升级，首先是要建设和完善促进我国战略性新兴产业集聚化发展的内在机制。

一是优化高新产业开发区的体制。深化开发区管理体制改革，是推动制度创新、完善高新区发展机制的前提条件。必须建立有利于创业与企业创新的开发区管理制度，逐步建立以企业孵化服务机构为核心，创业资本市场和信息网络为主要组成部分的创业孵化体系，建立官、产、学、研一体化协调发展的公共创新服务体系。

二是开发区建设要考虑"协同互动效应"。对有一定外资基础和工业实力的开发区，在吸收外资时，应考虑不同产业中的跨部门效应和科学基础对企业进入和成长的影响。这不仅有可能缩短产业集群构建的时间，而且也可能减少产业集群形成过程中小企业盲目进入和区内厂商过度竞争所造成的拥挤效应。同时要积极利用区域中已有的大学、科研单位及其人才优势，鼓励其与跨国公司在 R&D 上的合作。此外，要尽可能地避免跨国公司"分厂经济"的不良循环，促使跨国公司与地方企业加强联系，从而将跨国公司的先进技术和管理经验消化吸收。提高自身的技术创新能力。对于战略性新兴产业开发区来说，要应付千变万化的市场，就必须形成其高度专业化基础上的产业协作优势，发挥"协同互动效应"。

三是营造促进战略性新兴产业集聚发展的文化环境。培育以创新精神为导向的文化氛围，提倡敢冒风险、勇于进取的精神。培育现代高新技术企业文化。在高新技术领域创业需要具有开拓创新精神的现代企业文化。在由创业和投资者共同支撑的创业企业中，要通过培育独特的企业精神、价值观念、行为准则和环境责任等，使之成为当代社会价值体系的有机组成部分。鼓励竞争，崇尚合作。高新技术的重要特征是创新，要创新必须处理好竞争与合作的关系，让高新技术企业在合作中竞争，在竞争中合作。

四是将我国战略性新兴产业开发区纳入全球生产体系。从中关村的发展来看，中关村与硅谷、新竹的战略性新兴产业具有明显的互动性。硅谷战略性新兴产业的发展对全球几个重要科技园区有着决定性的影响，但同时由于创新过程存在于产业系统的各个部分，新竹、中关村对硅谷也有积极反馈。因此，我国发展战略性新兴产业集聚的一个可行性做法是，以中关村科技园为区域核心，追随硅谷的技术动态，构成中国和周边地区技术传播和发展源头，作为全球战略性新兴产业进入中国的桥头堡、地区信息交换中心和产品贸易中心。对上承接硅谷，对下引导东莞、苏州以及上海等战略性新兴产业开发区，同时辐射周边区域相关产业开发区，将我国绝大部分的战略性新兴产业开发区纳入全球生产体系。

第二节　我国资源型地区战略性新兴产业集聚的难点与探索

《全国资源型城市可持续发展规划（2013～2020年）》（国发〔2013〕45号）已经明确提出，到2020年，培育50个接续替代产业集群，改造建设100个接续替代产业园区和集聚区。因此，资源型地区应优化产业布局，引导产业向重点园区和集聚区集中，形成集约化、特色化的产业发展格局。依托原有基础，改造和建设一批特色鲜明的专业化产业园区和集聚区，加强交通、供水、供电等配套基础设施建设，搭建产业集聚发展的重要载体和平台。以科技含量、环保水平、投资强度、吸纳就业能力为标准，积极培育和引进一批龙头骨干企业。完善产业链条，提升产业配套能力，促进关联产业协同发展，打造各具特色的产业集群。

一 资源型地区战略性新兴产业集聚发展的现状

（一）存在的问题

创办高新区，是适应经济全球化和日益激烈的国际科技经济竞争的挑战，为创造竞争优势而形成的一种产业空间组织形式，它是连接科技创新与经济发展的纽带，是推进战略性新兴产业发展的重要载体。目前，我国资源型地区的高新技术产业开发区大多没有形成有规模、有效益产业集群。主要表现在，一是缺乏统一的规划，各自为政，全国各地"一哄而上""遍地开花"，重复建设。二是没有产业分工和产业特色，结构趋同化。许多资源型地区不顾各自的条件，争相发展一般性的高新技术工程、新材料、新能源等项目，彼此之间缺乏合理的分工，在经济技术起点不同的开发区生产相同的产品，导致了产业结构的雷同。三是集聚效果不明显，资源型地区的企业和机构彼此之间的产业和技术关联性不强，有些甚至是以牺牲地方利益来换取技术并不先进，又不能与区域产业配套的外商投资。

（二）产生问题的原因

存在上述问题的根本原因是产业集群机制的缺失。一是相互支援、相互依存的专业化分工协作产业网络尚未形成。区内很多高新技术企业，尤其是跨国企业所需的零配件及关键性的部件，大多是从国外进口，区内企业之间的业务关联并不多，中小企业在某些产业环节上为大企业提供专业化供应配套也少。二是产学研合作机制不完善。我国大多数资源型地区的高新区邻近大学或研究机构，这些大学和研究机构也都有相当的研究开发能力，但由于缺乏良好的合作机制和合作氛围，除了中关村等少数高新区外，这些大学或科研机构并未较好地成为高新区创新的重要外溢来源和原创性科技创新资源的重要供应源。三是有效的风险投资机制尚未建立，大多数资源型地区高新区没有风险投资机构进入。这就难以扶持缺乏资金的优秀项目和创业者，对大型高新技术创新项目更是无能为力。四是缺乏鼓励冒险的企业家精神和重视合作与非正式交流的创新文化。

综上所述，目前我国资源型地区高新区虽然在空间上有相当数量的企业公司聚集，但没有形成专业化的分工合作网络，与高校等科研组织的合作机制不完善，导致了科技成果转化率不高；此外，在风险投资体制和区域创新文化等方面也有明显的不足。所有这些，限制了我国资源型地区高新区的发展，也反映了高新区产业集群机制方面的缺失。

（三）重点培育接续替代产业集群

资源深加工产业集群　鞍山市滑石和方解石深加工产业集群、鸡西市石墨精深加工产业集群、枣庄市煤炭深加工产业集群等。

吸纳就业产业集群　阜新市皮革产业集群、白山市人参产业集群、辽源市袜业产业集群、大兴安岭地区蓝莓开发产业集群、伊春市木制工艺品产业集群、石嘴山市脱水蔬菜加工产业集群、濮阳市清丰家具产业集群等。

先进制造业产业集群　抚顺市工程机械装备制造产业集群、盘锦市船舶配套产业集群、大庆市石油石化装备制造产业集群、铜陵市电子材料产业集群、枣庄市机床产业集群、韶关市轻型装备制造产业集群等。

资源综合利用产业集群　锡林浩特市清洁能源产业集群、盘锦市塑料和新型建材产业集群、鸡西市煤炭资源综合利用产业集群、松原市生物质能源产业集群、铜陵市铜基新材料产业集群等。

文化创意产业集群　大庆市文化创意产业集群、徐州市文化创意产业集群、景德镇市陶瓷文化创意产业集群、济宁市曲阜文化创意产业集群、枣庄市台儿庄文化创意产业集群等。

二　资源型地区战略性新兴产业集聚发展模式的探索

我国战略性新兴产业集聚发展速度很快，但是各地区发展不平衡，尤其是资源型地区发展速度较慢，而且我国战略性新兴产业集聚并没有形成自己的发展模式，内部产业集群机制缺失。我国资源型地区战略性新兴产业集聚应结合自身的实际情况，找准自身的定位，提升集群程度，实现集群升级迫在眉睫。大致有以下三种思路。

（一）外商投资引导

目前，我国的高新技术与国外先进技术相比差距仍然很大，我国应通过对外资的引进，尽快掌握战略性新兴产业的运作机理，发展我国自己的战略性新兴产业。通过吸引几家大型跨国企业进入，进而引来更多外商为其配套，串联一批企业，形成跨国公司的客户链，进而带动当地各类产业发展，如我国的"珠三角"和"长三角"地区。

（二）内源型品牌企业带动模式

以一批具有竞争优势的名牌大企业为核心，通过对名牌大企业的衍生裂变创新与模仿而逐步形成战略性新兴产业集聚。例如，北京中关村电子信息产业集群最早就是中科院创办的北京等离子体学会先进技术发展服务部，其后中科院其他科研人员纷纷效仿，三年中先后创办了科海、京海、四通、信通等一批相关企业。

（三）突出专业化，实现局部资源相对集中

战略性新兴产业的自身特征决定了产业区不可能各方面实力都很强，所以要坚持特色发展，资源型地区高新区要优先发展自己的特色产业，进而带动其他次优产业的发展。例如，我国资源型地区杨陵以中国的"农科城"著称于世，是列入国家高新区序列中唯一的农业高新区，并已成为中国亚太经合组织科技工业园区。

三 案例：资源型城市（地区）转型中产业集聚区的发展——以平顶山市为例

平顶山市是中国重要的煤炭产地，也是全国典型的资源型城市之一。随着中原经济区规划的正式批复，加上主导的煤炭行业逐步走向衰退，作为中原城市群之一的平顶山市，在新形势下发展产业集聚区，促进经济转型势在必行。

（一）平顶山市加快经济转型的必要性

1. 走出资源环境约束，转变经济发展方式

当前，资源环境问题已经成为全球性的问题，平顶山市也不例外。平顶山市煤炭资源的开发已基本处于成熟阶段，高投入和高消耗的开发建设带来很多负面影响，作为资源型城市所特有的产业结构性矛盾、资源环境保护和城市建设等方面的问题日益显现出来。作为煤炭城市，平顶山市的环境污染一直比较严重，空气质量较差，从 2014 年的环境公报中可以看出其主要污染物减排工作仍然很艰巨，要积极开展环境综合整治，加大环境监管执法力度。平顶山市必须通过建立和发展产业集聚区，促进资源的集约和节约利用，向循环经济和低碳经济方向努力，这是平顶山市实现资源型城市转型的必由之路。

2. 加快工业化进程，促进产业结构转型

平顶山市工业结构明显不合理、发展方式以粗放为主，这表现在产业层次较低、产业技术含量不高，工业化和信息化任务仍然比较艰巨，尤其是产业结构性矛盾更为突出。平顶山市煤炭原材料产业比重相当高，高新技术产业和制造业比重相对较低。这种产业结构的特点在于：在经济扩张阶段，对资源的需求会急剧增大，价格往往会暴涨，资源能源类产业最终成为最大的受益者；在经济衰退时，由于资源能源类产品是绝大多数产品成本的主要构成要素，当产业链底端资源能源类的所有产品市场收缩时，效应会从多处同时传导至资源能源类产品这一个点或少数几个点上，从而放大该点需求，收缩成本，资源能源类产业将遭遇更大的困难。因此，平顶山市必须大力发展产业集聚区，通过产业的集聚效应促进技术进步，推动产业结构转型升级，扩大新型产业集聚的规模和影响，这将对新型工业化城市建设起到明显的推动作用。

（二）平顶山市产业集聚区发展现状

1. 生产总量大，经济效益好

从投资总量上看，郏县产业集聚区最大，其次是宝丰产业集聚区和舞钢产业集聚区。2014 年，平顶山市产业集聚区完成固定资产投资 448 亿元，比 2013 年增长 143.8%；占平顶山市固定资产投资的 45%，同比增加 1.2 个百分点。集聚区规模以上工业企业的主营业务收入为 812.9 亿元，比 2013 年增长 32.68%；占平顶山市规模以上工业企业主营业务收入的 36.6%，同比增加 7.0 个百分点。这表明产业集聚区随着投入的增加，生产总量也在逐年增加，增长幅度较大，经济效益逐步提高。从另一方面也可以看出，产业集聚区对带动平顶山市整体经济转型的作用越来越明显。

2. 入区企业数量和质量不断提高，集群效应逐步显现

随着平顶山市产业集聚区近几年的建设发展，规模不断扩大，入区企业数量不断增加，产业集聚区企业的集中布局和集群发展使资源集约效应逐步显现。2014 年，平顶山市 10 个产业集聚区共入驻企业（单位）522

家，新入驻企业为 73 家，比 2013 年增加 52 家；区内规模以上工业企业共 136 家，占平顶山市规模以上工业企业数量的 13.6%；实现工业总产值 612 亿元，比上年同期增长 27.3%，远高于平顶山市规模以上企业工业总产值的增速，占平顶山市规模以上工业产值的 33.7%，拉动平顶山市经济增长 11.3 个百分点。

目前，平顶山市依托高新技术产业集聚区，形成了国内一流、具有国际竞争力的尼龙化工产业集群；依托叶县产业集聚区和平顶山化工产业集聚区，形成了全国重要的盐化工产业集群；依托石龙和汝州市产业集聚区，初步形成了煤基化综合利用产业集聚区；依托高新技术产业集聚区和平新产业集聚区，初步形成了全国重要的智能电网输变电设备制造产业集群，中原电器城初具规模；依托宝丰产业集聚区，培育以光伏材料为基础材料、超薄晶体硅太阳能电池片为应用材料的光伏新材料产业集群；依托郏县产业集聚区，培育具有独特优势的高端煤矿设备制造产业集群；依托郏县、平新和鲁山产业集聚区，初步形成了全省最大、全国领先的医疗器械产业集群；依托舞钢产业集聚区，初步形成了在全省较具影响力的棉纺织产业集群。

3. 特色产业集群具有较强竞争力

近年来，平顶山市主要依据各区的区域优势和要素禀赋，在培育主导产业、促进集群发展上取得明显成效。比较典型的有高新技术产业集聚区的尼龙化工、叶县的盐化工、舞钢的棉纺织、鲁山的医疗器械等特色产业集群，其市场竞争力和带动能力均较强。特色产业集群的形成，不仅能有效提升和优化中小企业的产业层次和布局，而且可以极大地带动相关产业的发展，同时推进集聚区内产品关联招商和发展，增强区内产品的互补性、延伸性和产业链的完善。

（三）平顶山市产业集聚区发展存在的问题

目前，平顶山市的产业集聚区已成为平顶山市经济社会发展的重要的增长极，成为承接资本和产业转移的重要载体，成为提升经济竞争力的主体力量，但其发展并不完善，还存在着以下问题。

1. 各产业集聚区发展阶段不一，部分规模偏小

平顶山市产业集聚区有的是在开发区或者工业园区的基础上完善和建设发展起来的，基础较好，发展较快，产业集聚效应逐步显现。比如，市高新技术产业集聚区的特色产业群就是在原有高新区的基础上发展起来的，截至 2012 年底，拥有法人单位数 80 家，远远大于其他产业集聚区的法人单位数，占平顶山市法人单位总数（247 家）的 32.39%。而其他大部分产业集聚区是近几年才开始起步建设发展，规模偏小，产业集而不聚，辐射示范作用不强，还没有形成较好的集聚和规模效益。截至 2011 年上半年，在 10 个产业集聚区中，建成区面积不足 5 平方公里的产业集聚区有 7 个，占到总数的 70%，可见整体规模偏小，其中平顶山新城区产业集聚区建成面积甚至仅有 1.2 平方公里，仅完成规划面积的 7.67%。从法人单位数来看，截至 2012 年底，化工产业集聚区仅有 1 家，平顶山新城区产业集聚区有 3 家，与其他集聚区相差甚远，亟待发展建设。

2. 主导产业发展有待进一步提升

按照平顶山市 2013 年产业集聚区的发展方案要求，产业集聚区要按照竞争力、成长性和关联度的要求，选择 1~2 个工业主导产业重点培育。但从平顶山市目前情况来看，在 10 个产业集聚区中，仅化工产业集聚区确立了以煤盐化工为主导产业，有 6 个区的主导产业为 3 个，这就使得区内产业集中度较低，不利于按照主导产业的方向集群发展。而且部分产业集聚区产业定位雷同，特色不鲜明，如平顶山市有 4 个产业集聚区以机械制造为主要产业。另外一些产业集聚区项目仅仅简单集中摆放，对各项目的关联度要求不高，这就使得产业集聚区内产业链条短，企业仅仅是空间的集聚，尚处于企业的集中布局阶段，而对关联、配套与协同效应关注不够，相互间缺乏专业化的分工协作，仅仅是表面上的"堆"，没有形成真正的"群"，这就使得各产业的关联性低、带动力不强，主导产业没起到带动作用，进而限制了集聚效应的发挥。

3. 产业层次不够高，产业融合和产业互补有待加强

平顶山市多数产业集聚区着力发展的产业为纺织、机械制造、钢铁等传统的资源依赖型产业，产业整体层次较低，高新技术产业较少，再加上目前一些产业集聚区急于招商引资，入驻门槛低，产业层次不高的现象仍在持续。

从产业集聚区内产业和产品情况来看，其产业合作和产品的互联对接以及集群发展尚需要进一步提升，各区主导产业的优势互补，发展平台的战略合作，产业融合和辐射能力需要进一步加强。比如 4 个以机械制造为

主导产业的产业集聚区内多数只是企业的集合，并未形成产业集群；产业链条短使得企业间缺乏产业合作，产品对接能力和辐射力都不够强。

4. 土地和资源利用不够集约

在土地利用方面，2010 年平顶山市产业集聚区总建成面积为 42.5 平方公里，比上年增长 16.3%，基本与企业主营业务收入的同比增速一致，这表明土地利用的集约性尚待提升。同年每平方公里建成面积的产出值为 16.6 亿元，比全省平均水平高出 5.4 亿元。其中，产业集聚区每平方公里建成面积产出值最高的舞钢产业集聚区，比最低的市化工产业集聚区高 600 倍之多，这进一步反映出某些地区土地利用的集约水平较低，单位产出能力较低。

5. 资源环境有待进一步优化

一些产业集聚区的相关环境污染治理设施装备严重滞后，远不能达到环境保护相关政策的要求。个别集聚区甚至盲目发展违背环保政策的项目，缺乏绿色可持续发展理念。在资源利用上，一些产业集聚区没有达到循环经济的要求，资源利用效益较低，但废弃物排放较高，而且由于企业自身原因导致能源利用率不高，对各种副产品和废弃物的利用程度也不高。

6. 基础设施和配套服务体系尚待完善

目前平顶山市产业集聚区经济规模虽然越来越大，但是多数区内尚未建成配套的基础设施和公共服务体系，这方面投入不足使其不能满足区内企业发展的需要。产业集聚区内大多数中小企业发展缺少技术和市场支撑，公共服务体系很不健全，企业融资困难，部分企业对社会责任的认识不到位；知识产权保护意识差，缺乏自主创新。

造成这些问题的原因，一方面大多数产业集聚区是近几年才发展起来的，从无到有，还处于较低级的发展阶段，各方面还很不成熟；另一方面部分地方相关部门急于招商引资，对产业集聚的认识不深刻，进而导致其对入驻的企业项目把关不严。另外也与本地的市场需求能力、政府培育思路不当、市场和经济环境等有关系。

（四）加快资源型城市转型的建议

平顶山市是我国典型的资源型城市之一，在我国资源性城市转型发展中，平顶山只是一个代表。本章阐述了发展产业集聚区是平顶山市进行经济转型的必然选择，并从经济效益、集群效应发挥和竞争力三方面分析平顶山市产业集聚区的现状与问题，提出了要促进产业集聚能力的提升，加快资源性城市转型的建议。这些建议不仅针对平顶山这一个城市，对于其他资源性城市的转型发展也具有借鉴意义。

1. 因地制宜，科学制定发展规划

传统产业的集聚区在平顶山市仍然占有较大比重，如宝丰产业集聚区、化工产业集聚区等。对这些产业集聚区，在发展规划中应着力注重对传统产业的改造升级工作，可以充分利用税收和财政的杠杆作用，鼓励企业对新技术研发的投入，加快技术改进速度，促进产品更新，进而带动平顶山市经济转型。例如，平新产业集聚区、高新产业集聚区等，在发展规划中应重点关注其研发能力和融资问题；在研发方面可以通过园区间的企业合作或者与高校联合研发等着力提升研发能力，推动其增强自主研发能力，充分挖掘产业的发展潜力；在融资方面，由于高新技术产业的高风险、高投入，政府应加大扶持力度，通过专利制度和相应的激励制度等来推动技术创新，通过多种方式拓宽企业融资渠道，加大财政直接支持，推进金融创新改革等保障技术开发的顺利进行。

2. 找准方向，准确定位

（1）选好特色主导产业。产品的差异性是提高经济主体市场占有率和收益的重要因素之一。选好特色主导产业关键在于选好"特色"，构建强势的核心竞争力。特色主导产业的选择是否合理，不仅关系所选取特色产业本身的发展，而且关系区内企业产业结构的升级和优化，进而对产业集聚区的整体经济竞争力的提升都会产生重要的影响和带动作用。

（2）抓好龙头企业。发展关联度高的特色龙头产业是特色主导产业的关键。特色龙头企业的培育既有利于企业自身的发展，又有利于带动其他企业，形成企业间有效的产业分工和协作体系，要充分发挥大型企业的集聚经济效应和乘数扩张效应来带动整个区域经济的发展。在龙头企业的选择上，可以从区内的骨干企业中选择市场占有率高、发展前景好、辐射带动强的企业，相应地加大政策扶持力度，争取尽快将其打造成龙头企业，或者鼓励企业采取并购等方式进行积极战略重组，以做大企业规模。

3. 延长产业链

产业集聚不仅是相关行业中企业的简单集中，企业的集群发展需要通

过横向或纵向的产业链整合来提高整体集聚区的竞争能力。产业链的完善是产业集聚竞争能力发展的重要因素，政府应注重培育相互关联的企业，围绕产业链形成协作网络系统，并从要素供给和需求关系以及关联产业的互补等各方面着手，积极推动产业集聚的核心产业链不断完善。要着力营造良好的发展态势，打破区域和所有制界限，加强对外合作与交流，吸引国内外资金、技术和人才到区内尽快集聚。同时可以鼓励企业横向或纵向延长产业链，加快产业链的横向或纵向发展，进而达到真正产业集聚的目标。

4. 强化体制创新

产业集聚区要积极探索适合的建设模式，建立科学的管理体制和运行机制。在管理上，产业集聚区初步建成后，政府应逐步退出市场，减少政府行政行为，使产业集聚区发展向企业主导方向转变，减少政府的行政干预，将政府的责任定位于整体的宏观调控。同时政府部门还应建立新型的、高效率的管理体制，做好相关的配套服务工作。要提高区内产业的关联度和集成度，促进区间的相互联系和资源流动，可以通过开展平顶山市的招商引资活动，完善中介服务体系，形成产业集聚区相关资源共享的良好机制，为产业集聚区发展提供良好的外部环境。

5. 完善配套服务

配套服务的健全直接影响产业集聚能力的提升。产业集聚区可以围绕产业链的需要，加快发展物流、金融等中介服务体系。积极支持企业建立面向全区的培训中心、物流中心等，发展对外宣传、人才和技术培训等公共服务平台。同时还要推进区内商会或者行业协会的建设，构建企业与政府沟通的桥梁，发挥商会在促进产业协调、政策导向和技术共享等方面的重要作用。

第三节　基于产业集聚的资源型地区
竞争力评价

一　指标体系的建立、计算及测度结果

（一）指标建立

指标体系的确定是整体考评工作的基础。建立一套能够全面、准确地反映高新区发展状况的指标体系，是一项十分复杂和艰巨的工程。本文所

使用的指标是省科技厅高新区处、省社会科学院产业经济所，以及相关单位的多名同志，结合辽宁省实际，重点参照了国家对高新区的考评办法，汲取了广东省和浙江省的经验，经过 2013 年一年的努力，多次修改后完成的。

本文所使用的考评指标体系包括技术创新能力、产业竞争能力、可持续发展能力和组织保障能力 4 个一级考评指标。在对辽宁省高新区综合考评时，笔者充分考虑了指标数据的可获得性和科学性，按照国家和省级高新区两类分别进行。两类高新区在五组指标（2.1，2.2；2.3，2.4；2.5，2.6；3.3，3.4；3.5，3.6）的赋权上略有不同。国家高新区按 6 : 4 的比例分配权重；省级高新区按 4 : 6 的比例分配权重（见表 13 - 2）。

表 13 - 2　辽宁省高新技术产业开发区考评指标

序号	一级指标	二级指标	分值
1	技术创新能力（20）	1.1 企业万人拥有发明专利数（个）	4
		1.2 拥有博士学位及以上学位和纳入省级及以上各类人才培养计划人数（人）	4
		1.3 省级及以上研发机构数量（个）	6
		1.4 省级及以上孵化器面积（万平方米）	3
		1.5 在孵企业数（家）	3
2	产业竞争能力（30）	2.1 高新技术产品增加值（亿元）	6
		2.2 高新技术产品增加值增速（%）	
		2.3 主导产业集群销售收入（亿元）	5
		2.4 主导产业集群销售收入增速（%）	
		2.5 高新技术企业数（家）	5
		2.6 高新技术企业占所在市总数的比例（%）	
		2.7 固定资产投资额（亿元）	5
		2.8 实际利用外资（亿美元）	3
		2.9 实际引进内资（亿元）	3
		2.10 企业获得金融机构投资金额（亿元）	3
3	可持续发展能力（20）	3.1 单位土地 GDP 产出（万元/平方公里）	3
		3.2 高新区 GDP 占所在市 GDP 比例（%）	3
		3.3 规模以上企业数（家）	5
		3.4 规模以上企业数增长率（%）	

序号	一级指标	二级指标	分值
3	可持续发展能力（20）	3.5 新增注册企业数（家）	4
		3.6 新注册企业数增长率（%）	
		3.7 新开工建设项目数（个）	5
4	组织保障能力（30）	4.1 创新管理体制与运行机制（定性）	7
		4.2 落实市级经济管理权限（定性）	7
		4.3 推行行政事业性"零收费"制度（定性）	5
		4.4 公共财政预算收入（亿元）	5
		4.5 高新区管委会财政科技资金占总支出的比例（%）	6

（二）指标计算

1. 综合分值计算

综合考评分值为各类指标分值之总和，即

综合考评分值 = 1 类指标分值 + 2 类指标分值 + 3 类指标分值 + 4 类指标分值

2. 类指标分值计算

类指标分值为该指标各相关指标分值之和。

例如，1 类指标"技术创新能力"得分计算为：

1 类指标分值 = 1.1 分值 + 1.2 分值 + 1.3 分值 + 1.4 分值 + 1.5 分值

3. 二级指标分值计算

二级定量指标分值 = 指标数值 × 指标权数

指标数值（正向指标） = $(Xij - minXi) / (MaxXi - MinXi)$；

指标数值（逆向指标） = $(MaxXi - Xij) / (MaxXi - MinXi)$；

其中 i 表示考评体系中任意一项指标，Xij 表示 j 高新区 i 指标的实际值，$MaxXi$ 和 $MinXi$ 分别代表参评高新区中 i 指标的最大值和最小值。

二级定性指标的分值计算采用专家在审核高新园区上报材料的基础上，由 5 个以上的专家分别打分，取平均数。

（三）测度结果

1. 综合排名

辽宁省高新区考评指标体系中的相关数据来自《辽宁省高新技术产业

开发区建设考评登记表》，其中个别数据是经过简单计算得到，但原始数据均来自该登记表，如数据有出入则以《2013 年辽宁省高新区主要经济指标统计表》和《2013 年全省高新区有关指标完成情况综合汇总表》为准，经过处理后的基础数据见表 13-3。

表 13-3 2013 年辽宁省国家高新区基础数据一览

高新区	沈阳	大连	鞍山	本溪	营口	辽阳	阜新
1.1 企业万人拥有发明专利数（个）	75.0	44.3	10.9	6.5	1.0	4.7	1.6
1.2 拥有博士学位及以上学位和纳入省级及以上各类人才培养计划人数（人）	306	350	186	46	24	53	5
1.3 省级及以上研发机构数量（个）	107	26	32	50	10	16	9
1.4 省级及以上孵化器面积（万平方米）	12.9	32.0	8.2	3.0	8.3	1.3	3.0
1.5 在孵企业数（家）	162	561	171	29	120	42	60
2.1 高新技术产品增加值（亿元）	206.3	179.3	28.6	46.3	40.0	116.0	43.5
2.2 高新技术产品增加值增速（%）	22.3	13.0	20.0	65.0	27.0	-15.5	30.1
2.3 主导产业集群销售收入（亿元）	966.0	1230.0	160.0	240.0	181.0	643.0	245.0
2.4 主导产业集群销售收入增长率（%）	12.6	23.3	48.6	18.7	27.5	1.3	21.5
2.5 高新技术企业数（家）	119	166	33	15	28	14	14
2.6 高新技术企业占所在市总数的比例（%）	36.3	36.2	34.0	83.3	38.9	53.8	50.0
2.7 固定资产投资额（亿元）	700.0	470.0	180.0	198.1	26.0	127.0	60.7
2.8 实际利用外资（亿美元）	6.1	19.0	2.3	0.4	0.4	2.9	0.4
2.9 实际引进内资（亿元）	118.2	233.0	90.0	69.8	27.0	59.8	89.6
2.10 企业获得金融机构投资金额（亿元）	90.0	26.6	47.3	0.3	1.5	146.7	7.3
3.1 单位土地 GDP 产出（万元/平方公里）	37795.0	91337.1	76175.0	50000.0	53655.2	91092.1	38595.7
3.2 高新区 GDP 占所在市 GDP 比例（%）	6.7	3.8	2.7	8.4	5.1	11.9	16.8
3.3 规模以上企业数（家）	710	433	180	127	196	78	78
3.4 规模以上企业数增长率（%）	0.3	0.7	11.1	18.7	8.9	52.9	9.3
3.5 新增注册企业数（家）	1474	712	198	92	58	148	124

续表

高新区	沈阳	大连	鞍山	本溪	营口	辽阳	阜新
3.6 新注册企业数增长率（%）	33.3	18.7	15.2	19.5	61.1	41.0	21.6
3.7 新开工建设项目数（个）	129	20	70	70	32	43	45
4.1 创新管理体制与运行机制（定性）	—	—	—	—	—	—	—
4.2 落实市级经济管理权限（定性）	—	—	—	—	—	—	—
4.3 推行行政事业性"零收费"制度（定性）	—	—	—	—	—	—	—
4.4 公共财政预算收入（亿元）	93.3	63.0	13.5	18.7	1.7	12.1	7.0
4.5 高新区管委会财政科技资金占总收入的比例（%）	4.0	8.1	4.3	0.2	18.3	1.5	10.8

对基础数据进行标准化处理，然后把所得数据与相对应的权重进行运算得到每一项的实际得分和各园区总得分（见表 13-4）。

表 13-4　辽宁省国家高新区各项指标实际得分和总得分

	高新区	沈阳	大连	鞍山	本溪	营口	辽阳	阜新
1. 技术创新能力（20）	1.1 企业万人拥有发明专利数（个）	4.00	2.34	0.53	0.30	0.00	0.20	0.03
	1.2 拥有博士学位及以上学位和纳入省级及以上各类人才培养计划人数（人）	3.49	4.00	2.10	0.48	0.22	0.56	0.00
	1.3 省级以上研发机构数量（个）	6.00	1.04	1.41	2.51	0.06	0.43	0.00
	1.4 省级以上孵化器面积（万平方米）	1.14	3.00	0.68	0.17	0.69	0.00	0.17
	1.5 在孵企业数（家）	0.75	3.00	0.80	0.00	0.51	0.07	0.17
	合计得分	15.38	13.38	5.52	3.46	1.48	1.26	0.37
2. 产业竞争能力（30）	2.1 高新技术产品增加值（亿元）	3.60	3.05	0.00	0.36	0.23	1.77	0.30
	2.2 高新技术产品增加值增速（%）	1.13	0.85	1.06	2.40	1.27	0.00	1.36
	2.3 主导产业集群销售收入（亿元）	2.26	3.00	0.00	0.22	0.06	1.35	0.24
	2.4 主导产业集群销售收入增长率（%）	0.48	0.93	2.00	0.74	1.11	0.00	0.85
	2.5 高新技术企业数（家）	2.07	3.00	0.38	0.02	0.28	0.00	0.00
	2.6 高新技术企业占所在市总数的比例（%）	0.09	0.09	0.00	2.00	0.20	0.80	0.65
	2.7 固定资产投资额（亿元）	5.00	3.29	1.14	1.28	0.00	0.75	0.26
	2.8 实际利用外资（亿美元）	0.92	3.00	0.31	0.00	0.00	0.40	0.00

	高新区	沈阳	大连	鞍山	本溪	营口	辽阳	阜新
2. 产业竞争能力（30）	2.9 实际引进内资（亿元）	1.33	3.00	0.92	0.62	0.00	0.48	0.91
	2.10 企业获得金融机构投资金额（亿元）	1.84	0.54	0.96	0.00	0.02	3.00	0.14
	合计得分	18.72	20.75	6.77	7.64	3.17	8.55	4.71
3. 可持续发展能力（20）	3.1 单位土地 GDP 产出（万元/平方公里）	0.00	3.00	2.15	0.68	0.89	2.99	0.04
	3.2 高新区 GDP 占所在市 GDP 比例（%）	0.84	0.23	0.00	1.21	0.51	1.96	3.00
	3.3 规模以上企业数（家）	3.00	1.69	0.48	0.23	0.56	0.00	3.00
	3.4 规模以上企业数增长率（%）	0.00	0.02	0.41	0.70	0.33	2.00	0.34
	3.5 新增注册企业数（家）	2.40	1.11	0.24	0.06	0.00	0.15	0.11
	3.6 新注册企业数增长率（%）	0.63	0.12	0.00	0.15	1.60	0.90	0.22
	3.7 新开工建设项目数（个）	5.00	0.00	2.29	2.29	0.55	1.06	1.15
	合计得分	11.87	6.17	5.57	5.32	4.44	9.06	4.86
4. 组织保障能力（30）	4.1 创新管理体制与运行机制（定性）	7.00	7.00	7.00	7.00	7.00	7.00	7.00
	4.2 落实市级经济管理权限（定性）	7.00	7.00	7.00	7.00	7.00	7.00	7.00
	4.3 推行行政事业性"零收费"制度（定性）	5.00	5.00	5.00	5.00	5.00	5.00	5.00
	4.4 公共财政预算收入（亿元）	5.00	3.35	0.64	0.93	0.00	0.57	0.29
	4.5 高新区管委会财政科技资金占总收入的比例（%）	1.27	2.63	1.38	0.00	6.00	0.42	3.52
	合计得分	25.27	24.98	21.02	19.93	25.00	19.99	22.81
	各园区综合得分	71.24	65.28	38.88	36.35	34.09	38.86	32.75

注：各园区 3 个定性指标均按满分计入总分。

结果显示，辽宁省国家高新区综合排名为，第一名沈阳得分为 71.24，第二名大连得分为 65.28，第三名鞍山得分为 38.88，第四名辽阳得分为 38.86，第五名本溪得分为 36.35，第六名营口得分为 34.09，第七名阜新得分为 32.75。

目前，在辽宁省沈阳、大连、鞍山、本溪、营口、辽阳、阜新 7 个国家高新区中，沈阳和大连两个国家高新区是辽宁省高技术产业化的重中之重。2013 年，沈阳和大连两个高新区集中了全省高新区高新技术产品增加值的 46.3%、公共财政预算收入的 62.2%、固定资产投资的 50.7%、实际利用外资的 67.0%。分析结果显示，全省国家高新区大致可以分为三个梯队。沈阳、大连高新区规模大，综合实力优势显著，多数指标处于区域内前列，综合排名靠前，属于第一梯队；鞍山、辽阳高新区综合实力和区内企业平均实力较强，属于第二梯队；本溪、营口、阜新为后三名，经济发展相似，综合实力处于中等水平，处于第三梯队。

二 评价结果的指标分析、结构分析及问题分析

(一) 指标分析

1. 技术创新能力

沈阳、大连、鞍山、本溪、营口、辽阳和阜新分列 1～7 位，与综合得分相比，沈阳、大连和鞍山位次不变，仍居前 2 位；本溪、营口位次变动不大；而辽阳位次由综合得分第 4 位降为技术创新能力第 6 位，主要原因在于辽阳"省级以上孵化器面积"和"在孵企业数"数值偏小，分别只有1.3 万平方米和 42 家，而同期大连分别为 32 万平方米和 561 家，分别是辽阳 25 倍和 13 倍，可见辽阳高新区应在技术创新能力方面多下功夫。阜新也存在类似的问题。

2. 产业竞争能力

大连、沈阳、辽阳、本溪、鞍山、阜新和营口分列 1～7 位。与综合排名相比，位次出现下降的为沈阳、鞍山和营口，分别下降 1 个位次、2 个位次和 1 个位次。鞍山得分较低的主要原因在于其"主导产业集群销售收入"和"高新技术企业占所在市总数的比例"两个指标值偏小，分别仅为160 亿元和 34.0%，均处于 7 个高新区的末位，可见，鞍山高新区需加强特色产业基地建设；营口排名最后的主要原因在于其"固定资产投资""实际利用外资""实际引进内资"3 个指标较弱，分别只有 26 亿元、0.4亿美元和 27 亿元，均处于七个高新区的末位，可见，营口高新区需在资本等要素积累方面多下功夫。

3. 可持续发展能力

沈阳、辽阳、大连、鞍山、本溪、阜新和营口分列 1～7 位。营口排名最后，主要原因在于"新开工建设项目数""新增注册企业数"只有 32 个

和58家，处于7个高新区的末位，可见营口高新区需创新管理体制，在服务型政府方面多下功夫，提高管理服务效率。

4. 组织保障能力

沈阳、营口、大连、阜新、鞍山、辽阳和本溪分列1～7位。与综合排名相比，辽阳和本溪降幅较大，辽阳由综合得分第4位降为组织保障能力得分第6位，本溪由第5位降为第7位，主要原因是辽阳和本溪"高新区管委会财政科技资金占总收入的比例"偏小，分别只有1.5%和0.2%，处于7个高新区后两位，可见两个高新区需完善政策支持体系，加大财政科技资金的投入强度。

（二）结构分析

一般对某个高新区考评时都要考虑不同类别的指标，否则会对其他高新区造成不公平。倘若只考虑规模指标，这样对那些新兴的有活力的高新区考评不利，所以也要考虑结构指标。在规模指标（绝对发展水平，共16个指标）和结构指标（相对发展水平，共11个指标）方面，辽宁省国家高新区之间表现有所不同。就本章来说规模指标的大小代表高新区发展的基础情况，结构指标的高低代表高新区发展速度和绩效情况（见表13-5）。

表13-5　辽宁省国家高新区规模指标与结构指标得分一览

	高新区	沈阳	大连	鞍山	本溪	营口	辽阳	阜新
规模指标	1.1 企业万人拥有发明专利数（个）	4.00	2.34	0.53	0.30	0.00	0.20	0.03
	1.2 拥有博士学位及以上学位和纳入省级以上各类人才培养计划人数（人）	3.49	4.00	2.10	0.48	0.22	0.56	0.00
	1.3 省级以上研发机构数量（个）	6.00	1.04	1.41	2.51	0.06	0.43	0.00
	1.4 省级以上孵化器面积（万平方米）	1.14	3.00	0.68	0.17	0.69	0.00	0.17
	1.5 在孵企业数（家）	0.75	3.00	0.80	0.00	0.51	0.07	0.17
	2.1 高新技术产品增加值（亿元）	3.60	3.05	0.00	0.36	0.23	1.77	0.30
	2.3 主导产业集群销售收入（亿元）	2.26	3.00	0.00	0.22	0.06	1.35	0.24
	2.5 高新技术企业数（家）	2.07	3.00	0.38	0.02	0.28	0.00	0.00
	2.7 固定资产投资额（亿元）	5.00	3.29	1.14	1.28	0.00	0.75	0.26
	2.8 实际利用外资（亿美元）	0.92	3.00	0.31	0.00	0.00	0.40	0.00

高新区		沈阳	大连	鞍山	本溪	营口	辽阳	阜新
规模指标	2.9 实际引进内资（亿元）	1.33	3.00	0.92	0.62	0.00	0.48	0.91
	2.10 企业获得金融机构投资金额（亿元）	1.84	0.54	0.96	0.00	0.02	3.00	0.14
	3.3 规模以上企业数（家）	3.00	1.69	0.48	0.23	0.56	0.00	0.00
	3.5 新增注册企业数（家）	2.40	1.11	0.24	0.06	0.00	0.15	0.11
	3.7 新开工建设项目数（个）	5.00	0.00	2.29	2.29	0.55	1.06	1.15
	4.4 公共财政预算收入（亿元）	5.00	3.35	0.64	0.93	0.00	0.57	0.29
	合计得分	47.80	38.41	12.88	9.47	3.18	10.79	3.77
结构指标	2.2 高新技术产品增加值增速（%）	1.13	0.85	1.06	2.40	1.27	0.00	1.36
	2.4 主导产业集群销售收入增长率（%）	0.48	0.93	2.00	0.74	1.11	0.00	0.85
	2.6 高新技术企业占所在市总数的比例（%）	0.09	0.09	0.00	2.00	0.20	0.80	0.65
	3.1 单位土地 GDP 产出（万元/平方公里）	0.00	3.00	2.15	0.68	0.89	2.99	0.04
	3.2 高新区 GDP 占所在市 GDP 比例（%）	0.84	0.23	0.00	1.21	0.51	1.96	3.00
	3.4 规模以上企业数增长率（%）	0.00	0.02	0.41	0.70	0.33	2.00	0.34
	3.6 新注册企业数增长率（%）	0.63	0.12	0.00	0.15	1.60	0.90	0.22
	4.1 创新管理体制与运行机制（定性）	7.00	7.00	7.00	7.00	7.00	7.00	7.00
	4.2 落实市级经济管理权限（定性）	7.00	7.00	7.00	7.00	7.00	7.00	7.00
	4.3 推行行政事业性"零收费"制度（定性）	5.00	5.00	5.00	5.00	5.00	5.00	5.00
	4.5 高新区管委会财政科技资金占总收入的比例（%）	1.27	2.63	1.38	0.00	6.00	0.42	3.52
	合计得分	23.44	26.87	26.00	26.88	30.91	28.07	28.98

注：各园区三个定性指标均按满分计入结构指标。

从规模指标得分看，沈阳、大连排名靠前，鞍山、辽阳、本溪居中，阜新、营口靠后。阜新和营口规模指标得分只有 3.77 和 3.18；而排名第一位的沈阳得分 47.80，是阜新和营口的 13 倍和 15 倍，可见这两个高新区发展基础较为薄弱。从结构指标得分看，排名依次为营口、阜新、辽阳、本溪、大连、鞍山和沈阳，但 7 家高新区之间的差距很小，这也反映出营口、阜新等新兴高新区活力不足，发展速度上的优势并不突出。

（三）问题分析

考评结果显示，目前辽宁省高新区发展尽管取得了巨大成绩，但发展中尚存在着诸多需要解决的问题。这些问题主要体现在以下几个方面。

1. 技术创新能力不足，科研机构不多，创新型人才严重缺乏

阜新、营口和本溪"拥有博士学位及以上学位和纳入省级及以上各类人才培养计划人数"分别只有 5 人、24 人和 46 人，而大连和沈阳分别为350 人和 306 人。营口、阜新、辽阳和本溪"企业万人拥有发明专利数"分别只有 1.0 个、1.6 个、4.7 个和 6.5 个，而沈阳和大连分别为 75 个和 44.3个，营口等高新区应更加重视人才、技术等创新要素向企业流动和集聚。

2. 产业竞争力较弱，工业基础薄弱

鞍山、营口、本溪和阜新"主导产业集群销售收入"2013 年分别只有160 亿元、181 亿元、240 亿元和 245 亿元，而同期大连和沈阳分别为 1230亿元和 966 亿元。

3. 企业融资能力不强，风险资本市场不健全

本溪、营口和阜新"企业获得金融机构投资金额"只有 0.3 亿元、1.5 亿元和 7.3 亿元，而沈阳同期为 90 亿元。

4. 发展规模、质量和效益差距巨大

沈阳和大连高新区排名靠前，其中沈阳高新区得分为鞍山和辽阳的1.83 倍，为本溪的 1.96 倍，为营口的 2.09 倍，为阜新的 2.16 倍。无论从新增注册企业家数还是新开工建设项目上看，沈阳高新区均遥遥领先。可见，辽宁省 7 个国家高新区综合发展的差距较大。

5. 有的地方政府对高新区的政策支持不够，缺乏激励和督促机制

本溪、辽阳"高新区管委会财政科技资金占总收入的比例"仅为0.2% 和 1.5%。同时，一些地方主要领导对高新区长期不重视，使高新区在发展过程中形成"抱铁饭碗"，不求进取的心理。

三 评价结果与全国其他国家高新区的比较

经过多年的发展，特别是辽宁省高新区发展取得了初步成绩，积累了诸多经验，但同一些更加先进的高新区相比，仍存在差距和不足（见表 13-6 和表 13-7）。

表 13-6　2012 年国家高新区工业总产值前 30 名及辽宁高新区排名一览

单位：亿元

高新区	工业总产值	排名	高新区	工业总产值	排名
北京	64946.7	1	淄博	19505.7	18
上海	48491.4	2	济南	19215.4	19
深圳	46936.0	3	沈阳	19170.9	20
西安	42847.6	4	惠州	18956.4	21
武汉	40129.4	5	济宁	18742.4	22
长春	39369.6	6	厦门	18111.9	23
南京	33642.7	7	襄樊	17205.0	24
成都	33200.3	8	宜昌	16622.3	25
广州	31879.2	9	珠海	15547.3	26
无锡	29812.6	10	大连	15472.3	27
长沙	27161.3	11	哈尔滨	15258.5	28
天津	26197.2	12	中山	15145.7	29
苏州	25752.7	13	鞍山	15132.0	30
佛山	24505.9	14	辽阳	7616.4	57
合肥	22613.7	15	营口	4481.9	71
郑州	21426.1	16	本溪	1549.2	95
常州	19864.5	17			

表 13-7　2012 年全国 105 家高新区工业总产值和人均工业总产值排名一览

高新区	年末从业人员（人）	工业总产值（亿元）	排名	人均工业总产值（万元）	排名	高新区	年末从业人员（人）	工业总产值（亿元）	排名	人均工业总产值（万元）	排名
北京	1587911	6494.667	1	40.901	105	威海	84072	1090.925	46	129.761	35
天津	317915	2619.721	12	82.403	77	济宁	139387	1874.239	22	134.463	31
石家庄	84847	1375.581	37	162.125	12	烟台	52207	332.670	85	63.721	95
保定	90062	815.122	56	90.507	70	临沂	54142	701.539	59	129.574	36
唐山	16683	146.122	97	87.588	72	泰安	76325	407.456	77	53.384	101
燕郊	27519	367.006	81	133.365	32	郑州	142911	2142.615	16	149.927	23

续表

高新区	年末从业人员（人）	工业总产值（亿元）	排名	人均工业总产值（万元）	排名	高新区	年末从业人员（人）	工业总产值（亿元）	排名	人均工业总产值（万元）	排名
承德	8852	59.498	105	67.214	92	洛阳	98072	917.392	53	93.543	65
太原	118766	1266.718	38	106.657	56	南阳	42810	205.125	91	47.915	104
包头	115719	1402.689	35	121.215	40	安阳	44959	253.319	88	56.345	98
沈阳	159368	1917.095	20	120.294	42	新乡	16500	119.980	100	72.715	86
大连	213516	1547.226	27	72.464	87	武汉	382467	4012.938	5	104.922	58
鞍山	86484	1513.197	30	174.968	10	襄樊	130082	1720.504	24	132.263	33
营口	43413	448.186	71	103.238	59	宜昌	106294	1662.228	25	156.380	19
辽阳	29087	761.643	57	261.850	4	孝感	72230	674.038	61	93.318	66
本溪	21918	154.923	95	70.683	89	长沙	194792	2716.126	11	139.437	27
长春	148864	3936.963	6	264.467	3	株洲	103783	1208.591	40	116.453	46
吉林	105525	1030.192	48	97.625	63	湘潭	80687	996.540	49	123.507	39
延吉	13500	216.204	90	160.151	15	益阳	22143	397.107	79	179.337	9
长春	89311	651.224	62	72.916	85	衡阳	35527	409.205	76	115.181	48
哈尔滨	141514	1525.847	28	107.823	54	广州	432471	3187.921	9	73.714	82
大庆	105757	1509.905	31	142.771	26	深圳	400379	4693.601	3	117.229	45
齐齐哈尔	27767	203.242	92	73.196	83	珠海	184274	1554.731	26	84.371	75
上海	557292	4849.139	2	87.012	73	惠州	151604	1895.644	21	125.039	38
上海	19063	125.770	99	65.976	93	中山	84319	1514.571	29	179.624	8
南京	177656	3364.274	7	189.370	7	佛山	265554	2450.585	14	92.282	67
常州	166169	1986.447	17	119.544	44	肇庆	44137	598.765	65	135.661	30
无锡	337561	2981.263	10	88.318	71	江门	32545	156.971	94	48.232	103
苏州	229946	2575.273	13	111.995	51	东莞	45691	483.955	69	105.919	57
泰州	35655	680.766	60	190.931	6	南宁	124239	867.663	55	69.838	91
昆山	171990	1111.300	45	64.614	94	桂林	84612	596.218	66	70.465	90
江阴	76560	1206.504	41	157.589	18	柳州	77485	1164.404	44	150.275	21
武进	77532	594.900	67	76.730	81	海南	34431	338.419	83	98.289	62
徐州	30614	404.641	78	132.175	34	重庆	156312	1202.432	42	76.925	80
杭州	251860	1444.055	34	57.336	96	成都	264901	3320.026	8	125.331	37
宁波	107224	908.482	54	84.727	74	绵阳	118020	1077.756	47	91.320	68
绍兴	24629	134.433	98	54.583	99	自贡	30766	340.302	82	110.610	52

续表

高新区	年末从业人员（人）	工业总产值（亿元）	排名	人均工业总产值（万元）	排名	高新区	年末从业人员（人）	工业总产值（亿元）	排名	人均工业总产值（万元）	排名
温州	67616	368.734	80	54.533	100	乐山	20755	118.550	101	57.118	97
合肥	150829	2261.374	15	149.930	22	贵阳	170734	1215.893	39	71.216	88
蚌埠	54070	440.361	72	81.443	78	昆明	65237	995.318	50	152.569	20
芜湖	34433	546.920	68	158.836	16	玉溪	19010	745.952	58	392.400	1
马鞍山	26547	427.902	73	161.186	13	西安	309925	4284.758	4	138.251	28
福州	62179	630.099	63	101.336	61	宝鸡	128510	1381.513	36	107.502	55
厦门	156746	1811.186	23	115.549	47	杨凌	14992	79.041	104	52.722	102
泉州	72158	980.875	51	135.934	29	渭南	22631	323.866	86	143.107	25
莆田	24572	252.447	89	102.737	60	咸阳	15044	410.131	75	272.621	2
南昌	109289	1188.065	43	108.709	53	榆林	7558	194.663	93	257.559	5
景德镇	51506	620.122	64	120.398	41	兰州	122113	964.436	52	78.979	79
新余	32494	483.760	70	148.877	24	白银	34894	316.826	87	90.797	69
鹰潭	20923	337.023	84	161.079	14	青海	11070	92.947	102	83.963	76
济南	204708	1921.537	19	93.867	64	宁夏	7616	91.140	103	119.669	43
青岛	128746	1481.093	33	115.040	49	乌鲁木齐	57054	417.558	74	73.186	84
淄博	118872	1950.572	18	164.090	11	昌吉	9419	149.371	96	158.584	17
潍坊	134033	1503.128	32	112.146	50						

第四节　战略性新兴产业发展趋势

一　信息产业是技术创新的主要载体

信息产业是带动全球经济增长和产业升级的重要引擎。20 世纪 90 年代以来，信息产业在各国政府的扶持下一直保持较快的增长，成为全球增长最快的产业之一。后金融危机时代，随着全球经济增速放缓和新一轮工业革命的到来，世界主要经济再次聚焦信息产业，纷纷将信息技术作为抢占世界经济制高点的重要战略，信息产业正在进入一个新的发展阶段。在此背景下，我国也制定了一系列促进信息产业发展的政策，以加速中国信息产业的发展。

2020 年之前我国信息制造业占 GDP 比重仍将呈上升趋势。国际经验显示，通信设备、计算机及其他电子设备、电气设备和零件等制造业增加值占 GDP 比重将持续上升，当人均 GDP 达到 15000 美元时，行业占比将趋于稳定；信息服务增加值占 GDP 比重将随着人均 GDP 持续上升。行业成长的速度以及对经济的贡献度各国之间有显著差异，在很大程度上受国家发展战略的影响。从我国目前情况来看，信息制造业整体规模偏小，2010 年信息制造业增加值占 GDP 比重 4.3%，考察中国人均 GDP 水平和信息化程度仍然显著低于发达国家，预计信息制造业增加值占 GDP 比重将持续上升，2020 年前后趋于稳定。

二　生物医药产业是信息产业之后下一个规模最大的产业

欧美等国发展经验显示，健康产业已经成为发达国家的主导产业，其占 GDP 比重超过 15%；健康产业是发达国家研发投入、科技创新的重要领域之一。美国用于医药研发的投入占全部研发投入比重高达 24%，仅次于计算机信息产业 33% 的水平；健康产业的增长速度几乎超过了世界上每个国家的 GDP 增速，具有较弱的周期性。在经济危机时期，健康产业依然保持高速发展，成为最具吸引力的产业；各国政府和居民人均医疗健康支出持续上升。美国政府医疗费用支出占 GDP 比重高达 17.6%，德、法、英超过 9%；经济合作与发展组织（OECD）成员健康支出中政府支出占比平均为 72%，中国仅为 56%。中国健康产业发展进入快车道。

中国中长期健康产业发展主要驱动因素来自以下几个方面。一是人口老龄化。预期 2012~2020 年 65 岁及以上的老年人将净增 4000 万人，占总人口比重将提升 2.3 个百分点，至 16%。二是消费结构升级。目前我国健康产业规模为 2 万亿~3 万亿元，健康产业占 GDP 的比重仅为 5.1%。以人均消费支出占比、行业增加值占 GDP 比重与人均 GDP 关系来看，行业供给显著滞后于居民潜在需求，远低于世界平均水平。假定 2020 年我国用于医疗卫生相关服务业支出占 GDP 比重达到世界平均水平 10%，则中国健康产业的规模将达到 8 万多亿元。这意味着中长期健康产业年均复合增速约为 21%。目前我国药品和医疗器械占制造业比重分别为 0.2% 和 1.5%，远低于发达国家 0.6% 和 6% 的水平。

三 新能源作为技术创新的重点突破领域

目前，我国能源对外依赖度逐年上升，中国社会科学院估算 2011～2015 年我国能源对外依存度料由 5% 上升至 11%，能源消耗和碳排放强度显著高于发达国家。基于能源安全、居民环境改善需求以及环境治理等考虑，国家制定了能源安全战略，通过从消费、供给、技术和体制等方面进行全方位革命，实现形成煤、油、气、核、新能源和可再生能源多轮驱动的能源供应体系目标。我国能源消费增速进入一个新稳态。日本和韩国的经验显示，能源消费与产业结构变化有高度的相关性，日本和韩国的能源消费速度分别在 1974 年和 2000 年呈现台阶式下降。

预计中国能源消费增长将进入新常态，年均能源消费增速保持在 4% 左右。能源需求重心转向交通运输、居民和商业。美国及欧盟的经验显示，工业化末期能源需求重心将由工业逐步转向交通运输、商业和民用；1949～2013 年美国工业消费能源占能源消费总量的比重由 46% 降至 32%，1990～2008 年欧盟由 35% 降至 27.2%。相比较而言，我国工业能耗占比仍高达 71%，而商业、交通运输和居民三部门能耗占比仅为 2%、8.0% 和 10.7%，远低于美国的 18%、28% 和 21%，以及欧盟的 12%、32% 和 25%。受益于消费升级、城镇化、航空航天、海运以及重载交通运输等的推动，预期未来交通运输部门能源需求增长最快，其次是商业和居民部门。新能源行业发展各具特色。在节约能源和大气治理压力下，能源供给亮点将聚焦新能源行业。

第五部分

建设服务篇

|第十四章|

抚顺市打造国家先进能源装备产业化基地规划（节选）

一 产业集群的发展现状

（一）集群发展的整体情况

1. 建设的背景

（1）新能源装备产业是战略性新兴产业中的重要组成部分。能源安全是国家安全的核心之一。《国家中长期科学和技术发展规划纲要（2006～2020年）》中，能源问题被列在重点领域的第一位。在全球金融危机条件下，中国发展战略仍然把能源安全放在关键位置，"新能源振兴计划"被提上国家议事日程就是最好的证明。目前，我国面临多方面的能源挑战，主要表现是能源的过度消耗（据统计，每万美元GDP消耗能源吨油当量，美国为2.33，德国为1.46，日本为1.31，中国则高达7.24）、节能技术落后（我国工业节能中煤的清洁高效开发利用、复杂地质油气资源勘探开发利用、可再生能源低成本规模化开发利用，以及超大规模输配电和电网安全保障等技术和设备与世界先进水平都有很大差距）、新的替代能源供给不足（与美国、欧盟、印度等国相比，我国可再生能源，如风能、太阳能、生物质能源、氢能等能源利用的步伐落后）等。"工欲善其事，必先利其器"。这些问题积聚的一个关键就是我国能源技术水平及其装备制造设备的落后。

（2）大力发展装备制造业是我国的国家战略。2009年2月，国务院常务会议上审议通过的《装备制造业调整振兴规划》指出：发展装备制造业会极大提高我国新型工业化水平。抚顺是我国的煤都和石油加工工业的发祥地，在两大能源工业领域具有深厚的历史积淀。在煤炭生产装备的研发、设计、制造等产业链各环节上拥有国内其他地区不可替代的技术开发优势、人才优势和品牌优势，拥有石油加工工艺研究、过程装备设计、装备制造为主要学科的大学和一批国内知名的能源装备制造企业。抚顺工业正实现脱胎换骨的变化，进一步挺起抚顺的工业脊梁。抚顺建立先进能源装备产业化基地具有产业、人才和技术等基础和储备。

基于以上条件，自 2008 年以来，辽宁省和抚顺市全力建设抚顺先进能源装备产业化基地（以下简称产业基地）。产业基地建设是保障国家能源安全的需要，是解决环境和资源矛盾问题的需要，是发展辽宁装备制造业的需要，是迎接国际技术转移的需要，是区域产业升级的需要，是资源型城市转型和沈抚两市实现产业优势互补、全面协调发展的需要。

2. 发展的现状

（1）发展沿革。抚顺市是辽宁省的工业重镇，多年来为中国经济和社会发展，特别是工业化和城市化建设做出了卓越的贡献。东北老工业基地振兴政策实施以来，这座被国家确定为"资源枯竭"的城市在调整产业结构、转变发展方式、走新型工业化道路上奋力前行，并取得了成绩、焕发了生机。其中的一个巨大的缘由就是诞生了一个"国家先进能源装备高新技术产业化基地"。

该产业基地位于抚顺经济开发区之内，在沈抚同城框架之中。为实现"沈抚同城化"目标，辽宁省政府决定在沈阳东与抚顺西之间的抚顺辖区内建设抚顺国家先进能源装备产业化基地，成为拉动抚顺以及全省工业生产快速增长的"引擎"。目前，能源装备产业集群将占地 15 平方公里，主要用于先进能源设备的生产，为园区内企业进行配套等。经过几年的建设，该园区建成了一批大型先进能源装备、通用石化设备、适应我国高电压等级的输变电设备和应用新材料等生产及配套企业近百家。

（2）空间布局。该产业基地在抚顺境内面积为 258.80 平方公里，沈阳境内有 335.54 平方公里，全部建设工作都在向前推进。沈抚新城已具备品牌效应，吸引了世界 500 强、国内 100 强 7 家企业到新城投资。

（3）产业发展。按照新城产业规划要求，产业基地的煤矿安全、工程机械、石化及输变电装备三大产业比重将大幅度提高。产业基地建设的关键期正逢世界金融危机的冲击。面对困难形势，产业基地上下团结一致，取得了新成绩。

（4）配套建设。产业基地这些年加快了生态区文化建设，努力打造丰远热高乐园、皇家海洋世界旅游景观，沈阳旺力、上海绿地、深圳万科、香港建设、浙江明达、大商等集团公司投资的一批商业项目入驻，核心区的现代服务业格局基本形成。

3. 对区域的作用

（1）对抚顺市超常规跨越式发展具有重大作用。抚顺市委、市政府做出了建设产业基地规划，就是要在更大程度上支撑抚顺市的超常规的跨越式发展。"十三五"期间，抚顺市要继续加快发展速度，将抚顺打造成适于创业、适于发展、适于人居的山水园林城市，并成为沈阳经济圈特别是沈抚新区产业发展的重要连接地和承接地，缺少集群的建设，宏伟目标难以实现。

（2）对抚顺市实现可持续发展具有重大作用。作为一个长期以来以第二产业为主的城市，抚顺市培育发展接续替代产业，不仅对推进全市经济转型，实现区域经济可持续发展具有极为重要的意义，而且对全市具有战略性和全局性的指导意义。产业集群是世界各国产业高级化的一种形式，也是市场经济发展到一定阶段的产物，是区域竞争力的重要标志。几年来，随着建设步伐的加快，产业集群在龙头企业带动、市场驱动、产业链整合、同业集聚等方面也进入发展的快车道。产业集群充满活力的产业，越来越为实现抚顺的可持续发展发挥巨大的作用。

（3）对抚顺市新城区建设具有重大作用。辽宁省委、省政府关于实施沈抚同城战略，要求抚顺市抓住机会，拓展产业发展空间，着力推动以新城区为核心的城市建设，形成新老结合、焕发活力的城市新貌。省委、省政府文件为抚顺新区建设创造了难得的政策环境和外部条件，是抚顺迈向又好又快发展新阶段的一次重大历史性机遇。经验显示，一个新城区没有比较优势的特色产业，以及由此形成的产业集群，城市的建设，空间的优化布局，人民生活的改善往往就缺少了关键环节。

（4）对抚顺市与全省协调发展具有重大作用。在辽宁经济整体格局中，抚顺的发展相对滞后。如果没有相关政策带动，只靠市场经济运作，各种要素资源还会继续源源不断地流向沿海经济带，抚顺与先进区域之间的差距会越来越大。集群建设有利于全省统筹规划，在人力、物力、财力及政策资源等各个方面对抚顺给予更多的投入与支持，改善老工业基地的发展环境，增加投资、提高科技和人力资源水平、增强公共服务，形成后发优势，奠定了区域协调发展的基础。抚顺的快速发展，缩小了与其他区域之间的差距，形成全省协调发展、良性互动的新格局。

（5）对提高抚顺市人民生活水平具有重大作用。抚顺市受自然资源条件的局限，经济发展基础薄弱，工业化和城镇化水平较低、对外开放程度不高、经济社会发展长期滞后，一直是全省较困难的地区之一。辽宁继沿海经济带开发开放建设取得良好成效、沈阳经济区一体化发展步伐明显加快之后，目前正举全省之力，实施沈抚同城战略，实现跨越式发展。集群建设可为地区增加财政收入，提供更多就业岗位，改善民生，有利于和谐社会的构建。

（二）集群发展优势和特色

1. 产业和资源优势

产业基地处于沈抚同城化规划区的前沿区域。沈阳和抚顺这两座老工业城市拥有装备制造业集中的资本存量和一批国内行业领军企业，产品覆盖装备制造业的多个领域，特别是能源装备产业优势明显。在产业基地东西两侧，有一大批在国内占有重要位置的装备制造企业，其产品是我国国民经济发展的支柱。例如，大型履带式起重机，50多年来累计生产机台总量1.5万余台，产品遍布大江南北，目前形成了10个吨级的系列产品，现已步入拥有自主知识产权的专业化生产轨道，形成了中国境内历史最久、规模最大、品种最全的液压履带式起重机的生产研发基地。抚瓷牌高电压用电瓷产品多次在国家重点工程中中标，为葛洲坝工程、三峡工程、西电东送等国家大型建设和改造项目提供了大量电瓷、避雷器产品等。抚顺是我国重要的原材料工业基地，现已形成年产17.5万吨铝、220万吨铁、300万吨钢、8000吨电解铜、2万吨石墨电极的生产能力，电网结构合理，供电可靠性高，电能质量高于全省平均水平，有充裕的供电能力。充足的原材料和资源供应，为基地建设提供了基础条件。

2. 技术和人才优势

与产业基地有密切合作的专业研究机构主要有：煤炭科学研究总院沈阳研究院、煤矿安全技术国家重点实验室、大连矿山安全科学技术研究院、沈阳煤炭设计院、沈阳煤炭研究所、中国石油化工股份有限公司抚顺石油化工研究院等。大专院校及科研机构主要有：中科院沈阳分院、东北大学、辽宁工程技术大学、辽宁石油化工大学、顺华能源学院等高校。此外，产业基地还拥有国家级安全装备的检验检测机构，国家煤矿防爆安全产品质量监督检验中心、国家安全生产抚顺矿用设备检测检验中心（行业内唯一授权的 IECEx 认证体系的 Ex 检验实验室和 CTA 信息验证机构）。基地周围拥有密集的专业科研机构、大专院校及国家安全产品检验检测机构，以及装备企业产业群所拥有的高素质技术工人，诸多专业人才。这些人才为能源装备产业提供基础技术、共性技术、实用技术的研发，提升产品技术含量，提高产品附加值，提供全面的技术、支撑和服务。

3. 区位和政策优势

产业基地位于沈抚同城核心位置，沈抚同城化战略的实施为产业集群融入沈阳经济区，实现沈抚两市产业互补式发展，提高区域产业综合竞争力创造了良好条件。产业基地紧临沈抚高速公路和苏抚铁路，与沈阳浑南新区相接，距沈阳奥体中心 20 公里，距抚顺南站 16 公里，距桃仙国际机场 40 公里，距大连港 380 公里。区域位置优越，交通十分便捷。

党中央、国务院对装备制造业发展高度重视。2009 年初，国务院审议通过了十大产业振兴规划，对发展装备制造业提出了明确的要求，指出要大力开展重大技术装备自主化工作，增强企业自主创新能力，进行产业结构和产品结构调整，全面提升企业竞争力。这为辽宁装备制造业的发展创造了条件。辽宁为了加快全国装备制造业基地建设，对在抚顺建立国家先进能源装备产业化基地制定了一系列政策措施，创造了产业集聚的"洼地效应"。

4. 合作和后发优势

产业基地与俄罗斯、美国、日本、西班牙、意大利以及非洲、东南亚等 20 多个国家和地区有着密切的合作。目前，很多产品已经出口到 30 多个国家和地区。其中，重型矿山设备、油页岩成套的研发、生产制造处于国内先进水平；大型石化通用设备技术、产业链齐全，产品优势明显；采油注汽锅炉技术国内外市场占有率高；高档数控机床以及门类齐全的基础件等都为产业化基地建设、成果转化以及服务提供了保障条件。基地内现已形成规模的企业有：煤炭科学研究总院沈阳研究院、抚顺煤矿电机厂、华瑞抚顺安全仪器有限公司、隆基集团、华科中煤装备公司以及临近开发区产业基地的抚顺矿业集团机械制造厂等。目前，总投资将超过 3 万亿元的我国"新能源计划方案"开始启动。新能源规划最大的亮点在于，风电和光伏的发展规模得到了大幅提高，预计到 2020 年光伏发展规模要达到 1000 万～2000 万千瓦。即使以 1000 万千瓦计算，这个规模也是 2007 年 180 万千瓦的 5 倍以上。此外，风电也计划于 2020 年总装机规模达到 1.5 亿千瓦等。国家的新能源振兴计划将为基地发展的后发优势提供条件。

5. 政府高度重视优势

科技部把产业集群作为带动区域经济的最佳措施，并制定促进其发展的若干优惠及扶持政策，省科技厅把扶持建设产业集群工作作为今后工作的重中之重，优先扶持并促进其快速发展。抚顺市委、市政府领导高度重视，将市本级财政收入的一大部分作为专项资金投入产业集群的基础设施建设，并提出要充分利用本市科技资源、科技力量的整体优势，将各种资源进行系统集成和科学整合，形成综合科技优势；充分利用全市各部门积极配合、形成合力的优势，统筹运作，实现优势互补，共同建设与促进抚顺产业集群发展。

6. 投资环境优势

产业基地坚持不懈地抓好软环境建设，进一步优化环境的核心就是改善创新创业环境，集中优势资源，共同构筑区域性科技创新创业核心高地。完善以专业孵化器和大学科技园为核心的创业孵化体系建设，培育一大批科技型中小企业，使产业集群成为培育科技型中小企业的摇篮，搭建适合于高成长性企业发展的科技企业加速器，为高速成长的企业提供高品质服务，打通高科技企业成长通道，促进高成长企业发展壮大；大力培育促进产业发展的第三方中介服务机构，发挥中介机构在产业集群产业发展中的产业研究、要素引进、技术支撑和企业服务作用；加强高端人才队伍建设，扩大开放，发挥产业集群对其他产业发展的辐射带动作用，共同营造和谐发展的环境。

（三）产业链的具体安排

1. 新能源装备园

我国发布的《国家中长期科学和技术发展规划纲要（2006～2020年）》（以下简称《纲要》）部署了 16 个具有战略意义的重大专项，发展核电名列其中。《纲要》确定的具有前瞻性、先导性和探索性的27项高技术领域，包括快中子堆技术、磁约束核聚变技术的研发。目前我国核电发展以引进法国、俄罗斯和加拿大等国技术为主，产业基地将在引进、消化、吸收的基础上实施再创新并生产出设备。

我国技术还需要突破，尤其是要生产出风能发电设备。产业基地将在引进、消化、吸收的基础上实施再创新并生产出设备，如风力发电设备、汽车行进逆风气流风能发电装置、磁悬浮轴轮涡轮风能发电驱动装置、集能型管道传输式风能发电站等。

目前，在掌握这些技术基础上，产业基地正在研究推出太阳能发电设备，包括太阳能抽水蓄能联合发电系统、太阳能发电系统、太阳能电池组和光电发电系统、太阳能全天候温差发电装置系统、带太阳能发电机的空气调节器等。

2. 煤矿安全装备产业园

煤矿安全装备产业集群不断加强以企业为主体的创新体系建设，提升主导产业龙头企业的核心竞争力，完善产业链，促进产业水平不断提升。目前，煤矿安全装备产业集群组建了中国安全生产科学研究院，依托煤炭科学研究总院、中国矿业大学等科研院校，分别建立了矿山安全科学技术研究院、安全科学技术学院等安全生产技术支撑机构；建设了爆炸科学与技术国家重点实验室、火灾科学国家重点实验室、煤矿安全技术国家工程研究中心等一批国家重点实验室、工程研究中心和研发基地，现正在建设煤炭资源与安全开采国家重点实验室、煤矿瓦斯治理与利用国家工程研究中心。抚顺还拥有国家级安全装备的检验检测机构——国家煤矿防爆安全产品质量监督检验中心，该中心设有国家安全生产抚顺矿用设备检测检验中心、煤炭科学研究总院抚顺分院防爆安全产品实验室和煤炭工业抚顺煤矿专用产品质量监督检验中心。该中心是行业内唯一授权的 IECEx 认证体系的 Ex 检验实验室和 CTA 信息验证机构，其一流的产品和尖端的技术使抚顺在能源装备行业处于竞争的优势地位。

抚顺煤矿电机是全国专业生产矿用隔爆电动机最大生产厂家，是省级企业技术中心，先后开发一批世界顶尖产品，如额定电压为 3.3 千伏的525/263 千瓦、700/350 千瓦、855/430 千瓦刮板输送机用双速电机和 1000千瓦、1200 千瓦、1500 千瓦单速电机，750 千瓦、900 千瓦的采煤机用电机，200/110 千瓦、260/200 千瓦掘进机用电机和 132 千瓦、200 千瓦开关磁阻电机等产品。已获得授权专利 31 项，其中外观专利 4 项，实用新型专利 27 项；另外还获得软件著作权 1 项。辽宁天安是专业从事煤炭采掘机械和洗选设备集设计研发、生产制造、销售服务于一体的国家级高新技术企业。已经累计有 29 项专利处于公开阶段，其中 4 项发明专利和 18 项实用新型专利已经获得授权。

3. 工程机械产业园

工程机械产业园作为传统产业，拥有雄厚的技术力量、广阔的市场空间、紧密的产业链条，经过 3 年的发展形成了以抚挖重工、抚顺机械厂、抚顺山推、博联特为代表的以挖掘机、履带吊、换热器、熔融冶炼设备为主要产品的面向石化、电厂、钢厂、基础设施建设等多行业的产业集群。

作为传统优势产业，该产业集群内的企业充分发挥企业自身技术及行业主导地位优势，紧密与大连理工大学、上海交通大学、东北大学、同济大学、机械科学研究院哈尔滨焊接研究所等国内大专院校、科研院所以及美国、日本、德国、意大利等国外相关科研机构、知名企业交流合作，拥有多项知识产权专利，产品销往国内及国外。例如，抚挖重工是一个集液压履带起重机、挖掘机、桩工机械等产品为一体的工程机械制造企业，也是中国唯一拥有最长建厂历史的工程机械制造企业，该企业现为高新技术企业、国家火炬计划重点高新技术企业、国家制造业信息化科技工程应用示范企业，省级企业技术中心、工程技术研究中心，民营企业博士后科研基地、首批技术创新示范企业、新兴高技术领军企业，全国建设机械行业名优产品生产企业，全球移动式起重机 10 强企业，目前已形成履带起重机、挖掘机、基础施工机械等 30 多个品种的主导产品，其中履带起重机已形成具有国际先进水平的系列产品，并成为辽宁省名牌产品、全国建设机械行业用户满意产品，产品商标被认定为中国驰名商标。

4. 石化电力装备产业园

石化电力集群以余热锅炉等大型压力容器及高压、超高压电瓷设备和长距离输变电设备等为主。集群内形成了以石油机械为代表的余热锅炉等石化设备和高科为代表的电瓷生产设备生产集群。例如，抚顺石油机械生产的大型燃气电站余热锅炉是具有国内先进水平的高新技术产品，其主要创新点是采用特殊的结构方式，扩展受热面积，强化传热功能，该公司的产品国内市场占有率达到 50%；抚顺石油机械生产的超大直径管壳式换热器是炼油厂加氢脱硫和加氢炼化装置中使用的一种新型板焊式容器，是炼化设备向大型化、高效率、深加工发展所必需的设备，成为中国通用机械工业最早研制和生产冷换设备的专业制造厂。

抚顺电瓷电气是我国超高压电瓷产品研发、制造的骨干企业，是国内唯一能同时为 ABB 公司、西门子公司、阿海珐公司等世界 500 强企业批量生产 126 千伏～550 千伏高压电器瓷套和棒形支柱绝缘子的厂家，252 千伏～550 千伏等静压瓷绝缘子、126 千伏～550 千伏电器瓷套已通过国家绝缘子避雷器质量监督检验中心的型式试验，并通过国家级鉴定。该公司申报的国家科技部重大项目 800 千伏瓷套填补了国内空白。

中国石化抚顺石化研究院是国内最早建立的石油研究机构，现已成为以临氢催化、生物化工、环境保护技术以及材料产品开发为核心专业领域的综合性科研开发基地。拥有中小型炼油及化工试验装置 200 余套，具有当今世界先进水平的加氢试验装置 50 多套，各类大型分析测试仪器 200 余台，在能源装备技术开发方面具有雄厚的技术实力。辽宁石油化工大学的省石油化工省级重点实验室和省专用石油化学品省级工程技术研究中心，具有 15000 多平方米的实验室，大型进口、国产实验设备 30 多台（套），科研仪器设备总值为 2200 多万元。辽宁石油化工大学的换热元件传热系数实验室的建立，不仅满足了大学科技研发的需要，也为炼化设备制造企业提供了关键技术试验成套装备，推动了产学研联合，奠定了企业科技创新的支撑基础。

5. 汽车配件产业园

汽车及零部件产业集群作为抚顺新兴的产业集群，在起步初期便以高起点、高标准为指导原则，重点引进行业门槛高、技术先进、产品科技附加值高的企业。在行业集群内拥有汽车发动机、车用空调、汽车保险杠、汽车密封胶条、消防车、航空地面电源车、汽车制动器等多个生产企业，形成年产 15 万台（套）符合欧 4 排放标准发动机、1 万台（套）车用空调、10 万套车用保险杠、450 万米汽车密封胶条、1000 辆举高类与特种类消防车、200 台航空地面电源车、50 万套制动器及真空助力器的设计和生产加工能力，为奥迪、宝马、大众、广汽、北汽、黄海、金杯、中华、奇瑞等国内外多个知名汽车厂家配套服务。

例如，辽宁星际动力长期投资中国汽车动力总成市场，利用国际资源、掌握先进技术，逐步打造中国自主品牌的汽车发动机，其中 NE 01 进气歧管采用铝合金制造、排气歧管采用不锈钢材料。"前进后排"的反置式设计，有利于催化器安装位置的自由度，更有利于废气净化，排放标准将达到欧 5 级。

（四）主导产业发展的环境分析

1. 新能源将迎来发展的黄金时期

在 20 世纪 70 年代，石油危机曾经掀起过一轮包括太阳能和风能在内的新能源热潮；2008 年爆发的全球金融危机再一次让全球投资者关注新能源领域和能够提高能源效率的行业。随着本轮世界经济发展和常规能源价格的上涨，越来越多的国家采取鼓励新能源的政策和措施，新能源的生产规模和使用范围正在不断扩大。

2. 国家和大多数省份着手制定了新能源发展规划

上海、湖北等省份正在制定新能源发展规划，积极建立新能源基地，竞争激烈。

（五）主导产业发展的需求分析

近几年在《可再生能源法》和《可再生能源中长期发展规划》等因素的推动下，我国新能源已步入快速发展阶段。

1. 核电

中国目前核电装机容量约为 900 万千瓦，占全国总发电装机容量的 1.3%。国家能源总局的目标是，到 2020 年将核电装机容量提升到 7000 万千瓦的规模，这意味着每年至少开工建设两个核电站，4 台百万千瓦级反应堆。根据统计，2000 年世界一些国家核能占电力总供电的比重是：法国 72%，比利时 60%，瑞典 43%，韩国 43%，日本 27.2%。

2. 风电

风电是国家即将颁布的《新能源产业振兴规划》大力鼓励的行业。风电在我国发展速度极快，风力发电装机容量连续三年翻番。2008 年底上升至世界第 4 位，今后潜力巨大。

我国计划在可预见的将来使风力发电量每年增长 20%，至 2020 年全国风电总装机容量达到 3000 万千瓦（见表 14-1）。我国风电可能超过核电成为第三大主力发电电源，到 2050 年甚至可能超过水电，成为国内第二大主力发电电源。风力发电未来可能成为我国的主要战略能源之一。

表 14 - 1　2020 年我国新能源发展目标

新能源	2008 年	2010 年	2020 年
水电总量（亿千瓦）	1.45	1.90	3
生物质发电（万千瓦）	300	550	3000
生物质固体成型燃料（万吨）	—	100	5000
沼气年利用量（亿立方米）	—	190	440
燃料乙醇（万吨）	132	300	1000
生物柴油（万吨）	10	20	200
风电总装机容量（万千瓦）	609	500	3000
太阳能装机容量（万千瓦）	10	30	180
太阳能热水器集热（亿平方米）	1.1	1.5	3

资料来源：《中国能源统计年鉴》。

（3）光伏。太阳能光伏是国家颁布的《新能源产业振兴规划》大力鼓励的行业。国家希望太阳能光伏的总装机容量将达到 1000 万千瓦。2008年，我国太阳能产业规模已居世界第 1 位，是全球太阳能热水器生产量和使用量最大的国家和重要的太阳能光伏电池生产国。

二　产业集群发展面临的主要问题

（一）瓶颈问题

1. 技术方面的问题

经济高速发展所带来的新技术问题需进一步加大研究力度。例如，在煤矿安全方面，由于煤矿生产条件的变化，开采深度增加，都需对煤矿安全生产进行重新认识，原有的技术理念、治理手段已经不符合现有开采技术条件要求，这些都是企业面临的主要技术问题。当前，企业存在的技术瓶颈主要表现在技术手段的短缺和落后。煤矿整体技术水平落后，开采条件复杂多变，虽然新技术发展日新月异，但对运用到煤矿生产条件的新技术手段需要有一个再认识的过程。20 世纪末期，煤炭经济形势不好，累及煤矿科研单位的经济效益，造成技术手段更新落后，业已反映到科研发展水平跟不上煤炭生产发展的需要。

2. 人才方面的问题

产业技术工人流动性大且技术水平参差不齐，后续人才储备不足。基础研究人员的待遇往往不及从事技术服务的人员，造成科研人员对从事基础研究工作热情不高，许多科研资源浪费在谋求生存方面，这就形成了一方面从事基础科研技术力量不足，另一方面众多的科研人员在为生存而从事简单重复的工作，使科技资源浪费巨大。

3. 资金方面的问题

产业集群内的一些企业，面临基础设施建设、设备采购、回款周期长等诸多方面问题，造成资金紧张，严重制约了企业的发展；而在国家紧缩银根的政策背景下，金融机构惜贷现象严重，同时国家金融机构的屡次上调存贷款利率，也加大了企业融资成本。

4. 生产工艺问题

生产工艺相对落后，部分核心技术和核心零部件的技术和产品质量不过关，仍需从国外进口，既加大了企业生产成本也制约了企业发展。

5. 企业自身问题

面对激烈的市场竞争，部分企业在扩大生产线、扩大生产规模的同时，忽视了自身资金情况和技术水平；同时，部分企业保守发展，忽视新市场的开发、新产品的研制；另外，各企业之间在原材料、技术、资金、销售等方面互相挤占，各自追求自我延伸与自我循环的生产与销售体系，同类产品的市场细分特征不明显，系列化产品不多，市场竞争优势不突出，相互依存的专业化分工协作的企业网络尚未形成。

（二）解决方案

如何解决上述问题，本文对此提出以下方案。

1. 鼓励企业加大科技研发

大力开展与自主创新能力建设相关的国际交流与合作，不断扩展新的合作渠道，多形式、全方位、多层次地推进煤矿安全科技交流与合作。跟踪研究国际、国内煤矿安全科技发展前沿动向，努力赶超国际、国内先进水平。

2. 造就高水平的人才队伍

建立健全薪金制度，提高基础工人的工作热情。加强企业文化建设，增强员工团队精神，增强员工的成就感和使命感。强化企业与高职、技校等职业技术学院的合作，为产业工人的培养和训练做好储备工作。

3. 发挥担保公司等金融中介机构的作用

利用担保公司担保职能加强与银行间的合作。及时掌握银行等金融机构的贷款政策，广泛开展"展业通"等小额贷款金融业务。鼓励企业积极争取各项各级国家政策资金的扶持，利用扶持资金加大科技研发投入力度，促进项目发展。加大政策宣传力度，灵活运用国家出台的各项鼓励政策在税收、贷款等方面降低企业运行成本，鼓励企业开源节流、自挖潜力，出台节约奖励办法，降低生产成本。

4. 加强对外交流与合作

密切关注国际上新技术、新工艺、新的设计思维和理念，不断更新产品的设计，使产品的先进性永远保持国内领先。加大政策引导，在互惠互利的大原则下，引进国外的先进技术。并且通过国际交流合作，培养一批适合先进企业要求的研发人员和技术工人队伍。

第十五章

抚顺市科学和技术发展"十三五"规划（节选）

科学制定《抚顺市科学和技术发展"十三五"规划（2016～2020年)》，实施创新驱动发展战略，对推动抚顺市将科技摆在优先发展的战略地位，提升科技创新对经济社会发展的贡献率，调整产业结构、转变经济发展方式，打造现代产业体系，促进可持续发展具有十分重大的意义。

一　形势与背景

（一）从国际看

"十三五"期间，后工业时代迎面而来，科技创新的一系列重大成果深刻改变着世界。新技术、新产业、新业态日益成为引领产业转型升级，推动经济和社会发展的主导力量。新一轮产业革命蓄势待发，新能源、新材料、信息网络、生物医药、节能环保等新兴产业发展速度加快，其作为新一轮竞争的重要内容受到高度重视。需求结构出现明显变化，经济合作不断加强，科技资源和创新资源正在全球范围内重新配置，科技创新不断推动人类进入一个新的发展周期。

（二）从国内看

"十三五"期间，建设创新型国家成为全面提升国家综合实力，提升国际竞争力的必然选择。创新驱动发展战略使科技、知识、人才、文化、体制等创新要素发挥更加明显的作用，经济社会向资源节约、环境友好、人与自然和谐相处方向全面转变。在经济发展新常态下，传统发展模式不断改变，自主创新能力、产业核心竞争力更加受到重视。国内资本、产业、技术流动速度加快，新一轮产业转移已经开始。各级政府为进一步提升经济发展的质量和水平，通过扶持孵化器、公共研发平台、风险投资等手段，促进区域科技创新和高新技术产业发展。

（三）从抚顺市情看

"十三五"期间，是全市工业化、信息化、市场化、国际化的深入发展时期，创新驱动发展的最佳时期。创新驱动对全市"两城两带一区"建设和稳增长、促改革、调结构、惠民生有巨大支撑作用，对全市创新环境改善、高新技术产业快速发展、自主创新能力提高、农业科技创新、民生科技创新都有极大牵动作用。同时，全市创新驱动也面临诸多挑战，主要是创新驱动的良好氛围需要营造，优先发展的战略地位需要夯实，发挥作用的手段需要增多，同时影响创新驱动发展的思想障碍需要破除，制度藩篱尚需要消除等。

二 成绩与问题

（一）发展成绩

1. 产学研合作取得明显成效

目前，抚顺市有国家级重点实验室 1 家，国家产学研合作创新示范基地 1 家，国家级示范生产力促进中心 1 家，省级产学研合作创新示范基地 8 家，省级重点实验室 7 家，省级工程技术研究中心 32 家，省级产业技术创新战略联盟 3 家。

2. 科技创新投入大幅提高

"十二五"期间，围绕国家、省科技计划和产业发展政策，组织一批重大科技项目申报国家科技支撑计划、"863"计划、火炬计划、重点新产品计划和省科技计划。

3. 特色产业基地和高新区快速崛起

"十二五"期间，抚顺市科技工作高起点、高标准谋划和建设特色产业基地，全力开展科技招商引智，为经济转型发展注入强大动力。目前，先进能源装备、精细化工两大国家级产业化基地已见成效，新宾焊接省级产业化基地初具规模，清原输变电设备产业化基地等正加快建设，抚顺省级高新区步入发展的快车道。抚顺市连续三年获得省"特色产业基地突出贡献奖",市科技局被市政府专门发文表彰。

4. 高新技术产业发展迅速

"十二五"期间,抚顺市积极推进新兴产业与传统产业融合,用新兴产业和高新技术改造提升传统产业,促进产业结构优化升级。目前,全市有国家高新技术企业44家,市级高新技术企业61家,科技创新型企业67家,以先进能源装备、化工和精细化工、新材料、新能源等为主的战略性新兴产业加快发展。

5. 科技成果转化取得突破

"十二五"期间,抚顺市在精细化工、装备制造等重点领域突破了一批科技难题,累计取得科技成果620项,科技成果转化率达到40%左右。整合技术要素市场的各种资源,成功搭建了连接全国技术市场的抚顺市技术交易平台,五年累计登记技术交易合同3464项,技术合同成交总额10.83亿元,为科技企业减免营业税2303.75万元,技术交易额连续多年位居全省第4位。抚顺市获省"科技成果转化突出贡献奖",抚顺市技术市场连续三年荣获"中国技术市场协会金桥奖"。

6. 知识产权战略持续深入推进

"十二五"期间,抚顺市以深入贯彻实施知识产权战略为主线,以提高发明专利申请量和授权量、培育拥有自主知识产权和较强核心竞争力的企业为目标,大力开展知识产权宣传、培训、执法。持续开展"知识产权进企业"服务活动,开展常态化专利行政执法检查,打击侵犯知识产权违法行为。抚顺市获"辽宁省知识产权战略实施工作先进集体"称号。

7. 农业科技工作成就突出

"十二五"期间,抚顺市大力实施科技惠农工程,努力建设科技型新农村。进一步完善农村信息网络平台建设,为村镇提供高效快捷的农业信息。组织实施了富民强县工程,以科技促进农业产业发展,清原县、新宾县、抚顺县均被评为国家科技富民强县试点县和国家科技进步先进县。

8. 科技创新政策不断完善

"十二五"期间,抚顺市建立健全促进科技创新体制机制,深化依法行政。陆续出台了《中共抚顺市委抚顺市人民政府关于加快推进科技创新的若干意见》《抚顺市专利促进与保护条例》《抚顺市自主创新促进条例》

《抚顺市科技计划项目管理办法》《抚顺市高新技术企业认定管理办法》《抚顺市科技创新型企业认定管理办法（试行）》等各项政策法规，推动科技创新纳入法治轨道。积极推进管理型机关向服务型机关的转变，建立了"小政府、大服务"的管理和服务体系。

（二）存在问题

"十二五"期间，在取得显著发展成就的同时，抚顺市科学和技术发展仍然存在一些亟待解决的问题，主要体现在：科技投入不足，科技对经济拉动力较弱；高新技术产业体量较小，实际投资额尚少；科技人才不足，特别是高层次创新型科技人才短缺；科技与金融结合不紧密，科技型中小企业融资渠道不畅；科技中介服务机构不活跃，孵化器建设比较滞后；科技体制机制，创新的思想观念等与创新驱动要求尚有很多不相适应的地方；创新环境有待改善，相关创新政策落实情况与发达地区有较大差距。

三 指导思想、发展目标和基本原则

（一）指导思想

按照党的十八大总体部署，紧紧围绕实现东北老工业基地振兴和全面建设小康社会目标的要求，认真落实国家关于创新的一系列部署，结合抚顺经济社会发展"全面提速"的需要，大力实施创新驱动战略；立足抚顺经济社会发展对科技创新的需求，以服务"两城两带一区"和消费型城市建设为主题，以提高自主创新能力、支撑产业结构调整和发展方式转变为主线，深化科技体制改革，优化创新创业环境；强化以企业为主体、市场为导向、产学研相结合的技术创新体系建设，注重用高新技术改造现有的传统产业，促进产业升级和产业结构调整，实现部分重点优势产业跨越发展；推进"大众创业、万众创新"，使人才、技术等优势加快释放，发展新兴产业，努力化解经济下行压力，推动全市创新驱动和内生增长，为2020年，将抚顺市建设成为国内先进、省内领先的创新型城市奠定基础。

（二）发展目标

1. 总体目标

力争到2020年，科技体制改革取得决定性成果，企业真正成为技术创

新主体，基本建成体制全新、机制灵活、政策完备、功能完善的城市创新体系；自主创新能力大幅提升，高新技术产业加快发展，新兴产业不断出现和壮大，重点和优势产业不断提升；形成新兴产业与传统优势产业共同发展、现代服务业与传统服务业相互促进、信息化与工业化深度融合的新格局；创新文化、创新机制、创新环境和管理服务等软环境建设成效明显；努力使抚顺市成为辽宁省重要的创新基地、科技成果转化基地、新兴产业基地、消费主导型城市。

2. 具体目标

（1）全市 R&D 经费占 GDP 的比重达到 2.3% 以上。市级科技发展资金每年按 10% 以上的速度增长，带动企业、社会增加科技创新投入。

（2）围绕全市优势产业，通过产学研结合，促进企业与高等院校和科研机构之间的知识流动和技术转移。新建 10 个技术平台。

（3）组织实施 20 项对全市经济社会发展起到支撑带动作用的重大、关键、共性技术成果转化。组织完成 300 项科技成果转化项目。

（4）高新技术产品增加值年均增长速度达到 10% 以上。全市经认定的国家级高新技术企业，由 2014 年的 44 家发展到 70 家。

（5）支持大学、科研院所和重点大中型企业建立重点实验室、工程技术研究中心。全市建设完成市级以上重点试验室或工程技术研究中心 30 家。建成 2 个围绕两大国家特色产业基地，辐射全市的科技创新服务平台。组建产业技术创新战略联盟 10 家。

（6）新建孵化器 20 家，培育出更多具有较强产业影响力的科技中小企业。生物医药等战略性新兴产业有较快发展，新的产业和业态不断增加。培育一批具有自主知识产权的重大技术、重点产品和知名企业，形成较为明显的战略性新兴产业发展比较优势。

（7）全市专利申请量和授权量年均增长 12% 以上，其中发明专利申请量年均增长 10% 以上，年均专利申请量和授权量分别达到 1400 件和 1050 件，年均发明专利申请量达到 520 件。具有创新能力的规模以上工业企业均拥有专利，专利有效实施率达到 25% 以上，知识产权优势企业达到 100 家。

（8）完善新型农业科技服务体系。继续开展科技特派专项行动。创建省、市、县三级科技特派团 10 个，科技特派组 70 个，聘请科技特派员

500 名，培养农民大学生 400 名，培育国家省市级科技型农业产业化龙头企业 30 家，合作组织 30 家，推广农作物新品种、新技术 150 项，实施农业科技成果转化 50 项，建立科技示范基地及园区 10 个，组建特色农业产业技术联盟 2 家。

（三）基本原则

1. 创新支撑，人才强市

注重发展内涵和质量，充分利用国内外的教育和人才资源，从全市人才需求出发，加大人才引进和培育的力度，创造国内一流的人才创新环境、创业环境和物质文化生活环境。

2. 转型升级，重点跨越

集中力量推动产业升级，培育特色产业，发展高端服务业和高端制造业，从现有基础、发展潜力和竞争优势出发，打造一批具有相当规模和竞争力的新兴产业，推动抚顺跨越式发展。

3. 市场驱动，面向全球

尊重市场规律，坚持市场导向，充分发挥市场配置资源的决定性作用，让市场来选择新技术、新产品、新业态、新模式。面向全球，以宽广的国际视野，长远的战略眼光，把国内外优质资源引进来，扎下根，结出果，真正打造出一批高科技、高水平、高效益的高端品牌。

4. 体制创新，环境优化

强化机制体制创新的先导作用，通过机制体制创新促进发展环境的优化，增强抚顺发展的可持续动力。加大对外开放力度，注重环境建设，积极吸引和整合跨国资源，使抚顺成为创新型人才、创新型企业、创新型产业和创新型知识密集的区域。

四 重点工作

（一）科技孵化器建设实现新突破

从抚顺市可持续发展的战略高度重视孵化体系建设，充分发挥全市孵化体系的基础优势，围绕科研成果孵化、科技企业孵化和科技人才孵化，实现抚顺市孵化器建设的新突破。到"十三五"期末，全市新建各类孵化机构 20 家，覆盖全市的各个县（区）和重点企业（见表 15 – 1 ～

表 15 – 5)。

表 15 – 1 "十三五"期间抚顺市精细化工公共服务平台
(孵化器建设路线之一)

发展目标	到 2020 年,成为我国先进精细化工基地
重要领域和支撑	抚顺精细化工应用技术研究院和中国科学院大连化学物理研究所联合搭建,紧紧围绕抚顺精细化工产业集群需求,依托中科院大连化学物理研究所在该领域的技术优势,发挥合作方的综合优势,开展精细化工核心技术研发、成功转化、产业服务、人才培养等综合服务
服务平台内容和机制安排	结合大连化学物理研究所自身的分析测试平台,进一步整合科学仪器设备、实验设施资源,提供开放式高效便捷的仪器设施共享服务,为企业产品检测分析提供技术支持

表 15 – 2 "十三五"期间抚顺市石化新材料专业服务中心
(孵化器建设路线之二)

发展目标	到 2020 年,创建产业技术创新战略联盟 5~8 个,与重点骨干企业共建各类机构 10 个以上,引进与企业合作科技人员 50~100 人
重要领域和支撑	由中国科学院沈阳分院与抚顺市人民政府共建,以抚顺高新区重点产业需求为基础,依托中科院相关技术力量,联合地方各类创新单元,以成果转移转化、项目合作、接受委托研发、信息交流、共建研发机构或产业化基地、联合培养人才等为主要工作内容,为企业技术升级、区域创新能力提高做出实实在在的贡献
服务平台内容和机制安排	重点建立高新区规模以上企业技术需求信息数据库,及时掌握企业重点需求

表 15 – 3 "十三五"期间抚顺市装备基地公共服务平台
(孵化器建设路线之三)

发展目标	到 2020 年,为所在基地企业提供技术、项目、资金、信息、人才、政策等全方位的支撑和服务
重要领域和支撑	按照"一个中心、八大服务功能"框架体系建设,全面承担整个基地的政策咨询、科技成果转化、孵化、科技创新、投资服务,积极吸纳国内外相关研发机构和企业科研力量组建产学研一体化的科技创新公共服务平台,负责先进装备及其相关基础技术、共性技术、实用技术的研发,提升产品技术含量,提高产品附加值
服务平台内容和机制安排	加速抚顺地区产业结构调整,发展高新技术产业,改造传统产业,创造新的就业机会,推动沈抚新城经济可持续发展,并实现跨越式发展

表 15 - 4　"十三五"期间沈抚新城装备基地公共服务平台
（孵化器建设路线之四）

发展目标	到 2020 年，为基地科技型中小企业搭建专业化、全方位一站式服务平台，引导金融资源向科技型中小企业聚集
重要领域和支撑	与抚顺经济开发区诚达投资担保有限公司进行了充分合作，初步形成以政府为主导，市场运作为原则，以科技与金融结合建设为中心，以创业投资服务、政策性担保、科技融资基金三大体系建设为保障，具有沈抚新城装备基地特色的科技融资体系
服务平台内容和机制安排	科技和金融结合平台开始建设。针对基地科技型中小企业不同发展阶段的融资需求和融资条件，以政府资金为引导，发挥科技综合服务优势，整合银行、担保、创投等资源

表 15 - 5　"十三五"期间沈抚新城产业基地可持续发展公共研发服务平台
（孵化器建设路线之五）

发展目标	到 2020 年，建设成沈抚新城机器人应用技术研究院
重要领域和支撑	将中科院自动化研究所、哈尔滨工业大学、辽宁石油化工大学、煤科集团沈阳研究院、中国石化抚顺石油化工研究院、抚顺石化工程建设公司、沈阳工学院、抚顺职业技术学院的技术和人才优势与沈抚新城地方资源及企业需求相结合，探索沈抚新城产业基地内企业自主创新及创新能力提升机制
服务平台内容和机制安排	建立企业与高校、科研院所的实质性产学研联盟可持续合作新模式，集沈抚新城产业共性技术、关键技术于一体的综合性公共研发服务平台

（二）围绕产业链，打造创新链

1. 优先扶持的产业

到 2020 年，全力推进高端装备制造、石油化工新材料、超高输变电设备、新型焊接装备及材料、稀土磁性材料、高等级冶金材料等快速发展，使这些产业总体技术水平迈入国内先进行列。

（1）在沈抚新城实施装备制造业智能化改造升级工程，推进机器人产业集群建设。促进抚顺煤研、抚挖重工、抚顺机械厂、欧柏丽电气、森源电气等重点龙头企业向机电一体化、智能集成化方向发展。推动超大型履带起重机、大型石油炼化设备、海洋工程装备、高端消防车辆设备、智能矿山安全装备、智能交通装备、工业用机器人和微机电系统芯片等高新技术产品设备快速发展，带动抚顺地区装备制造业全面升级。力争 2017 年装备制造业占全市工业总产值比重达 30% 以上。

（2）重点依托高新区精细化工产业基地，以绿色化、高性能化、专用化和高附加值化为目标，做强精细化工产业链，形成以石油化工、精细化工和精深加工为一体的产业格局。支持各类企业在丙酸、脱氟磷酸盐、硅树脂、氟树脂、新型生物降解高分子材料、新型农药、油田助剂、炼油三剂及纳米无机盐等方面的技术攻关和产品开发，创出国内外知名品牌。

（3）推进清原输变电产业基地建设发展。依托清原满族自治县金源科技建设特种输变电集群，推进集群内硅橡胶复合绝缘子、悬式绝缘子、特高压铝合金结构件、输变电设备模具、输变电配件产业快速发展。做好输变电产业集群科研和试验检测中心建设。

（4）推进新宾焊接产业基地建设。认真落实省政府提出的建设辽宁（新宾）焊接产业基地的任务，积极推进将辽宁（新宾）焊接产业基地确定为由省科技厅主抓的全省 13 个特色产业基地之一，全面落实产业基地政策，将抚顺新宾打造成为中国"焊接之都"、世界一流的焊接产业基地，带动全市经济发展。

2. 着力培育的产业

到 2020 年，推进大数据、云计算、智能穿戴设备、新能源产品等领域的核心部件与系统研发制造的产业化，构建相对完备的高水平产业链，打造国内领先的产业基地。

（1）在沈抚新城实施装备制造业智能化改造升级工程，推进机器人产业集群建设。同时，推动大数据与云计算、物联网、移动互联网的融合发展。

（2）推动物联网产业化。发展网络集成、系统软件等技术，形成不同领域的解决方案。

（3）探索软件服务化的新型商业模式。

（三）推进"众创空间、创业工坊"建设

"十三五"期间，紧抓国家鼓励"大众创业、万众创新"的政策导向，根据省、市政府的工作部署，在以往打造的良好创新创业环境的基础上，积极谋划措施，制订实施方案，重点推动众创空间建设。着力打造抚顺创新创业的"众创核心区""众创新生带""众创示范园"，激发全市的创新创业活力。

五　主要任务

（一）大力实施重大项目牵动工程，推动产业素质大幅提升

研究国家重大科技计划项目支持方向。重点在先进智能装备、精细化

工和焊接产业等领域，组织包装一批符合地区发展特色的高科技含量项目，组织好市本级科技计划项目。实施"科技创新型企业加速成长计划"，给予成长性好的科技项目优先立项，培育一批能够增加地区财源、促进就业的科技创新型中小微企业。

（二）大力实施倍增工程，推动新兴产业快速发展

推进高新技术企业"百家工程"。建立以研发投入强度、专利拥有量、产品标准认证、科技成果转化等为指标的创新型企业评价体系。每年新认定市级高新技术企业 20 家以上，作为全市申报国家级高新技术企业的后备力量。

（三）大力实施特色产业基地提升工程，培育经济增长强大引擎

壮大产业技术创新战略联盟，发挥"一个中心、六大产业服务平台"的作用。发挥产业技术创新战略联盟在自主创新中的作用，提升产业基地的自主创新能力，形成产业核心竞争力。提高特色产业基地聚集度，围绕两个基地的产业特点，重点在工程机械、化工新材料等领域开展科技招商，"扶持大项目、延长产业链、培育产业集群"，逐步构建龙头引领、分工细致、集群发展的产业组织体系。

（四）大力实施知识产权战略工程，提升企业创新能力及核心竞争力

加强知识产权创造和运用。启动全市"知识产权优势企业培育计划"，发明专利申请量和授权量年均增长 20% 以上，规模以上工业企业均拥有发明专利，专利有效实施率达到 25% 以上，提升管理水平。以全市优势产业为重点，以"4·26 知识产权宣传日"为载体，深入开展"知识产权进企业"活动。

（五）大力实施科技创新公共服务平台建设工程，增强科技持续创新能力

要在科技合作方面取得突破性进展。继续深入加强与中国产学研促进会、中国技术交易所、上海高校技术市场以及大专院校科研院所的战略合作，广泛建立产学研合作创新服务平台，力争在专利数据库平台建设、技术转移项目合作方面取得突破性进展。促进企业工程技术研究中心建设，依托骨干企业，联合高校、科研机构，大力建立开放运行的企业工程技术研究中心。推动科技金融创新服务，引导和鼓励金融机构对符合国家、

省、市产业政策的科技型企业给予信贷支持，开发相应的金融产品和服务项目；探索科技成果、专利等无形资产的质押贷款方式，降低科技型企业融资门槛。

（六）大力实施科技惠农工程，提升农村经济发展的科技内涵

建立新型农村科技服务运行体系机制。有效整合科技资源，完善科技特派团、组、员服务体系建设。加强农业特色产业基地建设，充分发挥省、市科技特派团技术优势，重点解决绿色、特色及资源深加工等方面的技术难题。创建食用菌、山野菜、中药材等科技型特色农业产业示范基地，实现科技型农业产业示范基地全覆盖。扶持引导农业产业化龙头企业开展技术研发，促进科技型龙头企业实现关键技术突破，鼓励企业自主创新和引进消化再创新，提高产品科技含量，发挥技术创新的带动示范作用。

六　保障措施

"十三五"时期，抚顺市科学和技术发展的指导思想、发展目标、重点工作和主要任务都已经明确。要全面完成各项任务，需要全市上下团结一心，共同奋斗，需要采取一系列切实有效的推进策略和政策措施，为各项任务的落实提供制度、机制、人才、资金及政策保障，尤其是在深度推进开放，加大体制机制创新和建设人才高地方面取得突破。

（一）深化科技体制改革

努力创新科技管理体制和运行机制，充分发挥市场机制对科技资源配置的基础性作用，尊重和发挥各类科技创新机构的市场主体地位，健全科技市场体系，激活各种科技要素，促进科技资源充分流动和优化配置。推动科研机构改革，引导和支持科研院所制度创新，鼓励大专院校、科研机构的科研资源向社会开放，促进产学研紧密合作，探索建立科技成果转化、科技资源流动的动力和保障机制。大力培育企业的创新主体地位，采取引导和鼓励政策，促进企业建立研发机构，加大研发投入，培养和引进科研人才，支持企业建立研发平台和孵化器，培育一大批具有自主开发能力和引进消化吸收再创新能力的创新型企业。

（二）加快政府职能转变

建立健全政府购买公共服务制度，把不属于政府管理职权范围内的事

务逐步转移给中介机构，机构设置要与政府职能转变相符合，积极推进政企分开、政资分开、政事分开、政府与中介组织分开。加强法治政府建设，增强依法执政意识，强化执法队伍建设，规范执法行为，把政府行为纳入法治轨道。

（三）落实规划实施目标

各级政府要将规划的落实作为推动产业结构调整、转变发展方式、提升创新能力的重要抓手，将高端人才、创新资源、重大项目、土地供应、财政资金、服务资源等向全市创新驱动倾斜与集中，聚焦创新驱动。推动各级政府落实本规划提出的目标，坚持服务型政府的管理理念，不断完善服务体系，靠优质服务达到预期效果。全市各个机构和部门要通力合作，挖掘资源，合作创新，协调发展，取长补短，携手共进，努力推动抚顺市创新驱动发展。

第十六章

阜新高新区晋升国家高新区的
申请报告（节选）

近年来，阜新高新技术产业开发区在推动阜新高新技术产业化、成果转化、优化经济结构、体制创新、凝聚人才和提供创新、创业环境等方面发挥了重要作用，为国家和地方经济建设与社会发展做出了突出贡献。特别是自 2008 年末启动建设液压产业基地以来，阜新高新区取得了长足发展、硕果累累。2011 年 4 月，阜新液压产业集群被省政府授予"辽宁省示范产业集群"；2011 年 6 月被科技部认定为"国家火炬计划阜新液压装备特色产业基地"。

为进一步发挥高新区在引领高新技术产业发展、支撑地方经济增长中的集聚、辐射和带动作用，按照科技部高新司《关于申请组织报送省级高新区的有关情况通知》（国科高函〔2010〕17 号）要求，阜新高新区根据阜新市经济转型、产业结构调整、经济发展方式转变、实现新型工业化等方面的实际需要和自身发展的客观现实，申请晋升为国家高新技术产业开发区。现将有关情况汇报如下。

一　阜新市基本情况

阜新市位于辽宁省西北部，距沈阳直线距离 147.5 公里。高速公路四通八达，往东经四平可达长春、哈尔滨，往南经锦州可直达北京、天津，西至朝阳、赤峰，北上经通辽可到霍林河矿区。辖阜新蒙古族自治县、彰武县和海州区、太平区、细河区、新邱区、清河门区"两县五区"。辖区土地总面积为 103.23 万公顷，人口 193 万人。2010 年实现 GDP 361.1 亿元，同比增长 15.5%；地方财政一般预算收入 30.1 亿元，同比增长 29.8%；全社会固定资产投资 350.7 亿元，同比增长 30.3%；社会消费品零售总额 148.9 亿元，同比增长 18.6%；城镇居民家庭人均可支配收入 12690 元，同比增长 13.5%；农村居民家庭人均纯收入 6500 元，同比增长 20.8%。主要经济指标同比增速高于全省平均水平。

阜新是我国的重要能源基地，素有"煤电之城"的美誉。在"一五"期间，阜新依靠当地丰富的煤炭资源，迅速建立起当时亚洲最大的露天煤矿及一大批矿井，同时还建起了当时堪称亚洲之最的坑口电厂。半个多世纪以来，阜新为国家贡献出 6 亿多吨煤炭，2000 多亿千瓦时电力。进入 21 世纪，随着煤炭资源的日渐减少，有近 1/3 的矿工下岗，阜新市经济运行的结构性、素质性矛盾日趋明显。在这艰难的时刻，党中央、国务院于 2001 年 12 月把阜新确定为全国第一个资源型城市经济转型试点市。

阜新作为沈阳经济区八城市之一，在省委、省政府实施突破"辽西北"战略的大背景下，市委、市政府将"十二五"时期确定为实现跨越发展的战略机遇期。在此期间以创建全国资源型城市转型示范市为主线，大力实施工业强市、城镇化带动、开放创新、生态立市和文化兴市五大战略，全力保障和改善民生，维护社会和谐稳定，实现经济社会跨越发展，走出一条产业结构优化升级和新兴产业发展之路是阜新经济转型、工业强市的战略选择。

二 阜新高新区在阜新经济转型中做出了突出贡献

（一）阜新高新区已成为阜新工业发展的重要增长极

阜新高新区是在 2006 年经省政府批准、通过国家发改委审核验收的阜新高新技术产业园区基础上经过调整，于 2011 年 9 月经省政府批准后成立的，核准面积为 756.29 公顷。阜新高新区为一区两园，主园区位于阜新市西部，副园区位于阜新市东部，两园区与主城区相连。现有工业企业 247 户，其中规模以上工业企业 119 户，已形成以液压装备制造、汽车动力转向泵、工程机械、风电设备制造、专用车和农产品深加工为支柱，多种产业并存发展的现代工业体系。同时，阜新高新区坚持以创新为主导、以创业为动力，积极引进并培育主导产业，取得了明显成效，产值大幅增加。2010 年，阜新高新区实现营业收入 147 亿元，同比增长 78%；工业总产值实现 119.3 亿元,同比增长 101%,占全市工业总产值的 1/4,已经超过本地煤炭工业产值;上缴税收总额 4.6 亿元,同比增长 39.4%。高新技术产业发展迅速,在全市占据绝对重要位置。高新技术产品产值 73 亿元,占全区工业总产值的 61.2%,同比增长 120%;占全市高新技术产品产值的 94%。各项指标同比增幅在省内高新区中居前列。

(二)阜新高新区已成为辽宁乃至全国液压装备科技创新、信息交流的重要平台

阜新高新区 1.5 万平方米科技企业创业孵化中心已经孵化近百家企业。阜新高新区还建立了比较完善的科技创新服务体系,国家级孵化器 1 个、国家大学科技园 1 个。自 2009 年以来,中国液压气动密封件工业协会年会连续三年在阜新召开,并成功举办了第一届中国(阜新)液压装备制造业展览会,来自美国、德国、韩国、中国港澳台等国家和地区以及国内 400 多家企业参加了展览会。目前,阜新已经成为中国液压工业协会会员单位信息交流、行业发展论坛的重要平台。2011 年,阜新国家液压装备高新技术产业化基地被国家科技部授予"'十一五'国家科技计划执行优秀团队奖"。

(三)阜新高新区已成为阜新软硬环境建设的金牌区

多年来,阜新高新区基础设施累计投入资金 14.7 亿元,全面完成了域内供水、排水、供电、供热、供气、通信、道路和场地平整"七通一平"基础设施配套工程。加大了绿化、亮化工程建设,使园区道路两侧绿树成荫、花团锦簇,并新设立了三处雕塑,进一步增添了园区文化氛围。对中华路、东风路主干路进行了拓宽,北环路与玉龙新城贯通,至此阜新高新区与主城区交流已畅通无阻,为企业入驻提供了良好的基础设施条件。计划建设 100 万平方米标准化厂房工作已经启动。同时,全区上下牢固树立"亲商爱商、尊商重商"理念,构建了项目引进一条龙服务体系、项目建设全天候服务体系、项目投产后的经常性服务体系等"三大服务体系",提供"保姆式"服务,并已经形成工作制度;目前正不断完善咨询、金融、法律、财务、公共事业等投资服务体系建设,全力为投资者提供宜居宜业、尊商重商的外部环境。

(四)阜新高新区已成为阜新体制机制的先导区和示范区

阜新市政府根据《辽宁省高新技术产业开发区管理暂行办法》规定,

已经将所有的权限下放给阜新高新区。阜新高新区的总体规划和土地利用规划纳入全市总体规划当中，并按照国家有关政策规定，统一办理辖区内农用地征转用和国有土地使用权划拨、出让与抵押。高新区管委会统一管理辖区内的各种建设项目，并按照规划审批权限负责建设工程的报建审批。高新区实行"封闭式"管理，行使市级经济管理权限，辖区内发生的各级行政事业性收费由高新区财政局代收代缴，土地管理费、不可预见费按规定逐级缴纳；土地出让金及各种行政事业性收费收入除按规定上缴国家、省部分外，全部留给高新区。高新区管委会可视自身财政运行状况，依法按财政管理规定自行确定收支比例，并设立了独立的税务、工商、环保和公检法等执法机构，负责辖区内所属企业的各种行政事项审批和管理。同时，设立了具有开发、建设、融资功能并具有法人资格的高新技术开发建设有限公司，为高新区建设与发展服务。

三　晋升国家高新区的比较优势

（一）领导重视，扎实推进晋升国家高新区工作

阜新作为全国资源型城市经济转型试点市，国家、省、市领导高度关注阜新转型工作。国务院总理李克强等领导多次到阜新视察工作，对阜新经济转型及液压产业基地建设提出过明确要求，并希望加大转型工作力度。

（二）强化政策措施，优化新兴产业发展环境

为了更好地发挥阜新高新区的科技支撑作用，促进其圆满完成引领和带动区域产业结构调整和经济转型的历史使命，近年来，省、市两级政府不断加大对阜新高新区的政策支持力度。辽宁省人民政府办公厅转发省科技厅《关于振兴辽宁老工业基地科技行动纲要的通知》，中共辽宁省委、省政府《关于实施突破辽西北战略的若干意见》（辽委发〔2008〕19号），正式把"阜新发展液压产业"列入重点发展产业当中；省政府办公厅专题下发了《关于贯彻落实辽委发〔2008〕19号文件工作分工的通知》（辽政办发〔2008〕86号）明确省科技厅会同省发展改革委、省经委及阜新市政府在加快发展特色产业中重点工作任务是"发展阜新液压件产业聚集区"；省政府《关于加快发展新兴产业的意见》（辽政发〔2010〕3号）在

发展新兴产业的重点任务当中，明确大力扶持以液压、气动、密封为特色的装备制造业零部件发展，建设辽宁（阜新）液压产业基地。中共阜新市委、市政府下发《关于提高科技创新能力加速转型发展的实施意见》（阜委发〔2006〕9号）、《关于支持液压产业发展有关问题的规定》（阜委发〔2008〕33号）等文件，积极落实阜新产业转型发展。国家开发银行也给予了阜新高新区政策性金融的重点支持。

（三）培育液压装备制造特色产业，夯实高新技术创新基础

近年来，阜新液压气动行业得到了快速发展，液压装备制造相关企业达到183户。产品技术水平明显提高，区内企业生产的单螺杆空压机、氮气压缩机、地热中央空调等产品，具有国际领先技术水平；生产的汽车动力转向泵、高压齿轮泵、叶片泵、液压缸、电液伺服阀等产品，达到国际同类产品水平；生产的压铸机、压滤机、碳化处理机等产品，具有国内领先水平。同时，阜新高新区还拥有以国际、国内知名的金风科技、协和风电和尤尼深（中国）风电为龙头的风电设备制造领军企业；拥有以德国技术为主的阜新永生（解放）专用汽车和阜新和美工程机械为龙头的专用车与工程机械制造企业，部分产品远销德国、美国、俄罗斯、印度等国家。随着阜新德尔汽车转向泵、金昊单螺杆空压机、伟光液压等一批骨干企业的崛起，阜新液压产业及相关配套产业发展迅速，在国内同行业中拥有一定的知名度，业界称之"中国液压三分天下，阜新液压有其一"。2010年液压产业集群实现工业产值65亿元，占全区工业总产值的55%，产业集群效应凸显。

（四）土地集约、节约利用，促进创新和可持续发展

阜新高新区注重内涵式发展，走可持续发展道路。规划区面积符合阜新市《城市土地利用总体规划》和《城市总体规划》，其中土地开发率、到期项目用地处置率、闲置土地处置率和招拍挂率四项指标均为100%；土地供应率、工业用地率、建筑密度、工业用地产出强度、高新技术产业用地产出强度、土地有偿使用率等八项指标分值都在90%以上；土地建成率为87%。目前，高新区各种功能用地的比例和空间分布总体集约度合理，各功能用地间存在相互促进关系，土地利用总体集约度合理，土地利用正处于从外延式开发向内涵式开发转变的关键阶段。

四 阜新高新区晋升国家高新区的意义

（一）阜新高新区晋升国家高新区是贯彻落实党中央、国务院关于做好辽宁阜新经济转型的重要举措

2001 年，国务院下发的《听取辽宁省阜新市资源枯竭型城市转型等有关情况的会议纪要》指出："要通过辽宁阜新经济转型试点工作，分析资源枯竭型城市经济转型存在的共性问题，研究制定经济转型的根本措施和相关政策，探索一条符合中国国情的资源枯竭型城市经济转型的路子。" 2004 年，中央提出振兴东北地区等老工业基地战略时指出："继续做好辽宁省阜新市经济转型试点工作，总结经验，加以推广。"此外，国务院还出台了《关于促进资源型城市可持续发展的若干意见》。阜新高新区晋升为国家级高新区，有利于阜新依托国家战略，与沈阳经济区进行对接，并依托产业、技术、人才等优势，打造沈阳经济区腹地经济；有利于阜新打造液压产业集聚优势，面向东北、华北、西北地区经济合作；有利于阜新市依托强大的产业比较优势，利用国家振兴东北老工业基地的机遇加快发展，并探索通过提升科技水平和自主创新能力，走出一条符合中国国情的资源枯竭型城市经济转型的路子。

（二）有利于推进阜新经济转型、转变经济发展方式、增加就业和社会稳定

阜新是我国东北老工业基地城市之一，产业结构单一，主要依靠"煤电"产业，特别是煤炭产业。2008 年，煤炭工业增加值占全市工业增加值40% 以上，第三产业也欠发达，对全市的工业经济产生比较大的影响。随着煤炭资源逐年减少，开采量缩减，则意味着阜新市人民赖以生存的主粮道将要被堵死，15.6 万名职工需要再就业。如果要完成经济转型大业，就必须寻找适合阜新经济发展的接续替代产业，增加就业，促进社会稳定。阜新高新区晋升为国家高新区，将有利于阜新液压产业、风电设备制造产业等战略性新兴产业的发展。到"十二五"末期，阜新高新区将新增加就业岗位 5 万~6 万个，可解决 15 万~20 万人的吃饭问题。这不仅增加了就业、促进了社会稳定，而且对全市经济发展起到巨大的推动作用。

（三）有利于更好地发挥集聚、辐射和带动作用

阜新南靠营口港，西邻锦州港，距最近的海岸线不足百公里。随着

"京四"和"沈通"高速公路建成通车，阜新已经成为辽宁省沟通京津和蒙东地区的重要门户，是联结辽宁沿海经济区与沈阳经济区两大经济板块的天然纽带。阜新向东可以承接沈阳经济区。同时，作为"辽西北"唯一一个国家高新区——阜新高新区为省委、省政府实施突破"辽西北"战略地区布局提供一个新的、更高的平台。阜新高新区的晋升将在整体上提升"辽西北"地区发展水平。

（四）有利于阜新加快"一个产业＋一个新城"的建设步伐，创建全国资源型城市经济转型示范市

阜新正处于经济转型进程中，市委、市政府提出要创建全国资源型城市经济转型示范市，提出了"一个产业＋一个新城"、发展"哑铃"经济，以阜新高新区东西两个园区为依托发展工业，中心区域发展现代服务业的战略构想。

（五）有利于液压装备在特定领域、特定区域形成规模效应

阜新建设液压产业基地的目的，就是利用高新技术加快液压装备升级与改造，并通过创建国家高新区，将在液压气动密封件领域，吸引更多的国内、外科研机构、企业，以及相关产业汇聚于此，形成更大规模的产业集群，最终实现以"阜新液压"支持"中国制造"战略。通过加强集群内企业间的交流与合作，企业可以享受到平台共享、人才资源整合、营销流通链缩短、运营成本降低、投资风险共担等益处，为企业健康发展提供保障。

五　建设国家高新区的目标和任务

（一）发展目标

根据国家科技部发布的《国家高新技术产业开发区技术创新纲要》，阜新高新区发展的目标是：改造和提升传统产业的技术辐射源，把高新区打造成为支撑阜新经济转型、工业快速发展的中流砥柱。

（二）主要任务

阜新高新区主要任务是建设好国家级液压产业基地，加快农副产品深加工和电子信息辅助产业发展，同时不断完善配套服务产业。建设六个产品聚集区、搭建七个服务（中心）平台、打造一个具有综合服务功能的城

市西部"金色长廊"（简称"六区、七台、一长廊"）。进一步集聚发展人气，完善城市功能，打造宜居、宜业、绿色、低碳的工业新区。

1. 着力建设国家液压装备高新技术产业化基地

坚持自主创新、引进消化再创新、成果转化和专业服务并举，大力发展液压泵与马达、液压缸与阀、密封件与配套件、空压机与气动元件、铸造件与热处理件和整机制造与液压系统六个产品聚集区。

（1）液压泵与马达聚集区。到2015年末，形成以泵类产品为主的系列聚集区，实现年产各种泵800万台、马达50万台生产能力，计划产值达到150亿元。

（2）液压缸与阀聚集区。重点发展数字控制的各种液压缸与阀、多功能阀、高压通用阀门、工程机械用片式和整体式多路阀、高压油缸、多级油缸、数字油缸和比例伺服油缸、内设电子系统的电液伺服比例元件、车辆用静液压驱动装置、高精度滤油器、油气管道建设工程中的阀门、管道、流体机械设备等产品。提高产品品质，增加品种规格，实现产品系列化、专业化。到2015年末，形成以缸、阀类产品为主的系列聚集区，实现年产各种阀及液压管件300万件、各种缸体100万套生产能力，计划产值达到30亿元。

（3）密封件与配套件聚集区。重点发展橡塑密封、四氟密封、机械密封、标准和非标准配套件等特殊生产装备和齿轮、叶片、转子、定子、轮毂、传动轴、缸体、阀体、泵体、轴承、标准件等配套零部件系列产品。通过科技创新，引进新工艺、新设备、新方法，大力开发高可靠性、高性能的液压气动密封元件及液压管件、液压附件等系列配套件产品。到2015年末，形成密封件与配套件系列聚集区，实现缸、泵、阀、液力装备、液压气动系统装置等产品零部件、加工件等配套件基地内配套率达到80%以上，计划产值达到20亿元。

（4）空压机与气动元件聚集区。重点发展气体压缩机，轻小型、低功率、不供油微型电磁阀和2W以下电磁气阀，高频气缸、不供油微型气缸、标准气缸、米字形气缸、方形气缸，形成以空压机为主的气动元件系列聚集区，实现年产空压机及气动控制阀、气缸、气源处理三联件等气动元器件15万台（套）生产能力，计划产值达到100亿元。

（5）铸造件与热处理件聚集区。做大做强液压产品铸造件、液压产品零配件和热处理件等相关配套产业，使液压气动产品配套服务专业化、标准化，形成具有高技术含量的品牌和集群优势。到 2015 年末，形成铸造件与热处理件系列聚集区，实现年产液压气动产品铸造件和热处理件 6 万吨生产能力，计划产值达到 30 亿元。

（6）整机制造与液压系统聚集区。重点发展以风电设备制造、特种车制造、工程机械、农用机械和新能源汽车为主的整机制造，以及重点发展大型工程机械用大功率液力变矩器、车用液力变速器和石油矿山设备用大型高性能液力变矩器、电站设备用高速大功率调速液力耦合器、输送设备用复合泄液式液力耦合器、液黏调速离合器，油气勘探、开发与生产液压成套装备，物探、测井等产品。在两年内实现从配套产品向整机以及成套产品投放市场的方向发展。到 2015 年末，形成整机制造与液压系统系列聚集区，实现年产 1500 台风电设备、5000 辆特种车、3 万台（套）液压系统生产能力，计划产值达到 600 亿元。

2. 推进农副产品深加工和电子信息辅助产业发展

农副产品深加工产业，要充分发挥阜新市农业资源优势，借助阜新建设全国重要的食品及农产品加工基地的有利时机，使农副产品深加工业成为副园区的主导产业。要以双汇肉类加工为龙头，重点开发低温火腿肠、冷鲜猪肉等产品，巩固东北地区最大的生猪屠宰加工地位。以伊利乳业、鲁花植物油等知名企业带动整个食品产业的快速发展。计划到 2015 年，实现产值 50 亿元。

电子信息产业要以电子信息产业园为依托，以现有的辽宁迪亚、阜新嘉隆、阜新新亚等企业为基础，采用高技术和先进实用技术改造电子元器件产业。重点建设好年产 20 万片小功率半导体器件、年产 1600 吨双向拉伸聚酯薄膜生产线等项目。同时，引进以电子芯片、电子整机和智能化项目为主的国内外知名企业入驻电子园区。计划到 2015 年，实现产值 20 亿元。

3. 完善配套服务产业

实现液压装备产业集群可持续发展，推进企业管理和产品升级，必须积极为企业科技创新搭建公共服务平台。一是在依托大型骨干企业的技术中心的基础上，与国内外大专院校、科研院所，特别是与浙江大学、辽宁工程技术大学联合，共同构建共性、关键技术研发服务平台，以及为液压装备提供国际和国内公认的检测报告。二是充分发挥现有的国家级科技企业孵化器作用，为液压装备科技创新型中小企业提供全方位服务。三是适时规划建设仓储物流中心、会展中心，并培育国际液压装备知名品牌会展；加快引进会展服务公司、仓储物流公司，促进优势行业快速成长。四是按照"一个窗口办理、一条龙服务、一站式办结"的原则，同时具备办理国税、地税、规划、建设、国土、外经、工商、科创、发改、劳动社保等各类行政审批服务事项，进一步扩大行政审批大厅面积，并以企业满意为标准，完善行政审批机制，提高服务效率，不断增强服务功能，把行政服务中心建设成为文明窗口，沟通企业和政府的重要桥梁。五是整合已有的资源，建立先进、高效、稳定的产业信息交流平台，经常发布行业发展信息、企业产品信息，为企业提供信息查询服务。六是依托辽宁工程技术大学、浙江大学、沈阳工业大学等优势学科资源，为液压产业培养高级专业人才；依托辽西技师学院和职业技术学院等现有的院校资源，对一线工人、技术人员、营销人员等进行技能培训；建立专家库、管理人才库、技术人才库和企业人才需求库等，并通过组织专场人才招聘会的方式，提供人才交流的平台，来满足液压产业集群不断发展对人才的需求。七是筹建金融服务大厦。八是沿迎宾大街和阜锦公路两侧，重点建设集五星级酒店、大型餐饮娱乐中心、购物广场、商务服务中心、体育运动中心、五金建材城等综合服务于一体的城市西部"金色长廊"，为整个新区提供优良的配套服务。

六 建设国家高新区的主要措施

（一）用"真抓实干"的作风提升高新区

升级高新区是辽宁省和阜新市的一项全新的开创型事业，相关部门必须作风务实、工作扎实，一个问题一个问题地去解决，一步一个脚印地把阜新高新区的各项工作落到实处。

（二）用"四个倾斜"的态度升级高新区

阜新市将继续用公共政策的"四个倾斜"保障高新区的升级，即市政府向高新区的公共财政资金倾斜、综合服务功能倾斜、产业化项目倾斜和创新创业行为倾斜，培育未来的经济增长点和持续创新能力，集成国家和省科技厅的政策资源，支持高新区科技创新，向高新区内的研发机构、高新技术企业、中介机构、产学研联盟倾斜。

（三）用"四大支撑体系"完善高新区

升级高新区需要动员和整合大量的社会资源，需要在市场、资金、人才和政策等方面提供相应的支持。认真研究市场支持体系，为产品进入和拓展市场创造条件。同时，瞄准德国、美国、日本等液压装备发达国家，通过引进、合资合作、兼并重组等方式，迅速提高区内企业生产产品水平，敢于在市场上同国内外同行业企业竞争。

（四）用"服务体系"完善和推进高新区建设

阜新高新区要构建更加完善的公共技术服务平台，以液压产品研发检测中心建设为纽带，实施特色经济发展和优势资源转化战略，加快液压产品科技研发与成果转化，以及实验和检测设备共享，促进液压产业资源的高效配置和综合利用。构建科技项目孵化平台，以高新区创业服务中心现有设施为依托，充分利用优势条件，将孵化面积扩大，重点孵化科技成果转化项目。同时，以龙头企业为牵头单位，组建各类重点实验室、企业技术开发中心以及技术联盟，集成创新资源，开展前瞻性、战略性、基础性、极具国际竞争力的技术研发，不断增强技术创新能力。

|第十七章|

本溪国家高新区发展战略研究
报告（节选）

一 本溪国家高新区的发展定位

（一）战略定位

1. 国家级生物医药科技产业基地

提升创新能力、产业规模、产业内涵，做大做强生物医药战略性新兴产业，打造国内一流、世界先进的生物医药的创新空间。

2. 辽宁新的装备制造业基地（以生物医药器械为主）

与沈阳装备制造业基地一起发展，与国内外医疗器械生产企业合作，不断提升和壮大装备制造业产业规模，加速本溪高新区医疗器械装备业快速发展。

3. 有世界竞争力的生物医药产品出口基地

打造国际竞争力强，在产业规模、自主创新能力和国际化发展等方面，缩小与世界先进水平的差距，为我国新的出口增长做出贡献。

4. 国内一流的创新型特色园区

按照国家高新区的要求，落实好发展规划，在创新体系、产业集群、园区环境、国际科技合作、体制机制等方面取得新突破，尽快建设创新型特色园区，在全国高新区的考核中取得好的成绩。

5. 省内多所大学集聚、人才集中的创新密集区

以高等院校、科研机构、培训中心等优势资源为依托，加快中国医科大学、沈阳药科大学、辽宁中医药大学本溪校区建设，吸引集聚更多国内

知名高校以及具有世界影响力的科研团队，构筑高新区发展的重要支撑。

6. 沈阳经济区创新发展的先导区

以开发模式创新、产业技术创新、体制机制创新、政策服务创新为驱动，打造国家综合配套改革试验先行先试、创新发展的先导区。

7. 本溪市新的政务中心

建立本溪市行政中心，建设沈本新城，注重自然生态、人文生态和社会生态建设，加速沈本一体化进程，再造一个新本溪，实现人与自然和谐统一，打造本溪城市和产业转型升级的核心引擎，打造东北亚地区的休闲健康生态新城。

8. 国际度假健康城市

发挥本溪市有山、有林、有水的生态环境优势，立足药都、服务沈阳、面向东北亚，发展集医疗保健、养生康复、旅游休闲、信息服务等于一体的休闲健康服务产业，打造东北亚健康休闲中心。

（二）总体布局

一个新城建设：建设好沈本新城，形成本溪市新的政务中心和国际度假健康城市。

二个带的发展：沿枫叶路分布的沈本产业经济带和沿北沙河分布的十里水街景观带。

三个支撑平台：人才支撑平台、金融支撑平台和中介支撑平台。

四大目标定位：发展战略性新兴产业、拓展高新技术产业、参与国际竞争和实现体制机制创新。

五城支撑：大学城、创新城、国际合作城、商贸城和健康城，支撑产业和新城加速发展。

八园建设：规划建设以生物制药及疫苗、医疗器械、高端仿制药、现代中药、医用耗材、食品保健品、化妆品和健康服务八个园区为载体，通过预防保健、疾病诊疗、康复养生和咨询服务四个层面倾力打造健康产业集聚区。

十个基地共同发展：利用好本溪国家高新区的品牌，以改造提升本溪现有产业为基础，引进和建设龙头项目及上下游企业，在辖区所属县（区）的产业基地都可以成为高新区的一部分，形成比较完整的产业链条，打造发展根基，牢固品牌优势，突出集群效应。

（三）操作思路

（1）高新区发展的关键因素在人才。提高人才智力引进成效。完善和优化人才支撑体系，培养、引进和发展创新创业优秀人才，建立有利于人才自由流动、才华充分施展的机制，为优秀创新人才提供舞台。建立个人价值得到充分体现的激励机制，调动创新人才的创新热情，有针对性地引进高水平人才团队，并为他们提供一切可能的保障条件，努力形成优秀人才创新创业的新潮流。到 2015 年，本溪高新区应引进高级管理、学术专家、科研人员、高级技师等各类人才 500 人。

（2）加强金融服务平台建设。加快创建集银行、证券、风险投资、信用担保等多种金融服务功能于一体，企业融资规范、开放水平较高的金融生态环境和金融服务体系。充分发挥金融对地方发展的支持作用，加强社会信用体系建设，密切银企关系，积极争取上级金融机构授权授信，支持重点项目建设。吸引更多的金融服务机构落户高新区。在"十二五"期间，使园区一些企业在创业板上市，帮助企业融资总额实现大的突破。本溪高新区抓好金融网点建设，力争四大商业银行、市商业银行、村镇银行、小额贷款等金融网点落户园区，并在此基础上打造精品网点，使网点逐渐升级。

（3）为本溪高新区发展搭建中介平台。强调中介作用，加强服务体系建设，全力为发展高新技术产业提供所需要的导向性、公共性和保护性资源，建立以政策法规为主体的公共服务创新体系。努力强化民间组织在政府与企业间的中介协调作用，为中介组织在融资、信息、招商、广告、法律、人力资源、咨询等方面发挥作用，补充能量，从而为更多科技企业享受优质的中介服务创造条件，让民间组织与企业、政府共筑合力，形成利益共生体。其中，围绕知识产权的吸收、保护是一项重要工作，也是促进发展的手段之一。

二　本溪国家高新区的具体做法

（一）四大目标

发展战略性新兴产业、拓展高新技术产业、参与国际竞争、实现体制机制创新。

第一，发展战略性新兴产业。

第二，进一步扩大高新技术产业规模。本溪高新区要走出自然资源透支和附加值低的传统高新技术产业之路，必须舍得名誉、舍得时间、舍得投入，走发展高新技术产业之路。

第三，学习国际经验，参与国际竞争。到 2010 年，全世界已经建立起约 1200 个高新区。这些高新区主要聚集在世界的三大区域，即以美国和加拿大为代表的北美高新区，以德国、英国、法国为代表的西欧高新区和以中国、日本、韩国和中国台湾为代表的东亚高新区。在众多的高新区中，有许多闻名于世，如美国硅谷、加拿大技术三角区、日本筑波科学城、中国台湾新竹科技园、北京中关村、深圳高新区等。这些高新区都是本溪高新区学习的榜样。本溪高新区要成为国际性的合作区域，就要聚集大量高端创新要素和集群；只有国际化，本溪高新区才能创造奇迹和取得辉煌。

第四，在体制机制创新方面下功夫。经验证明，世界上的技术革命常常与某种特定体制和文化创新有关。这种体制和文化创新往往是创新能力的重要组成部分。正是这些积极向上的制度和文化，才能营造高新区良好的创新氛围，从而推动高新区的成功和快速发展。本溪高新区要在全国高新区阵营中独树一帜，就要在文化中形成崇尚创新精神、竞争精神、冒险精神和企业家精神。这种文化存在于高新区管理人员、工程师、技术人员和熟练工人的价值观与生活方式之中，并构成了高新区制度建立的基础，形成前沿的发展模式和文化制度，本溪高新区才可以实现跨越式发展。

（二）五城支撑

大学城、创新城、国际合作城、商贸城和健康城支撑产业和新城加速发展。

第一，大学城。

第二，创新城。要重点引进国内外具有核心技术的科研院所、工程中心、研发中心及科研企业；引进数据服务、软件外包、工业设计、电子信息服务等区内外产业；打造知识产权向资本产权转化的产权交易平台，成为连接新兴产业和产业各个功能集聚区的核心纽带；充分发挥对高新区内产业结构调整的引领作用，为高新区大发展提供技术支撑。

在创新城内，要加快科技孵化器建设。创新城围绕高新区特色产业建设，搭建专业孵化器，创业孵化场地面积要达到 1 万平方米；加强产业研发与公共技术服务体系建设，组建技术研发服务平台，进一步完善孵化功能建设；中小型科技企业创业孵化辅导能力达到200家。

第三，国际合作城。本溪高新区要面向世界，同美国、意大利、韩国、澳大利亚等国家建立长期稳定的合作关系，以加大利用外资力度，增强外贸出口创汇能力。重点引进几家国际著名的跨国公司、国外知名公司及其研发中心进驻高新区。抓住国际及国内发达地区资本加速流动、产业加速转移的战略机遇，形成以市场为导向、以产业化为核心、以企业为主体、以国外大学和研究所为依托，辐射周边地区的研究开发体系，为高新区新兴产业发展提供技术源泉和创新动力，提高新兴产业产品在国际市场上的竞争能力。努力引入大规模、高科技、外向型项目，引导有技术优势的企业进入高新区；根据国际市场变化，发展技术上趋于成熟并具有潜在优势和绝对优势的产品；重点扶持一批高新技术产品出口。

第四，商贸城。积极发展仓储物流，大力发展兼具博览会展、商务办公、酒店服务，启动总部基地建设。

第五，健康城。健康产业被誉为"永不衰落的朝阳产业"。英国把医药工业看作"经济皇冠上的一颗钻石"，其行业利润仅次于金融和旅游业；在日本，医药工业是继电器、汽车、化工和机械之后的第五大产业，产业增加值位居各行业之首。

（三）八园

规划建设以生物制药及疫苗、医疗器械、高端仿制药、现代中药、医用耗材、食品保健品、化妆品和健康服务八个园区为载体，通过预防保健、疾病诊疗、康复养生和咨询服务四个层面倾力打造健康产业集聚区。

第一，生物制药及疫苗产业园。

——发展前景：近年来随着社会经济的不断发展，人们的生活水平日益提高，保健意识也在逐步增强，我国生物制品的需求量不断增加。而且，现在我国的人口老龄化现象也越来越严重，这会加大生物药品的需求量，从而扩大我国生物制药行业的市场规模。动物疫苗行业将成为我国加快推进农业科技创新的主要发展方向，动物疫苗产业的市场发展空间和潜力越来越大。未来几年，随着强制免疫范围的扩大以及规模化养殖比例的提高，以及国家对动物保健行业实质性的政策支持，动物保健品的市场容量将进一步扩大。

——发展现状：在过去的几年里，中国生物制药行业以年均25%的速度增长。目前中国生物制品市场规模大约为80亿美元。在中国的生物制品行业中，大约65%的产品为治疗性的蛋白产品。2011年，中国疫苗市场规模大约为9亿美元，并以年均22%的速度增长，我国已成为继美国之后的第二大动物保健品消费国。目前规模较大的疫苗生产基地有哈尔滨生物产业国家高技术产业基地、江苏泰州"中国医药城"等。

——发展重点：重点发展单克隆抗体、细胞因子等重组药物和预防疾病的基因工程疫苗、新型动物疫苗，以及疾病诊断防疫用的生物芯片等体外生物诊断检测新产品。并且集中力量开发一批具有自主知识产权的新型疫苗、生物试剂和基因工程等药物。

——发展目标：到2015年，生物制药及疫苗产业园区实现产值150亿元，到2020年实现产值300亿元。产值实现年均增长15%以上。

第二，国际医疗器械产业园。

——发展目标：到2015年，医疗器械产业园区实现产值60亿元，到2020年实现产值200亿元。产值实现年均增长25%以上。

第三，高端仿制药产业园。重点发展预防人与动物常见病、多发病、重大传染性疾病和人畜共患病等生物疫苗。

——发展现状：中国仿制药行业增长速度为25%。国内处方药中仿制药的比例逐渐提高，已超过90%。从国内生物制药行业的发展状况来看，产品仍以仿制药和原料药为主，高端药物产能不足。"十二五"期间，中央财政投资100亿元到重大新药创制项目中，生物技术药物、抗感染、抗肿瘤以及治疗心血管、消化系统疾病的药物将是投入的重点。

——发展重点：低端仿制药利润空间较小，应重点发展高端仿制药产业，力争引进一两个国内外知名的高端药物生产企业进入园区。在动物保健品产业方面，应重点发展预防人与动物常见病、多发病、重大传染性疾病和人畜共患病等生物疫苗。在生物仿制药方面要以需求为导向，重点发展在心血管、代谢、抗感染、抗肿瘤等领域的高端仿制药。

——发展目标：预计到2020年实现主营业务收入200亿元，产值增速实现年均增长30%以上。

第四，现代中药产业园。重点引进和发展生物疫苗、基因工程、现代中药、化学创新药和医疗器械等企业。

——发展前景：21 世纪头 20 年是我国中药产业向现代化、国际化跨越发展的重要战略机遇期。

——发展现状：近十年来，我国中药产业依托创新，实现了从传统向现代化的跨越，2011 年我国中药产业产值近 5000 亿元。

——发展重点：选育优质高产中药材新品系、新品种，繁育优质中药材种苗，基本实现中药材规范化种植。立足产业基础和地方特色，依托辽宁华源本溪药业、本溪九鼎集团等主体生产企业，重点建设先进中药自动化生产线，培育一批年产值超亿元的龙头企业。建立国家级工程技术研发中心。新建中药研究开发中心，研制一批具有国内竞争力的现代中药产品。

第五，医用耗材产业园。

——发展前景：我国医疗耗材将有以下变化，一是医疗耗材、临床诊断产品的进口替代加速，国内有技术和成本优势的医疗耗材、诊断企业将受益。二是迫使医疗耗材、临床检验产品流通领域的整合重构，区域网络纯销、配送的龙头企业将受益。

——发展现状：目前，以控费为导向的医疗制度使医疗耗材、临床诊断产品的进口替代成为发展趋势；分散无序的医疗耗材、临床检验产品代理、流通领域正整合重构。

——发展重点：依托本溪自身冶炼及深加工优势，大力发展附加值和利润较高的高质耗材产品，特别是要加快发展骨科及心内科植入物及耗材产品。

——发展目标：根据我国医疗耗材产业发展现状，适时建立"管产学研资"科技研发服务平台，迅速整合我国医疗耗材产业中独立分散的企业与产品管理经验、生产技术、科技研发成果、商业信息等重要行业资源，将这些资源集中在一个安全、科学有效的平台上，既保护了企业的科研成果与经济利益，又最大限度地促进了行业内的技术交流、产品合作与资源整合，为本溪医疗耗材产业的健康快速发展起到重要的推动作用。

第六，食品保健品产业园。重点引进和发展乳业、生物植物萃取、大豆磷脂、活化剂等加工类企业 20 家，构建研发创新、食品加工、展示交易相衔接的产业链条，实现农畜产品加工及精优食品等产业的突破。

——发展目标：依托本溪独特的生态资源、中药资源和整个东北地区的原料资源，加快发展医药保健品产业，开发多品种的保健品和健康食品。积极引进一批医药保健品方面的大型企业集团，使其成为保健品行业的龙头企业，带动集群的发展。并培育一批医药保健品方面的中小企业，要发挥中药特长，重点培育中医药保健品企业，采取"内生"和"外引"相结合的发展模式。

第七，化妆品产业园。

第八，健康服务产业园。

——发展前景：对于拥有 13 亿人口、从中等收入迈向高收入的我国，健康服务产业仍处于发展初期，我国健康服务产业发展空间巨大。保守估计，到 2015 年全国健康产业的市场规模将达 4 万亿~5 万亿元，到 2020 年市场规模将达到 10 万亿元。因此，健康产业极具发展前景，成为我国各地激烈角逐、竞相发展的一大产业。

——发展现状：2010 年 2 月，沈阳泗水科技城东软健康服务产业园项目落户沈阳棋盘山开发区，该产业园区是一座以健康产业为方向的服务平台。2012 年 6 月，鞍山汤岗子新城健康产业项目签约，总投资 23 亿美元的台湾京辉京华城和总投资 120 亿元的港中旅（鞍山）温泉度假健康产业城项目相继开工建设，目标定为建设世界级健康养生基地。

本溪健康服务产业应尽快改善投资环境，抓紧崛起，为推动本溪高新区建设奠定产业基石，将其建设成驱动本溪经济大发展的重要引擎。

（四）建设 10 个产业基地

利用好本溪国家高新区的品牌，以改造提升本溪现有产业为基础，引进和建设龙头项目及上下游企业，形成比较完整的产业链条，打造发展根基牢固、品牌优势突出、集群效应明显的多个产业基地。

10 个产业基地为本溪国家高新区桓仁北江食药产业基地、本溪国家高新区桓仁新材料产业基地、本溪国家高新区小市食药产业基地、本溪国家高新区田师付新材料产业基地、本溪国家高新区高官—草河口内燃机曲轴制作产业基地、本溪国家高新区桥北钢铁深加工产业基地、本溪国家高新区火连寨新型建筑材料产业基地、本溪国家高新区东北湖铁加工产业基地、本溪国家高新区高台子汽车零部件产业基地和本溪国家高新区南芬铸造产业基地。

|第十八章|

学习深圳经验，促进本溪经济转型升级（节选）

2014 年 8 月，《国务院关于近期支持东北振兴若干重大政策举措的意见》出台，对本溪提高经济增长质量和效益、加快转变经济发展方式具有重要的现实意义。本溪如何抓住东北振兴的新机遇，如何破解和战胜阻碍发展的矛盾和困难，进而推动经济提质增效升级是迫切需要解决的问题。深圳是我国依靠创新驱动，实现跨越发展的典范，多年来其发展经验引领全国很多城市成功实现经济转型升级发展。

一 深圳总体情况

深圳的崛起与其多年来始终将创新驱动作为重中之重，举全市之力发展高新技术产业紧密相关，与政府引擎的牵引，走市场化、国际化道路，自觉的"率先创新"和艰辛的"先行创新"发展密不可分。

2013 年，深圳高新技术产业产品产值达到 1.59 万亿元，占全市规模以上工业总产值 2.10 万亿元的 75.7%。其中，五大主导产业表现突出，实现产值占比分别是：电子信息占 67.4%，新材料及新能源占 3.8%，光机电一体化占 3.3%，生物技术占 0.7%，环保及其他占 0.5%。同时，深圳高新技术产品增加值、高新技术产品出口、专利授权数等指标也均名列全国大中城市前茅。一些科技型企业如华为、中兴、腾讯等已从中小型科技企业跃升为跨国经营的大企业，在海外的市场销售额大幅攀升。作为创新发展引擎的深圳高新区，在科技部组织的全国 105 家国家高新区综合评定中，排名第 2 位。

二 深圳创新发展主要经验对本溪经济转型升级的启示

（一）始终将创新驱动摆在全市重要的战略位置

1992 年，深圳市委、市政府确立了大力发展高新技术产业的发展战略；2000 年，确定了扶持本土高新技术产业发展的方针；2001 年，中共深圳市委三届三次会议做出了"努力把深圳建成高科技城市"的战略决策；2008 年，深圳市第四届人民代表大会常务委员会通过了《深圳经济特区科技创新促进条例》，该条例的实施使深圳发展经济增长快、投资回报高、创新能力强的高新技术产业法治化、制度化。

启示：本溪要走出依靠自然资源透支和附加值低的传统产业发展之路，实现创新驱动、跨越发展，就要像深圳一样，始终坚持把创新驱动作为立市之基、强市之本，舍得名誉、舍得时间、舍得投入，大力营造"鼓励创新，宽容失败"的创新氛围，提升全市创新创业活力，集聚一批具有"锐意创新、勇于冒险、开放合作、敬业敬职、执着不挠、回报社会"的人才在本溪工作。全市上下应该尽快形成创新驱动产业发展共识，锲而不舍，长抓不懈。

（二）出台相关措施强力推进创新驱动发展战略

2012 年，深圳集中发布"1 + 10"政策文件。"1"即发布《关于努力建设国家自主创新示范区实现创新驱动发展的决定》（以下简称《决定》），这是一个纲领性文件，具有统领作用；"10"即 10 个文件，分别是《关于深化科技体制改革提升科技创新能力的若干措施》《关于促进科技和金融结合的若干措施》《关于促进文化与科技融合的若干措施》《关于加快发展民生科技的若干措施》《关于促进高技术服务业发展的若干措施》《关于促进科技型企业孵化载体发展的若干措施》《深圳市促进科研机构发展行动计划》《深圳市科学技术奖励办法》《深圳市科技计划项目管理办法》《深圳市科技研发资金管理办法》。

启示：建议研究出台《本溪市科技创新促进条例》和一些支撑高新区快速发展的完善体制机制的系列政策，如股权激励、技术入股、技术市场、非上市股份有限公司股份代办转让试点、个税减免等政策，为实现本溪经济提质增效升级提供政策保障。

（三）构建功能齐全运转高效的创新驱动生态链

深圳多年来重点将科技政策和经济政策协调一致，为企业打造"四个密集"的环境，即创新型人才密集、创新型企业密集、创新型产业密集和创新型知识产权密集型城市。

启示：实施创新驱动的关键是要有好的发展环境。深圳好的软硬件环境，是形成"四个密集"的核心。本溪要学习借鉴深圳这一经验。

（四）建立优势明显、特色突出的高新技术产业链

以深圳为中心，在50公里半径范围内，建立了完备的产业链，目前形成了计算机、通信、视听产品、生物医药等产业圈。这种完备的产业链条，为企业技术创新、研发提升、管理嫁接等一系列自主创新活动提供空间。深圳市善于站在全球高度思考问题，把握专利技术、资金来源和市场国际化三个环节，提高国际化水平，扩大利用外资规模，建设一批具有国际水准的科技企业孵化器，形成一批国际知名、能够参与国际竞争的高新技术企业。

启示：本溪围绕"三都"建设，充分挖掘地方优势资源和自然资源，已经形成以钢都、药都和枫都为主体的特色产业集群雏形。下一步，需要实施好创新驱动，继续通过投资促进工作，将围绕"三都"发展的上下游企业集聚在本溪，形成完备的产业链条。

（五）市场主导、龙头带动，形成特色产业集群

深圳始终扭住培育壮大产业不放松，突出高端化、特色化、新型化，促进了一批在全国有影响力的特色产业形成。在这方面，深圳十分重视龙头企业和产业集群的作用。"龙头企业挑大梁，形成磁场促增长"。深圳的龙头企业有像通信设备领域的华为、中兴，计算机领域的长城、富士康，生物医药领域的海王、科兴，新材料领域的比亚迪、长园，等等。

启示：本溪要像深圳那样，围绕特色产业和优势产业的发展，重点支持成长性好的本土化企业快速发展壮大，成为国内乃至世界同行业的"排头兵"和"领头羊"。同时，还要注重发挥龙头企业带动作用，形成规模效应和配套产业群。

（六）加快发展科技型中小企业，积极培育创新主体

深圳一是有创新政策，即着力营造优质发展环境。深圳采取"政府牵

头、企业自愿、集合发行、分别负债、统一担保、统一组织、市场运作"的模式，不断拓宽中小企业直接融资渠道。二是有创新服务，即全力打造公共服务平台。充分发挥民营及中小企业专项资金的作用，积极组织支持民营及中小企业参加各类展会，提高企业开拓市场的积极性。三是有创新思路，即加强培育重点企业队伍。深圳按照"分类指导、突出重点、梯度扶持"的思路强力推动企业不断发展。

启示：中小企业是创造财富的主体，也是技术创新的主体。深圳多年来重点支持成长性好的中小企业快速发展。本溪今后应加快信息化建设，实现本溪信息资源的快速整合和共享，充分挖掘地方优势资源，鼓励中小企业加强技术创新，推动产业特色化发展。

（七）创新科研机构发展模式，激发社会创新活力

近年来，深圳涌现出一批以深圳光启高等理工研究院为典型代表的新兴源头技术创新机构。这些新型科研机构从模式上看，主要有三种形式。一是"民办官助"的科研机构，二是企业及产业联盟创办的科研机构，三是"国有新制"的科研机构。实施全新的管理和运行机制，其科研人员全部实行聘用合同制。

启示：本溪要围绕发展特色产业集群，鼓励沈阳药科大学等院校建立科技产业集团，鼓励县（区）政府和本钢多建设一些孵化器。孵化器通常是新兴产业和新业态的发源地，具有较强的内生增长机制，能够聚集大量高端创新要素和集群，能够培育一批创新活跃的科技型中小企业，孵化出更多企业。

（八）实施"孔雀计划"，引进海外高层次人才

深圳实施的"孔雀计划"，是以推动高新技术、金融、物流、文化等支柱产业发展，培育新能源、互联网、生物、新材料等战略性新兴产业为重点，聚集一大批具备较高专业素质和丰富海外经验、掌握先进科学技术、熟悉国际市场运作的海外高层次创新创业人才的专项规划。目前，孔雀团队累计申请了60项国际PCT专利、近3000项发明专利。2014年，深圳在"孔雀团队"申报中，共受理77个团队申报，集聚了近400名高层次人才，申报呈现团队人员层次高、创新实力强、学科领域分布广泛、项目产业化成熟度高等特点。这些年来，"孔雀计划"为深圳自主创新注入

了新活力，强化了核心技术原始创新，有效推动了创新基础平台建设，对于实施创新驱动发展战略、积极推进国家自主创新示范区建设，构建综合创新生态体系、推动开放式创新、打造国际化创新中心发挥了重要作用。

启示：创新驱动的关键因素在人才，深圳成功的主要经验也是人才。本溪要实施好创新驱动，鼓励企业引进一批掌握核心技术并能实施重要产业化项目的领军型科研人才；调动广大科技工作者的积极性、主动性、创造性；建立有利于人才自由流动的机制，为优秀创新人才提供舞台等。

（九）高度重视金融创新，拓宽投融资渠道

深圳创新驱动的一个重要亮点就是对股权退出形成的资金和原投资的本利收益，将由受托投资机构全额缴回市财政，并继续用于科技研发企业的投资。

启示：深圳一直重视科技金融建设，充分发挥金融对科技发展的支持作用。本溪今后应加强社会信用体系建设，密切银企关系，积极争取上级金融机构授权、授信。

（十）坚持体制机制创新，形成创新发展长效机制

2012 年，深圳新设立了市科技创新委员会，有利于集中精力抓好创新驱动工作。科技创新委相比传统的科技局，统筹协调能力更强，职能机构相对集中。创新驱动发展不仅需要有科技院校和科技人才的基础，产学研的紧密结合，而且更需要拥有良好的运行体制和机制。为此，深圳在抓体制和机制创新方面，持之以恒，长抓不懈。政府目前已从管理转变为服务，实施一站式服务，简化办事程序；下放管理权限，缩减审批环节；去机关化、去衙门化，实施全员聘任等。

启示：深圳能够走在全国前列，就是其能够打破体制机制的制约。本溪要实施好创新驱动。创新发展是本溪未来发展的强市之基、兴市之本，是本溪实现跨越式发展的必由之路，建议要及早谋划、突出重点、创新体制机制，通过实施人才强市和创新发展战略，实现本溪经济转型升级。

第十九章

葫芦岛市承接京津冀新兴产业
转移的设想（节选）

一 现实基础

（一）发展态势良好，但总量偏小，与其他城市差距明显

"十二五"以来，葫芦岛市 GDP 年均增长 4.2%，占全省比重由"十二五"初期的 3% 降为末期的 2.5%；规模以上工业增加值年均增长 7%，占全省比重由初期的 2.7% 降为末期的 2.2%；服务业增加值年均增长 7.2%，占全省比重由初期的 3% 降为末期的 2.5%；固定资产投资占全省比重由初期的 2.5% 降为末期的 1.1%；实际利用外资总额占全省比重由初期的 1.8% 降为末期的 0.32%；高新技术产品增加值占全省比重由初期的 0.86% 降为末期的 0.34%（见图 19 - 1）。从葫芦岛市与沿海及周边城市的经济发展水平比较来看，葫芦岛市一些主要经济指标排名全面落后（见表 19 - 1）。主要原因在于，葫芦岛市虽然区位优势明显，但产业发展定位不清晰，工业主导产业没有起到支撑作用，新兴产业培育缓慢，现代服务业体量偏小，质量不高，尤其是作为沿海城市，经济外向度偏低，内生外生动力都不足。

表 19 - 1 2015 年环渤海及周边 10 个主要城市经济发展情况

城市	GDP（亿元）	人均GDP（元）	经济密度（万元/平方公里）	工业增加值（亿元）	服务业增加值（亿元）	利用外资（亿美元）	三次产业结构	城镇化率（%）
葫芦岛	720.0	27842.2	691.3	296.3	319.4	0.17	14.5:41.1:44.4	50.0
锦州	1357.5	43974.7	1342.0006	689.6	556.5	6.23	15.6:43.4:41.0	54.5

续表

城市	GDP（亿元）	人均GDP（元）	经济密度（万元/平方公里）	工业增加值（亿元）	服务业增加值（亿元）	利用外资（亿美元）	三次产业结构	城镇化率（%）
丹东	990.5	40828.5	659.0	402.9	425.3	2.5	15.9:40.9:43.2	45.0
盘锦	1267.9	88171.1	3114.05	684.0	462.8	2.5	9.6:53.9:36.5	70.0
承德	1358.6	38517.8	343.8	636.4	486.6	1.6	17.4:46.8:35.8	46.0
秦皇岛	1250.4	40504.1	1600.6	445.1	627.7	8.6	14.2:35.6:50.2	54.0
沧州	3240.6	43940.3	2414.9	1600.9	1312.4	3.3	10.1:49.4:40.5	51.3
唐山	6100.0	78525.3	4527.9	3365.4	3168.6	12.4	9.3:55.2:35.5	56.2
滨州	2355.0	61343.1	2353.1	1150.2	987.6	4.1	9.3:48.8:41.9	54.6
东营	3450.0	164356.0	4354.4	2230.6	1102.3	2.2	4.5:64.6:31.9	64.0

数据来源：2015 年各市统计公报。

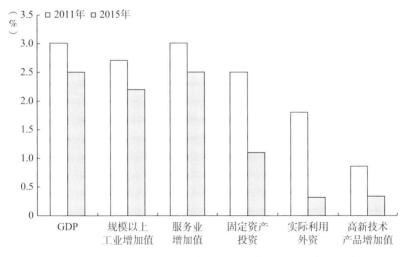

图 19 - 1 "十二五"时期葫芦岛市主要经济指标占全省比重变化

（二）产业发展稳中向好，但结构单一，体量偏小，集中度不高

葫芦岛产业结构中重工业发展基础较好，石油化工、船舶机械、有色金属、能源电力等四大传统支柱产业对稳定葫芦岛市经济发展发挥重要作用。2015 年，锦西石化 120 万吨催化汽油加氢深度脱硫装置、绥中电厂二期、方大锦化 12 万吨离子膜烧碱等 370 个重点项目建成投产，继续引领该市工业发展。但葫芦岛市重工业一览独大在一定程度上制约产业转型升级。葫芦岛市产业结构单一，重工业始终占全部工业产值的 80% 以上，其

中四大支柱产业占工业比重近 80%；相反，能够反映工业技术创新水平的高新技术产品增加值占工业比重不足 20%，远远低于全省（45%）的平均水平；服务业占 GDP 比重也低于全省平均水平（见表 19 - 2）。近几年，葫芦岛市重点培育的聚氨酯、兴城泳装、数字技术、泵阀等产业集群，虽然发展较快，但总量不高，规模偏小，除了聚氨酯产业销售收入在 500 亿元以上外，其余都在 100 亿元上下，销售收入达 1000 亿元以上的没有。行业集中度高，规模以上企业比较少，全市 4000 多户企业中，仅 2 家销售收入达 100 亿元，缺少有影响力、竞争力的龙头企业。

表 19 - 2　2011～2015 年葫芦岛市工业、服务业结构

单位：%

年份	重工业产值占工业比重	四大支柱产业产值占工业比重	高新技术产品增加值占工业比重	服务业产值占GDP比重
2011	92.5	81.0	14.5	37.2
2012	89.8	85.8	9.3	40.4
2013	85.6	82.2	12.8	40.0
2014	82.8	78.5	14.7	42.5
2015	84.6	79.9	17.6	44.4

数据来源：葫芦岛市历年统计公报。

（三）区位和交通优势明显，但并没有转化为经济优势

葫芦岛市位于辽宁省的最西端，地处东北和华北两大经济区的接合部，具有承接两大经济圈双向辐射的先天优势；是辽宁"五点一线"沿海经济带的西部起点，是沿海经济带承接首都经济圈辐射的桥头堡；靠近环渤海大都市密集区，是连接京津冀经济区和辽中南经济区的节点。

葫芦岛为海陆空立体交通网络四通八达的新兴滨海城市，距北京 298 公里、沈阳 350 公里，3 个小时左右车程；到秦皇岛市山海关国际机场 12 公里，到山海关火车站 6 公里；津秦高铁开通后，先导区（东戴河新区）"一小时交通圈"将覆盖更多的城市。北靠京沈铁路、秦沈客运专线、京沈高速公路、102 国道穿境而过，辽宁滨海公路贯穿全境，直接可达葫芦岛、营口、大连、丹东等 6 个沿海城市，连接内蒙古的赤绥铁路即将开始建设。区内有绥中港和 36 - 1 油码头，分别可停靠 5000 吨级货轮和 3 万吨

级油轮。石河港位于绥中港区东侧，规划建设 5 个 5 万吨级通用泊位，泊位兼靠 5 万吨级散货船。

虽然葫芦岛区位优势和资源优势非常明显，但是这些先天优势并没有转化成经济优势。葫芦岛市海岸线长达 261 公里，居全省第 2 位。有近 30 公里的岸线资源，浪缓滩平，水碧沙白，为目前少有的原生态海岸；有历史上著名的碣石，矗立于浅海，为人文鼎盛的文化海岸。但这些所带来的旅游收入仅为 242 亿元，与辽宁省及周边的沿海城市相比存在一定差距（见表19－3）。另外，葫芦岛市虽然交通优势明显，拥有一市双港，但无论是公路货运量还是港口吞吐量都不占优势，由交通优势和资源优势转变为经济优势，还需要内生动力，更需要外部力量牵引。

表 19－3　2014 年辽宁及周边沿海城市交通和资源优势溢出效应对比

城市	旅游收入（亿元）	海岸线长（公里）	公路货运量（万吨）	港口吞吐量（万吨）
葫芦岛	242	261	8453	1842
秦皇岛	294	163	9031	27403
大连	965	2211	20000	42000
营口	243	96	16489	33073
丹东	419	126	7296	13775
盘锦	292	118	13815	3128
锦州	265	98	17398	10002

数据来源：2014 年各市统计公报。

（四）葫芦岛市拥有诸多政策优势，参与京津冀协同发展迎来重要历史机遇期

京津冀协同发展规划的出台，为省域间合作指明方向。2016 年《中共中央国务院关于全面振兴东北地区等老工业基地的若干意见》，为辽宁老工业基地新一轮振兴带来机遇，葫芦岛市作为辽西重要节点城市，为承接产业转移和重点项目建设提供政策和资金支持。辽宁参与京津冀协同发展，为葫芦岛市承接产业转移带来政策红利（见表19－4）。"一带一路"发展倡议，能够进一步拓展葫芦岛市开放空间，构建开放新格局。

表 19 - 4　葫芦岛市未来发展的政策优势

政策文件	重要意义
《京津冀协同发展规划纲要》（2015）	葫芦岛市当前和今后一个时期参与京津冀协同发展的路线图和行动指南
《环渤海地区合作发展纲要》（2015）	葫芦岛市作为环渤海地区重要城市之一，进一步促进与其他环渤海地区合作发展，推进实施"一带一路"、京津冀协同发展战略
《推动共建丝绸之路经济带和 21 世纪海上丝绸之路的愿景与行动》（2015）	为葫芦岛市拓展开放空间、拓展开放格局提供难得机遇
《关于全面振兴东北地区等老工业基地的若干意见》（2015）	葫芦岛市作为老工业基地重要城市，承接项目和政策扶持等都迎来重要机遇
《辽宁省国民经济和社会发展第十三个五年规划纲要》（2016）	指引葫芦岛市未来五年发展
《关于做强优势积极作为打造融入京津冀协同发展战略先行区的建议》（2015）	葫芦岛市作为参与京津冀协同发展的主要承载区和试验田，可以先行先试，积极探索，重点推进

（五）河北省主要城市在京津冀协同发展中的定位

河北省在京津冀协同发展中的定位为三区一基地，即全国现代商贸物流重要基地、产业转型升级试验区、新型城镇化与城乡统筹示范区、京津冀生态环境支撑区。

石家庄　建成功能齐备的省会城市和京津冀城市群"第三极"。

唐　山　东北亚地区经济合作的窗口城市、环渤海地区的新型工业化基地、首都经济圈重要支点和京津唐地区中心城市。

保　定　创新驱动发展示范区和京津保区域中心城市。

邯　郸　全国重要的先进制造业基地、区域性商贸物流中心和京津冀联动中原的区域中心城市。

张家口　国家可再生能源示范区、国际休闲运动旅游区和奥运新城。

承　德　国家绿色发展先行区、国家绿色数据中心和国际旅游城市。

廊　坊　科技研发及成果转化基地、新兴产业和现代服务业集聚区。

秦皇岛　国际滨海休闲度假之都、国际健康城和科技创新之城。

沧　州　环渤海地区重要沿海开放城市和京津冀城市群重要产业支撑基地。

邢　台　国家新能源产业基地、产业转型升级示范区和冀中南物流枢纽城市。

衡　水　冀中南综合物流枢纽、安全食品和优质农产品生产加工配送基地、生态宜居的滨湖园林城市。

定　州、辛　集　京津冀城市群特色功能节点城市。

（六）天津市在京津冀协同发展中的主要功能定位和重点突破

1. 建设全国先进制造研发基地

（1）壮大先进制造产业集群，如高端装备、新一代信息技术、航空航天、新能源汽车、新材料、生物医药、新能源、节能环保、现代石化、现代冶金。

（2）提升先进制造核心竞争力，培育龙头企业、科技型中小企业、品牌和标准建设。

（3）构建先进制造创新支撑体系，高标准建设国家自主创新示范区，引导高校科研院所与企业产学研用相结合，推动大众创业万众创新、建设"双创"特区。

（4）促进产业融合发展，搭建高质量工业云和工业大数据平台，打造国家智能制造创新示范区，推动制造业服务化转型，建设全国生产性服务业集聚区。

（5）强化人才支撑体系，实施"千企万人"支持计划，实行创新创业团队整体积分落户的倾斜政策，实施百万技能人才培训福利计划，加大科研人员股权激励力度，引进知名人力资源服务机构。

2. 建设北方国际航运核心区

（1）提升海空两港能级，建设国际一流枢纽海港，扩大东疆集装箱码头规模，加强与世界主要港口的联系合作；建设门户枢纽机场；建设国家级海铁联运综合试验区。

（2）完善集疏运体系，建设高效铁路网，建成城际铁路及市郊铁路。

（3）提升国际航运服务功能，大力发展航运服务业，积极推进船代、货代等传统服务业转型升级；集聚航运服务机构，设立北方（天津）航运交易所，开展启运港退税试点等。

（4）推进区域交通一体化，深化港口群合作，逐步转移煤炭、铁矿石等大宗散货，推动区域交通"一卡通"互联互通。

3. 建设金融创新运营示范区

（1）积极创新传统金融，扩大机构规模，承接电子银行、数据中心、呼叫中心等后台功能。创新金融业务、发展科技金融。

（2）大力发展新型金融，加快国家融资租赁创新示范区建设和保理业发展，大力发展互联网金融，建设全国动产融资中心。

（3）规范发展要素市场，发展股权交易市场和现货交易市场。

（4）加快发展直接融资，加快推进企业上市，规范发展投资基金，推广新型融资工具，开展政府和社会资本合作（PPP）等新型投融资。

4. 建设改革开放先行区

（1）高水平建设自贸试验区，推进自贸试验区制度创新、体制改革和投资自由化，积极发展跨境电子商务等。

（2）深度融入"一带一路"建设，推动基础设施互联互通，推进产业与技术国际合作，积极承接沿线国家产业和技术转移，推进海上全面合作，扩大教育、文化、卫生、体育、旅游等领域的国际交流与合作。

二 充分认识承接京津冀产业转移的战略意义

大力拓展产业承接转移的发展空间，吸引更多生产要素，掌握率先发展的主动权。加快新型工业化进程，大力发展现代服务业，推动葫芦岛市向工业化中后期过渡。

（一）促进葫芦岛市产业转型升级

2015年葫芦岛市三次产业结构为14.4∶41.1∶44.4，第一产业比重比全省高6.2个百分点，第二产业比重比全省低5.5个百分点，第三产业比重比全省低0.7个百分点。由此可看出，葫芦岛市工业发展质量和效益不高，仍处于工业化中期阶段，四大支柱产业受市场环境影响，经营效益较差，产能过剩问题突出，发展后劲不足。服务业尤其是现代服务业发展相对滞后，农业产业化发展水平不高；经济增长乏力，发展方式粗放，经济结构不合理。因此，"十三五"时期是葫芦岛市利用内生和外生力量来提高经济总量、提升发展质量的关键时期。积极主动参与京津冀协同发展，有利于优化葫芦岛市生产力空间布局，形成合理的产业分工体系，有效提升葫芦岛市产业发展层次和水平。

（二）培育新的经济增长点

葫芦岛市民间资本积累较少，无法进行大规模投资来拉动经济，为此，必须形成新的经济增长点。

（三）促进区域、省域间协调发展，顺应国家发展理念

积极承接产业转移是实现区域合作、促进开放发展的重要手段。协调发展作为我国五大发展理念之一，必将贯穿"十三五"时期。从国际经验和京津冀的发展体量来看，单靠京津冀打造世界级城市群是力不从心的，没有省域间和京津冀地区与环渤海以及东北地区的合作，推动整体开发，是很难实现宏伟目标的。因此，葫芦岛市的战略地位和作用逐渐显现，必将迎来重要的发展机遇期。

（四）引领老工业基地构造开放新格局

辽宁开放度不够，与东北亚合作并没有取得快速发展，与内陆地区合作的意识不强，尤其是华北地区和环渤海地区。葫芦岛市具有得天独厚的区位和交通优势，完全可以借助京津冀协同发展战略和新一轮老工业基地振兴战略的叠加效用，打造一块承接产业转移的"试验田"，创新承接模式，开辟新的开放格局，促进全省产业结构优化升级。葫芦岛市在老工业基地对外开放发展中将发挥引领示范作用。

三 承接重点

从河北和天津未来的功能定位、发展方向以及北京产业转移指导目录来看，葫芦岛市应结合自身发展实际，从一般产业到高端产业以重大产业基地或特色产业园区作为支撑平台，"点、条、块"相结合，积极承接适宜的非首都功能向葫芦岛地区疏解转移，积极构建葫芦岛市产业承接基地与京津冀地区合理分工的产业体系，多方位承接产业转移，并开展产业合作。

（一）要把握住"五个着眼于"

1. 着眼于建设创新要素的承接地和聚集地

葫芦岛市应搭建更多的平台，建立和完善专业技术人才激励机制，引进高科技人才和先进技术，有人才才有技术，有技术才能最终形成原创生产力和产业，这是葫芦岛市参与京津冀协同发展的战略支点。北京的今天

就是葫芦岛的明天，北京当前的优势就是葫芦岛明天的优势。应加强与北京的对接，承接人才、技术的转移，做好地缘经济这篇文章，充分借助北京和天津的技术力量，建立相互依存的产业配套网络体系，推动技术创新，借助环渤海经济圈和京津冀城市群的合力提升自主创新能力和产业竞争力。依托兴城创新创业市场环境、东戴河新区的生态环境优势以及龙港区的区位和产业优势，吸引京津冀地区的科技人才和先进技术聚集葫芦岛市。实施小巨人科技计划，吸引辽宁省及京津冀地区科技型中小企业来葫芦岛市发展。细化人才引进奖励政策，对各个领域的高端人才开辟绿色通道，给予资金、技术转化、生活配套等全方位服务和支持。

2. 着眼于建设大学城和高端智库基地

依托兴城高校集聚优势和东戴河新城的环境优势，承接京津冀高校转移，打造葫芦岛市大学城，积极主动加强与北京教育领域合作，吸引京津冀高等院校、科研机构、中职学校以及统招型培训机构等通过整体搬迁、部分院系搬迁、办分校或联合办学的方式进行合作，积极协调北京高校教育教学功能联系不紧密的校办企业、产业研发基地落户葫芦岛市。力争与京津冀地区的高校及科研院所建立科技合作关系，促进产学研一体化发展，打造葫芦岛市集科研、创业、生活、休闲于一体的高端智库基地。在此基础之上，积极承接北京地区的行业协会、学术类社团、报社、出版社、杂志社等搬迁和转移。

3. 着眼于建设环渤海地区健康养老医疗产业基地

随着我国老龄化问题逐渐显现，养老和医疗产业成为"朝阳"产业和可持续产业。当前北京市老年人数量达到 313 万人，占全市人口的 23.4%[①]；天津市老年人数量为 230.37 万人，占全市人口的 22.43%[②]，葫芦岛市承接京津养老产业的空间很大。葫芦岛市可依托得天独厚的交通区位优势及滨海资源，引进养老产业重大项目，重点扶持居家养老服务业、养老机构、康复护理用品业，积极探索跨区域购买养老服务试点。大力发展养老产业基地，即养老型社区。推进温泉资源的开发利用，盘活现有疗养资

[①] 叶开：《北京户籍老年人口超 300 万　老龄化程度全国第二》，第一财经网，2016 年 8 月 31 日。

[②] 韩雯：《天津市 60 岁以上户籍人口 230.37 万人　占比 22.43%》，《天津日报》2016 年 4 月 24 日。

源，建设集疗养、休闲、医疗、娱乐、养老为一体的养生康健中心。要对接在京优质医疗卫生资源，采取对口支援、共建共管、办分院等方式，承接北京大医院医疗康复功能，缩小东北地区赴京就医半径。积极与相关央企对接，力争引进体检中心项目。抓好公众服务信息交互平台建设，完善远程医疗等网络增值服务，推进京津冀医疗卫生产业的疏解功能。建设环渤海地区有一定影响力和知名度的健康养老医疗产业基地。

4. 着眼于建设辽宁承接京津冀现代服务业综合发展带

京津冀地区常住和外来人口总和达 1.3 亿人，东北地区总人口 1.1 亿人。庞大的消费群体为葫芦岛发展旅游业提供了不可估量的市场潜力和发展空间。葫芦岛市应打好用好旅游产业、商贸物流、会展这三张"好牌"。要深入挖掘和开发"城、泉、山、海、岛、寺"六大旅游资源和历史文化遗产，突出"滨海休闲、避暑度假、历史名城"三大特色，大力发展休闲旅游，度假旅游、文化旅游，推进全域全景全季旅游，积极促进旅游与生态、农业、文化、体育等相关产业融合发展，鼓励水上运动、文化娱乐、房车游艇等现代休闲产业发展；围绕京津冀协同发展定位和优势，加快物流基础设施、物流信息、物流政策体系建设，重点谋划电子商务、农产品流通、现代物流、商业综合体、专业市场等各类商业服务项目，主动对接北京及国内外大型商贸流通企业，引进名企、名店、名牌；充分利用京津冀协同发展的机遇促进会展业提档升级，加大会展基础设施建设力度，大力引进北京、广州、上海等地区知名展会的分会或分展，提升"泳博会""泵博会"等品牌影响力，依托华夏国际产业博览中心，打渔山泵阀博览中心，积极创办温泉旅游产品展览会、体育休闲用品博览会、冬季旅游产品交易博览会、婚博会等特色展会，促进会展业与商贸业和旅游业融合发展。

5. 着眼于建设新兴产业集聚区

建设一批科技含量高、辐射带动能力强的高新技术产业重大项目，引进和培育一批拥有关键技术、知识产权、知名品牌和较强研发能力的企业，大力发展数字产业、新型电子原材料及元器件、软件和现代信息服务等产业，积极培育发展智能装备产业、海水淡化产业以及生物医疗产业，促进传统工业向信息化、智能化、服务化方向发展，使新兴产业成为推动经济发展新的增长点。

（二）北京产业转移和非首都功能疏散指导目录

信息技术　以新一代平板显示、集成电路、智能终端、云计算与大数据、卫星导航、半导体照明（LED）、通信设备为重点。

装备制造　以智能机器人、数控机床、轨道交通等先进装备制造和新能源汽车整车及电机、电控、电池研发制造等为重点。

商贸物流　商贸流通行业属北京外迁的重点行业，转移的产业以农副产品等大宗商品仓储基地、小商品、服装、建材等专业市场为重点。

教育培训及科研机构　建立面向全国招生的中职学校和培训机构；吸引优质高等教育和职业教育资源到葫芦岛建立分校或校区，以及北京市属院校和中央高校的本科教育及一部分和高校教育教学功能联系相对不是很紧密的校办企业到葫芦岛建立产业研发基地等（还包括行业协会、研究院所、学术类社团、报社、出版社、杂志社等）。

健康医疗养老　开发建设大型老年公寓社区、医养机构等养老机构，鼓励北京与其他地区组建医疗联合体或医院集团，共建康复医院和护理医院。疏散有条件的北京老人赴外地养老。

文化创意　依托北京雄厚的文化基础和文化产业优势联合打造文化产业聚集区、文化产业旅游区、文化产业娱乐区。

后台服务　呼叫中心、数据中心等后台服务项目外迁。

体育休闲　建立区域体育产业重点示范项目、联合申办和承办高水平体育赛事活动、促进体育用品制造业发展等。

四　产业布局

根据京津冀协同发展规划和北京产业转移及功能疏散的指导目录，结合葫芦岛市未来发展方向和战略重点，葫芦岛市参与京津冀协同发展，承接产业转移在市域范围形成"一带、一区、两圈、三基地"的空间格局，同时重点产业形成各具特色的空间布局，重点区（县）形成切合自身实际的发展重点。

（一）现代服务业综合发展带

东起高桥、塔山，中经曹庄、沙后所，西至高岭、万家沿海沿路区域内的"三点一线"的经济开发区，打造一条集旅游业、港口物流业、城市商业中心、会展业、经济园区配套商贸服务于一体的服务业综合发展带。在此基础之上，向东连接锦州市，形成葫锦服务业连接带，向西对接秦皇岛，实现沿海旅游一体化发展，为顺利承接京津冀产业转移创造条件。

在旅游业方面，要构筑葫芦岛市"一核、二带、四区"旅游发展格局。打造觉华岛国家级海洋公园，创建 5A 级旅游景区；打造东戴河—觉华岛—中央商务区等海上旅游品牌；打通滨海沿线，实施海岸线全域开发，建立辽宁东戴河新区与山海关、北戴河跨域滨海旅游联合区，承接京津冀地区的文化创意、体育休闲功能。将龙回头、葫芦岛—兴城滨海栈道、觉华岛、兴城古城、首山温泉、高家岭汤上温泉、九门口水上长城、秦始皇行宫遗址、山海关、北戴河的开发融为一体，突出山、海、关旅游特色。打通滨海沿线，实施海岸线全域开发，实现旅游一体化，打造"戴河"旅游品牌。

商贸物流方面要依托柳条沟港区及双树物流园区推动龙港区的港城一体化发展，为京津冀商品流通提供有力的支撑；依托兴城的电子商务基础，加快建设泳装、农产品和轻工产品电子商务三个信息化贸易平台，打造跨境电子商务基地，加快兴城泳业国际仓储物流中心建设，为京津冀区域性物流基地提供配套服务；兴城大红门物流商贸城——独联体海关联盟国际跨境电子商务综合服务中心，为京津冀商品出关提供方便快捷服务；依托建昌食品产业园区（食品综合加工区、粮食深加工区和物流园区）发展物流中心，承接京津冀地区肉食品和农副产品仓储物流项目；依托绥中港及货运大县优势，积极推进综合物流园区、临港物流园区的建设，创建大型现代化农产品批发交易中心和物流公共信息服务平台，承接京津冀地区的农副产品、基础原料等大宗商品仓储物流项目。

（二）新兴产业集聚区

用足用好京津冀科技创新优势，加快推进科技创新及成果转化基地建设，以辽宁东戴河新区、兴城滨海经济区和葫芦岛高新技术产业园区、葫芦岛打渔山泵业产业园区等为主要平台，积极争取京津冀高新技术产业向葫芦岛转移。以新一代信息技术、智慧能源、高性能复合材料、节能环保等高端项目落户为依托，推动新兴产业培育发展和传统产业升级改造，将高新技术产业基地逐步打造成为集研发孵化、创新服务、商务配套等功能为一体的京津冀协同创新示范点，融入京津冀高新技术产业链。

（三）大学研发和商业圈

建立东戴河大学城和兴城大学城。东戴河新区要加快推进与北京中关村项目的合作进程，北京大学基础教育中心与辽宁东戴河新区御海龙湾合作，共同建立北京大学（东戴河）基础教育中心项目和北京语言大学分校周边交通基础设施和生活配套，加快推进北京航空航天大学分校项目建设。兴城市要依托辽宁工程技术大学、辽宁财贸学院、渤海船舶职业技术学院的科研实力，加快高校科研成果转化，积极争取与北京高校、科研院所开展合作，实施高科技产业化项目技术攻关，营造良好的学术氛围，共同打造大学城商业圈。

（四）健康养老医疗产业基地

以葫芦岛市龙湾中央商务区和滨海温泉新城、绥中六股河新城和辽宁东戴河新区为主要载体承接京津冀的健康养老服务功能，重点发展老年疗养、老年用品、老年服务、养老地产、老年文化产业、老年出行装备产业、老年餐饮等，打造完整产业链和产业集群。医疗产业领域重点发展高精度医用高分子制品、高精度医用橡塑制品等医疗器械。

第二十章

盘锦承接新兴产业转移的设想

一 重要意义

盘锦临港经济区位于辽宁省西南部,渤海辽东湾北岸,是辽宁沿海经济带的重要节点,也是东北和环渤海两大经济圈的重要接合部。盘锦临港经济区作为东北地区与海洋最近的连接点,申请国家级承接产业转移示范区,是深入实施东北地区等老工业基地振兴战略的客观需要,是扩大辽宁沿海开发开放的重大举措,是实施盘锦向海发展、全面转型战略的重要载体。对盘锦、辽宁乃至东北地区产业结构调整、加快经济发展方式转变都具有至关重要的意义。

二 规划布局

盘锦临港经济区规划面积 100 平方公里,起步区面积 23 平方公里,按照统筹规划、突出特色、分区布局、协调统一的原则,构建"一区三园"的产业承接发展空间布局。"一区"即盘锦临港经济区;"三园"即临港装备制造产业园、节能环保设备产业园和临港电商及仓储物流产业园,重点承接产业和配套产业发展。临港装备制造产业园为经济区主体功能区,已建成面积 8 平方公里,按产业特点划分为重型装备、海洋工程装备及配套、专用汽车及配件三个板块;节能环保设备产业园位于经济区南部,已建成面积 4 平方公里,结合节能环保、高科技等产业的迅速发展,着力承接以节能环保装备制造、新能源装备制造、新材料储能设备制造和能源机器人制造等为重点的新兴装备制造产业;临港电商及仓储物流产业园位于中华路两侧，已建成面积5平方公里，依托经济区沿海临港的区位优势和四通八达的交通路网，大力推进新型电子商务平台和临港仓储物流产业基地建设，充分发挥盘锦港作为东北及蒙东地区最近出海口的巨大牵动作用。同时，以服务产业发展、建设宜业宜商宜居承载区为目标，按照"区块通联、点线结合、功能完备"的原则，规划预留出居住、商贸、科研、金融和办公等用地。

三 承接产业优势

(一) 区位优势明显

盘锦市地处辽宁省西南部，是辽西与辽南两大板块的接合部，从地理坐标看，盘锦是辽宁省的中心点；从经济布局来讲，盘锦是环渤海经济带的重要节点；从对外开放的角度来看，盘锦又是东北对外开放门户的第一连接点。盘锦临港经济区处于盘锦市南部，这里区位优越，交通便捷，京沈、沈大、盘海营高速公路和京沈、哈大高速铁路在这里交汇，沈盘（疏港）铁路纵贯全境，是沈阳地区向海延伸的最佳通道；两小时车程即可抵达沈阳桃仙国际机场、大连周水子国际机场，与正在建设的营口兰旗机场仅一河之隔；距已经通航的盘锦港仅8公里，随着港口集疏运体系的不断完善，这里已成为中国东北及蒙东地区最便捷的出海口，盘锦临港经济区的水陆空综合交通能力和枢纽地位日益增强。

(二) 经济持续增长

盘锦市地域面积较小、建市较晚，但经济发展始终排在辽宁省前列。2013年，盘锦地区生产总值完成1351.1亿元，是2006年的2.61倍，年均增长14.7%；公共财政预算收入148.8亿元，是2006年的5.73倍，年均增长28.3%；固定资产投资1137.7亿元，是2006年的5.63倍，年均增长28%；外贸出口8.2亿美元，是2006年的8.2倍，年均增长35.1%；实际利用外资15亿美元，累计完成64.3亿美元。几年来，盘锦各项主要经济指标持续走在全省前列，综合实力显著增强，人民生活幸福指数大幅提升。盘锦临港经济区作为市级重点产业园区，自2010年组建以来，各项经济指标一直在全市名列前茅，固定资产投资最大增幅达75.4%，财政一般预算收入最大增幅达85.3%，经济发展水平逐年提高。经济区基础设施已经实现高标准的"七通一平",产业布局科学合理并已粗具规模,为全面承接国内外产业转移奠定了强大的硬件支撑。

(三)产业稳步发展

盘锦市在"向海发展,全面转型,以港强市"的战略进程中,按照"产业相近、产品关联、优势互补、资源共享"的原则,接续替代产业增加值占全市经济比重达到70%以上,国内领先的先进装备制造业基地初步形成。同时,盘锦资源丰富的优势,为产业稳步发展提供了坚强保障。盘锦现有原油加工能力1800万吨,年产乙烯70万吨,未来盘锦原油加工能力将达到3300万吨,乙烯生产能力达到180万吨;辽东湾新区现已入驻台湾长春化工和联成化学以及宝来石化、和运石化等一批大企业,中国兵器辽宁华锦精细化工及原料工程项目已获批,正在加快打造世界级石化及精细化工产业基地;环渤海地区作为我国重要的石油化工基地,炼油规模达到2亿吨,在"十二五"期间,辽宁将重点打造大连、葫芦岛、丹东、盘营四大修造船基地,预计辽宁造船能力将达到2000万载重吨,造船产量达到1500万载重吨,这都加速了盘锦产业的发展。盘锦临港经济区作为盘锦向海发展的新引擎,以沿海装备制造产业为核心,石化装备、海工配套装备、节能环保设备等装备制造产业和临港物流产业集群效应已经形成,正在朝着建设东北最大的临港装备制造沿海产业基地进发。

(四)生态环境良好

盘锦拥有"世界第一大苇田"——辽东湾苇田和"天下奇观"红海滩,是世界上保存最为完好的湿地和"中国最美湿地"。盘锦临港经济区紧邻红海滩国家风景廊道、田庄台古镇和三角洲、荣兴水库,区内环境优美、生态良好,是宜居、宜商、宜业和宜游的新型现代化产业园区。

(五)体制机制灵活

盘锦临港经济区深入解读并认真落实《国务院关于近期支持东北振兴若干重大政策举措的意见》及相关文件精神,牢牢把握在东北地区建设国家级产业转移示范区的有利契机,在学习借鉴先进地区的发展经验的基础上,最大限度地发挥辽宁省综合改革试验区的发展优势,在管理体制、运行机制、人事管理、绩效考评等方面大胆创新,已经形成一套运行独立、机制灵活、责权协调、自主性较强的运行模式。通过进一步增强创新意识，积极探索完善了绩效考核、干部使用等管理机制，不断丰富盘锦临港经济区的"团结、求实、创新、进取"的团队精神，努力打造了一支一流的干部服务队伍。同时，坚持以项目建设为核心，以保障投资者利益为向导，建立了"一切围绕项目干""抛开既得利益、注重长远发展""投资者优先"等运行机制，从项目签约、审批到开工建设、竣工投产、达产达效，全程为企业提供"保姆式""专家型"服务，确保入驻盘锦经济区项目建设"快速度、零障碍"，通过体制机制创新，进一步简化了办事程序，提高了服务效率，努力营造最适宜承接产业转移的发展软环境。

（六）要素保障有力

盘锦作为因油而建的资源型城市，拥有极其丰富的石油、天然气资源和沥青、燃料油、润滑油、液化气、苯乙烯、丙烯、乙烯等工业产品资源，盘锦已成为全国最大的稠油与高凝油生产加工基地、最大的高等级道路沥青生产基地和最大的防水材料生产基地。盘锦是典型的国有农场群，土地资源为国有，在土地资源开发和利用方面具有其他地区无法比拟的独特优势。盘锦还是北方地区少有的移民城市，随着石油开采、油气资源开发利用以及向海发展等各发展阶段战略进程的不断加快，各类人才不断汇聚于此，城市活力不断增强，特别是以石油开采和集中农垦为代表的工农业大会战的一次次打响，培育了一大批具有极高科学文化素质和勤劳勇敢特质的优秀人才，这将成为盘锦临港经济区建设承接产业转移示范区的重要保障。在资金保障方面，盘锦作为年轻的活力型城市，金融环境优越，融资政策宽松，盘锦临港经济区广佳融资担保中心的组建，为入驻企业融资贷款提供了全方位的政策担保和全程服务，真正解除了投资者建设发展的后顾之忧。

四　重点承接产业

盘锦临港经济区将围绕产业升级和培育新的经济增长点，积极吸纳资本、技术、人才和品牌等要素，明确构建产业体系方向，重点承接发展装备制造业，加速壮大临港物流产业，着力培育节能环保设备等高新技术产业，积极与京津冀、东北三省及东南沿海地区紧密联系，共同推动产业转移承接工作，加快区域经济发展速度。盘锦临港经济区针对国内外发达地区产业布局战略调整、市场开发与培育、产业链条衔接等产业转移特点，充分利用国家支持东北地区产业发展的优惠政策，以装备制造、节能环保设备制造、港口物流三大地域特色产业为重点，在环渤海与东北两大经济圈的接合部构建特色鲜明的承接产业转移示范区。

（一）临港装备制造产业园主要承接产业

1. 重型装备制造产业

充分发挥临港的区位优势，抢抓发达国家和地区产业转移以及内陆企业向沿海布局的机遇，重点承接高端石油钻机、旋转导向钻井系统、钻井工具、测井设备、录井设备、天然气液化配套低温设备、天然气净化成套设备、天然气储运设备等石油天然气装备，高效新型反应器、大型塔器、板式换热器、高压换热器等石油化工装备，大型变压器、整流器和配电控制设备等输变电设备，以及数控机床、自动化控制系统等重型装备制造产业，向低成本、高可靠性、高附加值方向发展，完善产业链条。

2. 海洋工程装备及配套产业

面向国内外海洋资源开发市场，依托渤海装备辽河重工等大型企业，重点发展自升式钻井平台、半潜式钻井平台和深水钻井船等海洋钻井装备，浮式生产储油船、导管架采油平台等海洋采油装备，平台供应船、深海铺管船、半潜运输船、起重船、震源船、LNG船和海上风电安装船等海洋工程船舶，以及平台升降系统、动力定位系统、超深水钻机模块和水下采油树等海工关键配套设备制造产业，在优势领域形成特色和品牌，打造国家级海洋工程装备及配套产业基地。

3. 专用汽车及配件产业

以引领东北汽车制造产业吸引国内外专用汽车及配件产业转移为主要目标，重点承接防疫车、化验车、电视车、舞台车等厢式汽车，低温液体运输车、液化气体运输车、杂项危险物品运输车、吸污车、飞机吸污车、油井液处理车等罐式汽车，随车起重运输车、航空食品装运车、高空作业车、计量检衡车等起重举升汽车，集装箱运输车、车辆运输车、渣料运输车、钻井车、测试井架车等特种结构汽车，以及汽车发动机和液压、气动、轴承、模具、仪器仪表等汽车配件，超合金、专用钢、特种材、非晶合金、铝镁钛轻合金、特种铜材等先进金属加工产业，打造北方沿海新型专用汽车及配件产业基地。

（二）节能环保设备产业园主要承接产业

坚持以引进先进生产技术、推进新型节能环保产业发展为目标，重点承接大型海上风电设备、太阳能中高温利用设备、海洋清洁能源设备、生物质能利用成套设备等新能源装备，氢氧燃料电池和碳材料超级电容器等储能设备，高效换热设备、余热余压利用设备、节能监测设备、先进烟气脱硫脱硝、高效除尘设备、油田污水处理成套设备等节能环保装备，通信导航设备、雷达设备、电子仪器仪表、软件开发等电子设备，以及井口管处理机器人、水下机器人等能源机器人制造产业，并加强与高等院校和科研院所的交流合作，全力建设以高新技术为主要特点的节能环保设备产业基地。

（三）临港电商及仓储物流产业园主要承接产业

充分发挥临近港口和高速公路、疏港铁路与高等级公路交织纵横的区位交通优势和现代电子商务快速发展的有利契机，按照盘锦港功能定位，吸引国内外大型仓储物流企业入驻发展，建成以石油及液体化工品、干散货仓储为主，兼顾集装箱、钢铁、木材、粮食等散杂货仓储的大型仓储物流系统，同时引进新型互联网商务企业，建设物流大厦、交易中心等电子商务平台和新型电商及仓储物流集散地。

五　重点承接区域

（一）临港装备制造产业园重点承接区域

1. 重型装备制造产业承接区域

全面承接国内外特别是东北地区和西北地区重型装备制造产业向环渤海区域转移。盘锦临港经济区将积极与中国一重、沈阳机床、哈空调、哈飞股份、兰州通用等国内具有较高竞争力的企业进行对接洽谈，在企业外扩或实施转移时，适时承接。

2. 海洋工程装备及配套产业承接区域

主要依靠持续旺盛的海洋工程装备需求以及中国发展海工产业的优势，积极与美国的 J. Ray McDermott，法国的 Technip，新加坡的吉宝岸外与海事（Keppel O&M）和胜科海事，韩国的现代重工、三星重工和大宇造船，以及国内的中集集团、振华重工、大连船舶重工和南通中远船务等国内外知名企业进行对接洽谈，主动承接国内外海洋工程产业转移，打破欧美和韩国、新加坡等国对海洋工程装备制造业市场的垄断。

3. 专用汽车及配件产业承接区域

紧紧把握北京、长春、上海、郑州、湖北、四川、山东、沈阳等知名汽车及零部件企业（主要有中国重汽、东风专用汽车、一汽专用汽车等）扩建、转移等机遇，快速承接，不断壮大辽宁省汽车产业规模、丰富汽车产品品种、提升汽车产品品质和档次，推动全省产业结构升级。

（二）节能环保设备产业园重点承接区域

紧紧抓住人才国际流动加快等机遇，以京津冀、长三角、珠三角、中国台湾和日本、韩国等地区和国家为重点，积极与国内龙净环保、同方环保、菲达环保、科林环保、中国台湾环保节能科技和日本三浦工业、环保科技，韩国三进 SJT 等知名企业进行对接洽谈，快速发展及承接国内外节能环保设备产业。

（三）临港电商及仓储物流产业园重点承接区域

以北上广深、香港等国际知名大城市的知名企业为重点，通过建设临港保税功能区，积极吸引现货交易、电子商务、仓储加工、物流配送等国内外知名企业（如阿里巴巴、当当网、中国远洋物流、中邮物流、锦程国际物流、北京百利威仓储物流、普洛斯、上海华宜储运等），实现大宗生活物资流通及批发配送。

六　保障措施

（一）加强组织领导

坚持从战略高度动员、汇聚各方力量，保障产业承接规划的顺利实施。建立高层启动、上下互动、部门联动、合力推动的工作机制，由市发改委牵头成立盘锦临港经济区建设国家级承接产业转移示范区工作领导小组，协调解决示范区建设中规划布局、产业发展、项目建设、要素保障、体制机制等方面的重大问题。盘锦临港经济区建立相应机构，负责经济区产业承接工作组织领导。建立健全绩效考评机制和目标责任制，对主要目标和重点工作分解细化，层层落实，严格监督考核，确保全面完成承接产业转移规划提出的各项目标任务。

（二）创新承接机制

创新经济区管理模式和运行机制，积极探索承接产业转移新模式，实现优势互补、资源整合、联动发展、互利共赢的局面。探索建立产业转移与承接双方有效的利益分享、利益补偿、风险共担、分歧协商等机制，对转移过程中的重大事项可采取"特事特议"的方式予以解决，以推进产业有序转移与合理承接。

（三）扩大对外开放

充分利用盘锦临港经济区现有资源优势、区位优势、港口优势、政策优势，积极承接国内外行业排名靠前、市场占有率高、科技含量高的新项目、大项目，加快形成龙头项目带动、关联企业集聚、协作配套完善的产业基地和出口基地。积极引进与主导产业相配套的中介和生产性服务企业，为主导产业提供配套。鼓励境外装备制造企业和科研机构在经济区设立研发机构，推动企业充分利用各种渠道和平台对外合资合作，加快融入全球产业链。

（四）强化要素保障

继续切实抓好承接重点项目前期准备、审批以及征地等重要环节。发挥资源集聚优势，引导和推动土地、资金、人才和技术等生产要素向承接产业适度倾斜，确保有效供给。注重发挥市场配置资源的基础性作用，促进投资主体多元化，积极营造良好的民间资本投资环境。

（五）加强环境保护与资源利用

承接过程中要坚持不污染环境、不破坏生态、不浪费资源、不搞低水平重复建设的原则，把合理利用资源和保护环境放到更加突出的位置，严格坚持环保准入制度，凡是不符合新型工业化要求的项目一概不承接，杜绝先污染后治理发展模式，严肃查处各类污染和破坏环境的违法行为。把环保指标作为每年示范区工作的重要内容，真正实现"绿色承接"。

第二十一章

建设沈大自主创新示范区的
研究报告（节选）

一 提出背景和建设基础

（一）提出背景

1. 辽东半岛高新技术产业带具有整合资源、引导方向、挖掘潜力的条件

辽东半岛是我国第二大半岛，位于辽宁省南部。辽东半岛经济区包括了沈阳、大连、鞍山、辽阳、本溪、营口、丹东、锦州、盘锦，总面积达5.3万平方公里，是辽宁省两大国家战略，即沈阳经济区、辽宁沿海产业带的核心和连接处。

经过多年的建设和发展，特别是实施东北老工业基地振兴战略以来，辽东半岛在信息化、工业化、城镇化以及城乡一体化等多方面取得了巨大成就。仅从高新技术产业来说，就出现了沈阳、大连、鞍山、营口、辽阳和本溪6个国家高新区，及35个主导特色高新技术产业集群，13个产值超100亿元的高新技术产业集群。以这些高新区为主体连接出一条充满生机的高新技术产业带，现已成为东北最重要、最具发展活力、最有发展潜质的高新技术产业产出区，是我国乃至亚太地区增长最快、现代制造业竞争力较强的地区之一。

2005年，时任中共辽宁省委书记的李克强同志代表省委提出"逐步把沈大高新技术产业带建设成国家高新技术产业发展的第四个增长极"的目标。2006年，李克强同志又提出要积极打造产业联结带，进一步整合区域资源，进而实现辽东半岛区域一体化的构想。2012 年 11 月，辽宁省与科技部举行了一年一度的省部会商，并签订了会商议定书。该文件第三条明确提出：科技部支持辽宁省发挥高新区产业集聚效应，加快推进辽宁高新技术产业带建设。

目前，随着辽东半岛高新技术产业带"点"的趋强，该区域已经形成交通和基础设施较好、经济和科技资源较集中、高新技术产业发达、具有很好整合和扩散基础的区域；并随着这些"点"沿着"轴"带空间的延伸，在产业带雏形基本形成之时，政府积极整合资源、引导方向、挖掘潜力就显得十分必要。

2. 产业带链条能够将不同主体区域连成一体，实行区域联动，协同配套，共同发展

国际经验证明，产业带是实现区域内资源有效利用和配置的好形式，是一个国家和地区发展的主要载体，已成为一个国家和地区综合实力的重要标志，也是未来知识经济的特征和支柱。比如美国的硅谷、波士顿 128 号公路、印度班加罗尔、中国台湾新竹等，都是链条状发展的高新技术产业，通过不断整合，发挥合力，使之成为创新能力强、经济增长快、投资回报率高、具有极大发展潜力的经济增长区域，能够取得更多整体效益。

3. 经济学家及其理论已经证明，产业带建设效率高、带动性强

德国古典经济学家李斯特、美国发展经济学家钱纳里、瑞典诺贝尔经济学奖获得者缪尔达尔、美国经济学家赫希曼等分别提出了区域创新、产业提升、循环积累，以及增长极、点轴开发理论和模式等。这些分析工具的运用，使得产业带的边际递增效率、比较竞争优势等得到了证明。特别是美国哈佛大学教授迈克尔·波特在其著作《竞争优势》中对产业带现象进行了系统研究。他指出：区域经济持续发展的共同特点是靠要素投入推动，在要素投入数量和质量既定的情况下，通过要素之间和生产环节之间的整合，建立以专业化分工为基础的产业区域，往往能够提高生产效率，增强区域竞争力，这个区域也往往成为支柱性产业的先导区、示范区、辐射区和产出区。英国经济学家保罗·罗森斯坦 - 罗丹也提出，发展中国家和地区要抓住机会，在适当阶段开展"大推动"（Big Push）。

4. 产业带建设有利于参与全球新一轮竞争

国际金融危机后，全球新一轮科技和产业革命深入推进。发达国家对全球资源、产业、市场的争夺日趋激烈，产业和技术分工愈趋明显，信息技术、生物技术等新技术和新兴产业受到普遍重视，绿色经济已成为世界各国和地区经济发展的趋势。虽然亚洲特别是东北亚地区面临不可回避的地缘政治问题，但是区域合作互补性很强、创新发展潜力巨大。辽东半岛高新技术产业带创新要素集聚，具有良好的产业基础，在智能制造、信息、生物、新能源等领域具有竞争优势，应积极参与全球新一轮竞争，在自主创新方面全面提高，以抢占全球高新技术产业竞争的制高点。

5. 对大力提高自主创新能力十分重要

2020 年之前是我国创新型国家建设的关键时期，这个阶段是加快经济发展方式转变和产业结构调整，深化改革开放的战略机遇期。大力提高自主创新能力，发展与地区资源优势相吻合、技术含量高、资源能源消耗小、环境友好型产业是我国各地区的普遍选择。特别是北京中关村、上海张江、武汉东湖以及合芜蚌被批准为国家自主创新示范区后，在本区域内引领、集聚、辐射和带动作用明显。辽东半岛高新技术产业带具有良好的基础，应抓住机遇，在增强自主创新能力、市场驱动、产业链整合、龙头企业带动、同业产业集聚等方面取得新的突破。

6. 辽东半岛高新技术产业带上的 6 个国家高新区创新驱动潜力巨大

2013 年，辽东半岛高新技术产业带上有沈阳、大连、鞍山、营口、辽阳和本溪 6 个国家高新区，其主要经济指标（见表 21-1）已占全省高新区的 85% 以上，现已成为东北最重要、最具发展活力、最有发展潜质的高新技术产业产出区，也是我国乃至亚太地区增长最快、现代制造业竞争力较强的地区之一，具有建设自主创新示范区的基础和条件。但目前"孤岛"现象仍很突出，自主创新和产业发展的合力尚未形成，内生增长机制没有得到有效发挥，特别是政府统筹协调、管理机制不够完善，创新驱动的经济增长模式亟须建立。面对新形势、新任务，辽东半岛应充分利用有利条件，进一步构建有利于自主创新的体制机制，完善区域创新体系，着力增强产业竞争力，努力实现跨越发展。

表 21 - 1 2012 年辽宁省高新区与其他高新区比较

名称	工业总产值（亿元）
北京中关村	6495
天津滨海高新区	2620
武汉东湖高新区	4013
辽宁 6 个国家高新区	6342
沈阳高新区	1917
大连高新区	1547
鞍山高新区	1513
营口高新区	448
辽阳高新区	762
本溪高新区	155

资料来源：根据辽宁省统计年鉴和科技厅资料整理。

7. 加快推进辽宁高新技术产业的带动作用

国家和辽宁省均希望依托该区域经济基础较好、科技资源较集中、高新技术产业发达的优势，2012 年 11 月，科技部与辽宁省签订了会商议定书，明确提出：科技部支持辽宁省发挥高新区产业集聚效应，辽宁省利用交通和基础设施连接的便利，形成高新技术产业扩散效应，即沿着一定的"点"形成"轴"进而在"面"上延伸，形成高新技术产业带。

8. 在自主创新、成果转化、产业发展、资源整合、科技进步、知识创造、人才集聚等方面发挥更多的积极作用

将辽东半岛高新技术产业带打造成国家自主创新示范区。当前辽宁经济正处于转型升级关键期和由要素驱动、效率驱动、产业扩张向创新驱动转化的初期，建设成具有全球影响力的科技创新中心，既能够完善我国南北轻重工业布局，提升基础工业水平，也可以对东北乃至全国老工业基地创新发展起到示范、先导和龙头带动作用，对抢占全球高新技术领域前沿阵地，加快产业结构优化调整发挥不可替代作用。

（二）建设的基础

1. 具有雄厚的经济基础

2012 年，沈大高新技术产业带上的 6 个国家高新区实现工业总产值 6342 亿元，其中沈阳、大连和鞍山高新区工业总产值分别为 1917 亿元、

1547亿元和1513亿元，同期天津滨海和武汉东湖高新区实现工业总产值2620亿元和4013亿元。2013年产业带上的6个国家高新区实现生产总值达到21902亿元，占全省高新区的80.9%；人均GDP达到98083元，比全省平均水平（61686元）高36397元，比全国平均水平（41805元）高出56278元。产业带内集中了全省绝大多数的科研力量和人才资源，现有普通高校83所，占全省的74.1%。可以说，辽东半岛高新技术产业带是辽宁省实力最强、工业化水平最高、经济辐射力最大、科技人才优势最明显的地区；已经成为辽宁最重要、最具发展活力、最有发展潜质的高新技术产出区，也是我国增长最快、现代制造业竞争力较强的地区，已经步入工业化高级阶段。

2. 高新技术产业集群不断壮大

辽宁通过培育和发展新产业与新业态，产业带高新技术集群不断壮大。电子信息、先进制造、新材料、生物制药、新能源、节能环保等产业在产业带内蓬勃发展，创意产业、服务外包、金融服务和生物技术等新兴业态不断涌现。大连高新区软件和信息服务业走在全国前列，沈阳高新区正在建设全国一流的软件、IC装备、动漫、数字医疗四大产业基地等；以电子信息、软件和信息技术服务产业集群、生物医药科技产业集群、高端装备制造业集群、芳烃产业集群、工业铝材产业集群和新材料基地、柔性输配电及冶金自动化及激光技术基地等为代表的重点产业集群初步形成；全省13个特色产业基地中具有国际竞争力的大型企业集团主要集中在产业带上，并带动了辽宁经济结构调整和产业升级。

3. 自主创新能力和条件显著增强

沈大高新技术产业带是辽宁省承接国家、省市重大科技专项的核心载体，集聚了大量科研院所、企业技术中心、高端人才，是辽宁省高新技术研发、产业化的重要基地，是科技成果转化、战略性新兴产业崛起的源头。产业带内拥有各类研发机构300余个，有科技企业孵化器27个，其中国家级14个。"十二五"以来，重点实施了"数控机床与基础制造装备""IC装备""重大技术装备""新能源与节能装备"等重大专项，并取得了丰富成果。省政府出台了《关于进一步促进产学研合作工作的意见》，与中科院等"两院十校"签订了战略合作协议，共建研发平台和转化基地近100个，纳米印刷等产业化项目在辽宁实现了成果转化。搭建网上技术市场和产学研合作服务平台，2012 年全省技术合同成交额实现 164 亿元，是 2007 年的 2 倍。高校服务产业技术进步能力进一步增强，全省高校与 53 个工业产业集群建立了对接合作关系。同时，加强了科技基础条件平台建设，省级以上重点实验室和工程技术研究中心达到 822 个，高校重大科技平台 15 个。

4. 产业技术创新联盟建设顺利

自 2010 年 10 月开展省级产业技术创新战略联盟试点认定工作以来，围绕装备制造、新能源、新材料、医药及医疗装备、生物育种、高技术服务等优势产业和战略性新兴产业组建了 28 个省级试点联盟，成员包括沈阳机床集团、新松机器人、北方重工集团等省内骨干企业，中科院沈阳分院、东北大学、大连理工大学、西安交通等院所和重点大学。初步构建了符合辽宁省产业发展需要，牵动性强、辐射面广、长期稳定的产业技术创新合作链条。

5. 以企业为主的创新体系初步形成

"十二五"以来，推进省级工程技术中心建设，增强了企业自主创新能力建设；深入开展产学研合作，企业创新能力快速提高；积极组织争取国家科技计划项目，带动了整体创新水平提升；完善科技创新金融服务支撑体系，基本形成了以企业为主体、商业信用为基础、政府为保障、投融资平台为纽带的市场化投融资服务体系。同时，注重优化创新创业环境，对科技研发、新材料、高端装备制造等高技术服务业和战略性新兴产业项目，以及各类高技术、高层次人才，在专家公寓、科研经费、贷款贴息、建站补助、子女入学等创业和生活各个方面提供诸多优惠政策和个性化服务。

二 战略定位和总体目标

（一）战略定位

1. 创新驱动先导区

全面优化创新环境，凝聚创新资源，率先实施自主创新发展战略。率先建成创新体系健全、创新创业活跃、经济效益较好、辐射引领作用强的国家创新型区域。率先探索依靠创新驱动经济社会发展的新模式，为实现科学发展和建设创新型国家提供示范。

2. 深化改革实验区

创新科技金融、科技成果转化、股权激励、知识产权保护与使用、公共管理服务等机制，弘扬创新创业文化，打造有自身特色的世界级高新技术研发中心、高端人才集聚中心、科技金融中心、技术交易中心和东北亚最具影响力的高新技术产业基地，为推动高新技术产业发展的体制机制创新提供示范。

3. 高端产业聚集区

充分发挥国家高新区和产业基地的作用，大力发展战略性新兴产业和现代服务业，做大做强优势企业，打造具有全球竞争力的创新型产业集群，改造提升传统产业，在辽宁新型工业化综合配套改革和沿海经济带开发开放中，为构建技术先进、附加值高、结构优化的现代产业体系提供示范。

4. 前沿文化、制度引领区

要将崇尚创新精神、竞争精神、冒险精神和企业家精神的文化建立在产业带中，并使这些积极向上的文化和制度融入管理人员、工程师、技术人员和熟练工人的价值观与生活方式之中，营造了一个区域良好的创新氛围，从而推动高新技术产业快速发展、生机勃勃。

5. 开放合作先行区

瞄准世界先进水平和国内领先水平，按照高标准、严要求，加快推进对外合作、开放交流，汇聚全球高端人才、资金、技术和信息等要素，推动科技企业"走出去"和"引进来"，在创新服务体系、品牌集聚、区域环境、国际合作、创新发展等方面取得新突破，并提供示范。

6. 绿色发展示范区

注重实施新型城市化和新型工业化双轮驱动发展战略，建立城乡统筹发展和创新发展新格局，重点发展集低碳经济和循环经济、高端商务、科技研发、创新创业、和谐生态为一体的创新型园区，集约节约利用土地资源，探索绿色发展模式，建设生态文明，为全国资源节约型和环境友好型社会建设提供示范。

7. 老工业基地增长极

充分利用产业带内科技和人力资源，推动高新技术产业和高技术服务业快速崛起，打造具有全球竞争力的大型创新型产业集群，做大做强优势企业，完善城市服务功能，利用高新技术改造提升东北腹地传统产业，增强辐射带动能力，打造东北经济区崛起的强大引擎。

（二）总体目标

至2020年前，近期（2006～2010年）打牢基础集聚创新要素，做大高新技术产业；中期（2011～2015年）跨越发展辐射全域，产业横向互动繁荣发展；长期（2016～2020年）提质增效融入全球价值链，创建国际品牌。

1. 自主创新能力和内生增长动力占主导地位

科技型企业研发投入占销售收入的比重达到5%以上。建设一批企业研发中心，搭建特色产业的公共技术服务平台和行业创新中心。开发出一批高端化、智能化和高附加值化的科技产品，形成一批原始创新成果，转化一批重大科技成果，科技成果转让和技术交易的数量和金额显著提高。壮大从事基础研究的科学家队伍，加快知识更新速度。

2. 高新技术产业规模化和超常规发展

在电子信息、先进制造、新材料、新能源、生物制药、高新技术改造传统产业等重点领域形成多个专业产业集群，形成若干个具有国际影响力的优势产业。

3. 催生一批具有较强创新能力的科技企业

培育出一大批拥有自主知识产权和核心竞争力的科技型企业，一大批具有高成长性、收益高的瞪羚企业和小巨人企业，打造十几个年销售额过百亿元的知名大型科技企业集团，使产业生态系统不断完善。

4. 集聚一大批领军人物和高素质人才

培育出一大批优秀企业家和风险投资家群体，培养引进一大批具有较高专业素质的科学家和工程师团队，打造一支规模庞大经验丰富的高技能产业技术工人队伍。

5. 完善基础设施和平台建设

建成一批世界一流的基础设施和服务平台，新建一批设施先进、功能齐全、配套完善的孵化器、加速器和专业园区。集约利用土地、高效利用资源，改善资源环境取得明显效果，经济增长与环境改善、社会发展相辅相成。

6. 改善创新创业环境

人才激励、科技金融、知识产权、技术转移和产业化、科研院所等方面的体制机制改革取得一系列重要突破，形成具有国际水准的有利于科技企业发展的投融资体系、创业孵化体系、知识产权保护体系、中介服务体系、企业信用体系，地方政府实现从管理型政府向服务型政府的转变，形成浓郁的创新创业文化。

三 建设的主要内容

围绕国家战略需求，发挥智力资源密集优势，推进原始创新、集成创新和引进消化吸收再创新，重点推进一批原始创新技术和关键共性技术攻关，打造一批世界一流水平的研发机构，强化企业技术创新主体地位，深入推进产学研用合作体制机制创新，全面提升持续创新能力，构建优势突出、特色鲜明的区域创新体系，打造国家重要研发和产业化基地。

（一）创建区域创新共享平台

1. 建立创新载体的共享平台

在公共实验室、公共创新平台、大型科研仪器设备等方面实现资源共享。一是重点建立创新中介服务共享平台。在知识产权保护、技术产权交易、创新驿站、人才引进等方面实现服务共享。二是建立产学研服务共享平台。共同组织推进园区企业与高校、科研院所的交流合作，促进科技成果产业化。三是建立信息网络资源共享平台。整合辽宁高新技术产业带上拥有国家高新区的 6 个市的政府服务、经济技术信息资源，共同建立一个创新服务网站，发布 6 个市之间对企业的服务信息。

2. 构建完善的国际交流合作平台

积极打造产业国际化发展环境，大力构建国际商务平台，吸引国外资本、项目落地转化，努力提升区域的国际竞争力。

3. 建立科技金融共享平台

探索联合成立创业投资引导基金，共同投向 6 个市之间的创新型企业；共享 6 个市科技担保融资资源及上市辅导服务，股权交易代办系统服务。

4. 加快交通设施、配套设施建设

充分发挥交通先行的引导作用，建立 6 个市的基础设施建设协调机制，推进各市之间交通基础设施和交通景观的全面对接，共同建设一些重要的

交通枢纽。

5. 联合制定执行企业入驻标准

共同建设绿道网络，抓好污水处理、垃圾处理，共享污水处理设施，联合加强大气环境治理，做好森林植被的保护和建设，改善区域整体环境质量，率先构建资源节约型和环境友好型社会，实现区域可持续发展。

（二）自主创新能力培育

1. 增强创新基础能力

积极参与国家重大科技计划与项目。组织产业技术创新战略联盟、龙头企业参与国家科技重大专项工作。认真落实国家推动战略性新兴产业加快发展的重大部署，鼓励支持企业承担国家重大项目或工程，争取国家项目在沈大地区布局。加强基础设施和平台建设。整合现有科技资源，统筹规划，构建若干个重要的研发基地，形成集中布局。推动产业技术创新平台建设。推动共性技术平台和高新技术产业化服务平台建设。加强企业技术中心、技术转移中心等技术创新载体建设。支持以企业为主体，联合高校和科研院所建设一批国家工程中心和国家工程实验室，突破一批产业关键技术与核心技术，支撑国家重点产业振兴和新兴产业成长。

2. 增强企业自主创新能力

培育创新型企业。鼓励和引导企业制定创新战略，加大研发投入，建立研发机构，研制技术标准，培育自主品牌，创新产业组织模式，不断增强自主创新能力。增强中小企业创新创业活力，培育一大批创新活跃的科技型中小企业。支持大企业运用并购重组、购买知识产权等方式提高创新资源整合能力，培育一批有影响力的企业集团。加强公共财政对企业自主创新的引导，推进产学研用合作。支持企业与高校、科研院所等开展产学研用合作，探索委托研发、技术许可、技术转让、技术入股等多种产学研用合作模式。围绕特色产业大力发展产业技术创新战略联盟等新型产业组织，支持开展运行机制创新，强化新型产业组织在产学研用合作中的作用。

3. 促进科技成果转化

深化战略合作关系。推进高校、科研院所和大型企业的全面战略合作，探索多种产学研深度结合的有效模式和长效机制，共建公共研发平台，联合促进重大科技创新和产业化项目落地。探索科技成果技术产业化的机制，提升大学科技园服务能力，支持高校师生创新创业。推进科研项目立项评审和人员考评制度改革，引导高校、科研院所围绕经济社会发展重大科技问题开展创新。鼓励高校、科研院所改革技术成果管理制度，推动技术成果转移转化。完善激励机制，鼓励智力要素和技术要素以各种形式参与创新收益分配。进一步界定和明晰高校、科研院所科研成果的所有权、使用权、收益权等相关权属，完善相关技术成果的评议、定价、收益分配机制。

4. 完善创新服务体系

完善创业孵化器体系。支持高水平创业、跨区域创业和系列创业。搭建创业者和投资者之间的合作交流平台，鼓励、引导和支持各类人才创新创业。创新孵化器运行机制，扩大孵化器规模，围绕主导产业建立专业孵化器，提升孵化器服务水平。完善加速器体系，吸引社会资本参与加速器建设，探索完善市场化运营机制。鼓励和引导企业完善管理制度，提高知识产权运用能力，形成可持续发展模式。加强对企业融资扶持，推动创业投资和企业的对接，支持金融机构创新信贷品种，支持企业充分利用资本市场。培育科技中介服务机构，培育生产力促进中心、创业服务中心、科技情报信息中心、知识产权事务中心、技术产权交易机构等各类科技中介机构，支持建立行业协会，建立和完善技术市场、人力资源市场、科技条件市场、技术产权交易市场等。着力提升科技中介机构服务能力，推进政府采购科技中介服务。

（三）高技术产业集群建设

按照打造国际一流超大规模高新技术产业集群、发展特色高新技术产业、改造提升传统产业、走自主创新道路、坚持内生外生共同驱动的目标要求，明确沈大高新技术带重点发展方向，突出特色、突出集聚效应和规模经济性，逐步形成资源优化配置、生产要素互补、上下游产业配套、区域融合发展、分工合理的格局。

1. 培育以沈阳高新区为核心的综合性现代产业集群

大力发展电子信息产业，推动先进装备制造业向高端化、高附加值和智能化方向发展，利用沈阳国家级航空产业基地的有利条件，重点发展飞机整机制造、航空发动机制造、零部件加工、航空新材料研发及制造、航空物流、航空服务等。在能源和新材料方面，大力发展以新能源装备为主的新能源产业，利用现有新材料产业基础，整合高性能均质合金国家工程研究中心、沈阳材料科学国家实验室、中科院金属所、东北大学等材料研发院校机构的技术力量，加快新材料产品的开发和成果转化，逐步建设具有自主知识产权和创新能力的新材料产业基地。

2. 发展以大连高新区为核心的综合性高新技术产业集群

充分利用大连动漫、网络、工业设计、集成电路等产业发展较快，聚集效应和规模效益日趋凸显优势，继续推动大连高新区以软件和服务外包为主导的高端服务业集群发展，利用其全国唯一的"国家动漫游戏产业振兴基地"和"国家动画产业基地"双授牌产业基地地位，推动文化创意产业加快发展。利用其东北地区唯一的集成电路设计产业基地和云计算产业基础，不断向高端芯片设计领域延伸，进入产业链前端。加快数字视听、光电子、数控装备制造、新能源等高端制造业发展。未来大连作为辽宁综合性高新技术产业集群在促进软件和服务外包业发展的同时，应大力发展芯片研发设计、精密制造业、先进船舶技术等产业，重点发展具有控制力和高附加值产业，并将之打造成自身特色和品牌符号，与东亚强国展开竞争与合作。

（四）壮大沈大沿线多个专业性高新技术产业集群

辽阳高新区进一步加快芳烃产业集群发展。坚持以芳烃为主、与芳烯结合的产业化发展方向，建成在国内乃至国际上都具有较强竞争力和影响力的芳烃基地。积极拓展工业铝合金型材深加工领域及具有协同效应的产业高端铝加工产品市场，全力打造工业铝材产业集群。本溪打造国家健康产业基地，以国家生物医药科技产业基地建设为基础，延长产业链条，加快培育医疗器械和保健品两大支柱产业。鞍山高新区围绕电子信息和先进制造产业，以龙头企业和大项目为牵动力，促进产业集群形成。营口打造新兴产业集聚区，重点引进硅藻土、碳化硅、氮化硅、镁质材料深加工、镁合金表面处理应用等项目，打造新材料产业集聚区；重点引进建筑一体化太阳能、节能灯具和环保设备制造等新能源（节能环保）项目，形成产业集聚区；围绕营口市六大产业和战略性新兴产业，建设以国家级工程中心为主的包括科研院所、研发中心、科研企业在内的科技研发集聚区。

四 建设的实现路径

（一）促进区域间互联互通

沈大高新技术产业带区域总面积大，纵深长，互联互通是产业带建设初期经济共生最好的解决办法，是产业带建设国家自主创新示范区的重要突破口。通过顶层设计实现城市间、园区间更高效的互联互通，促进技术、资本、人力资源等关键要素加速流动，完善产业组织结构和产业链，逐步形成资源优化配置、生产要素互补、上下游产业配套、融合发展、分工合理的生产力布局。强调市场主导、政府引导和经济杠杆等多重作用，将经济规模、资源禀赋、收入状况和人力资本等差异较大的沿线各市整合到一起，各区域充分发挥自身比较优势，逐步形成产业定位明晰、协同发展新局面。

（二）加快创新要素集聚

产业带要素资源集中度与东部发达区域相比仍然较低，配置分散，缺少对域外资源的吸引力，如果没有体制上的突破，很难提高产业带的高新技术产业集群投资强度和单位土地产出。应通过体制机制创新，进一步集聚高端创新要素。沿海城市重点着眼于海洋经济、外向导向，利用全球创新资源，提升对东北腹地和其他省份创新要素的吸引力。沈阳经济区应不断凝聚东北经济区知识、技术、人才和资本等要素，打造科技领先区、高新技术产业集聚区。沈大高新技术产业带纵深处的各节点通过内生增长、承接产业转移，促进技术、资本、人力和土地四大要素自由流动。

（三）壮大先进技术集群

虽然产业带的高新技术产业集群发展较快，但仍处于成长阶段，多数科技企业规模较小。应在若干具备条件和优势的重点领域，壮大专业性高新技术产业集聚区，发展细分行业，培育和发展一批特色鲜明、富有竞争力、管理完善的产业集聚区。特别是培育一些产值超千亿元具有自主知识产权的专业性高新技术产业集聚区，突出集聚效应和规模经济性。支持产业集群内各主体开展协作，支持集群与腹地互动，促进高技术应用于传统重工业和现代服务业，强化产业细分与合作，不断推动以特色产业为主的高新技术集群优化升级。

（四）推动兼并重组战略

按照将产业带建成产业集聚发展、资源集约利用、世界一流高新技术产业带要求，推动产业带大型科技企业通过收购、兼并重组扩大企业规模，全面提升大型企业竞争优势，为进入全球市场奠定基础。在重点领域着力打造几家产值在 100 亿元以上的大型科技企业集团，在产业组织上向纵向产业组织结构转化，构造全产业链企业，充分发挥大型科技企业的引领、带动、支撑和辐射作用。

（五）认真实施工业 4.0 战略

充分利用大连发达的电子信息和软件业优势以及东软的技术优势，搭建智能云存储、协同管理和产业树管理信息系统。沈阳市利用装备制造业优势，在生产环节推动基于 IC 的工业生产控制标准和可重用模块研发，并带动装备制造企业采用新的工业标准和控制系统。加快沈大沿线生产型企业设备更新改造速度，推动基础工业全面升级，最终实现从生产到销售再到售后服务的全流程的网络化和智能控制。工业 4.0 战略实施初期可效仿德国模式，建立工业 4.0 管理组织，推动产业带大型企业签署战略合作协议，逐步让更多大中型企业加入。

（六）推行先进文化和模式

摒弃落后文化观念，大力弘扬热爱科学、实事求是、团结协作、开拓创新精神，提倡和鼓励科技工作者潜心研究，克服浮躁倾向，逐步形成求真务实的科学作风、严肃认真的科学行为规范，营造创新气氛浓郁、有利于人才脱颖而出、创业向上的氛围。注重科研队伍科学思想、科学精神的培养，将科学化、系统化观念贯穿到创新发展的决策、管理、研究活动中。推行崇尚创新精神、竞争精神、冒险精神和企业家精神的创新文化，并将之植入管理人员、工程师、技术人员和熟练工人的价值观与生活方式之中，并使之成为先进管理制度和发展模式的文化基础。

五　建设的政策措施

（一）强化政策支撑

1. 财税政策

设立 30 亿 ~ 50 亿元规模的产业带重点产业专项基金，重点支持科技成果转化和核心技术研发，支持科技型中小企业发展。凡被确定为高新技术企业的将充分享受国家的税收优惠政策。符合重点发展方向的产业，在贷款贴息、融资担保、税收等方面提供优惠政策和便利服务。

2. 土地政策

利用占补平衡政策，对重点发展产业建设用地，在土地利用总体规划、城市总体规划时给予统筹安排。对于引进和新建的研发与实验室项目免收生产建设性费用，由园区财政支出作为补贴。

3. 项目政策

明确重点区域产业发展方向和布局，推动重大创新资源如新建大型高新技术项目、重要工程中心和重点实验室、大型科研机构、风险投资和贷款担保机构、科技中介机构优先向相关园区和产业带集中。

4. 扶持政策

对重点企业大力扶持，制定政府采购支持计划，将入库企业研发生产的重点高新技术产品列入政府采购目录并优先购买，对重点产品实施补贴政策。同时，加快建立信用体系和企业家培养机制。

5. 激励机制

全面实施如股权激励、技术入股、技术市场、非上市公司股份代办转让试点等政策，完善知识产权、技术和知识创造的内在激励机制。

（二）科技金融扶持

1. 完善多层次资本市场体系

支持中小企业进行规范化的股份制改造，加大对符合条件的中小企业上市的支持力度。支持符合条件的中小企业在全国银行间债券市场发行短期融资券、资产支持证券、中小企业集合债券、中小企业集合票据等。发展融资担保、融资租赁、股权投资等金融服务。

2. 支持金融机构开展业务创新

鼓励商业银行、信托公司、证券公司等金融机构面向技术创新和高新技术企业提供个性化金融服务。建立促进科技金融可持续发展的体制机制和配套政策体系，建立科技型中小企业贷款风险补偿机制，完善融资担保体系。

（三）加强组织保障

1. 搭建产业带区域合作平台

成立产业带发展联盟。通过加强全省拥有国家高新区 6 市的交流与合作，优化配置资源，合作创新，协调发展，取长补短，携手共进。

2. 加强地方政府的领导

建立沈大与腹地协调发展机制，充分发挥自主创新对传统产业的引领作用，以及对周边区域的辐射带动作用。

3. 完善创新服务体系

完善创业孵化器体系，搭建"加速器"体系，培育科技中介服务机构。

（四）完善共建机制

1. 联合编制高新技术产业带发展规划

根据产业带上各城市总体规划和土地利用总体规划，统筹城市空间布局、产业布局、基础设施、服务配套、生态建设等重点领域，联合成立规划编制小组；以布局合理、产业互补、共同发展为原则，联合编制发展规划。

2. 积极完善共建机制

省市密切配合，在充分发挥各市发展高新技术产业积极性的前提下，加强对各市的指导和总体协调。各市发展高新技术产业所提出的重大问题，要以市为主加强研究，省科技行政部门协助组织各方面的力量进行攻关。

3. 协调跨区域、跨部门合作

以省为主，做好牵头组织工作，对外树立高新产业带的整体形象，省级各部门要密切配合，对涉及高新技术产业发展的资金、国土、海关、税收、财政、宣传等方面要加强协调，共同推进沈大产业带发展。

参考文献

《阜新市政府工作报告》，2011～2015。

《国务院关于深入推进实施新一轮东北振兴战略加快推动东北地区经济企稳向好若干重要举措的意见》，2016年11月。

《国务院关于印发全国资源型城市可持续发展规划（2013～2020年）》，2013年12月。

《辽宁统计年鉴》，2009～2015。

《中国科技统计年鉴》，2009～2011。

〔英〕阿尔弗雷德·马歇尔：《经济学原理》，宇琦译，商务印书馆，1997。

〔德〕阿尔弗雷德·韦伯：《工业区位论》，商务印书馆，1997。

常婕：《资源枯竭型城市的新型城镇化发展研究——以黄石市为例》，中国社会科学出版社，2015。

常伟、于澎田等：《东北老工业基地区域主导产业的选择机理》，《科技与管理》2005年第4期。

陈光升：《现阶段我国煤炭价格与能源消费结构的关系分析》，《发展研究》2012年第3期。

陈国洲：《区域主导产业选择决策模型研究》，中南大学硕士学位论文，2008。

崔曼宁：《资源型城市可持续发展的财政政策分析》，《中共济南市委党校学报》2014年第4期。

冯静：《公共政策学》，北京大学出版社，2007。

高天明：《我国资源型城市界定及发展特征研究》，中国地质大学硕士学位论文，2010。

黄茂兴、李军军：《技术选择产业结构升级与经济增长》，《经济研究》2009 年第 7 期。

黄晓莉：《资源约束条件下浙江工业结构调整战略的思考》，《特区经济》2006 年第 1 期。

贾薇：《以煤炭为主的资源型地区生态重建问题的思考》，《山西科技》2016 年第 1 期。

贾小燕：《可持续发展下的我国资源型城市转型政策探析》，《中国市场》2011 年第 19 期。

江曼琦：《基于可耗竭资源开发的区域经济发展模式评介》，《中国工业经济》2012 年第 2 期。

姜磊、季民河：《中国区域能源效率发展演变趋势的 R/S 分形分析》，《中国人口·资源和环境》2011 年第 11 期。

康彦彦：《资源型城市产业结构调整研究》，中国地质大学博士学位论文，2013。

李建华：《资源型城市可持续发展研究》，社会科学文献出版社，2007。

李洁：《资源型地区转型的国际比较——基于比较历史制度分析的视角》，经济科学出版社，2015。

辽宁省科技厅：《辽宁省高新技术产业数据》，2009～2015。

林毅夫：《制度、技术与中国农业发展》，上海三联书店，1994。

刘邦凡、彭建交、王燕：《提升河北承接京津产业转移能力的政策建议》，《中国行政管理》2015 年第 3 期。

刘力钢、罗元文：《资源型城市可持续发展战略》，经济管理出版社，2006。

聂亚珍、杨成刚：《资源枯竭型城市永续发展战略》，光明日报出版社，2014。

聂亚珍等：《资源型城市产业兴衰与转化之规律》，中国书籍出版社，2013。

钱勇：《资源型城市产业转型研究：基于企业组织与城市互动演化的分析》，科学出版社，2012。

邱松：《东北资源枯竭型城市经济转型效果研究》，吉林大学博士学位论文，2012。

隋映辉、赵琨、于喜展：《实现资源型城市产业转型的系统创新战略及政策》，《山东经济》2010 年第 2 期。

孙明琦：《促进资源枯竭型城市转型的政策支持系统构建》，《商业经济》2012 年第 8 期。

孙秀梅：《资源型城市低碳转型研究》，经济科学出版社，2015。

陶晓燕：《资源枯竭城市与富集城市产业对接问题研究》，中国社会科学出版社，2014。

王景新：《明日中国：走向城乡一体化》，中国经济出版社，2005。

王如忠等：《中国大型资源型企业的转型发展战略——"中煤平朔"模式研究》，上海社会科学院出版社，2012。

王树义、郭少青：《资源枯竭型城市可持续发展对策研究》，《中国软科学》2012 年第 1 期。

魏后凯：《现代区域经济学》，经济管理出版社，2006。

吴春莺：《中国资源型城市产业转型研究》，人民日报出版社，2015。

肖劲松：《宏观调控：中国资源型城市可持续发展源动力》，电子工业出版社，2014。

邢利民：《资源型地区经济转型的内生增长研究》，山西财经大学博士学位论文，2012.

杨继瑞、黄潇、张松：《资源型城市转型：重生、困境与路径》，《经济理论与经济管理》2011 年第 12 期。

姚莉：《区域视角下的老工业基地调整改造——以中部地区为例》，湖北人民出版社，2012。

殷茵：《主导产业选择问题研究——以辽宁为例》，中国人民大学硕士学位论文，2009。

张辉、赵琳：《资源型地区创新驱动发展战略研究——以山西省为例》，《区域经济》2016 年第 8 期。

张天维、姜岩、曹颖杰：《产业转移的学术视角与实践操作》，辽宁教育出版社，2015。

张忠杰：《资源枯竭型地区经济转型与可持续发展研究》，兰州商学院硕士学位论文，2009。

邹至庄：《中国经济转型》，中国人民大学出版社，2005。

Aleksandra Parteka, "Economic Growth, Structural Change and Quality

Upgrading in New Member States," Departmental Working Papers 27 (2009).

Arik Levinson, Technology, "International Trade, and Pollution from U. S. Manufacturing," Working Paper 2 (2008).

Guido Erreygers, Hotelling, Rawls, "Solow: How Exhaustible Resources Came to Be Integrated into the Neoclassical Growth Model," *History of Political Economy* 27 (2009).

Jean-Marc Burniaux, John P. Martin, "The Effect of Existing Distortions in Energy Markets on the Costs of Policies to Reduce CO2 Emissions: Evidence from Green," *OECD Economic Studies* 19 (1992).

Jennifer V. , *Restoring Prosperity: The State Role in Revitalizing America's Older Industrial Cities* (Washington DC: The Brookings Institution, 2007).

Liuyong, "From Less or No Waste Manufacturing and Cleaner Production to Recycle Economy—A Review on the Theoretical Research and Practice of Ecological Enterprises in China," *Ecological Economy* 2 (2005).

Magnus Blomstrom and Ari Kokko, *From Nature Resources to High-Tech Production: The Evolution of Industry Competitiveness in Sweden and Finland* (Stanford: Stanford University Press, 2006).

PENDER M. , "Industrial Structure and Aggregate Growth," *Structural Change and Economic Dynamics* 4 (2003).

Prabhu L. Pingali, "Environmental Consequences of Agricultural Commercialization in Asia," *Environment and Development Economics* 6 (2001).

后 记

战略性新兴产业在我国往往又被称为新兴产业，一直是各国产业发展的重点目标和主要方向，在国际竞争中发挥着重要作用。新兴产业处于产业生命周期中的成长期，它们的发展能够极大地提升经济发展的质量、增强可持续发展的后劲。选择大力发展新兴产业，对于培育新的经济增长点，发展低碳经济，超常规、跨越式发展等都具有重要的战略意义。

为了进一步促进其发展，把新兴产业真正培养成战略性主导产业，本研究选择在资源型地区进行。这个选择具有挑战性，但绝非不可能，因为战略性新兴产业是随着新的科研成果和新兴技术的发明、应用而出现的新的部门和行业，帮助资源型地区努力找到新的发展机遇，帮助其制定规划和政策，并大力推进，完全有实现的可能。在实践中，很多地区包括资源型地区，电子、信息、生物、新材料、新能源等新兴产业出现突破并蓬勃发展起来都是证明。相对于传统产业，新兴产业不仅具有污染小、储量大的特点，对于解决当今世界严重的环境污染问题和资源（特别是化石能源）枯竭问题具有重要意义，对于解决资源型地区可持续发展、改善民生、稳定社会更具有重大的战略意义。

面对新兴产业发展的新趋势和我们选择的研究，课题组努力为资源型地区寻找发展路径，寻找新的突破口，以抢占未来产业发展的先机，期待这些地区能够由依靠资源等要素投入推动经济增长向依靠新兴产业内涵式、集约式发展转变。为此，课题组全体同志积极投入这项巨大的工作之中，并取得了阶段性研究成果。

本课题由我担任组长，组织大家进行研究。辽宁社会科学院副院长梁启东、研究员王磊等同志给予了大力帮助。尽管我们怀着强烈的责任感认真工作，但由于多种条件的制约，如数据的缺乏、外省调研的无助，以及课题涉及面广，难以聚集主题，抑或观点表述、遣词造句等方面尚有很多疏漏和错误之处，敬请各位专家批评指正。

思想是太阳，学术永远在路上。我们的研究如自然界一个生命周期的演绎，尽管多少个日夜光影越过了键盘，收获了一筐硕果，但距金色满园尚有差距。遥望天空，春天在前方，心中飘扬着希望。期盼着：这个科研成果换来我们愿景的早日实现。

张天维

2016 年 12 月 20 日

图书在版编目（CIP）数据

资源型地区战略性新兴产业发展研究／张天维著
. -- 北京：社会科学文献出版社，2017.10
　ISBN 978 - 7 - 5201 - 1271 - 0

　Ⅰ.①资⋯　Ⅱ.①张⋯　Ⅲ.①新兴产业 - 产业发展 -
研究 - 中国　Ⅳ.①F279.244.4

　中国版本图书馆 CIP 数据核字（2017）第 202961 号

资源型地区战略性新兴产业发展研究

著　　者／张天维

出 版 人／谢寿光
项目统筹／任文武
责任编辑／高　启　高振华

出　　版／社会科学文献出版社·区域与发展出版中心　（010）59367143
　　　　　地址：北京市北三环中路甲 29 号院华龙大厦　邮编：100029
　　　　　网址：www. ssap. com. cn
发　　行／市场营销中心（010）59367081　59367018
印　　装／北京季蜂印刷有限公司

规　　格／开　本：787mm × 1092mm　1/16
　　　　　印　张：24.75　字　数：399 千字
版　　次／2017 年 10 月第 1 版　2017 年 10 月第 1 次印刷
书　　号／ISBN 978 - 7 - 5201 - 1271 - 0
定　　价／98.00 元

本书如有印装质量问题，请与读者服务中心（010 - 59367028）联系